王维贤语言学论文集

王维贤　著

商务印书馆

2007 年·北京

图书在版编目(CIP)数据

王维贤语言学论文集/王维贤著. —北京：商务印书
馆，2007
ISBN 978-7-100-05581-9

I.王… II.王… III.语言学－文集 IV.H0-53

中国版本图书馆 CIP 数据核字(2007)第 120514 号

WÁNG WÉIXIÁN YǓYÁNXUÉ LÙNWÉNJÍ

王维贤语言学论文集

王维贤 著

商 务 印 书 馆 出 版
(北京王府井大街36号 邮政编码 100710)
商 务 印 书 馆 发 行
北京瑞古冠中印刷厂印刷
ISBN 978-7-100-05581-9

2007 年 11 月第 1 版 开本 850×1168 1/32
2007 年 11 月北京第 1 次印刷 印张 15¾

定价：28.00 元

序

　　王维贤先生是我心目中值得尊敬和钦佩的一位前辈学者,但是我尽管也是南方人,却长期在北京工作生活,和王先生过往不多。不过,王先生给我很深的印象是因为他在逻辑学和语言理论方面的精湛独到之处。现在从事语言教学和研究的人绝大多数是纯文科出身的,往往缺乏数学、逻辑和数理逻辑方面的基础,所以在理论研究方面即使很有建树的学者,有时候也免不了出常识性的逻辑错误,而且要理解跟计算机科学和信息科学密切相关的当代语言学就相当困难。王力先生就公开说过他自己和他这一代人往往缺乏数理方面的基础,这是一大缺陷。像刘复和赵元任那样中外古今文理兼通的人现在实在太难得了。当然,这和不同时代的教育体制有关,不是个人能选择的。可是王先生比我大三岁,差不多是同一时代的人,但他既是逻辑学家又是语言学家,而我就数学一塌糊涂,逻辑没有学过,所以读到他的文章,看到他那么精湛的逻辑分析,对需要较深的数学和数理逻辑修养的人才能真正掌握的转换生成语法的理论掌握得那么好,我非常佩服。1985年我到美国访问讲学,美国语言学家问我大陆的生成语法研究情况,我当时只能回答,我们多数人不懂生成语法,研究就更谈不上了;介绍生成语法的人有,甚至成立相关学会的人也有,可是真正掌握生成语法的人绝无仅有,有的也都是搞计算机的专家,不是语言学家。但是王先生是例外,他是真正掌握了生成语法的核心理论的语言学家,所以他才能结合汉语实际,用生成语法的核心理论来构建新的汉语语法体系。他对复句的逻辑分析十分深入细致,以至于没有一定逻辑学基础的人不一定都能读懂。这当然也不能不说是一个遗憾。王先生的理论修养不是语言学界一般人能企及的,所以读他的文章要有一定基础,还要细读,好好体会,否则理解不了,消化不了。

　　王维贤先生的另一个特点就是为学为人真挚、朴实、忠厚、谦逊,具有从不张扬的中国传统的大学者的风范。他搞理论,却从不搞空头理论,他总是从汉语的实际出发,不少文章就是分析汉语的实际现象,但是不论问题多么实际,多么具体,读者只要认真去体会,都能体会到这些具体论述背后的理论光彩。

　　王先生是北京人,但是长期在南方工作,而作为一个潜心教学和科研的学者,王先生大概也不善于交际。他培养的很多学生在语言学界卓有建树,不少学生的知名度相当高,可是知道和了解王先生的人却不是那么多,特别是在北方,我常常为此感到遗憾,因此我大胆不知高低地为这么一位前辈学者的文集写序,希望王先生的成果能得到更广泛的传播,为中国语言学的发展发挥更大的作用。

胡明扬谨序,2007 年 1 月于北京

目　录

言 语 三 论

一、言语的分析

1.1　语言和言语问题的讨论，现在已经快三年了。很多参加讨论的语言学者正在回顾讨论中的问题，寻求争论的焦点和进一步解决问题的关键。[①]这对促进语言和言语问题的深入研究，是完全必要的。什么是这场学术论战的核心呢？核心问题在于言语。

我们还记得，当方光焘、施文涛两位先生首先对高名凯先生的观点提出批评的时候，是从言语究竟指的是什么，言语有没有阶级性这些问题开始的。[②]以后，参加讨论的同志，包括反对区分语言和言语的同志在内，都是由于他们对言语有不同的理解，才得出关于"言语有没有阶级性"、"语言学研究对象究竟是什么"等等一系列问题的不同答案的。[③]语言是什么？在主张区分语言和言语的语言学者中间似乎有共同的默契，并没有引起争论。在反对区分语言和言语的语言学者方面，对语言有不同的理解，但是这种不同看法也可以从他们对"言语"的特殊看法找到根据。

正像讨论所展示的，有关语言和言语的论辩，不是名词术语之争。这个问题涉及到语言的本质以及语言学的对象和范围。语言学者对这两个语言学基本问题的态度，在极大程度上取决于他们对言语以及言语和语言的关系的看法。

1.2 什么是言语？要想回答这个问题，需要从言语交际这一社会现象的具体分析谈起，因为这一完整而统一的社会现象，是语言学家一切工作的起点。

言语交际，是人们交际和交流思想的一种活动或过程。作为交际和交流思想的过程来看，言语交际不仅仅是在一定的情景下所进行的言语活动，而且在进行言语活动或说话的同时，还伴随着手势和表情。从表情达意和实现交际目的讲，手势和表情起着一定作用，构成人类交际活动的必要组成部分。但是，第一因为手势和表情所利用的交际手段和说话不同，说话主要是通过语音这一物质手段来进行的；第二因为说话在交际中起着主要作用，没有手势和表情也一样能够完成全部交际任务，而手势和表情所能完成的交际任务是极为有限的；第三因为说话和思想有着密切的不可分割的联系，而手势和表情只具有交际作用，所以说话这一社会现象构成一个独立的领域，成为不同科学的研究"对象"。言语交际是一种具有独特特征的社会现象，是一种在一定的情景下，通过言语活动或说话进行表情达意和知情会意的活动和过程。这就是我们分析的出发点。

1.3 我们首先可以把通过言语活动所形成的"产物"从整个言语交际中抽象出来而抛开形成这种产物的生理、心理过程。这种产物大致相当于斯米尔尼茨基所说的"言语作品"。[4] 正是言语作品完成着表情达意的交际作用，成为语言学注意的中心。

把言语作品看成一种抽象的结果是很重要的。言语作品不仅不能离开言语活动而形成，而且从本质上讲，也不能离开言语活动而独立存在。当我们对言语交际这一社会现象进行语言学分析的时候，暂时抛开言语活动的生理、心理方面，把注意的中心集中在言语作品上，是必要的。但是在分析的时候，为了对某些现象作出解释，又常常需要把言语作品和形成言语作品的生理、心理过程联系起来。例如，要想认识言语交际的本质，就不能不牵涉到人所特有的第二信号系统的活动；要想对许多语音变化作出解释，也必须涉及到言语活动中的生理过程。我们说把言语作品从整个言语交际中抽象出来十分必要，是因为这是确定语言学研究对象的第一个重要的抽象。没有这一抽象，就无法确定言语心理学和言语生理学跟语言学的明确界限。

　　田茹先生在他的《有关语言和言语的几个问题》一文中，正确地指出了言语作品在语言研究中的重要意义。但是他那认定言语就是言语作品的提法和所持的理由却是值得商榷的。⑤完整而统一的言语交际是一种独立的社会现象，"亟须有一个专门名称——言语（речь，language，Rede，speech）这个术语用在这里是最恰当的了。"⑥言语作品只是从这统一的整体中，抛开生理、心理过程作出的抽象，不能把言语作品和言语活动或言语行为看成两个各自独立存在的事物。言语行为和言语作品的关系不能跟基本建设中的施工过程和施工产物相比拟，因为在言语活动中，人们并没有进行任何改变客观事物的劳动。如果一定要用比喻的话，也许打闪这一现象中的放电过程及其产物——闪电，还差可比拟。

　　1.4　言语交际是在一定的情景中通过言语活动来完成的。因此，言语作品也总是处在一定的"情景"中，言语作品的表情达意作用，也总是在一定"情景"的补充下来完成的。所谓"情景"就是人们说出某一言语作品时的背景和上下文。文学作品的欣赏和理解常常需要知人论世的补充知识,所谓知人论世,也就是了解言语作品形成的背景或情景。当对一篇文学作品产生时的具体情景不甚了然的时候,不同的人可以给以不同的解释,推其原因,则在不同的人赋予了这篇作品以不同的情景。对古代思想家遗存的言论的解释,也有类似的情形。我们说,对任何人的任何一句话(言语作品)都不能单看字面,要了解它的精神实质,也就是必须把这句话放在一定的情景下来了解的意思。情景有言语性的和非言语性的区别。上面讲的那种情景是非言语性的情景。一般所谓上下文是言语性的情景。我们平常引用别人的话的时候,"断章取义"所以是可能的,同时又是错误的,就是因为言语作品可以从情景(言语的和非言语的)中抽象出来,而言语作品所表达的具体思想内容却往往不能离开当时的情景来孤立了解。这是言语交际的一个很重要的特点。

但是,情景相对于言语作品来讲,是外在的环境,并不包括在言语作品之中。从言语作品如何完成表情达意的作用和实现它的实际功能讲,从通过言语作品来把握其思想内容讲,必须把言语作品放在一定的情景之中。从进一步分析言语作品所具有的表情达意的作用和交际功能讲,需要把言语作品从一定的情景中抽象出来加以考察。这是我们对言语作品进行的第二次抽象。

通过两次抽象的结果,从言语中提取出来的,离开生理、心理过程和具体情景的言语作品,是一种具有一定语调和述谓性[⑦]的个别言语活动的产物。

1.5 言语作品跟它形成时的情景相结合,就完整地完成了表情达意作用,体现了说话人所要说出的全部思想内容。有时"话"没有"说明白",别人误解了或者根本无法把握说话人的意思。这有两种情况:一种情况是说话的人没有充分估计情景能够给说出的话多少补充"说明"作用;一种情况是言语表达(言语作品)本身存在着缺陷,不能恰当地表达所要表达的内容。现在我们来看看从情景中抽象出来的具体的言语作品,在表达思想内容上究竟有什么作用。

情景可以使言语作品所要表达的思想内容更加明确,也可以给言语作品以附加意义。但是不能认为所有的言语作品都只有在一定的情景下才谈得上所谓思想内容问题,因为表达思想内容的任务的主要承担者是言语作品。情景在表达上只起着一定的补充作用,虽然这种补充作用在了解言语作品时往往是不可缺少的。我们可以举唐朝王之涣《登鹳雀楼》这首诗的末两句作为例子来说明这个问题。"欲穷千里目,更上一层楼",作为一个完整的句子——言语作品的最小形式,它陈述了一个特定的思想,肯定了两种现实之间的联系。从它的"字面"看,也就是从把它当作一个孤立的言语作品看,它讲的是"因为要想扩大视野,看得更远,见得更多,所以就站得更高一些,再爬上一层楼去"。把这句话放在整首诗的上下文里,这种为壮丽河山所吸引,想更加登高饱览的思想感情就十分明显了。如果再把这首诗跟王之涣的时代和王之涣的为人联系起来,这句话所表现出的对祖国河山的热爱和积极向上的精神就越发鲜明了。这里情景对言语作品的基本思想内容起了加强的作用。如果把这两句诗用作比喻,比喻在学问的道路上需要花更大的努力才能得到更大的成就,在这种情况下,情景不是加强了言语作品所具有的基本的思想内容,而是由于情景的补充作用,使言语作品"改变"了原来的意义,获得了新的内容。许多凭借复杂的背景或上下文,用简单的话来表示复杂意思,或者意在此而言在彼的表达,情景都起着更大的作用,但是言语作品本身无论如何是我们了解言语的思想内容的基础和核心,——我们是通过在一定情景中的言语作品来表达和相互了解的。对非言语的"上下文"讲,可以说几乎所有没有包括在一定言语作品中,而又为理解这一作品所必需的非言语性的情景,都可以用另外的言语作品表述出来,使新构成的言语作品脱离原来的情景仍可为人完整地理解。

由于言语作品是结合着一定的情景和上下文出现的,情景是言语作品表情达意的必要组成部分,因此应该把言语交际中的言语活动及其情景看作一个不可分割的整体,构成广义的言语,即言语交际。由于情景相对于言语作品讲是外在的环境,一切非言语性的情景都可以由言语性的上下文来代替,构成新的言语作品,因此言语交际中的言语活动相对于非言语性的情景来讲,构成一个独立的领域,即所谓狭义的言语或言语活动。

由于言语作品具有以上所指出的特点,所以某些言语作品本身也表现着一定的阶级特征,具有一定的阶级性。"美帝国主义是全世界人民最凶恶的敌人"这句话,由于它表达了"美帝国主义"和"全世界人民最凶恶的敌人"之间的肯定的联系,它就反映了革命人民的观点,体现了一定的阶级性。

1.6 在对言语作品进行进一步分析的时候,我们就接触到了"言语作品的思想内容"和"言语作品的表达形式"这一类争论最多的概念。在谈到言语作品的内容和形式的时候,同时也接触到了语言学上最复杂的问题之一的语言、言语与思维、思想之间的关系问题。

能不能把言语作品的形式归结为语音形式，把一切属于意义方面的东西都放在言语作品的内容一面呢？在这样划分的时候，一面是语音形式，一面是思想内容，作为交际工具的语言，或者是消失了，或者是变成了单纯的语音形式。这显然是不符合客观事实的。

有些语言学家的意见是正确的：不能把语言看成思维或思想的形式，把思维或思想看成语言的内容，因为语言有自己的形式和内容，思维或思想也有自己的形式和内容。语言的形式是语音形式，语言的内容是词汇意义和语法意义。相当于形式逻辑所研究的那种格或式一类的东西是思维或思想的形式，包括在思维或思想中的对客观事物或现象的反映是思维或思想的内容。⑧

毫无疑问，言语作品的内容就是它所要表达的思想内容。什么是言语作品的形式呢？言语作品的形式既不是单纯的语音形式，那么是不是音义结合物的语言要素呢？在这一点上，我们同意方光焘先生的意见，不能把构成言语作品的形式的材料看成言语作品的形式。⑨言语作品的形式只能是语言要素的一定组合形式。例如上举"欲穷千里目，更上一层楼"这一言语作品的表达形式不是个别的"欲"、"穷"等词汇成分和这一复合句的结构形式，而是这些特定的词根据这一复句结构形式组成的具体的句子——语言学意义上的句子——"欲穷千里目，更上一层楼"。在这个句子里有的是充实了具体的词的句法结构和在一定句法结构支配下的一些特定的词汇单位。这些词汇单位作为语言要素，只有所谓"概念对应性",但是作为具体言语作品形式的词就具有了所谓"事物对应性"。⑩当词在句法结构形式支配下构成具体言语作品的形式的时候,这些语言要素就起了"化合"作用,成为表达思想的形式,形成了思想内容。在言语作品中,言语形式和思想内容的确是不可分割的。形成形式的同时也就形成了思想内容,思想内容也不能脱离它的形式而独立存在。但是正像大家时常讲到的,翻译之所以可能,就说明了思想内容和表达内容的言语形式之间是有区别的。从科学研究的角度来讲,从不同方面分析一个统一的现象,是完全可能的,而且是十分必要的。事实上语言学所注意的也正是作为言语作品的形式的语言材料的组合。

1.7 现在我们来谈谈言语作品的表达形式有没有阶级性问题。在讨论这个问题之前,有两个问题先要弄清楚。第一个要弄清楚的问题是,什么叫表达形式的阶级性?我们认为表达形式的阶级性只能理解为,某一形式适合于某一阶级的需要,而不适合另一阶级的需要。第二个要弄清楚的问题是,一、言语作品的表达形式不是内容,不能因为言语作品的内容有阶级性就说表达形式也有阶级性;二、构成言语作品表达形式的材料是语言要素,但表达形式不等于语言要素,不能因为语言要素没有阶级性,就认为表达形式也没有阶级性。在上面那种理解下,我们同意高名凯先生的意见,言语表达形式在一定的条件下是可以有阶级性的。⑪我们前面讲过,言语作品的表达形式是根据表达的需要,由特定的词语依照一定的语文组织规律构成的。不同的言语作品具有各不相同的表达形式。但是由于表达的内容不同,交际的目的不同,不同阶级的习惯爱好不同,不同的文体,不同的个人,不同的阶级可以形成具有不同特点的不同言语表达形式，形成不同文体、不同个人、不同阶级之间的不同的言语风格。当这种不同风格特征反映了某种阶级倾向而仅适合某一阶级需要的时候，我们应该承认这种言语表达形式是有阶级性的。这种表达形式上的阶级性不仅表现在一些阶级习惯语一类的东西上，而主要地表现在构成言语作品的语言材料的选择和组织上，也就是表现在整个言语作品表达形式的特性上。这在文学作品中表现得就很明显，追求繁缛典雅、极力雕饰堆砌的言语风格，常常与简易清新、词语从生活中来的言语风格处在对立的地位，代表着两种不同的阶级倾向。历史上许多文体的兴衰，文风的转变，除去很大一部分属于内容问题外，也有不少主要是表达形式的问题，或者同时是表达形式的问题。例如历史上昆曲之所以衰微，花部之所以蜂起，其中主要原因正是因为当时创作的追求文辞典雅的昆曲剧本的言语表达形式脱离了人民的口语和习惯，而花部的表达形式正适合着人民的需要。

　　1.8　以上我们主要是从交际的角度来对言语加以分析的。但是不仅人类的交际活动必须通过言语来完成，人类的一切思维活动也必须通过言语来完成。作为思想表现形式的言语，除去具体表现形式，例如处在内部言语情况下的那种片段的不完整的表现形式，跟交际中的言语有差别外，二者基本上是相同的。我们上面对于言语交际的分析也完全适用于不表现为交际形式的思维活动中的言语。

二、言语与语言的关系

2.1　为了讨论言语和语言的关系,我们先简单地说明一下什么叫语言。语言是一种符号体系,一种由相互联系着的不同级层构成的体系,每一个级层又都由各自的单位及单位结合规律构成的体系构成。简单地讲,也可以说语言是一种语音、词汇、语法的体系。这种体系是客观地存在在言语中的,但是对于这种体系的认识却是对言语作品的表达形式抽象概括的结果。也可以这样说,一般的语言单位及其结合规律就存在在个别的言语,或者更正确地说,就存在在个别言语作品的表达形式中。对言语作品表达形式中的语言成分的具体表现讲,语言和言语是一般与个别的关系,也可以说是本质及其表现的关系。但是就整个言语来讲,语言和言语的关系却不能简单地看作一般与个别的关系。

2.2　我们这里首先讨论讨论"句子"是否语言单位?[②] 跟这个问题相关的还有由许多句子组成的言语作品的表达形式是不是语言单位,也就是说,是不是属于语言结构体系的问题。

在讨论这个问题之前,必须确定句子的含义。作为言语作品最小单位的句子,只能是言语单位,不能是语言单位,因为言语作品是思想内容与语言形式的统一体,而语言却是交际和交流思想的工具,是表达思想内容的形式。如果句子指的是上面那种句子的表达形式,这需要作进一步分析。言语作品最小的单位句子的表达形式是在交际中按照具体的交际需要由语言单位词按照特定的句法规律构成的。从这种形式是在交际中临时组成并表达着特定思想内容这一点讲,句子是言语单位。从这种形式是由语言单位词按照一定的句法规律构成的比词更高一级的结构形式讲,句子是语言单位。把句子看成语言单位的时候,句子已经失去了它作为言语作品表达形式的特征,即与特定现实相联系的特征,而成为没有事物对应性的词按照某种句法规律组成的结构形式了。不同的言语活动所形成的不同的"他来了!"是不同的言语作品的不同的表达形式,是不同的句子,这样理解下的句子是言语单位。这些不同的表达形式是同样的"他来了!"这个"句子"的不同表现,这样理解下的句子是语言单位。但是,句子这种语言单位,跟音位、词素等等语言单位不同,它不再是比它更高一级的结构形式的构成成分——"单位",而只是由词构成的结构形式。因此我们认为,把句子理解为言语作品的表达形式,笼统地说它是语言单位或不是语言单位,都是不全面的,应该看到句子在整个语言体系中所处的特殊地位。

关于句子的这一特点,我们还可以从另外的角度来谈谈。研究一种语言的时候,我们不仅仅研究由音位变体构成不同音位、由音位构成不同词素或由词素构成不同的词的结构规律,而且要研究构成了的一个个的音位、词素和词,因为音位、词素和词是构成更高一级的语言结构形式的"单位"。但是我们在研究句子的时候就不同了。在句法中我们只研究由词构成句子的结构规律,而不研究构成了的一个个具体的句子;同时句子也不被任何另外一个语言学部门作为研究出发点的"单位"加以研究。是不是由于这样的"句子"太多呢?当然,一种语言的句子——由所有的词及其变化形式可能组成的句子,的确是太多了,多到无法计数。但是我们不研究一个个组成了的具体的句子,更主要的是因为句子不是语言中的构成更高一级结构形式的"单位";在言语交际中也不是作为现成的语言单位加以引用,而是由实际的交际需要随时自动组成的。

关于句子的这种看法,就牵涉到能不能把比句子更大的形式看作由句子构成的比句子更高一层的结构问题。假如只从形式的表面现象来看,比句子大的言语作品的形式,例如一般所谓篇章结构的形式,跟词组和句子应该是同一类的现象,应该把它看成比句子更高一级的以句子为结构单位的结构层来看待,作为语言体系的组成部分。但是根据以下两点理由,我们认为这种结构形式跟词组和句子有本质的区别,因而不能列入语言体系。第一,由许多句子组成的言语作品虽然也可以以句子为单位分析它的结构形式,但是这种结构形式是随着表达的具体内容和表达的人而随时变化的。事实上不可能把这种结构形式概括为有限的类型加以分析研究。所谓"文无定格"还只是从"布局"的大处讲的,若从句与句的联系形式讲,"格"就更难"定"了。特别的文体也许有一定的格局,中国的某些词调和曲牌,在填词的时候,有时连组成的句型及其联系的形式也形成了固定的格式,这能不能证明所谓篇章结构的形式结构也可以像词组或句子类型一样地加以分析研究呢?我们认为不能这样说。这种在结构上可以概括成共同类型的言语作品是很少的。不可能把这极少数的特别的结构形式看成篇章结构的形式体系。第二,由两个或两个以上的句子组成的言语作品,虽然是由许多句子组成的,但是这些句子之间除去内容上的逻辑联系外,并没有特定的结构关系。在这一点上,句子的地位不同于任何语言单位的地位,句子与句子的组合也不同于语言的任何一个级层的结构。

由于从结构形式方面研究篇章结构的工作还没有很好开展,我们上面提出的意见还可以进一步讨论。就目前对篇章结构的认识来看,把它列入语言体系的理由是不充分的。

2.3　语言的性质和范围既然明确了,我们可以进一步谈谈有关语言和言语的关系的几个问题。

我们先谈谈言语与语言的运用问题。根据第一部分的分析:

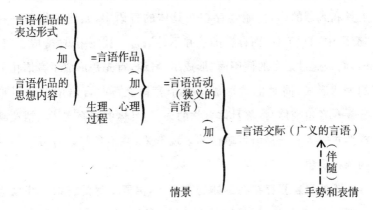

在实际的言语交际中,言语作品的表达形式总是表达着一定的思想内容,而且总是通过一定的生理、心理过程,在一定的情景下进行的。根据前面的分析,言语作品的表达形式是根据交际的需要,由语言的一定的词汇单位按照一定的语法规律组成的。因此,我们可以说,言语交际过程就是在一定的情景下运用语言完成交际任务的过程。在这个意义下,可以说言语就是语言的运用。不过,言语交际虽然是一种运用语言的过程,而言语却并不等于语言的运用。因为言语不仅仅有作为语言运用的一面,而且有表达具体的思想内容和体现思维活动的一面。如果认为言语既然是语言的运用，那么整个言语中的现象就都属于语言运用的范围，而语言的运用是应该由语言学加以研究的，就必然会模糊了语言学的对象，引起不必要的争论。关于这一点，下面还要谈到。

是不是语言一被运用就变成了言语，因而造成语言和言语之间的不可逾越的鸿沟，使语言及其交际功能互相割裂开呢？[13] 这种顾虑是不必要的。语言和体现在具体言语中的语言成分是一般与个别的关系，是本质与表现的关系。作为一种交际和交流思想的工具和武器的语言，始终存在在具体的言语中，始终是作为一种"交际中"的"工具"而存在的。并不是语言一被使用就"变成了"言语，而是通过语言的使用而"形成了"言语，首先是形成了言语作品的表达形式，同时也就形成了整个言语交际。言语中的语言成分——音位变体，指称具体事物的词，由具体的词充实了的语法结构形式等等——是语言单位的表现形式，并不是与语言截然不同的两种现象。

既然语言只存在在具体的言语中，离开不尽的言语之流就无所谓语言，我们又怎能说言语交际是语言的运用呢？许多反对区分语言和言语的同志也常常从这里提出问题。我们可以观察一下小孩子学习和运用语言的过程。小孩子是通过在具体交际活动中，或者是在联系具体事物的学习过程中，逐步掌握语言中的词和句法形式的。在学习到一定程度以后，他就可以根据已经掌握的句法形式和词汇进行新的自动的组合。成人学习外语的情况，也可以说明掌握语言与运用语言之间的这种关系。许多语言的结构体系的分析，也说明了这一点。

2.4　现在我们再谈谈语言与言语的一般与个别、本质与表现的关系的问题。

在语言和言语问题的讨论中,有人认为把语言和言语看成一般与个别的关系,把语言看成本质,言语看成表现,就势必把语言从活的言语中孤立出来,同时也就取消了语言学存在的权利,因为对已经一般的东西还有什么科学研究的必要呢?[⑭]我们认为,正是因为语言与言语中的语言成分是一般与个别的关系,而这一般的语言即作为本质的东西存在于言语之中,所以我们必须通过言语作品表达形式的分析来认识语言体系及其在言语交际中的运用,来从事语言科学的研究,建立语言科学。把语言看成一般的、本质的东西,会不会把语言从言语交际中孤立出来,成为悬空的、与现实无涉的东西呢?数学上研究的数量关系和空间形式可以说是最一般最抽象的了,但是这种最一般最抽象的数量关系和空间形式是不是与现实无涉呢?既然数学可以从一般的现实世界中抽取数量关系和空间形式作为研究对象,建立起数学来,语言学为什么不可以从言语交际中抽取"语言"作为自己的研究对象,建立语言学呢?

怎样理解语言跟言语中语言成分间的一般与个别、本质与表现的关系呢?能不能把语言的抽象跟数学的抽象相等同呢?这不仅关系到言语跟语言的关系问题,而且关系到语言的本质问题。丹麦的语言学家叶尔姆斯列夫(Louis Hjelmslev)认为语言形式具有"代数的"性质,可以随意代入任何的实体。他认为实体并不是语言形式的必要的前提,语言形式倒是实体的必要的前提。[⑮]这样,唯心主义者叶尔姆斯列夫就像柏拉图一样,把一般与个别的关系颠倒过来,同时也就把语言和言语的关系割裂开了。语言的形式是不是跟代数的符号和公式一样,只表示可以填入任何实体的某种"关系"呢?叶尔姆斯列夫曾经举法语的 r 作为例子,说明作为语言单位的 r 跟这个音的具体发音特征没有关系,它只是由它在法语的语音系统中跟其他音的区别、对立和相互关系来决定的。[16]这种理解显然也是不正确的。一种语言的某一个音位,不管它有多少不同的变体,也不管它在实际发音时有多少不同的表现,作为一个音位,绝不是单纯由它所处的地位及其与其他音的相互关系决定的。音位之所以能成为区别和表达不同词或词素的声音信号,就在于它在声音特征上与其他音位有区别。离开这一共同的特征,以及对这一共同特征的分析认识,也就无所谓语言和语言学里的音位了。英国语音学家琼斯(D. Jones)曾举了一个俄语 a 音位和 e 音位在发音上互相重叠的例子。例如在一个词的开头的 e 音位的发音是一个比 ε 还要开的略为后缩的元音,这个音正处在 a 音位各种变体的发音范围之内。因此,从发音上讲,这两个音位互相重叠起来。[17]这是不是说,音位之间的区别与声音特征没有关系呢?不是的。在俄语里,前中元音音位 e 和前低元音音位 a,是以它们发音时舌位的高低互相区别、互相对立的,这也同时形成了它们之间的声音特征上的对立。在同样的语音环境中,二者在声音上的区别是很明显的,而且作为两个不同的音位,也总是以它们之间由于舌位高低而形成的语音差别互相区别开的。例如在 неть 和 нять 中,同处于两个软辅音之间的 e 和 a 就有明显的区别:一个是中元音[e],一个是低元音[a]。对于其他的音位也可以这样说。

有人把集体的"语言"看作是各个不同的个人的"言语"中的一个平均数,把音位看成各个变体的平均数。[18]这种看法也是值得商榷的。仍以上举音位为例。音位 a 在俄语里不能简单地看作言语中各种变体的平均数,而应看作一切 a 的变体的一般的、本质的特征的代表:前低元音。正是这个"前低元音"的本质属性使它与"前中元音 e"、"后中元音 o"、"央高元音 ы"等等互相区别开。所有 a 的变体虽在实际发音上有很大的距离,但是因为它们都具有 a 音位这一本质的特征,并以此与其他音位的变体互相区别开,因此它才成为 a 音位的变体的。

2.5　在言语里,还包含着斯米尔尼茨基所谓的"超语言的剩余部分"。[19]这些现象有的是所谓语言材料的误用和创新,有的是所谓个人发音上的特点,有的是所谓为了增强表达效果对语言材料某方面特点的利用。这些言语现象跟语言的关系,虽然跟音位变体与音位的那种个别与一般的关系不同,但是因为它们都属于言语作品的表达形式方面的现象,所以它们与语言的关系仍是个别的表现与一般的本质之间的关系。它们与语言的发展具有直接的关系。不仅言语是在语言的"规范"下进行的,语言也在言语中获得补充和发展。言语中的语言成分的不同表现,语言成分的变异和创新,语言成分的特殊利用,甚至语言成分的误用,都可以逐渐积累而进入语言,构成语言的组成部分。

语音的演变,音位上的历史交替,就常常是由音位在言语中的变体,音与音的相互影响而逐渐积累形成的。许多新词和新的语法形式也常常是由个别人或少数人的创新而发展起来的。积非成是的演变过程,在语言的发展中也不是仅见的现象。一般即存在于个别之中，个别的发展变化，个别的合乎一般发展方向的变化，就会逐渐成为普遍的变化，成为一般的东西，而丰富和发展了一般。不合一般发展方向的变化，就会逐渐萎缩而消失。语言的发展与言语的发展的关系就是这样。但是这已经属于语言发展的问题而超出我们这篇文章讨论的范围了。

三、言语与语言学对象问题

3.1　讨论言语与语言学对象问题，必须先把"对象"的两种含义弄清楚。科学研究的对象不是指研究时进行分析的具体事物，而是指所要研究的某一现象领域以及这一领域的某一方面。例如心理学要研究人，但是人不是心理学的研究对象，心理学的研究对象是人的心理活动。弄清这一点是很重要的，因为语言学研究对象的讨论中就曾有人因为没有分清这两种不同"对象"的含义而纠缠不清。

"言语"是语言学所要分析的具体事物，是语言学研究的素材，这是毫无疑问的。但是语言学不能以"言语"作为自己的研究对象。正像我们在第一部分分析的那样，言语过程中的生理、心理活动过程就不是语言学研究的对象，而是言语生理学和言语心理学研究的对象。言语所要表达的具体思想内容，也不可能作为语言学的对象，因为言语的内容几乎包括了人类知识的一切领域。非言语性的情景当然更不是语言学研究的对象了。什么是语言学研究的对象呢？语言学研究的对象只能是作为交际和交流思想的工具、作为言语作品表达形式的组成因素的语言。

　　这样说来,语言学是不是只是通过分析、综合、抽象、概括的过程,从言语作品的表达形式中研究语言的结构体系呢? 语言结构体系的研究的确是语言学研究的中心,可是这并没有包括"语言学是以语言为研究对象的"这句话的全部内容。"语言"不仅有它的结构体系的一面,而且还有它的历史地发展变化的一面,也还有它的在交际中的运用的一面。不过不管是历史地发展变化也好,在交际中的运用也好,我们研究的都还是"语言"。"语言的运用"已经属于言语的范围,但是这只是研究言语中的"语言"的运用,而不是研究整个的言语。从我们对言语的理解来看,与其说"语言学主要是研究语言,但同时也研究言语",或"语言学既研究语言,也研究言语"①,不如说"语言学是以语言及语言的运用为研究对象的"②,因为后面这个定义讲得比较精确。

　　提出语言学不只研究语言,同时也研究言语的人,主要的理由是语言学要联系实际,因而要研究语言的运用,而语言的运用就是言语,所以语言学同时要研究言语。从语言学发展的现状看,提出这个问题是必要的,因为关于语言运用的研究还没有引起语言学家的足够重视,同时很多语言学家也还不肯承认语言运用的研究应该列入语言学的范围。但是从语言学是以语言为研究对象的实质来看,语言的运用,应该像语言的历史一样,包括在语言学研究对象的语言的范围。说语言学研究的是"语言及语言的运用",除去为了强调语言的运用外,这种说法是多余的。语言的本质,语言的结构,语言的历史,语言的运用,都是语言,原则上是不必列举的。至于因为语言学要研究语言的运用,因而认为语言学不只要研究语言,同时也要研究言语,那就不仅是累赘,而且会引起认识上的混乱了。

3.2 关于语言学如何研究语言和语言的运用,也还有值得讨论的地方。

语言学要研究语言的本质和结构体系,研究语言的发展。语言不是孤立地、悬空地、现成地存在着。语言存在在具体的交际活动中,存在于与所表达的具体思想内容互相结合的言语作品中。因此,在研究语言的本质、结构和发展的时候,就必然要牵涉到使用语言的人民的历史,牵涉到人的思维、思想和认识的内容。所以如此,是因为世界上的一切现象都是在互相联系、互相制约中存在着。但是不管我们在分析研究语言的本质和结构体系时会牵涉到什么问题,我们探讨的中心只有一个——语言,而且只有当这些现象对了解语言的本质、结构体系和历史发展有关的时候,我们才谈到它。语言学对于语言运用的研究也是这样。

运用语言的目的在于交际和交流思想;运用语言的结果就是言语作品。语言是在一定的情景下,为了表达一定的思想感情而运用的。因此,研究语言的运用必须结合运用中的语言所表达的内容和所处的情景来研究。离开具体的内容和情景,就无法探讨各种运用语言的特点(例如不同的语体风格和个人风格)所以形成的原因,也无法说明运用语言的好和坏的道理。语言学从这个角度来分析的时候,研究的是怎样运用“语言”工具来表达思想感情的问题,而不是一般地研究思想感情如何表达的问题,更不是研究思想感情本身。根据这种理解,我们既反对在语言运用中拼命寻找像语法一样的那种普遍运用的形式规律,②也反对那种不分内容和形式囫囵吞枣地研究“语言运用”的方法。关于前一点不必多说,关于后一点我们想作一些简单的分析。

怎样表达,怎样表达得更好,有些是语言运用问题,有些不是语言运用问题。写一篇论说文,怎样安排论点,怎样使层次更加清楚(不是利用语言手段,如连接词之类),这是逻辑问题,不属于语言运用的范围。写一篇小说,怎样安排结构,怎样刻画人物,这是文学构思问题,也不属于语言运用的范围。写好一篇理论文章,必须立场观点正确,必须对讨论的问题有深入的观察分析,掌握充分的材料。写好一篇小说,也要有正确的立场观点,要能深入生活,看得深,见得远。这对写好文章来讲,都是必要的条件,但是这也同样不是语言学所要研究的语言运用问题。这些好像是老生常谈。可是事实上在这次有关语言和言语问题的讨论中,在语言学研究对象问题的讨论中,都曾有人由于不了解这中间的区别而把语言学的对象不必要地加以扩大,因而使语言学失去了自己的明确的对象。②

关于语言运用的研究,一般可以包括在修辞学和风格学这两个语言学的分支中。

附　注

① 参看方光焘《论语言和言语问题讨论的现阶段》,《江海学刊》1961 年第 7 期,27—34 页。又,《文汇报》1962 年 3 月 4 日 1 版关于上海语文学会 1961 年年会的报道。

② 参看方光焘、施文涛《言语有阶级性吗?》,《南京大学论坛》1959 年第 4 期,24—26 页。又,高名凯《论语言与言语》,《中国语文》1960 年 1 月号 13—19 页,2 月号 78—85 页。

③ 除上举诸文外,还可以参看李振麟、董达武《关于语言和"言语"的若干问题》,《学术月刊》1961 年第 1 期,44—58 页;田茹《有关语言和言语的几个问题》,《中国语文》1961 年 2 月号,9—13 页;等文。

④ 参看 А. И. 斯米尔尼茨基《语言存在的客观性》(《语言学论文选译》第 5 辑,113—140 页)及《语言和言语》(《语言学译丛》1960 年第 2 期,18—21 页)二文。特别是后面那篇文章中讲的"言语作品"。我们这里讲的言语作品指的是言语活动所形成的个别的产物,与斯氏讲的言语作品略有不同。

⑤ 参看上举田茹论文。

⑥ 斯米尔尼茨基语,见《语言学论文选译》第 5 辑,120 页。斯氏这里所谓"言语"相当于我们讲的"言语活动",即狭义的言语。整个言语交际,包括言语活动及进行言语活动时与言语交际有关的情景在内,是广义的言语。这里用的是言语的广义。

⑦ 关于"述谓性"这个术语,参看 А. И. 斯米尔尼茨基《句子,句子的主要成分》,《语言学译丛》1962 年第 2 期,22—24 页。

⑧ 参看 С. Л. 鲁宾斯坦《论语言、言语和思维的问题》,《语言学译丛》1959 年第 1 期,44—47 页。

⑨ 参看上举方光焘文,《江海学刊》1961 年第 7 期,32—34 页。

⑩ 参看 Н. Н. 阿摩索娃《论词的词汇意义》,《语言学译丛》1958 年创刊号,34—42 页。

⑪ 参看高名凯《论语言与言语》第 4 节,《中国语文》1960 年 2 月号 78—81 页;又,《再论语言与言语》第 3 节,《中国语文》1961 年 3 月号,14—16 页。

⑫ 参看上举 А. И. 斯米尔尼茨基《语言存在的客观性》,方光焘《论语言和言语问题讨论的现阶段》,李振麟、董达武《关于语言和"言语"的若干问题》及戚雨村、吴在扬《语言、言语及其相互关系》(《学术月刊》1961 年第 1 期,59—65 页)等文。

⑬⑭ 参看上举李振麟、董达武的论文。

⑮ 参看 Louis Hjelmslev《语言理论导论》英译本（Prolegomena to a Theory of language,1953 年)67 页。

⑯ 参看 Louis Hjelmslev《语言与言语》一文。俄译文题为 Язык и речь,见 В. А. Звегиндев 编 История языкознания ⅹⅰⅹ и ⅹⅹ веков 第 2 卷,1960 年,

59—61页。

　　⑰ 参看 D. Jones：The Phoneme：Its Nature and Use, 1950 年，95 页。

　　⑱ 参看《格拉乌尔院士在华学术演讲集》,14 页。

　　⑲ 参看上举 A. И. 斯米尔尼茨基论文《语言存在的客观性》。

　　⑳ 参看厦门大学中文系语言教研组《"毛泽东思想与语言学问题"教学大纲（初稿）》,《厦门大学学报（社会科学版）》,1961 年第 1 期,132—142 页；朱星《论言语的阶级性》,《中国语文》1960 年 3 月号,126—128 页。

　　㉑㉓ 参看王德春《语言学的新对象和新学科》,《文汇报》1963 年 3 月 1 日 3 版。

　　㉒ 例如像修辞格中比喻格的"甲像乙"（明喻）、"甲是乙"（暗喻）一类的形式。

　　（原载《杭州大学学报·人文科学版》,1962 年第 1 期）

说"省略"

一

1.1 在不同的语言平面上,"省略"有不同的含义和内容。从不同的角度,运用不同的方法,对同一语言现象,在"省略"的问题上,也可以有不同的解释。从语言的表层结构,即从言语中实际存在的句子的结构看,语音的省略不同于语法的省略,语法的省略不同于语义的省略。但是,有时语音、语义的省略也会涉及语法省略问题。例如:

(1) 今儿个也不是又上哪儿疯去了。(老舍《龙须沟》)

这里的"不是"是由"不知是"脱落了"知"形成的。这种语音上的脱落痕迹可以从"不知道他来不来"中的"不知道"在快说中发音为[pur⁵¹ tao⁵¹]中看出端倪。这是语音省略影响语法结构的例子。再如下面这个句子:

(2) 我写了信了。

宾语"信"话题化以后,变成:

(3) 信我写了。

这是由于北京话动词后的时体助词"了"和句尾语气助词"了"因为发音相同而紧缩为一个"了"。它带有明显的时体助词的功能。试比较：

  （4）我写信了。   （5）信我写了。

（4）有表示我"开始写信"的意思，（5）却只能解释为"写信"的动作已经完成。这也是语音的省略影响语法的例子。

  1.2 下面是一个语义省略影响语法结构的例子：

  （6）张老师教语文。

"教"一般要带双宾语，（6）里的"教"却只带一个直接宾语。显然，从语义上讲，这里的间接宾语由于泛指而省略了。再如：

  （7）高秀才 大伙儿看怎么办？

    高永义 我跟他们拼了！

    高秀才 那没用！

    赵大娘 到县里说理去，打官司！……

    高秀才 我问问你们：赵大娘，你敢干？

    赵大娘 打官司！

    高秀才 高大嫂，你？

    高大嫂 打！ （老舍《神拳》）

这里的"到县里说理去""打官司""打"几个句子，从语义讲有省略，但是它们同"张老师教语文"中省略间接宾语，"我跟他们拼了"中省略表示时间的状语有没有区别呢？语言中语义省略同语法的关系是一个复杂问题，下面我们还要讨论。

  1.3 再看看对同一语言现象可以有不同解释的问题。例如（7）里的"打官司！"这句话，单就言语中出现的这个句子从形式上分析它的结构，是一个由动宾短语构成的句子。在这个平面上，从这个角度来分析，这个句子无所谓省略问题。但是如果我们研究的是语言的基本句型及其在言语中由于不同的语用目的而产生的变化,那么这是一个对话中依靠语境的补充作用而省略了主语以及能愿动词"敢"的省略句。再如:

　　(8) 刚才我叫账房汇一笔钱到济南去。(曹禺《雷雨》)

这个句子从它的深层语义结构看,"账房"是"叫"的"对象",而"汇一笔钱到济南去"是在"我"的影响下"账房"所实现的一种行为。在这种深层语义结构里,"账房"一方面是"叫"的对象,即通常讲的"逻辑宾语",一方面又是"汇一笔钱到济南去"的主动者,即通常讲的"逻辑主语"。深层结构中的两个"账房",在表层结构中"合二而一",这里有了"省略"。但是单从语言的句法结构规律讲,(8)是现代汉语的一种特殊的结构形式,无所谓省略,而且事实上也不能出现一个做"叫"的宾语、一个做"汇一笔钱到济南去"的主语的两个"账房"。

　　1.4　为了进一步认识各家关于语法省略观点的分歧所在,认识语法省略问题的实质,我们从以下三个方面谈谈"省略"问题。

二

　　2.1　先谈谈意念上的省略。毛泽东同志《新民主主义论》里有这样一句话:

　　(9) 一句话,我们要建立一个新中国。

我们知道,每句话都是在一个特定的时间和一个特定的地点讲的。假如一句话讲的就是当时、当地的情况,句子里一般不需要出现表示时间、地点的语言成分。但是离开当时的说话环境,这些成分是不可少的。(9)这句话,对后人来讲,就要补上"一九四〇年"这个时间和"延安"这个地点,这句话才是完整的。下面这句话也有类似情况:

(10) 大嫂,我们愿意帮助您!(老舍《女店员》)

单从意念的省略讲,(9)讲的"新中国",(10)讲的"愿意帮助您",也还是省略形式,因为这里边还包含着"什么样的'新'中国"和"愿意帮助您干什么"。有人说,没有人能够或者需要把一句话所要表示的意思全部用语言表达出来,是有道理的。例如下面这个句子:

(11) 我的孩子把邻居的玻璃打碎了。

从意念上讲,至少省略了我的"哪一个"孩子,男孩子还是女孩子;我的"哪一个"邻居,左邻还是右邻;邻居的"什么"玻璃,窗玻璃还是门玻璃;"用什么"打破的;破得"怎么样"等等。意念上的省略是句子的语义分析问题,是语义学的问题,不是语法学的问题。只有当这种省略涉及到句法的时候,才进入语法的领域。

再看下面的例子:

(12) 甲　你不要来了!

　　　乙　我非来!

(13) 凤姐笑问道:"这么大热的天,谁还吃姜呢?"(《红楼梦》第三十回)

例(12)的"我非来"是"我非来不可"的省略说法,因为已经成了一种习惯说法,令人感到"非"本身有"一定"的意思,结构也改变了。① 例(12)凤姐说的话有"言外之意",所以连当时在场的人都没有理解,以为是讲真有人"吃生姜"。其实凤姐的主要意思在于后面没有说出来的那句话:"怎么这样辣辣的呢?"凤姐是用后面没有说出的那句话来讽刺宝玉和黛玉的。这些都是语言中的意念的省略。

2.2　黎锦熙先生在《新著国语文法》里讲的"对话时的省略""自述时的省略""承前的省略",以及"论理的主语之省略""省略主语和省略述语的平比句"等等的所谓"省略",都可以归入意念的省略这一类。当然,正像我们前面讲过的,意念的省略同语法的省略是一种交叉现象,并不是所有意念的省略都同语言的句法结构无关。

三

3.1　下面我们着重谈谈结构省略问题。

结构上的省略绝大部分同时是一种意念上的省略。但是结构上的省略必须在语言的表层结构中有形可寻,并且是语言中的一种特定的格式。我们重新看看上面的例子:

(14)刚才我叫账房汇一笔钱到济南去。

从深层语义结构看,是"我叫账房","账房汇一笔钱到济南去"。根据现代汉语句法规则,表层结构中这两个"账房"必须合二而一,表现为"我叫账房汇一笔钱到济南去"。虽然在实际语言中没有同时出现两个"账房"的格式,但是在这种所谓"兼语式"结构中,由于"账房"前后出现两个谓词性成分,而它一方面同前一个谓词性成分构成动宾关系,一方面同后一个谓词性成分构成主谓关系,这就是这种省略在表层结构中形式上的反映。把这种省略同纯粹的语义省略区别开来,不但可以说明这两种省略的差别,而且可以对这种结构的特点作出合理的解释。我们知道,现在大多数语法著作认为"账房"是"兼语",它同"叫"构成动宾关系,同"汇一笔钱到济南去"构成主谓关系,整个结构是一个复杂的短语,叫"兼语短语"。而《新著国语文法》认为"账房"是"叫"的宾语,后面的"汇一笔钱到济南去"是宾语的补足语。不过它在说明这种结构的特点时,也是从"账房"的兼格的特点来讲的。②假如我们从结构省略的角度说明了这种结构的特点,把它分析为"主—〔谓—兼—谓〕"还是分析为"主—谓—宾—补"倒是一个次要问题。再看看下面的例子:

　　(15)吓得大姐浑身发抖。(老舍《正红旗下》)

　　(16)合身熨贴的淡黄色尼龙短袖衫、咖啡色的旗袍裙使她显得落落大方。(《小说选刊》,1984年1月号)

　　(17)她……憋得喘不过气来。(柳青《创业史》,第二部上卷)

这几个句子都有出现在"得"后的结果补语。(15)的补语是一个主谓短语,主谓短语的主语同全句主语不一样。(16)的"得"后的结果补语是一个谓词性成分,它的逻辑主语就是"使"的宾语"她"。(17)的"得"后结果补语也是一个谓词性成分,它的逻辑主语就是全句主语。为了认识这类句子同它的相应句式的关系,应该把这类句子的补语都看成主谓短语,不管这个主谓短语的主语出现不出现,或者出现在什么地方。下面是(15)至(17)的几个相应的句式:

　　(15a)把大姐吓得浑身发抖。

　　(15b)吓得大姐浑身发抖。

　　(16a)合身熨贴的淡黄色尼龙短袖衫、咖啡色的旗袍裙显得她落落大方。

(16b) 她的合身熨贴的淡黄色尼龙短袖衫、咖啡色的旗袍裙显得落落大方。

(17a) 憋得她喘不过气来。

(17b) 把她憋得喘不过气来。

(16a) 的形式一般不说。这是因为"显"是表示"呈现"的动词,同"吓"和"憋"那类动词不同。假如我们在句子开头加上"她的",就比较好一点。不过从深层语义关系看,(16a)是成立的。

还有所谓紧缩结构,如"他越走越快""一进门就叫起来了"也是这种类型。再如:

(18) 二爷,您看我说的对不对?(老舍《茶馆》)

(19) 后院里,人家正说和事呢,(没人买您的东西!)(同上)

这两句话里的"我说的"和"后院里",《新著国语文法》都解释为"省略"形式,一个省略了中心语"话",一个省略了介词"在"。这些算不算结构省略呢? 先看后一个例子。我们把它同下面的句子比较一下:

(20) 人家正在后院里说和事呢,……

(21) 人家在后院里正说和事呢,……

(22) 在后院里,人家正说和事呢,……

把(20)(21)这类句子中的"在后院里"话题化,移到句首,有两种形式,一种是(22)的"在后院里",一种是(19)的"后院里"。(19)同(20)(21)比,话题有了转移,意义自然也有了细微差别。(19)同(22)比,因为介词的出现不出现,在表意上也并不完全相同。单就这一方面讲,(19)的"后院里"不能说是有什么结构上的省略。但是如果从这几个句子之间的结构上的联系讲,把(19)的"后院里"看成介词短语状语"在后院里"的省略了介词的话题化的形式,更可以看出这些句子的结构和语义之间的联系,对语法规律作出更全面、更合理的解释。

至于(18)里的所谓"的"字结构"我说的",也可以从两方面来看。一方面,作为一个名词性的特殊结构,它相当于一个名词,似乎并无结构上的省略问题;但是,另一方面,在一些歧义形式里,我们又不能不把它看成一个结构上的省略。例如:

(23) 他是买菜的。

(24) 买菜的是这只篮子,买肉的是那只篮子。

(25) 买菜的是这个,买肉的是那个。

(26) 这是买菜的篮子。

(27) 这是买菜用的篮子。

(28) 这是买菜的篮子。

(23)和(24)里的"买菜的"由于出现的语言环境不同,所指也不一样,一个指"买菜的人",一个指"买菜的篮子"。(26)和(27)也由于有关语言成分的补充作用,区别也很明显。但是(25)里的"买菜的",就既可指"买菜的人",也可指"用来买菜的物"。这就说明,"买菜的"这个"的"字结构是某种结构的省略形式。不从结构省略角度就不能说明这种歧义现象及其他有关问题。

3.2 下面这些句子也只有从结构省略的角度才能作出明确的句法分析:

(29) 除非你来,我不去!

（30）你真是越忙越打岔！

（31）请问这个字怎么念？

（29）的"除非"是"只有"的意思。这句话的一般说法是"除非你来，否则，我不去！"像（29）里"除非"的这种用法，对照一般说法，就不仅是意念上的省略，而且是一种结构省略。可能由于"除非"在这种省略格式中的特殊用法，使这个带有双重否定成分的词变成只表示"除去"的意思。例如在"他除非不出去，一出去就是一天"。③这句话里，就是这样。（30）的"越忙越打岔"一般指"人家越忙你越打岔"，但也可能指"你越忙你越打岔"。不管这个格式是否有两种解释，这种结构都必须从结构省略来加以分析说明。（31）的"请问"是个固定格式。即使"请问"的内部结构不加分析，这里也仍然有结构省略问题。

从上面的分析可以看出，"省略"在句法结构中是经常碰到的。这是语言表达形式简洁化的必然产物。从语法研究的角度看，也需要运用"省略"的说法对某些结构加以解释，把一些相关的句法结构形式联系起来。

四

4.1　最后，我们谈谈交际上的省略。

交际省略就是平常讲的语境省略。《新著国语文法》讲的"主要成分的省略"大部分指的是交际省略。交际省略一般都是可以根据上下文明确地添补出来。值得注意的是，这里讲的语境省略虽然也是一种意念的省略，但它同一般意念省略不同，它的省略部分是出现在语言的上下文中,而不是由于非语言的环境(自然的,社会历史的,个人经历的,等等)的补充作用而没有说出或不需要说出的部分。例如:

(32)周朴园　你不知道这间房子底下人不准随便进来么?

鲁侍萍　不知道,老爷。

周朴园　你是新来的下人?

鲁侍萍　不是的,我找我的女儿来的。(曹禺《雷雨》)

这里下加着重号的部分,都是省略句。这些省略部分可以根据上下文明确地补出来。例如,第一句是"我不知道这间房子底下人不能随便进来";第二句是"我不是新来的下人"。

4.2　交际省略一方面同意念省略有联系,一方面同结构省略有联系。从表达讲,交际省略也是一种意念上的省略,而一般的意念省略也同交际上的需要有关。不过它们的区别还是明显的。交际省略限于可以由上下文明确补充的成分。从句法讲,交际省略也是一种结构省略,因为它总是省去了句子的这一部分结构成分或那一部分结构成分,改变了句子的表层结构形式。但是这种省略后的形式不是语言中的特定的结构形式,一般情况下它的省略部分是可以而且必须补充的。不过有时结构省略和交际省略很难分别。例如《新著国语文法》讲的数量词后省略中心语的那种形式,如"三个""五只",虽然也是现代汉语的一种特定的结构形式,但在大多数情况下是一种交际省略。

五

关于省略同句法结构的关系,可以概括为以下三点:

第一,我们把上面三种省略都作为"省略"看待,是从句子的语义结构同句子的表层结构的关系的角度讲的。从这个角度讲,不管是意念上的省略,结构上的省略,还是交际上的省略,都是深层语义结构中的某些成分在表层形式中被省略了。如专从表层形式看,只有交际省略才是语言成分的省略。而结构省略则只能像吕叔湘先生说的,是一种"隐含"而不是省略。④至于单纯意念上的省略,是语义学或自然语言逻辑研究的对象,同语法结构分析没有直接关系。

意念的省略也可以叫做语义省略,属语义学范围;结构的省略也可以叫做语法省略,属语法学范围;交际省略也可以叫做语用省略,属语用学范围。

第二,在上述三种省略中,意念上的省略和交际上的省略是大家所公认的,争论主要在结构上的省略。着重从语言的表层形式看问题的语言学家,认为无所谓结构省略问题。着重从语言的深层语义结构看问题的语言学家,把很多结构形式都看成省略,而且常常把三种省略混在一起,统统看作语法上的省略来处理。我们认为,对这个问题的全面的理解应该从深层和表层的关系来看,即从语言形式表达思想内容的关系来认识。像兼语结构、紧缩结构、"的"字结构这类结构的特点就在于它们用一种特殊的、省略了某些语义成分而又在表层结构中有形可寻的形式表达复杂的思想内容。不管站在什么语法理论的立场上,要对这些结构给以说明,都必须透过它的表层结构,从表层结构和深层结构的关系入手。这一点正好表明,这类结构是一种结构上的省略形式。

第三,在语法上怎样理解交际省略,有种种不同观点。观点分歧的原因主要在于混淆了语言和言语两种不同现象,混淆了句子的句法分析和交际分析两个不同领域。传统的句子成分分析法基本上是一种交际分析,是把句子放在一定的语言环境中,从它的表意功能来分析的。如果是这样,句子的成分分析就必须联系上下文,考虑它的交际省略。例如:

(33) 警察　辛苦了,诸位! 沟挖通了?

众人　通啦!　　（老舍《龙须沟》）

(34) 二春　行啦! 人家要问您,您说什么呀?

大妈　我——

二春　说什么呀?

大妈　沟修好了,我可以接姑奶奶啦!　　（同上）

(33)的"通啦"是"沟挖通啦"的省略形式。对这个句子进行交际分析,这是一个省略了主语和动词谓语而只剩下补语的主谓句,"通"是补语。(34)的最后一行是"我说"后面的直接引语,是宾语。这种句子成分分析法同对这两个句子所进行的语言结构分析是不同的。应该把句子成分分析法作为句子的交际分析的模式,联系语言的上下文确定言语中的句子的语言结构形式,然后再从语用角度说明二者的关系。

一个言语中实际存在的句子,可以从四个角度来研究它的结构:(一)单就表层结构本身分析它的结构,例如"说什么呀!"是动宾结构。(二)从交际的角度,联系语言上下文分析它的结构。例如"说什么呀!"是省略主语"您"的主谓句,"说"是谓语,"什么"是宾语。(三)从表层结构同深层结构的联系分析它的结构。例如"连我也不认识!"有两种解释。单从表层结构分析,这两种解释的语法结构是相同的。如果联系到深层语义结构,这两种解释下的同一个形式的句子却是两种不同的结构。一种解释中的"我"是深层结构中的主动者,同时在表层结构中省略了表示"认识"的对象成分;一种解释中的"我"是"认识"的对象,在表层结构中由于强调而话题化,提到句首,并省略了表示"认识"的主动者成分"他"。(四)从语用的角度,联系句子的表达效果,分析它的结构。我们上面讲过,这在一定意义上已经超出语法的范围,进入修辞的领域。这四种分析属于语言的不同平面。在语言的不同平面上有不同的结构和不同的省略问题。只有分清语言的不同层次及其结构,才能避免混淆,比较全面地认识语言的结构。

附　注

① 参看黎锦熙《新著国语文法》138 页。商务印书馆 1934 年版。
② 同上,22 页。
③《现代汉语八百词》103 页。商务印书馆 1980 年版。
④《汉语语法分析问题》67—68 页。商务印书馆 1979 年版。

(原载《中国语文》,1985 年第 6 期)

句法分析的三个平面与
深层结构

一、平面与句法分析的三个平面

1.1 语言是一种极其复杂的交际载体,一种极其复杂的符号体系。语言本身的特点决定了分析语言不可能在一个平面上进行。现代许多语言学理论的差别常常表现在如何划分语言的平面以及各个平面之间的关系的理解上。索绪尔(F. de Saussure)的语言符号学对近代语言学的发展产生过深远的影响。当代许多语言学家接受了哲学符号学家皮尔斯(C. S. Peirce)和莫里斯(C. W. Morris)的观点,认为应该分清语言的句法、语义和语用三个平面,因而形成了语言学的三个主要分支:句法学、语义学和语用学。尽管语义学的研究还不够深入,语用学的研究还在形成阶段,从三个不同平面的区别和相互联系探讨作为交际手段的语言的规律,却是当代语言学的重要趋势。其实,从不同平面对语言进行描写,并不仅仅是近代语言学的特征。传统语言学在描写语言的时候,或者分为语音、语法、修辞三个部分,或者分为语音、词法、句法三个部分,或者分为语音、词汇、语法、修辞四个部分,或者分为词汇、语法、修辞三个部分,都具有不同平面的性质。在上述的不同平面里,还可以作更小平面的划分。例如,在语法里分出词法和句法,在句法里分出单句和复句。不过在这些以及许多语言学家各式各样的对语言的不同平面的划分里边,句法、语义、语用三个平面的划分是最根本的,也是最概括的划分。本文不想谈整个语言分析中的三个平面的问题。我们这里想做的只是联系语言的句法、语义、语用三个平面谈谈句法分析的三个平面的问题。我们认为这是一个需要探讨,也是值得探讨的问题。说它是需要的,因为过去有些语法研究在传统语法或某些语法理论的影响下,没有从三个平面的角度对句法规律进行分析,往往不能全面认识句法规律。说它是值得的,因为句法是语法,也是整个语言规律的核心。对于这个问题的理解,往往涉及对整个语言的特点以及对语言学的性质和任务的理解。

1.2　什么是句法分析的三个平面? 句法分析的三个平面不是一般讲的语言分析的三个平面。从句法角度讲,这三个平面不能叫句法平面、语义平面、语用平面,而应该叫句法平面、句法语义平面和句法语义语用平面。也就是说,从句法角度讲,就一个"句子"来说,有纯粹句法形式这个平面;有包含具体的词语在内的具有具体意义的平面;有出现在实际交际过程中具有交际指称作用的平面。凡是出现在实际话语中的"句子",都属于句法语义语用平面,它的句法结构都受到句法的、语义的、语用的因素的制约,它的句法结构都必须从句法的、语义的和语用的三个平面加以分析,加以解释。为了叙述方便,我们先举几个例子:

(1) 过去在北京啊,做小买卖的吆喝最多——比如说卖糖葫芦的,东西南北城还都不一味儿。

　　(2) 我的话还没说完,我的手就被他的一双大手紧紧握住了。

　　(3) 今天我写了那封信。

先看例(3)。在具体的交际中,"今天""我""那封信"和"写",以及整个句子,都指称现实中的时间、人物、事物和事件。这个句子从句法上讲,可以说"今天我写了那封信"。也可以说"我今天写了那封信"。这句话所以说成(3)的形式,是实际交际,即语用条件决定的。从这点讲,这个实际话语中出现的句子属于句法语义语用平面。它不仅受现代汉语句法规律的制约(如"状＋主＋动＋宾"的句法规律;时间名词可直接修饰动词、作句首状语等词法规律),受语义的制约(如"写"和"信"相搭配,"我"和"写"相搭配),而且受语用条件的制约(如"今天"移前,话题化)。如果把这句话从实际的话语中抽象出来,就成为没有实际指称作用的抽象的句子:

　　(4) 今天我写了那封信。

这个句子中的"今天"等等只具有词所具有的一般的抽象意义,而没有具体的指称意义。这时这个句子属于句法语义平面,它的句法结构只受句法结构规律和语义的制约,而与语用因素无关。如果把这个句子从具体的词语中抽象出它的纯句法形式,就是:

　　(5) 名$_{时}$ ＞ (名◯ (动⊙名))[1]

这就是纯粹的句法平面。这里只有词类范畴及其由组合层次和组合关系构成的句法结构关系。这个形式就只受句法规律的制约了。从(3)到(4)到(5)是语法分析中的抽象过程,而从(5)到(4)到(3)则是语句生成中的实现过程。如果我们关于三个平面的理解到此为止,那么,可以说凡是现实话语中出现的句子都可以在句法

平面找到相应的抽象的句法形式。例如,同(5)相并行的还有:

(6) 名$_1$⊖(名$_{时}$＞(动⊙名$_2$))

(7) 名$_1$⊖(名$_{时}$＞((把：名$_2$)＞动))

等等。又如,例(1)中的"做小买卖的吆喝最多"这个小句,根据它出现的具体语境;它的抽象的句法形式是:

(8) 名$_{"的"字短语}$⊖(动⊖(副＞形))

而例(2)的最后一个分句的句法形式是:

(9) 名⊖(副＞((被：名)＞(副＞(动＜动))))

1.3　上面的分析是在传统语言学的基础上,从不同的抽象层次来区分句法分析的三个平面的。从传统语法起,句法分析总是要找出句法结构的抽象的类型,对具体的句子讲分析的目的在于辨认它的句法结构,辨认它的句型。但是实际上句法的三个平面之间的关系并不这样简单。不过传统的句法研究常常连这样三个不同层次的抽象也没有明确地加以区分。许多语法分析并没有明确的抽象的句型概念,同时又常常把句法语义语用平面同句法语义平面混在一起,没有明确区分具体的句子和抽象的句子的观念。这就使句法研究产生许多不必要的纠缠。我们再重新看看上面的(8)。这个形式是从(1)的一个分句

(10) 做小买卖的吆喝最多

抽象而来的。如果把这个小句用词类范畴的线性排列来表示,它的形式是:

(11) 动＋形＋名＋的＋动＋副＋形

它们之间结构关系有歧义:

(12) ((动⊙(形＞名))←的)⊖(动⊖(副＞形))

　　(13)　(((动⊙(形＞名))←的)＞动⊖(副＞形)

　　(14)　(((动⊙(形＞名))←的)⊖动)⊖(副＞形)

按照(12)(13)的分析,这里动词"吆喝"已经名词化,不用作典型动词。因为按照现代汉语的句法规律,"动词"后面的成分或者是宾语,或者是补语。而这里的"最多"既不可能是宾语,也不可能是补语,它是对前面的某个成分的表述,是谓语。(13)把它看作前面的偏正短语的谓语,(12)把它看作前面名词化了的动词"吆喝"的谓语。(14)的分析不同。(14)把"吆喝"仍看作典型的动词,是对前面的"的"字短语的表述,而"最多"又是对前面这个小句的表述,整个句子是主谓短语做主语。就这个具体的分句来讲,如何分析,取决于它出现的上下文,取决于它表示的指称含义,也就是取决于语用条件。离开具体的语境,(10)是一个歧义结构。也就是说,(10)作为一个句法语义平面的抽象的句子,是歧义的,没有具体指称作用的。(10)作为(1)里的一个具体的分句((1)是实际话语中的一个句子),它不是歧义的,可由上下文来确定它是(12)、(13)或(14)②。不过句法分析不能到此为止。因为句法分析的目的不仅是对一个具体的句子辨认它的句法结构,还要研究句法结构的一般形式。上面的(12)、(13)和(14),都是一般的、抽离了具体语境,也抽离了具体词语的纯粹的句法形式。

　　单从我们刚才讲的,从逐层抽象的角度理解句法分析的三个平面,我们不能随便抽出句法语义语用平面中的一个句子,进行句法或句法语义平面的分析,因为这种实际话语中出现的句子,它的结构形式常常涉及语用平面上的问题。根据这种"例句"抽象出的句法形式,是出现在话语中的一切可能出现的句子的形式。

从另一个角度讲,一个纯粹的句法形式只受汉语句法规律的制约。例如上面的(12)(13)(14)都是现代汉语句法规律所允许的形式。当我们在其中插入具体词语的时候,它就同时受词语语义的制约。我们举几个同(10)相似的例子:

(15) 做小买卖的买豆汁最多。

(16) 做小买卖的卖豆汁最多。

(17) 创作小说的倡议最好。

这里由于具体词语的语义制约,(16)只能是(12);(15)既可能是(12),也可能是(14);(17)则可能是三种形式的任何一种。过去引起大家兴趣的

(18) 咬死猎人的狗

这个所谓歧义格式,是属于句法语义平面上的(假如我们先不管"停顿"这类属于口语的因素),在句法语义语用平面上是没有歧义的,因为语境可以消除歧义。在纯句法平面上,两个歧义结构分别是:

(19) (((动<动)⊙名)←的)>名

(20) (动<动)⊙((名←的)>名)

就这个句法平面讲,二者是没有歧义的。说(18)的抽象的句法形式有歧义,大概是指这个短语所体现的词类范畴的线性排列

(21) 动+动+名+的+名

有歧义。但是(21)所包含的歧义绝不止上例(19)(20)两种。(19)(20)这种歧义是在(21)中的每个词类范畴的位置上插入了(18)那样的具体的词语之后所具有的。在现代汉语中,(21)填入一定词语以后所能形成的结构形式是很多的。(19)(20)以外,还有:

（22）动⊙（（（动⊙名）←的）＞名）（买画画儿的笔）

（23）（（（动＜动）⊙名）←的）＞名（走进门的客人）

（24）（（动⊕（动⊙名））←的）＞名（鼓掌欢迎客人的人）

等等。最抽象的句法平面上的形式是(21)，但是这种只有词类范畴的线性排列，而没有结构关系的形式还不是我们讲的句法结构形式，我们讲的句法结构形式指的是(22)(23)(24)这样的形式。

正像我们前面讲的，这里讲的三个平面的关系是简单的从具体到抽象的关系。这虽然分清了句法分析的三个平面，但还没有讲清楚三个平面之间的关系，以及句法规律在联系三个平面中的作用。

二、句法分析的三个平面与深层结构

2.1　句法分析的三个平面不是简单的逐层抽象关系。我们前面说到，如果三个平面之间的关系是逐层抽象的关系，那么实际语言中出现的任何形式的句子都应该在句法平面上找到它的对应形式。这样抽象出来的句法结构形式将是十分复杂的，我们很难说明这些形式之间的相互联系的规律；也无法说明句法语义平面上语义对句法的限制和句法语义语用平面上的语用条件对句法所起的制约作用。我们举一个例子：

（25）这个问题老张的处理办法我有意见。③

这是一个所谓多项 NP 主语句。再看看下面的例子：

（26）排骨这把刀我不敢剁。

如果把这两个句子里的"有意见"和"不敢剁"都看成是动词短语，那么这两句话的基本形式都是：

(27) 名＋名＋名＋动

不管前面三个名词短语同动词短语之间的句法关系分析为多层主谓关系或多层话题—陈述关系，结果两句话的句法结构都是相同的。这就掩盖了这两句话的不同结构关系。这是一方面。另一方面，像下面这样几个有密切联系的句子，又会被抽象为完全不同的句法结构形式：

(28) 我对老张处理这个问题的办法有意见。

〔名—((介：(((名—(动⊙名))←的)＞名))＞(动⊙名))〕

(29) 对老张处理这个问题的办法我有意见。

〔(介：(((名—(动⊙名))←的)＞名))＞(名—(动⊙名))〕

(30) 老张处理这个问题的办法我有意见。

〔(((名—(动⊙名))←的)＞名)—(名—(动⊙名))〕

(31) 这个问题老张处理的办法我有意见。

〔名—((((名—动)←的)＞名)—(名—(动⊙名)))〕

(32) 这个问题老张的处理办法我有意见。

〔名—((名←的)＞(动＞名))—(名动⊙名)〕

为了说明句法分析中三个平面之间的关系以及句法规律的作用，

我们需要采用转换生成语法的一些基本观点和功能语法的某些思想,扩大语法作用的范围和语法研究的领域。我们设想的句法规律是这样的:语言有一个基本短语结构部分,这部分是由基本短语结构规则生成的。这就是基本短语结构形式,这是句法平面。这种形式插入具体的词语,就形成了基本短语。这是句法语义平面。句法语义平面不仅是基本短语;句法语义平面中的语言形式,特别是句子,包括两个方面的成分。从基本短语形式插入词语的角度讲,这个平面就是基本短语;从句法语义语用平面中的句子抽离其具体的语境得到的抽象的句子讲,这个平面包括一切出现于实际话语中的句子的抽象形式。从句法讲,基本短语形式只受句法规律,即基本短语结构规律的制约。句法语义平面,就基本短语讲,它同时还要受语义的制约;就其他语言形式讲,它必须由句法语义语用平面中受语用条件制约的句法规律给以解释。句法语义语用平面的语言形式指的是出现在实际话语中的具有实际指称作用的形式。这种形式不仅受基本短语结构规律那样的句法规律的制约,以及语义的制约,而且受实际交际中语用条件的制约。我们认为,这样理解的语言的句法规律,是更符合句法规律的实际,更容易从动态的角度讲清语言表达上的一些问题和表达规律。

2.2 根据 2.1 提出的问题,我们认为句法规律应该是贯串于三个平面的语言结构规律。句法平面的结构形式是由基本短语结构规律生成的语言的最基本的语言形式。它反映了一种语言的最基本的词序,词的组合层次以及语法单位之间的组合关系。这种基本短语结构形式插入具体的词汇就成为所谓"深层结构"。例如:

  (33) 今天我把这封信写了。

这个出现在实际话语中的句子,它的深层结构是由基本短语结构形式

  (34) 名—(名_时＞(动⊙名))

插入具体的词语"今天""我"等等构成的:

  (35) 我今天写了这封信。

深层结构是一种句法结构。各种语言有各自不同的生成深层结构的基本短语结构形式和词汇系统。例如,现代汉语表现主动者、受动者、动作之间的关系的基本语法结构形式是"主—动—宾",而有的语言则是"主—宾—动"。这种语言的基本结构形式是客观存在的,可以由以该语言为母语的人的"语感"或语言材料的统计来确定。现代汉语的这种基本结构形式就可以根据这些原则来确认[④]。当然基本句法形式不只是"主动宾"问题。[⑤]在现代汉语里,修饰语在前,谓词后面有补充说明的成分,形容句由形容词直接作谓语,以及名词短语、谓词短语的内部结构形式等等都属于基本短语形式问题。我们过去对基本短语的研究还不够系统,也不够详细,而这正是语法研究的基础。例如,上面举的(25),按照现代汉语的基本短语结构规律,它的基本短语(即深层结构)和基本短语结构形式应该是上面的(28):

  (36) 我对老张处理这个问题的办法有意见。

   〔名—((介:(((名—动⊙名))←的)＞名))(动⊙名)〕

这符合现代汉语宾语在动词后、介词短语状语在动宾短语前、主语在谓语前的基本句法规律。而其他形式((29)(30)(31)(32))都是

在这个基本句子(短语)结构的基础上,由于某种语用原因形成的变换形式。

深层结构是研究句法语义语用平面中句法规律如何起作用的基础。它是联系基本短语结构形式和实际话语中的句子的桥梁。一种语言的基本短语结构形式是比较少的。它是构成基本短语或句子的结构形式。例如我们上面举过的

(37) 名$_1$—(动$\odot$名$_2$)

就是一个基本短语结构形式。如果要用语言形式表示主动者"我"、受动者"这封信"和动作"写"的关系,就要在(37)的相应位置上插入相应的成分:

(38) 我写这封信。

其他表示这种关系的形式"我把这封信写了。""这封信我写了。""我这封信写了。""写了这封信,我。"等等,都是由一定的表达要求从这个基本的句子派生出来的变换形式。

再如,动词短语中动词的修饰语在动词前,动词后又有补充成分。即:

(39) 副>(动<形)(没吃好)

(40) 副>(动<动)(没打开)

(41) 名$_{时}$>(动<形)(早吃好)

等等。这些形式还可概括为下面的更为抽象的形式:

(42) X>(动<Y)

这里的 X 和 Y 代表可以出现在这个位置上的词类范畴。就"动<Y"来讲,可以有两种不同形式:

(43) 动<Y

$$(44)\ (动\leftarrow 得)<Y'$$

这里 Y' 代表的词类范畴不同于 Y。(43)和(44)是两个基本短语结构形式。当插入具体的词语以后,就要受词语的语义制约。例如"动"插入"说",Y 插入"好",可以构成"说好"((43)),也可以构成"说得好"((44));但是如果 Y 的位置插入"很好",就只能构成"说得很好"((44))。如果"动"插入"死",Y 插入"好",就只能构成"死得好"((44)),而不能构成"死好"((43))。这几个例子说明在句法语义平面中语义对句法结构的制约作用。上面说到的"打死猎人的狗",如果用名词"强盗"替换名词"狗":

　　　(45) 打死猎人的强盗

就只能是(19)。其实(45)不是一个由短语结构规则生成的基本短语,而是由下面这个基本短语派生出来的:

　　　(46) 强盗打死猎人

把这个主谓短语的主语变为中心语,把谓语变成修饰语,并在修饰语的后面加上"的"。这就涉及到转换问题。

2.3　转换

　　早在 1952 年,哈里斯(Z. S. Harris)就提出了语法转换(grammatic transformation)的概念。哈里斯认为在话语分析中,不仅可以比较话语中的两个句子,而且可以把这话语中的句子 A 同话语外的句子 B 加以比较,研究 A 和 B 相等的问题。例如,我们把话语中的句子"张三在这次学术会议上提交并且宣读了他的论文"。同话语外的句子"张三在这次学术会议上提交了他的论文,并且宣读了他的论文"。比较,说它们是相等的。哈里斯讲的相等,指的是对每一个具有 A 形式的句子都可以找到一个具有 B 形式的句子,B 同 A 具有相同的语素,只是由于具有不同的形式而互相区别。根据这个原则,我们可以从一些较少的核心句,经过一些基本的转换,得出语言中的各种句子;或者是经过一定的转换程序由具有 A 形式的句子得出具有 B 形式的句子。这种转换前的句子同转换后的句子不是在所有意义上都是相同的,只是在基本意义上是相同的。这种分析方法可以帮助我们研究在某种社会语境中一个说话者在许多可选取的句子中选用这一个句子而不选用那一个句子的问题⑥。哈里斯的核心句的概念、转换和相等的概念,以及由相等概念建立起来的不同的句子适应不同的社会语境的需要的概念,跟我们这里讲的基本短语结构(形式)的概念转换概念、语用条件对句法形式的制约的概念并不相同,但是哈里斯的观点给我们以很大启发。我们是在乔姆斯基(N. Chomsky)的转换生成语法的基础上来理解基本短语结构、深层结构、转换等等概念的。同时我们从功能语法和语用学的观点来理解交际要求对由转换而生成的基本语义内容相同而具有不同形式因而具有不同语义的句子的语用条件的制约问题。我们前面讲过,转换是联系句法平面和句法语义语用平面的、不同于基本短语结构规律的一种句法规律。

　　转换是在基本短语结构和现实的句子之间进行的。转换前的基本短语 A 和转换后的现实句子 B,不但基本语义相同,而且表现基本语义的语言表达形式——词语也必须相同。不同的只有词序和虚词,以及间或有出现于 A 而不出现于 B 的成分。A 同 B 的语义区别主要靠表示语法关系的词序和虚词表示,有时 B 还带有 A 所不具有的、由语境赋予的一些意义。我们用上面提到的现代汉语"动＜X"的形式来说明这个问题。

现代汉语的句法结构,在动词谓语后面可有补充修饰成分,一般叫做补语。例如:

(47)一道流星划破夜空。

(48)两个眼球闪出刀锋似的目光。

(49)老犯人把他带进铁门。

(50)过一会儿你的头就不会痛得那么厉害了。

(51)尹眉气得用拳头在他胸口上擂。

(52)这只猫也让他们折腾得不得安宁。

(53)他急得一把将披在背上的衬衣抓了下来。

(54)这个地方他可没来过,只吓得他浑身颤抖,体似筛糠。

如果动词前的成分暂时不计,上面句子中"动＜X"结构的基本形式有以下几种:

(55)(动＜X)⊙名。⑦

(56)(动←得)＜X

(57)(动←得)＜(名—X)

我们先看看(55)这一基本短语形式。先比较一下下面插入了具体词语以后的几个短语:

(58)〔流星〕划破了夜空。

(59)〔两眼〕闪出刀锋似的目光。

(60)〔他〕走进了大门。

(61)〔他〕喝醉了酒。

这几个短语都是"(动＜X)⊙名"格式。在这个平面上,它们是相同的形式。但是在句法语义平面上,由于具体词语的制约,它们是有区别的。因而具有不同的转换形式。连带这几个短语的主语一

起考虑,(58)同(59)比较,(58)可以作"把"字转换,因为(58)的宾语是受事宾语:

(58′)流星把夜空划破了。

而(59)只能作"从"字转换:

(59′)刀锋似的目光从两眼闪出。

这是因为"刀锋似的目光"是存现宾语。(58)和(59)的补语虽然都是动词,但是它们所构成的具体结构不同。实际上,(59)是由(59′)经过主语移位(移到"动补短语"后面),而删除介词"从"形成的。这只是一个在表层结构上同(58)同形的句子。(59)同(60)比较,表层结构上更相似。但是因为一个是存现宾语,一个是处所宾语,两者的结构也不一样。(61)的区别更大一些。这里的"醉"同(58)的"破"不同,"破"讲的是宾语"夜空","醉"讲的是主语"他"。(61)只有这样的变换式:"酒他喝醉了。""他喝酒喝醉了。"等等。我们这里讲的是在句法语义平面上因具体词语的词义制约,反映在应用变换规律(句法上的规律)上的差别。

假如我们进一步看看(50)这种类型的句子。这里由于补语是一个带有表示程度的修饰语的形容词,就只能形成(44)而不能形成(43)。这种区别不仅由构成补语的词语的词义决定(像上文谈到的),也由构成补语的词语的形式决定,也就是说,这里起作用的不仅是句法语义平面的语义制约规则,而且是句法平面的句法制约规则。

最后,我们用(52)比较系统地说明一下我们谈过的问题。在我们的基本短语结构形式中有这样一种形式:

(62)名$_1$—((动←得)＜(名$_2$—X))(参看(57))

(54)就直接包含着这种形式的基本短语：

(63) 这个地方（名$_1$）吓得（动←得）他体似筛糠（名$_2$—X

(小句))

(62)这种短语结构形式可以有不同的转换形式。就(54)讲,(64)
是基本形式,(65)是"被"字转换形式：

(64) 他们折腾得这只猫不得安宁。⇒(65)这只猫让

(被)他们折腾得不得安宁。

这类短语还可作"把"字转换：

(66)他们把这只猫折腾得不得安宁。

以及其他转换。这几种形式所表示的基本语义内容是相同的。它
们之间有一些细微的语义差别,这种差别在实际交际中表现出交
际者在具体的语境中不同的交际需要,而这种不同的转换则是由
实际交际中的语用条件来制约的。当然,这种差别在具体语境中
还可以增加其他制约条件。这里谈的只是某种形式的语用条件,
而不是具体话语中某种语言形式的表达作用。前者是句法学的课
题,而后者则是修辞学的任务。

附　注

① 本文用⊖表示主谓关系;⊙表示动宾关系;⊕表示联合关系;⊗表示
连谓关系;＞表示修饰关系;＜表示后补关系;←表示后附关系;表示介宾关
系;—表示话题陈述关系。抽象的句法格式中的"名""动"等等除代表名词、
动词等等外,有时也代表未加分析的名词短语、动词短语等等。
② 在这个平面,由于所涉及的语境因素过于复杂,而从听话人,尤其是
表现为书面语时的读者来讲,还不能完全确定它是哪种结构。但是从原则上

讲,说话人对结构的理解是明确的。

③ 参看范继淹《范继淹语言学论文集》中的《多项 NP 句》。

④ 参看 Chao-Fen Sun and Talmy Givon：On the so-called sov word order in Mandarin Chinese. *Language* 61. 329—351.

⑤ "主动宾"的词序问题是语言类型学研究的焦点,所以得到特别的重视。

⑥ 参看 Harris, Z. S. *Discourse Analysis* 中的 Grammatical Transformations 一节。

⑦ ((动＜动)⊙名)中的第二个"动"有时是形容词性成分或其他性质的成分,这里用 X 表示小句以外的任何可以出现在这个位置上的成分。

（原载《语文研究》,1991 年第 4 期）

语言的三个平面与句法的三个平面*

一、语言是一个复杂的符号系统

被称为现代语言学奠基人的索绪尔首先明确提出"语言是一种表达观念的符号系统",比之于文字、礼节仪式、军用信号等等,语言"只是这些系统中最重要的"。①索绪尔纯粹是从心理学的角度、从表示观念的角度谈论符号学。他的理论实际上是从语言学中概括出来而又把语言学作为总的符号学的一个分支。符号学的另一派创始人皮尔斯认为符号学同语言学不论从概念上和历史上说都没有联系。②他主要讨论的是一般的符号学。遵循皮尔斯传统的另一位重要的符号学者莫理斯的重要著作《指号、语言和行为》③则以"语言"为讨论的对象,虽然他的"语言"是广义的,并不限于自然语言,但自然语言仍是他讨论的主要对象。这是因为自然语言是最复杂的符号系统。

我们这里讨论的是语言学,我们必然以自然语言为研究对象。

———————

* 本文初稿曾在中国语言学会第七届年会(1993 年,北京)全体会议上宣读,得到范晓、喻世长、赵世开、史锡尧、卫志强等教授指正,谨致谢意。

我们谈到符号学,是因为我们认为自然语言是一个复杂的符号系统,因此我们可以运用符号学的理论和方法,顺应自然语言的特点进行研究。

对语言可以从不同角度进行研究。可以从历史学的角度,通过语言和方言的词语中反映的物质的和精神的现象来讨论这种语言的人的历史;也可以通过不同语言和方言间语音、词汇、语法结构的联系,探讨使用这些语言和方言的人群之间的历史上的关系;也可以从文化的角度,透过一种语言的词语甚至语法结构所反映的说那种语言的人群的物质生活、社会活动、心理情态、思维方式、人际关系等等,来探讨他们的文化特征及其与其他民族之间在文化上的异同和相互影响;也可以从文学的角度探讨一种语言的表现能力和表现方法。但是所有这些研究都不是对作为交际工具的语言本身之所以能起交际作用的特征和机制的研究。索绪尔规定语言学的对象是"语言",如果这个"语言"是言语交际中使用的语言符号系统,而这符号系统又不仅仅指从言语活动中抽离出来的、纯粹静止的、脱离实际交际的系统,那么这句话是正确的。因为只有研究这个在实际交际中运用并能达到交际目的的工具的性质及其机制才能揭示语言的特征。

二、语言系统的三个平面

上面提到过的美国的符号学家莫理斯首先提出句法学(Syntactics)、语义学(semantics)和语用学(pragmatics)这三个术语,并把符号学分为句法学、语义学和语用学三个分支。莫理斯在他的

《指号理论基础》中认为语用学研究"指号（sign）和解释者（inter-preter）之间的关系"，语义学研究"指号和其所指示的对象之间的关系"，句法学研究"指号相互之间的关系"。莫理斯在上面提到过的《指号、语言和行为》一书中引用了卡尔纳普关于这三者的区别的论述：[④]

> （1）因此，我们区分语言研究的三个领域。如果在一个研究中明白地涉及了说话者，或者换一个更普遍的说法，涉及了语言的使用者，那么我们就把这个研究归入语用学的领域中。……如果我们不考虑语言的使用者而只分析表达式和它的所指谓，我们就是从事语义学领域内的工作。最后，如果我们也不考虑所指谓，而只分析表达式之间的关系，我们就是从事（逻辑的）语形学的工作。（《语义学引论》）

莫理斯在他的后来的一本著作《示义与意义：指号和价值的关系的研究》一书中讨论了符号学的对象"指号过程（semiosis）"的三个维度（dimension）和符号学的三个领域或三个分支的关系。莫理斯认为指号过程是一个指号载体（sign-vehicle）、所指谓（designatum）和解释者之间的三项关系，而把句法学、语义学和语用学定义为关于从这些关系中抽象出来的若干二项关系的研究。他把指号载体同指号载体在一个复杂指号或指号系统中的关系叫做指号过程的句法维度，把指号同它所能适用的对象之间的关系叫做指号过程的语义维度，把指号同解释者之间的关系叫做指号过程的语用维度。这种关系可以用下图表示：[⑤]

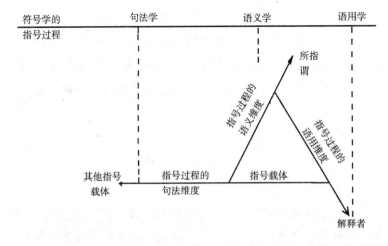

关于句法学、语义学和语用学三者之间的关系，以及三者中哪一种是符号学的基础，符号学家有不同的看法。关于这一点现在我们不去讨论。我们认为卡尔纳普和莫理斯关于三者区分及其联系的说明是明确的。从自然语言角度讲，按照通行的观点，我们倾向于把卡尔纳普、莫理斯等符号学者讲的"使用者"或"解释者"用"交际中"或"语用中"来代替。这样我们就可以把(1)改写为：

　　(2) 如果在一个研究中明确地涉及了语言表达式出现的语境，那么我们就把这个研究归入语用学的领域中。如果不考虑语言表达式出现的语境而只分析表达式和它的所指谓，那么我们就是从事语义学领域的工作。如果我们不考虑所指谓而只分析表达式之间的关系，我们就是从事句法学的工作。换句话说，在言语交际中研究语言是语用学，把语言表达式从语境中抽离出来进行研究的是语义学，不考虑语言表达式的所指谓而只研究语言符号之间的关系的是句法学。

句法学、语义学和语用学虽然是符号学所研究的三个领域或三个分支,但是它反映了语言符号系统本身的三个侧面。从上面的分析可以看出,从句法到语用一层比一层复杂和具体;从语用到句法一层比一层单纯和抽象。因此我们可以把这三者称之为语言的三个平面。

三、句法的三个平面

我们是讨论自然语言的。这里讲句法的三个平面当然指自然语言句法的三个平面。所谓自然语言句法的三个平面是指作为符号系统的自然语言,在它的句法平面、语义平面和语用平面中都存在着句法问题,而且句法因受不同平面的语义、语用因素的制约而具有不同的规律。⑥

研究语言可以以语义为基础,探讨如何运用语言的不同形式表示不同意义,这是从说话者的角度或者说从编码的角度来研究语言的表达规律;也可以以句法为基础,探讨语言的不同形式所表示的不同意义,这是从听话人的角度或者说从解码的角度来研究语言的表达规律;也可以以语用为基础,探讨语言如何在一定语境中表示不同意义的规律,这是从听说双方,即从交际的角度来探讨语言的表达规律。但是不管从哪个角度出发,它的最终目的都是研究语言作为一种交际工具,如何通过一定的可以感知到的形式来传达意义。三者是殊途同归而又相辅相成的。结构语言学、生成语言学和功能语言学正表现了这三种不同的研究方向。我们这里以语言形式研究为中心,并将其贯串于语言的句法、语义和语用三个平面。

我们举一个例子说明句法的三个平面问题。例如:[⑦]

（3）利　教他到南边去。

仁　上南边干什么去？找个事情做？

利　去革命！

这里第三行的"去革命！"在语用平面上,联系语境,是一个省略句。它表示的是"教大章上南方去革命！"是一个（名⊖（（动⊙名）⊗（（介上：名处）＞动）⊗动））[⑧]格式的省略式。因为这句话是回答"我（按：指秦伯仁）教大章上南方干什么去？"的,因此这句话中的主语"秦伯仁"和谓语的一部分"教大章上南方"是听说双方说话时所共知的,所以省略了。[⑨]省略后的句子（表层的句子）也就在句法结构上有了变化。这种省略规则及出现在实际交际中的句子结构形式都是语用平面上的句法问题。在语义平面上,即把表达式抽离语境的平面上,"去革命！"是一个（（动⊙名）！）形式,并没有表示"谁教谁去革命",也没有表示到什么地方去革命。在语义平面上,"去"和"革命"两个表达式连用构成连谓关系。这是语义平面上的句法规律,句法结构受词语的语义的制约。在纯句法平面上,不考虑语言符号的所指谓,这是一个（动⊗动）的抽象的句法结构形式。很显然,三个平面中的表达式都存在着句法因素。因此,精确地讲,从句法的角度,这三个平面应分别称之为句法平面、句法语义平面和句法语义语用平面。

这三个平面之间的关系,从一个具体的语言表达式的分析来讲同从语言的整个句法体系来讲是不一样的。重要的在于语言的整个句法体系中三个平面之间的关系反映了语言交际的规律和特征。

我们上面已经讨论过从一个具体的句子看句法分析的三个平面。下面着重以现代汉语为对象讨论从语言的整个句法体系看语言句法的三个平面问题。

在纯句法平面上,构成现代汉语句法结构系统的是一些基本短语结构形式。基本短语结构形式是现代汉语基本句法结构规律的抽象。根据大量语言事实和过去语法学家的研究,汉语的体词短语、谓词短语、介词短语的中心词和修饰补充成分的基本形式是:(定＞体),(状＞谓＜补),(谓⊙体),(介：体)。小句的基本短语结构形式是:(体⊖谓)。这是最基本的结构形式,每种形式都还可以复杂化。例如,定语和状语都可以不止一个,而且同中心语处于不同的层次关系。小句短语结构形式和谓词短语结构形式最为复杂,上面举的(名⊖((动⊙名)⊗((介:名)＞动)⊗动))就是一个例子。换句话说,作为"去革命!"的深层结构"您(按:说话人秦二利指听话人秦伯仁)教他(按:说话人秦二利指其兄秦大章)上南方去革命!"这个潜在的句子的短语结构形式,就是现代汉语句法系统中的基本短语结构形式。这种形式用语类(范畴)及表示其间句法关系的符号来表示。在这个平面上,既不涉及语境,也不涉及所指谓。⑩当这个形式插入具体的词语的时候,例如:

(4)您教他上南方去革命!

就成了一个句法语义平面上的基本短语结构。在这个层次上,每个词语以及由这些词语组成的这个句子都只有字面意义而没有指称意义。例如"您"是第二人称敬称,"他"是第三人称,前者指听话者,后者指听说双方以外的一个人;"您教他……"的"教"是"要、

让"的意思;等等。但是"您、他"指谁,"南方"是哪里,"革命"指的
是什么时候什么性质的革命,等等,都没有表示。整个句子也是这
样。⑩在这个平面上,句法结构受词语意义的制约。例如(4)如果
换成(5):

(5) 我请他到我们学校去教数学!

首先,"教"是个及物动词,必须带宾语,即最后的一个动词短语必
须是(动⊙名)形式。同时(5)可以转换为:

(6)(a)他被我请到我们学校去教数学!

(b)我把他请到我们学校去教数学!

而(4)却不能作这样的转换。这就是说,由于语义平面上不同词语
的语义上的制约,形成的结构在句法上是有区别的。至于语用平
面上由于语用条件的制约,可以有各种省略形式和语序变化,前面
已经讲过,不再举例。

总之,从现代汉语的句法体系讲,构成纯句法平面的是基本短
语结构形式及其组合规律;构成语义平面的是在基本短语结构形
式基础上在各种具体词语制约下形成的基本短语(结构)及其组成
规律;构成语用平面的是在语义平面的基本短语的基础上由于受
语用条件的制约而形成的各种交际中的句子和短语,以及它们的
组合规律。语法主要研究各个不同平面中句法结构的组合规律及
其制约因素。从一个具体的语言表达式讲,在语用平面出现的是
一定语境中具有具体指称意义的表达式;在语义平面上是抽离语
境的只有字面意义的表达式;在句法平面上是进一步抽离"所指
谓"的纯句法形式。例如:

(7) 我一个字也不说。

在语用平面上,"我"指"秦汉媛","一个字"指关于她哥哥秦大宝死了的事。由于讲话时强调"一个字",采用了把宾语提到动词前的说法。这个句子在语义平面上和语用平面上是同形的,只是在语义平面上抽离了语境,没有了具体的指称意义,而且只有一般地强调宾语的语法意义,但不包含制约这种说法的语用条件。在这两个平面里,这个句子的句法结构都是:

(8)(名⊖(名—(副＞(副＞动))))⑫

(8)是这个句子的短语结构形式,(7)在语义平面上是一个小句短语(结构),在语用平面上是一个具体的句子。

但是,在现代汉语句法体系中,(9)不是一个现代汉语句法平面上的基本短语结构形式,(7)在语义上也不是一个基本短语而是一个一般短语。在现代汉语句法平面上的基本短语结构形式只有:

(9)(名⊖(副＞(动⊙名)))⑬

填入具体的词语"我""不""说""一个字"后,就成为:

(10)我不说一个字。

(10)只表示"我""不""说""一个字"之间的基本关系的结构形式,即基本短语(结构)。而上面的(7)则是由于语用因素的制约,根据现代汉语转换规则经过转换形成的一种特殊的短语结构,它的句法结构形式(8)则是一种经过转换的特殊的短语结构形式。从(9)到(10)到(7)表现了现代汉语句法体系中的不同平面的句法规律。现代汉语句法,包括各种语言的句法,应该全面研究这三个平面上的句法问题。

四、关于深层结构和逻辑形式

我们这里在语用平面讲的深层结构(基本的短语结构)略相当于[⑭]早期转换语法讲的核心句或传统语法讲的常式句。我们的基本短语结构形式是现代汉语表达客观事物间的某些关系的基本语言形式的抽象。我们认为这是语法研究的"起点"。正是这种基本短语结构形式表现了各种语言之间的句法(语法)上的区别。以此为基础,为了适应交际的需要而作的语序的调整、词语的增删等等,也同样表现了一种语言的特殊的转换规律。

我们这种以基本短语结构形式作为研究的起点的语法,并不排斥给这种纯属于不同语言的基本短语结构形式以更深一层的、更带有普遍性的深层结构形式,如乔姆斯基的标准理论中的深层结构;也不排斥更深一层的各种类型的语义结构形式,如菲尔墨格语法的深层结构,或生成语义学的底层形式,或其他各种处于句法背后的语义形式。生成语法学家讲的各种形式的逻辑形式也属于语义形式。这些都是具体的句子或抽象的句子形式背后的语义(词汇意义和语法意义)形式。从整个语言的交际功能或从语言交际中的编码过程讲,都是语言表达式或语言表达式形式的一个层次,属语言的语义领域。但是它们不属于句法体系本身,而且这些形式多少都具有普遍意义。我们认为这些只是用来解释句法平面的基本短语结构形式、语义平面的基本短语结构或语用平面的一般短语结构的语法意义、指称意义和语用意义的手段。当然,从另一个角度讲,也可以说是构成这些句法形式的意义[⑮]的背景。

五、几个现代汉语兼语式的例子

为了说明上面的观点,举一些现代汉语兼语式句子作为例子:

(11) 老太太叫我给你送点酸梅汤来。

(12) 爸爸送他到美国留学。

(13) 玩鸟的人每天到这里使鸟儿表现歌唱。

(14) 我们跪求太上皇立宪。

(15) 再求您嘱咐我几句。

(16) 二爷派人找我去啦。

(17) 刚才段上交派我告诉你们:三爷的事顶好别多提。

(18) 我请老爷子看看。

(19) 请你吃御膳房的厨子做的菜。

(20) 请喝口凉的吧!

(21) 纤手刘麻子领着康六进来。

(22) 李三,带他们到门外吃去。

(23) 把厨子叫来。

(24) 我的一篇论文被那些大戏剧家称为盖世奇文。

首先,这些都是言语交际中出现在一定语境中的句子,即语用平面的句子。这些句子从它们所表示的语义内容看,都是含着两个命题。以(16)为例,这句话包含的两个命题是:「二爷派某人」和「某人找我去」。这两个命题可以用"二爷派人(某人)""人(某人)找我去"这两个语言中的小句来表达。同时这两个命题或小句之间有一种逻辑语义关系,即"派人(某人)"的目的在于要这个人"找我去"。在现代汉语里,这种关系没有特有的关联词语联结两个小句加以表示,而是用(16)这种兼语的形式表示这种关系,这就是这类句子的短语结构形式所以成为现代汉语一种基本短语结构形式的依据。这个形式是:

　　(25)(名〇(动⊙名〇动))

或者更精确地表示为:

　　(26)(名〇(〔动⊙{名}〇动}))) [16]

这个基本短语结构形式插入不同的词语,虽然它们具有的基本句法形式都是(26),但是因为受具体词语的影响,它们在句法结构上带有不同的特点。这就是语义平面对句法的制约作用。例如(20),其中"请"后的兼语可以省略(省去在语义上有细微差别),而且经常省去。但是(13)中的"使"后的兼语不能省去(即在一般语境中都不能省去)。这是语义平面词语对句法的制约。再如(18),因为说话时不是面对面的,"老爷子"不能省略,这是语用平面语境对句子的制约。至于(23)和(24)则完全由于表达上语用条件的需要,转换成了"把"字句和"被"字句,更是语境对句法制约的最明显的例子。

六、小结

　　综上所述,我们认为用以上方法探讨句法有三个好处:

　　一、可以避免传统语法那种混淆交际中的句子、抽象语境的句子和句子的抽象格式的毛病;也可以解释转换生成语法那种"理想化了的"句法规律不能或不愿解释的句法现象。

二、可以扩大语法研究的范围,扩大语法研究的领域,因而可以更全面认识句子的句法结构及其交际功能。

三、可以进一步探讨制约交际中的句子的制约因素及其规律。

语法研究的主要任务在于:一、确定基本短语结构形式;二、研究语义(包括词语的词汇意义和语法意义)对句法(结构形式)的制约及其规律;三、研究语用条件(语境)对句法(转换)的制约及其规律。

附　注

① 《普通语言学教程》,高名凯译,商务印书馆 1980 年版,37—38 页。

② 参看 Thomas A. Sebeok 主编的《符号学百科辞典》(1986),"Peirce, Charles Senders"条。

③ 参看罗兰、周易中译本,上海人民出版社 1989 年版。

④ 参看莫理斯《指号、语言和行为》中译本 260—261 页。

⑤ 参看 Thomas A. Sebeok 主编《符号学百科辞典》"Morris, Charles Willian"条。

⑥ 这里"句法"指语言符号与语言符号之间的关系或组合方式。"自然语言"以下简称"语言"。

⑦ 见老舍《秦氏三兄弟》,《十月》1986 年第 6 期,123 页。

⑧ 这里⊗表示并非联合关系的两个动词短语的连用,包括通常讲的连谓式和兼语式。

⑨ 原问句除去这里指出的省略成分以后的形式是"去干什么"。答句的省略形式是"去革命",这中间也包含着某种句法变换规律,为了简便,这一点暂时不计。

⑩ 在语义平面上的"所指谓"不是现实世界或可能世界中的具体对象,具体对象是语用平面上的所指谓;语义平面上的所指谓是概括的、抽象的对象。

⑪ 显然,我们这里已经根据语言的特点把符号学家讲的"所指谓"和"解释者"用字面意义和语境来替换了。

⑫ 这里"-"表示话题和说明之间的关系。

⑬ 我们的基本短语结构形式包含着表示句法结构的语(短语)调和句(句子)调。

⑭ 我们说"略相当"是因为我们的基本短语结构形式是一种纯句法形式,是整个句法体系中的形式,它同交际中的表层的表达形式处于不同平面,中间由语义平面和语用平面的不同的句法规则联系着。

⑮ 这里的"意义"是一般的意义,不同于语义(语言的意义)。

⑯ 这里[　]比{　}结合更紧。从这一点讲,兼语式和连谓式可以用更概括的形式(名⊖(动⊗动))表示。

(原载《中国语言学报》第七期,商务印书馆1995年版)

现代汉语语法研究的
一些方法论问题*

一、口语和书面语

1.1　我国语法研究从《马氏文通》起即以书面语为对象。围绕现代汉语和写作教学编写的现代汉语语法教材和有关资料,当然也取材于现代汉语白话文。就是那些现代汉语语法专题研究和理论探讨的论文,还有意无意地局限在书面语的范围。"书证"成了语法研究的唯一对象和材料来源。这种研究对象——这种对象具有方法论意义——的片面性,使语法研究者忽略了现代汉语语法的一些主要特征,同时也忽略了书面语所特有的语法现象。

"口语是语言的基本形式,书面语从本质上讲是口语的记录"这一普通语言学理论原则是大家所公认的。作为交际和交流思想的工具的汉语,信息是靠"语音"来传递的。语言形式,还包括语法形式,它们的表达和相互区别,是由语音构成的。离开语音就谈不上认识现代汉语的语法形式,因而也就无法讨论现代汉语语法。

---

　　* 本文是在 1987 年 11 月提交给"纪念陈望道先生逝世十周年暨语法修辞学术讨论会"(上海)的论文提纲的基础上写成的。

例如,现代汉语动词后的"了"(·le)和句尾"了"(·lɑ)和带有处置意味的"了"(·lou),是三个形式和意义都不同的语法形式,不研究口语就无从辨别;"三个木工厂的工人"在书面上是歧义的,但在口语里由于停顿的作用,实际上是两个不同的形式;"他死了,我做和尚"也一样,在口语里,前一分句重读是条件句,两句平读是并列句,而书面上是无从分辨的。

1.2　由于文字本身的性质,书面语交际的特点,书面语本身发展规律和传统的影响,书面语在相当程度上不同于口语。书面语有自己特殊的表达语法信息的规律。研究语法也要研究现代汉语书面语语法规律,特别是那些不同于口语的语法规律。我们前面讲过,书面语无法完整地记录口语的语音,许多口语中有分别的语法形式,在书面语中要靠上下文加以补充;同时,书面语离开具体的言语环境,它的语境只限于上下文;再加上书面语可以反复思考、反复修改,是经过深思熟虑写出来的;因此,书面语结构比较完整谨严。例如:

　　(1) 在法国十八天,我不知握了多少只友好地伸过来的手。我对法国朋友说:"我们掉进了友谊的海洋里面。"这不是"外交辞令",我是带着真挚的感情讲话的。

(巴金《随想录》)

长长的意思,完密的修饰语,个个完整的句子,在口语里是没有的。

　　不过书面语同时又受口语的制约,失去口语基础的书面语,不管是死的语言的书面语,还是偏离口语规律太远的书面语,都不能保持它作为人们日常交际工具的地位。

　　书面语对口语既有离心力又有向心力;既有基本上共同的地

方,又在相当程度上有所差异。

1.3　从语法研究讲,口语和书面语可以分别加以研究。

由于汉语书面语历史悠久,方言复杂,同外国语频繁接触,现代汉语书面语包含着不同层次的语言现象。书面语内部分歧是很大的。不能把现代汉语书面语看成一个统一的、内部一致的系统。研究书面语要注意区别不同层次的语言材料,不同层次的差异。要从社会和历史角度对书面语作层次划分,才不致混淆不同层次的语法现象。

例如,《红楼梦》这部有名的古典白话小说,它的叙述语言和它的对话语言,就属于两个不同的语言层次。叙述语言基本上是宋元以来从"话本"继承下来的古白话,而对话则基本上是当时的以北京话为基础的口语。书中另一些地方,包括一部分叙述语和古诗文,则属于所谓"文言文"的范围。再如,鲁迅文章中就含有文言、方言、古白话、外来语等不同成分,而且有时是错综在一起的。如果我们囫囵地把这些都作为语言研究的素材,就会出现"宾语在补语前"("打伊败"、"伸手过去",吴方言)和"宾语在补语后"("打败他"、"伸过手去",北京话)这样相互矛盾的语法规律。

1.4　为了解决语法研究中这一长期为人忽视的问题,必须重新考虑语法研究的立足点。过去因为受普通话定义中"以典范的现代白话文著作为语法规范"的影响,现代汉语语法研究一直把重点放在"典范的现代白话文",也即现代书面语的语法研究上。正如我们前面所说,书面语是一个很复杂的现象,"典范的白话文"之间也会因为历史的、地域的、个人的种种原因而莫衷一是。更重要的是书面语缺少口语的许多语法因素。语法研究,包括语法规范的正确方向在于加强作为普通话的基础的北京方言口语语法研究。虽然不能说北京话的语法就是普通话语法的规范，但是它是普通话语法研究的基点，是普通话语法研究的一个重要参考坐标系。只有把北京话语法研究清楚了，普通话语法规范才有了一个坚实的基础。同时，北京话口语语法研究本身就是认识汉语语法特点的一个重要途径。如果把一些方言语法研究深了，我们会发现更多的汉语语法特点，我们对普通语言学也会有更大的贡献。从现代汉语语法研究的技术讲，田野调查工作比摘录书证工作更为重要。要提倡从事现代汉语语法研究的工作者像方言调查工作者那样，到以北京为中心的地区进行语言调查。

二、规范和描写

2.1　20 世纪以来，语法研究的主流是描写的。语言规范是语言政策的一种。语言规范要以语言描写为基础。过去在语音规范上做了大量工作，我们不去评论这种规范所依据的原则，仅就"描写为基础"这一点，似乎还有大量工作要做。北方话词汇调查正在进行。北京话口语语法的调查研究还没有有计划地进行。规范是结果，而真正的研究工作在描写，在有计划地进行田野调查工作。

2.2　描写的对象不仅是北京话，描写语法包括不同地域的方言，不同社会阶层的方言（社会方言），以至不同个人的方言（个人方言）。当然，描写也包括书面语。但是书面语的描写研究不能以"一般的""书面语"为对象，要分别进行不同时代的，不同语体的，不同个人的,甚至不同地域的书面语的描写。正如我们前面讲的,书面语常常包含着不同层次的因素。因此,书面语要作分层的,以及在分层的基础上进行整体的描写。

2.3　当然,我们还可以就现代汉语书面语作全面考察,求出其中的最大公约数,即最一般的规律。这在教学上无疑是有用的,也是重要的。以书面表达能力为教学主要目标的中小学语法教学正是要使学生掌握这个最大公约数。但这个最大公约数也要以活的口语的实际调查为基础。理由我们上面已经讲过了。

2.4　不同语体和不同时、地作家的书面语,各有自己的语法特点,这还是一个很少研究的领域。这种研究对书面语语法特点的认识,对书面语语法规范的制定,都是很重要的。

三、语言和言语

3.1　语言和言语是同一事物的相互联系而又相互区别的两个方面。语言是言语的抽象,是言语形式和言语交际的规律。关于语言和言语的区分,有各种不同的观点;也有人根本否认这种区分。毫无疑问,呈现出来的、为人们所感受到的只有言语而没有语言。故不论说话和听话的生理、心理机制是什么,单就交际中的言语来讲,它必须凭借一定的物质形式,遵循一定的规律,然后才能说出并被人理解。语言学的目的就在于认识这些形式,找出这些规律,给言语交际以解释。因此,作为言语的抽象形式和规律的语言不是存在不存在的问题,而是如何研究和认识的问题。

3.2　语法研究的是言语生成的形式规律。语法研究的目的在于经过从言语到语言的抽象(言语→语言),然后再回过来解释如何根据语言生成言语(语言→言语)。

对于从"言语"到"语言"和从"语言"到"言语"的研究可以有两种不同方向。一种是生理——心理机制研究的方向,一种是逻辑——形式规律研究的方向。语法学暂时抛开前面的机制问题而单从逻辑——形式规律的方面进行研究。

3.3　在言语交际中,言语作为一种复杂的信息载体,它是由许多有特定形式和特定意义的单位(语言符号或语言形式),根据一定的交际目的,按照一定的组合规律组成的。一个实际交际中的语言形式,可以从三个不同层次加以分析。例如,实际交际中,"张三今天不到学校去了"这句话,有最抽象的句法形式平面,可用

(2)　((名⊖(名＞((动⊙名)⊕动)))←助)

来表示;有句法—语义平面,这是(2)这个形式的每个词类范畴符号插入具体的词语构成的

(3)　张三今天不到学校去了

这个抽象的句子;有句法—语义—语用平面,即在实际交际中的这个句子。这个句法—语义—语用平面不仅在语义上同抽象的句子不同,同时还涉及句法结构形式。例如"张三写了三封信"可以由于语用的目的把其中的"三封信"移到"张三"前或移到"写了"前,构成汉语的不同句法形式。这种结构形式是有条件的,受现代汉语句法规律的制约。

如果我们把语言和言语的划分看作横坐标,把句法、语义、语用的划分看作纵坐标,那么这两个坐标就构成一个坐标系。在这个坐标系中的每个点都同时属于语言或言语中的一类和句法、语

义、语用中的一类。也就是说,语言和言语都有句法、语义、语用问题,句法、语义、语用三个平面也都有语言和言语之分。认为离开具体的言语就无所谓语言、无所谓语法,或者认为句法同语义、语用无关的看法,都是不合适的。我们既要把句法从实际的言语中分离出来加以研究,又要认识句法贯串在句法、语义、语用三个层次,它是贯串在言语交际的始终的语言结构规律。

3.4 因此说语法研究语言或研究言语都是不恰当的。

四、解析和生成

4.1 传统语法,包括结构主义语法,把握语言规律的主要手段是解析。解析法是在言语素材的基础上进行切分(切分出语言单位)和分类(按语法功能把单位进行分类),辨析单位和单位之间的不同组合关系,进行句子间架的研究。这是从听话人的角度,从理解语言的角度,从分析的角度来认识语言的句法规律的。

4.2 生成语法重视生成的探讨。生成语法研究的是言语的逻辑生成过程而不是言语的实际生成过程。言语的实际生成是一个心理生理过程;言语的逻辑生成过程是一个根据一定的语言规则进行推导的过程。短语结构规则是真正的"组语成句"的规则。生成语法利用短语结构规则和转换规则把表达的目的(意义)和表达的实体(语言形式)联系起来。

更重要的是,我们可以利用生成语法的生成转换规则把语言的三个平面,特别是把语言的句法平面同语用平面联系起来。现代汉语的结构规则生成基本句型(例如:"名$_1$⊖动⊙名$_2$"),转换规则生成在特定的语境中，根据语用条件出现的实际的句子（如上例中"名$_2$"话题化的形式"（名$_2$）名$_1$〇动"）。现代汉语的基本句型可以根据大量言语素材加以归纳统计，并结合语感获得。

我们不仅要研究现代汉语基本句型的构成规律，我们还要利用"转换"规则，结合言语交际中的语用因素，得出由基本句型派生出来的各种句型的转换方式及其语义、语用制约条件。这样我们就可以把语言的三个平面贯串起来，真正做到从"言语→语言"来解释"语言→言语"这一句法学的根本目的。

4.3 生成研究要以解析为基础。但是只有生成规则才能给言语交际中的句法规则以解释。

五、形式和意义

5.1 形式和意义的对立和相互制约是语言的本质。如何在语言研究中解决形式和意义相结合的问题是语言学的永恒的主题。什么是语言形式？语音是语言交际的物质手段。语言的形式包括音段形式，也包括超音段形式。作为一个复杂的符号系统的语言，从最小的音义统一体语素一直到整个句子的组合，又有词汇形式、形态形式和句法形式之分。当然，这种形式都是由音段或超音段的语音形式来表现的。语言的意义是一个十分复杂的问题。从形式和意义相结合的角度看，则有词汇意义、语法意义或句法意义、语义意义、语用意义之分。词汇意义和语法意义没有严格的界限，而且常常混合在一个语言形式之中。由于语法意义相当于句子形式中的"常项"的意义，而"常项"可因分析深入的层次而有所

变化,因此我们说这二者没有严格的界限。同句法意义相对立的
语义意义相当于我们这里讲的词汇意义。语用意义即抽象的语言
形式出现在具体的言语交际中时由具体语境所赋予的意义。

5.2　抽象地讲,形式和意义是统一的。

但在各个语义层都有相同形式表示不同意义、相同意义用不
同形式来表示的歧义形式和同义形式问题。

5.3　语法的目的在于确定什么形式表示什么意义,在什么条
件下表示什么意义。语法研究在本质上是形式与意义相结合的。

5.4　这里指的是语法意义和语法形式。语法意义不限于表
层的结构意义,也包括深层的结构意义。深层和表层都有结构和
意义问题。不能说深层是语义的,表层是形式的。我们讲的深层
结构,相当于转换生成语法标准理论中的深层结构,但又不完全相
同。一个言语中出现的具体的句子,是由它所依存的现代汉语的
基本短语结构加上具体交际中表达的要求(语用因素),经过一定
转换规律构成的。如"这本书我要"的深层结构是"名$_1$一动⊙名$_2$"
加上"名$_2$话题化"的语用要求。它的表层结构则是"名$_2$一名一
动"。因此不能说深层结构是意义的,表层结构是形式的。语言的
表层结构不同于深层结构,表层语法意义不同于深层语法意义。

5.5　现代语言学有语义化倾向,是指现代语言学重视语义研
究及语义对结构的影响。语言交际的本质是"意义→形式→意
义",而非"意义→意义"。这是一切符号系统的共同特点。当然,
组成一个结构的具体的词的词汇意义制约着形式结构的性质,但
这种制约是通过词的语法意义来实现的。这是一切符号系统的共
同特点。

六、归纳与思辨

6.1　经验科学的本质是归纳的。语言研究的重要方法是归纳法。这是描写语言学的主要的方法论原则。

6.2　语言又是成系统的。小孩子可以很快掌握语言规律,说出千千万万个句子。规律的作用主要是演绎的。

语言同时也是研究者已经把握了的系统(研究母语的语言学家)。"执柯伐柯,其则不远"。

6.3　但是个人是有限的,把握规律而又不能完全把握规律。语言应该是归纳和思辨的综合。

6.4　对非母语的其他语言的研究,首先是归纳的。

七、训诂与语法

7.1　汉语没有丰富的形态,语义关系主要靠词序和虚词来表示。这在训诂学中有反映。"之乎者也矣焉哉,安排定了是秀才","文从字顺",这就是语法。

7.2　但语法不同于训诂。训诂目的以解释文献、解释语义、解释个别现象为主。训诂学可以涉及语法(虚词和语序),但不是系统的语法。语法要揭示语言结构的系统规律。

7.3　汉语过去没有严格意义的语法学,而只有训诂学。这并不等于说汉语没有西方语言学意义上的语法。古代印度和古代希腊的语法学偏重于词法的研究,是因为那些语言有丰富的词形变化形式,在教和学这些语言时掌握复杂的形态变化规则是十分重要的。汉语虚词是表达语法关系和语法意义的重要手段,并且灵活多样,因此中国古代语文学家在这方面讨论得比较多。但是不管汉语还是印欧语,都有句法问题,都有控制句法的手段问题。而这正是语法的核心。

7.4　从训诂学可以看出汉语的特点,特别是可以掌握汉语语法的重点和难点。但是训诂方法不是汉语语法研究的方法。汉语语法尤其要在深层结构和表层结构的联系中,在句法、语义、语用的不同层次中来把握。这是汉语语法研究的方向。

（原载《语法修辞方法论》,复旦大学出版社 1991 年版）

关于语义和语法的几点思考

一

人类认识客观世界和主观世界的结果以语言的形式固定下来。同时语言又是人类进一步认识世界和相互交际的工具、手段。前者是后者的根据，后者是前者的体现。不管作为认识的结果还是作为交际的工具，语言都是一个复杂的符号系统。这是语言的基本性质，也是研究语言，研究语义，研究语义和语法的关系的前提。围绕这个前提，有不少引起争议的问题，影响我们对语言规律的深入探讨。

首先，语言是一个开放的符号系统。这本来是语言符号系统的一种特性，问题在于开放性与规律性是否有矛盾？这要从两个方面来理解：一、开放性只是讲语言在使用过程中会不时有新成分的增加，新规律的出现，但这只是语言系统整体中的一小部分，虽然有时变化快一些，有时变化慢一些，变化的总是要经过一定的糅合时间才能固定下来。不影响某一时间语言的内在规律。二、不管在什么情况下，语言交际双方必须有共同理解的符号和符号组合的规律才能达到交际和互相理解的目的。大量的语言规范和少量的"逸轨"现象的并存是语言得以用于交际的前提。

其次,语言是一个开放的复杂的符号系统,交际中的语言形式(言语)是"语言"的运用。虽然离开言语就没有语言,但没有言语交际据以遵循的语言,言语交际也就失去了共同遵守的规律,"言语"成为不可理解的东西。强调语言系统,而忽视语言规律寓于言语之中是不全面的,强调规律寓于言语之中,认为存在的就是合理的,也不妥当。从具体交际讲,规律先于言语交际;从历史发展讲,语言和言语是相互依存的;从语言规律的探索讲,材料(言语)先于规律。不能用第三种情况否定第一种情况,也不能用第二种情况否定规律和实践在不同的条件下有先后之分。

这种语言的系统和交际中的言语之间的区别和联系是一个被很多人视为陈旧的话题,今天再谈论它,未免有炒冷饭之嫌,但是饭既冷了,就有重炒的必要,因为现在有些研究语言学的人正在怀疑关于语言和语言学的这一基本观点。

二

索绪尔曾把语言比喻为储存在每个人脑中的同一部词典的印迹。严格地讲应该是同一部词典和同一部语法的印迹。乔姆斯基把它称之为词汇库和短语结构规则,这二者构成语言的基础部分。当然,索绪尔的比喻和乔姆斯基的假设是有缺陷的。但是语言系统是由相互关联的一组符号(词汇)和一组符号与符号结合的规则(语法)构成的这一点却道出了语言系统的基本特点。这一特点在极端简化了的人工语言,例如命题演算系统中表现得最为明显。

自然语言比命题演算这类人工语言要复杂得多。自然语言中词汇和语法的界限也不像人工语言那样分明。首先,语素和词哪一个是语言的最基本的符号单位?语言符号——音义统一体(Sign)应该有两个层次:语素(字)层、语素和语素(或字和字)依一定的规律组合成的词汇层。以语素(字)为单位研究语言的组合规律(语法)不但使语法变得非常复杂,而且事实上语言中的意义单位也是以"词"而不是以"语素"的形式固定下来,进行交际的。例如,现代汉语的"桌子""大衣""书包""打仗""说服""雪白""谦虚"等等,都是语言中单一的符号,而不是符号的组合。其次,表示语言内部词与词之间的结构语义关系,表示话语中所反映的客观现实之间的关系的成系统的形式,如词的形态中的变化形式、虚词等等,都属于语法的范围。作为语法形式,它们的意义和组合规律可以得到充分的描述。这样划分的结果,属于词汇的基本成分的,是名词、动词、形容词,以及修饰它们的副词。

这个传统语言学的常识,近几十年来受到种种语言学理论的挑战。这种以语素或"字"为基本语言符号的语法理论,对研究一种从未被认识过的语言,或者像汉语这样没有"词儿连写"的传统的语言,未必不是一种研究它们的"语法"的"入手"的操作方法。但是像现代汉语这样的确存在着词汇层的语言,应该以"词"为基本单位进行语法研究。

这又是一个必须重炒的"冷饭",如果我们要吃饭的话。

三

语言是人们把认识客观事物(包括作为客观事物的主观现象)

的结果,在头脑中固定下来,并进行交际的形式。人们是在语言的框架(词汇和语法)中进行思维的,语言的框架又是人们进一步认识世界的基础。但是,语言不是人们的禁锢,而是人们不断认识世界的阶石。人们认识世界有共同的生理基础,面对的是共同的世界。当然,不同语言都用自己不同的方式对客观了解加以范畴化(词汇—词义系统),用独特的方式反映客观事物之间的关系(语法形式),但是这种由习惯传统形成的不同的反映形式,由于它们反映的是同一个世界,因此是相通的,可以互相理解,互相交际的。被人们研究较多的颜色词和亲属词正表现了这种特点。不同语言中反映的不同哲学范畴和哲学理论,在了解了说这种语言的人的文化历史的条件下,也是可以互相了解、互相交际的。能动的反映论可以正确说明这个问题。

反映客观事物的最根本范畴是印度哲学中讲的"实、德、业"及西方哲学中相应的"实质、性质、活动"。不论印度哲学还是西方哲学,都把这类范畴看作源于语言而反射外在客观世界的最高"类别"。现代汉语也同大多数语言一样,具有同"实、德、业"相应的词类范畴"名词""形容词"和"动词"。由于汉语缺少严格意义的形态,由于表实体的词可以用以表示该实体所具有的某些属性和状态,表"性质"的词可以用以表示由该性质构成的"抽象"的"实体"和状态,表"活动"的词可以用以表示该活动构成的"抽象"的"实体"或把该活动作为一种性质来表示,因此现代汉语反映不同语义范畴的"名词""动词""形容词"常有多种句法功能,因而在具体语境中表现为不同的语义范畴。不论从"词汇库"的角度讲词汇库中词的数量,还是从构成具体句子的角度讲句子中包含的词的数量,具有名词、动词、形容词的语义特征和语法功能的词,都是主要的,大多数的。

　　根据上面一节讲的情况,汉语语法学史上讲的"以意义划分词类"和"依句辨品、离句无品"的说法,有一定的道理。但是词类是以语义为背景的语法范畴,而不单纯是语义范畴,因此名词、动词、形容词的划分应该由句法功能来控制。单纯的语义分类与语法无关,而且对许多词来讲,单纯以语义划分几乎是不可能的,句法上的"分布"仍然是辨别词类的依据。在这个问题上,涉及到句法控制语义,还是语义控制句法问题。就语言的一个特定的断代系统讲,交际中的句子总是由一组特定的词,遵循一定的句法结构规则构成的。词以及词的意义和句法特征,构成语句的规则,总是现成的。从一个角度讲,句法结构决定词的选择,决定词的句法语义特征;从另一个角度讲,选用一定的词及其特定意义,这个词的句法语义特征,就决定了要使用的句法形式。不管怎样,最后形成的句子必须符合现代汉语的句法结构规则,符合句子中使用的每个词的句法功能。例如《茶馆》里有这样的一句话:"你怎么老在背后褒贬老人呢?"其中"你"是代(名)词,"怎么"是副词,"老"有"总是"义,是副词,"在"是介词,"背后"是名词,"褒贬"是及物动词,"老人"是名词,"呢"是语气助词,它们组成(名⊖((副＞(介:名)＞(动⊙名))))式的句子,不但这个句子的句法结构是合式的,而且其中每个词的用法都符合它的句法特征。以"褒贬"为例,"褒贬"是及物动词,决定了"动⊙名"的句法格式,而"动⊙名"的句法格式(一般的形式)也要求其中的"动"必须是及物的。由于句法和词汇的这种相互依存、相互制约的特点,就决定了语法研究既可以采取从句法形式到词汇选择的路线,也可以采取词汇控制句法形式的路线。其实二者是殊途同归的。再以"怎么"为例,"怎么"的结构位置既可以出现在现在的位置,也可以出现在"你"前的句首位置,这种选择(移位)属句法的语用平面问题,即由使用者和使用场合决定的。

前面讲过,由于现代汉语词缺乏严格意义的词形变化,一个表示"实体"名称的词,可以从该实体所具有的某种性质的角度去修饰"名词",如"牛脾气",也可以从它具有的某种性质的角度用来表示其他"实体"发生的变化,如"这块木板翘了"。对于这种现象,我们既可以说"牛"是名词兼形容词,也可以说"牛"是名形词,同纯粹的只能用作名词的词如"桌子"是不同类的词,另立一"名形词"类。前者更注意具体语法框架对词的语义、句法特征的制约,有"依句辨品"的味道,后者则以不同的"分布"为依据,注意词出现在不同环境之间的联系。这两种研究都是可行的,主要在于划分的目的和实际应用的效果。

四

语言必须按一定的结构形式把语言中的词组织起来,才能反映人对客观事物之间的种种关系的认识。语言中词与词的关系反映着客观事物之间的关系。但是不同语言由于它的长期传统而约定俗成的形式可以有种种区别。例如"我昨天写了一封信"中的"昨天",英语放在句子的末尾,而"写了"这种动词加助词的形式,许多语言是用动词"写"的特殊形态(过去完成式)表示的。研究语言规律的根本目的就在于描写语言如何用某种特定的形式表达某种意义（思想，内容）。

　　什么是意义？哲学家、逻辑学家、心理学家和语言学家提出各种各样的理论。语言的研究走过了"重意义"到"重形式"再到"重意义"这样一个"正反合"的过程。今天语言学谈意义，应该是与结构相结合的意义，而不是离开语言结构的纯粹的意义问题，后面这种意义研究是哲学的、逻辑的、心理学的，而不是语言学的。语义——语言的意义，总是伴随着一定的结构（句子）而显现的。词的词汇意义，虽然可以作为一个独立的存在加以理解，加以探讨，但是归根结底它还是从具体的结构中加以概括归纳的。而且每个词的意义中都包含着它的语法意义——结构功能意义。另外一个方面是，单纯的结构形式，即从具体词语构成的句子中抽象出来的结构形式，它也是有意义的，不过不是词汇意义，而是结构意义。例如我们常用的结构形式表示法"名⊖（动⊙名）"。其中⊖，⊙，（）等等就是表示结构意义的符号。过去有人提出的语法框架赋予词的意义，就是这种语法意义。乔姆斯基在他的著作中，举的由无意义的"词"组成的合乎英语语法规则的例子就表示了这一点。上面举的"这块木板翘了"中的"翘"，就由结构框架赋予了它以"变化"的语法意义，而归属于"动词"的范畴。

　　在交际过程中，说话者和听话者必须有共同理解的词汇和共同遵守的语法规则，认为汉语缺乏形态，就可以随意把词组合起来表情达意，是不可能的。没有语法或缺乏语法，或只有松散的语法的成熟语言是不存在的。这只能是不顾事实的臆说。

　　语义不仅是由一定的词语按照一定的结构规律加以组合来表

达的,而且是在一定的语境中加以表达的。语言的意义是词语的意义、结构意义和语境意义综合作用的结果。用一个简单的图表示,是:

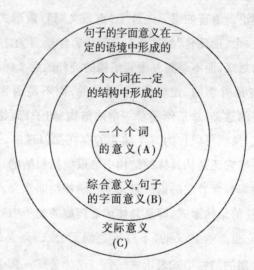

句子的字面意义在一
定的语境中形成的

一个个词在一定
的结构中形成的

一个个词
的意义(A)

综合意义,句子
的字面意义(B)

交际意义
(C)

我们仍以《茶馆》中秦仲义的一句话为例:"我四十年的心血啊,拆了!"这句话是由九个词("心血"是一个词)按现代汉语的句法规则组成的,前面是一个名词性的偏正短语,表示一个"实体",是一个抽象的实体(什么什么样的"心血"),"啊"是表达感叹的语气词,后面由动词"拆"和助词"了"组成,表示"拆"的动作已经实现。从字面意义讲,前面的名词短语和后面的动词短语没有结构上的联系,也没有语义上的联系。但联系这句话出现的语境,它要完成的交际意义是:前面一个名词短语表示的不是抽象的"心血",而是具体的,是他用四十年的心血建成的"工厂",而"拆了"则是对这个"建筑"(工厂)讲的,"工厂"是可以拆的。实际上这句话表示的意思,用完整的语句表达是"我四十年心血建成的工厂啊(被)拆了!"或"工厂是我四十年的心血啊,工厂(被)拆了"。根据上下文(语境),表达中省去前面短语的"中心语"或两个小句的主语"工厂",两个部分在语义上联系不到一起,结构上成了两个独立的名词短语和动词短语构成的两个互不相关的小句。这种省略并没有违反现代汉语的语法规律,因而这句话在结构上是合语法的,在表达上是明确的。

但是有时这种由于交际的语境对语言形式的变换和省略,会因为产生的形式而赋予词语以新的意义。例如杜甫两句有名的句子:"香稻啄余鹦鹉粒,碧梧栖老凤凰枝。"一般表达形式应该是"鹦鹉啄余香稻粒,凤凰栖老碧梧枝"。原句"鹦鹉粒""凤凰枝"这种形式就使"粒""枝"带有"鹦鹉的"和"凤凰的"性质,这可能是这两句诗表达出比一般语句更丰富的更生动的含义的原因。

五

现在我们谈谈在结合语义研究语法中讨论最多的语义指向与动词、名词等的配价问题。当然还有所谓格语法或格关系的问题。这几个问题都涉及到句法和语义的关系或者说句法和语义的矛盾问题。

语义指向讨论最多的是状语和补语。从结构上讲,二者都是对动词的限定和修饰。从结构意义讲,它们也的确起到修饰和限制动词的作用。"喝醉""喝光""喝完""喝好"这四个动补短语的补语都是对前面动词的限定,使它们表示的"动作"具有了不同的"特征"（"种类"）。但是在"酒喝醉了""酒喝光了""酒喝完了""酒喝好了"中，同补语发生语义关系的词项却不一样。第一个句子的"醉"指向的是未出现的"喝"的主动者（主语）；第二个句子里，"光"指的是"酒"；第三个句子里，"完"可以指"酒"也可以指"喝"的动作；第四个句子里，"好"一般是指"喝"。这说明（动＜谓）的格式虽然结构意义是统一的，但构成的具体语义关系却不一样，即在语义平面上是歧义的。这种歧义有时由补语的语义特征加以分化，或者要进一步靠语境的补充才能明确它在语义层次上的指向。状语或其他结构成分的语义指向问题，同样表现出由于同一结构形式可以表示多种的具体语义关系而产生的结构同语义之间的纠缠和矛盾。

配价问题也可以从结构和意义之间的复杂关系来理解。这里讲的"结构和意义"的关系，严格地讲应该是"意义→结构→意义→结构"的关系。一般的"意义"，必须进入语言的结构中，才成为语言的意义。这里讲"意义同结构"的关系，应该是语言的意义同具体的结构之间的关系。配价语法还体现了由词的语法功能来控制句法形式的语法研究路线，在这一点上它同格语法有异曲同工之处，但是格语法采取的似乎是从底层（带有普遍性的语义层）到表层（带有具体语言特征的句法层）通过转换来实现表层表达形式的原则，基础在于深层语义；而配价语法采取的似乎是通过表层中的"同现"原则来控制句法形式的方向，基础在于表层结构。不管是哪一种语法，它们都是从词的句法动能（语义—句法功能）控制句法的角度来研究句法结构的。一个表现出明显的转换生成语法的影响，一个带有新结构主义的烙印。同样表现出句法与语义之间的相互制约和相互矛盾的特点。例如："送"这个"三价"动词,因为可以有三个表示参与者的名词短语跟它同现。在回答"你送他什么?"时,说"送三本书"。在这个具体句子中只出现一个参与者"三本书",有两个参与者未出现,在上下文中,应该可以找到补充这两个配价成分的成分。但是从格语法讲,这个句子的"深层"形式是动词"送"和它的主格"我"、宾格"一本书"、与格"他"。在转换为具体的句子中,主格"我"作主语,与格"他"作前一个宾语,宾格"一本书"作后一个宾语。但是一般研究主要讨论的是静态的句法格局问题,而很少直接涉及到语用省略。我们这样谈论配价语法和格语法,未免过于简略,而且有削足适履之嫌,但是从整个语法研究的脉络讲,这样讲还是有一定道理的。

　　我们上面讲的只是一些"思考",既不是语言规律的研究,也不是语言的哲学探讨。我们的想法只是:如何把作为复杂的符号体系的语言,从它同人对客观世界的认识活动和认识结果相联系起来的角度加以研究,既说明它受人对客观世界的认识活动的制约,又说明它本身的约定俗成的特点,说明二者之间相互制约又相互联系的关系,并以此为基础,从表情达意的角度对语言的语义和语法的关系进行更全面的研究。

　　（原载《语言问题再认识》,上海教育出版社 2001 年版）

认知、交际与句法

一、语言

语言最基本的性质是人脑对客观事物的"反映",说得确切一点是"能动"的反映。从人脑或人脑的认识机制到语言,是心理学、生理学和语言学共同研究的领域。单就语言学进,Chomsky 认为人脑有一个语言机制,这个机制包括一个普遍语法。普遍语法是人类形成语言与习得语言的基础。不同语言则由于"参数"不同而形成个别的不同语言。例如有的语言修饰语在前面,有的语言修饰语在后面,等等。

一般研究语言的人都把语言这个符号系统分为两个"部分"——词语部分和语法部分,这两个部分有交叉。屈折语言的表示语法意义的成分,汉语中表示语法意义的"虚词",特别是现代汉语的虚词,既是语言的独立的有意义的形式,是词汇的一员,又是语法(句法关系或语法意义)的组成部分。所谓词法,实际上也是语言成分的排列组合问题。屈折语中,例如英语的一些不规则动词形式,一般也作一个词语单位来看待。词形变化中不能算作独立的"词"的,例如英语中表示名词复数的"-s",其实也是一个音义结合的表义成分,也是语言中的一个语汇(语素)单位。汉语的虚词更不要说了。

因此,我们认为词语部分应该包括所有一种语言中的意义"成分",包括表示词汇意义的成分和语法意义的成分,包括由音质音位和超音质音位组成的成分。一般语法学家把这叫做词汇库。根据我们的看法这应该叫做语汇库,因为这里包括的不仅是词,而且包括熟语,[①]一切有意义(词汇意义和语法意义)的由音质音位或超音质音位构成的语言形式。这里的"语"同"词"不同,它既表示比词大的熟语,又表示比词小的和超越在词之上的语素。许多传统语言学的词法成分都可以归入"语汇库"。

这样就扩大了语义学研究的范围,缩小了语法学研究的范围。从原始意义上的"语义学"讲,这种扩大是合理的,因为语法意义也是一种意义。我们在另外地方讲过,有语言中的意义,也有语言外的意义。从语义学上讲,分语言内的意义和语言外的意义比分语法意义和词汇意义更重要。

二、言语

按照索绪尔的观点,言语同语言不同,并认为语言才是语言学研究的唯一对象。传统语言学的主要部分,以及后来的一些重要语言学派,都有意或无意地以语言为研究对象。实际上言语才是语言学研究的真实的客观对象。语言规律,既是先于个人学习语言而存在的脑的机制和社团约定俗成的原则,研究语言就不能不既以言语为材料来概括语言规律,又是以人脑反映语言的机制及语言社团约定俗成的角度解释言语的规律。语言的规律要能解释言语。只能解释抽象的语言的语言学是不完整的。②

从这个意义来讲,语法不只是解释语言的抽象的规律,而且也是能解释言语的语法的规律。实际上许多"语法"是把二者混淆地讲的,也可以说没把二者分别清楚。应该这样说:对运用语言和研究语言的个人说,言语是真实存在的对象,语言是"隐藏"在言语背后的"规律"。同时这个规律必须是"言语"的规律,也就是说,这种规律必须能解释一切说出的话语。"言语"作为交流"思想"的"工具",是在一定语境下说出来的话语。"语法"也是这样:语法不但要解释"抽象"的句子,而且要解释出现在语境中的句子。但是,过去的语法即使讲到有关一定语境下使用的形式,例如汉语的"把"字句,也只是作为抽象的"形式"来研究。只说:"主—动—宾"的"宾"可以移动到"动"的前面,并且加"把"。这就把语言语法中反映客观事物的基本关系的基本形式同因交际的需要或表示主观意义的需要的关系的形式混淆了。单从研究讲,是可以把抽象的形式作为研究对象的。例如我们只研究汉语的各种可能存在的"句型",甚至研究它们相互变换和推导的关系,而不涉及言语的表达问题,像数理逻辑研究"思维"规律那样。即使这样,也还有个语义问题。③语言的一个重要功能是"表达",而语言的表达是在一定的"语境"中实现的。研究语言在一定语境中表达的规律,是语言学的主要任务。不仅要从语言作为"认知"客观事物的结果和表达仅仅属于语言内部意义的基本事实出发来研究语言的基本语法规律,而且必须结合语境中语言(如汉语)表达形式的变化,研究语言全面的语法规律。

三、句法

我们在前面已经讲过,我们应该扩大语义学研究的范围,缩小语法学研究的范围。就汉语来讲,语法基本上是"语汇库"中的成分的有次序的排列,这种排列方法有不同的"操作规则",并且有不同的基于认知和"约定俗成"的组合原则。

"操作(运算)规则"包括:选择、组合、融合、附合、移位和省略。④我们简单地解释一下:"选择"是从"语汇库"中选择表达需要的成分;"组合"是把这些成分按照汉语的句法规律组合在一起;"融合"是把两个结构"融合"成一个复杂的结构,省掉两个结构中的某些成分,使两个结构融合在一起;"附合"指超音质音位的"语汇"成分附加在"语段"上,形成一个新结构;"移位"指语段(句子)中的某个成分或结构改变在原有的结构中的位置,形成新结构;"省略"指句子中的某个成分省去,不出现在句子里:

下面举几个例子加以说明:

(1)周朴园　窗户谁叫打开的?

组成这个句子的"语汇成分"有"窗户""谁""叫""打开""的",以及表示疑问的语调。按汉语的语法,"打开"是一个二元动词,前边要有一个(承前省略了)表示主动者的"主语"(你),后边要有一个表示受动者的"宾语",在这里是"窗户","(你)打开窗户"是这个小句的基本"组合"形式。"你"不出现是一种"省略"。而"窗户"则是话题化,提前至句首,形成一种"移位"。"省略"和"移位"都属于言语交际中的现象,属于交际中的句法规律。"谁"属于"主"句,"叫"是

"动词","谁"是"叫"的主语,"叫"的宾语就是省略了的"你",而"你"既是"叫"的"宾语",又是"打开"的"主语",而且汉语里不可能出现两个"你",这就构成所谓"兼语式"。这种操作形式就是所谓"融合"。"的"是一个表示语气的"虚词",连同运用"附加"的操作规则加在这个句子上的语调,构成了这个句子的疑问语气。超音质音位的语调同"句子"的组合,就是一种"附合"了。可以说,(1)这个句子里就运用了我们列出的全部操作规则。

汉语句法最基本的"组合"形式,从原则上讲,是客观事物之间的关系在汉语中反映的形式。看下面的例子:

(2) 鲁侍萍　这个人现在还活着。

"活"是一元动词,汉语反映这种关系的形式是主动者(主语)在前,动作(动词)在后。"着"是表示动词的"体"的虚词,与动词加在一起,构成动词短语"活着"。主语"人"和谓语"活着"前面都有修饰语,按照汉语句法规律,表示事物的数量的(数量短语)和表示动作(动词)的时间和状态的是"修饰语",并且修饰语在中心语之前,这个句子就是根据这些句法规律构成的。

客观事物的关系和语言中反映这种关系之间的联系是复杂的。这是语法研究的主要任务之一。由于汉语的特点,这种关系主要表现在句法中的"语汇"成分之间的"组合"(我们把虚词和语调之类都看成语汇成分)。例如:

(3) 周繁漪　……刚才还是好好的,你怎么会死,你怎么会死得这样惨?

这段话里的小句"你怎么会死得这样惨"中的"这样惨"是说明"死"的状态的,可以放在"死"的前面作"状语","你怎么会这样地惨死

（了)!"也可以照原句那样。两句表示的是同样的客观事实,具有同样的"客观意义"。但是两句的语言形式不同,两句具有的"主观意义"也不同,而且这种意义只能用带"得"的补语形式来表达。这里表现了某种程度的语言形式和所表现的客观意义和主观意义之间的复杂关系。[⑤]

再看看下面的例子

(4) 杏花巷 10 号,鲁贵家里。

下面是鲁贵家外的情景。

如果句法形式单单是从言语中出现的形式抽象出来的,那么,这里第一行的两句话是"独词句",下面的一句,可以看作处所词作"主语"的判断句("是"字句),或看作广义的"存现句"。但从语言的角度看,就不能简单地这样看问题。第一行传达的是:《雷雨》第三幕的背景,简单地讲是:"这幕的背景是杏花巷 10 号,鲁贵家里。"第二行讲的是(这里简化了的),舞台上"鲁贵家里的下面是鲁贵家外的情况"。

我们上面讲的例(4)第一句从"这幕的背景是杏花村 10 号,鲁贵家里"。在语言表达上有一个变换过程。根据语境,这里讲的就是幕景。前面的话可以省略就成了上面的样子。这只是从语言的表达上讲的,并不是实际的思维过程。而且,表达要受汉语语法的制约。一种具体语言的抽象的句法形式,在言语表达上还是有意义的,例如这里的"独词句"是否为汉语所容许,这就要由汉语是否实际存在这种句型来决定。所以这种研究是互相补充、相辅相成的。

因此,只讲句型不讲句法操作程序,不讲"句子"中词语以及语境对句法的制约,也不能讲清汉语"句子"是怎样构成的(造句)。"句型"是"形式的"、抽象的句子,言语中的"句子"才是真的"音义结合体"。把三者全面地进行研究,才是完整的"句法"(语法)。

附　注

①"熟语"如成语"天长地久""叶公好龙",歇后语"外甥打灯笼——照旧(舅)",都是按照汉语语法规律构成的,但不是临时的组合,而是像"词"一样的现成单位,所以是语汇库中的一员。他们在语言运用中,既是个独立的意义单位,又有它的组成形式所带有的"句法"功能。

② 语用学不应该像过去有人说的那样,是一个"垃圾箱"。而应该是语言学不可分割的部分,而且是语言学研究的最终部分。

③ 例如数理逻辑关于所用符号的解释,就是数理逻辑的"语义学"。抽象的句型也有这样的问题。同时词语的意义(语义)也制约着句法结构。如一元动词和二元动词构成的句法形式不同,一元动词后的处所补语不能提前构成"把"字句,等等。

④ 这里根据汉语语法学对汉语的特殊解释,以及语用平面句法的特殊情况,特增加了"融合"和"附合"两种操作规则。

⑤ 主观意义同语言内的意义不同。例如"抽烟"也可以说"吃烟"。所表现的客观事实是相同的,也没有主观意义上的差别,这里有的是"语言内的意义"的差别,把这个意义加进来就更复杂化了。这里不进一步讨论这类问题。

(本文是新世纪第三届现代汉语语法国际学术讨论会

(2005 年 6 月,浙江金华)的大会发言)

语言学史上的易卜生

——德·索绪尔及其《普通语言学教程》

生活在 19 世纪后半叶到 20 世纪初的瑞士语言学家费尔迪南·德·索绪尔（Ferdinand de Saussure, 1857—1913）是现代语言学的创始人。在他逝世以后，由他的学生巴利（Charles Bally）和薛施蔼（Albert Sechehaye）整理，于 1916 年出版的遗著《普通语言学教程》，开创了西方语言学的一个新时代。尤斯（Martin Joos）在他编的《语言学论文选》中曾把索绪尔比作语言学史上的易卜生。这个比喻是十分恰当的。

我们是否可以说，《普通语言学教程》的最主要的课题是确定语言学的研究对象？正是在这个问题上索绪尔影响了几乎整整一个世纪的语言学的进程。在索绪尔看来，由于语言是个复杂现象，历史上经过古希腊罗马时期创建的"语法"，其后出现的语言学，以及 19 世纪的比较语言学，语言学家们虽然逐渐接近了语言学的真正的、唯一的对象，但是他们并没有完成这个任务，而这个任务的完成是建立真正语言学的基础。

语言是个复杂现象，在下面四个层次里，都有互相对应的两个方面纠缠在一起。(1)讲话时发出的每个音节，既是耳朵里听到的一种音响印象，又是发音器官发出的声音。没有音响印象，无从发

出声音;没有声音,也就无所谓音响印象。(2)即使语言的声音是
一个单纯的东西,它是否就构成言语活动了呢? 不然,声音还要同
观念结合形成一个复杂的生理、心理单位。在言语中不跟观念相
结合的单纯的声音是不存在的。(3)情况还不这样简单。言语活
动还同时具有个人和社会这两个不能分割的方面。(4)而且言语
活动还同时包含着已经确立的系统和不断演变这两个不同的侧
面。那么,语言的完整而又具体的对象是什么呢?

　　为了确定语言学的完整而又具体的对象,索绪尔首先提出区
分语言(Langue)和言语(Parole)的观点。我们可以用下图表示两
个人之间的言语交际活动:

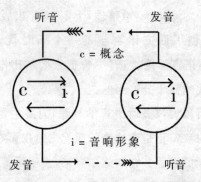

　　语言是这一复杂的交际总体中的一个确定的对象,即交际中
听觉形象同概念相联结的那个部分,也就是上图中画圆圈的部分。
言语交际活动虽然是个人的,但是语言,即音响形象同概念的结合
却是社会性的,是使用这种语言的社会约定俗成的。例如,在使用
汉语的人甲和乙的交际活动中,甲说"您好!"乙了解了甲的意思。
这里音响形象 nín 和 hǎo 同概念"您"和"好"的结合,是汉族人民
长期使用汉语中约定俗成的。任何人都不能创造或改变语言,否

则就不能进行有效的交际。言语活动包括物理的、生理的、心理的各个方面,包括着个人之间的差异。只有语言才是言语交际中一切言语活动的准则,也只有语言才是语言学研究的完整的而又具体的对象。

很明显,索绪尔理解的语言有两个基本的性质。第一,它是社会的;第二,它是心理的。语言首先是人们在言语交际中逐渐形成音响形象同概念的结合的,而小孩子也是在言语交际中掌握自己的语言的。语言既是言语的工具,同时也是言语的产物。总之,语言是社会约定俗成的。但是语言又以存在于各人脑子里的印迹的形式存在于社会集体中,从这一点讲,语言又具有心理的属性。不过语言对任何一个个人来讲,是一种客观存在,不受个人意志的支配。按照索绪尔的看法,我们讲汉语的人,每个人脑里都有一部相同的汉语词典和词与词的组合规律,虽然各个人头脑里的词典和词与词的组合规律在完善程度上并不是完全一样的。例如小孩子同成人比,一般成人同作家比,后者当然要比前者丰富得多。但是不管在数量上差别多大,它们都是同一部词典和规律的大小不同的版本。

尽管语言不受个人意志的支配,交际中任何人不能创造和改变语言,但是在历史的长河中,开始发生于言语交际中的个人的差异和偏离,会成为语言产生变易的契机,形成历史上的发展变化。19世纪比较语言学着重研究发生于语言历史中的这种变化,而这种发展变化的研究总是在语言的个别因素的比较的基础上进行的。例如,"达",在《切韵》时代是个浊声母的入声字,现在北京话却成了清声母的阳平字。鲁迅著作中,把课堂上的讲演也叫"讲义",现在就只用在为讲课而编写的教材了。索绪尔认为分清语言的共时状态和语言的历时演化是必要的。语言好像一棵树,横着锯开,我们看到的是千百万条纤维组成的关系的网络,而竖着劈开看到的却是上下相连的一条条纤维的脉络。比较语言学研究的是一条条纤维历史上的联系和演化,共时语言学研究的是整个语言体系中各条纤维之间的差别和联系。说语言是由符号组成的体系,就是从语言的共时状态讲的。索绪尔从符号的角度关于共时状态中语言体系的论述,是《普通语言学教程》对后世语言学影响最大的部分。

索绪尔是语言学家中首先提出符号理论的人。他认为语言是一种表达观念的符号系统。每个语言符号都有音响形象和同它相结合的观念这两个方面。例如汉语的"树",就包含着"shù"这个音响形象和同它相结合的"树"这个概念。音响形象是用来指称概念的能指,而概念则是音响形象所指称的所指。能指不是具体的声音,所指也不是事物,二者都是心理的实体。能指和所指好像一张纸的上下两面,它们是互相区别而又互相依存的,包括上下两面的整个的纸才是符号。这种关系可以用下面的图来表示:

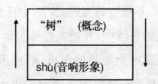

语言学所要研究的对象正是存在于言语交际中的这种能指和所指密切联接着的实际的客观实体(符号)和存在于它们之间的关系。符号的任何单独一面都不是语言学的对象。

在讨论语言符号的性质的时候,索绪尔提出了语言符号的两个头等重要的特征:第一,能指和所指的联系是任意的;第二,能指是线性的。关于第一点,用我们常用的说法是,在语言中,用什么声音表示什么意义,是约定俗成的,是没有理据的。当然这是就语言符号能指和所指联系的根本性质讲的。合成词以及由于词义的扩大、缩小或转移而形成的声音和意义之间的某种联系,当然是可以找出联系的这种或那种理由的,不过这并不妨害符号的任意性原则。符号一旦约定俗成,声音和意义的联系就不再是任意的了。关于语言符号能指的线性特征对语言表达思想,对语言整个交际功能的制约作用也是十分明显的。语言符号的组合,语言结构的特性,是以语言符号的线性特征为基础的。

在连续的言语活动中,怎样划分语言单位,怎样区分出语言的符号,是一个同语言符号的上述特性直接有关的问题。正像索绪尔所讲的,语言学研究的对象不像动物植物那样,单位早已存在,无需划分。"语言是一团混沌的东西",只有经过仔细的分辨,才能找出其中的一个个单位来。区分的时候,要求音响形象链条的区分(α,β,γ)同概念链条的区分(α',β',γ')相符。

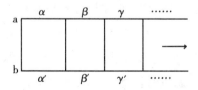

上图 a 表示音响形象链,b 表示概念链。例如汉语 zhǐzhāng tàihǎo le 这样一个语段,把它切分为 zhǐzhāng ——tài——hǎo——le,就符合上述原则,是一个正确的划分,因为这里音响形

象链的划分刚好同相应的概念链的划分"纸张——太——好——了"相符合。

语言中的单位,语言中的符号,又是怎样在语言中起作用的?换句话说,语言体系的性质到底是怎样的呢?关于这一点,索绪尔曾经提出过一个有名的比喻,下棋。他认为下棋的时候,每走一步棋,棋盘上各种棋子就处于一种相对稳定的状态之中,各个棋子也由它所特有的位置同其他棋子处于相互对立而又相互联系的关系之中。再走一步棋,棋盘上出现另一种状态,棋子之间的位置也有了微小的变化。棋盘上棋子之间的相互静止的状况,就相当于语言的共时状态;棋盘上每走一步棋所出现的变化,就相当于语言的历时演变。每个相对静止的状况中整盘棋子所形成的对立和联系,就是语言所表现出的共时的体系。整个下棋过程中每一步所形成的"共时体系",都同过去的状态有联系,但是要描写或认识这个体系,却无需回顾这种状态形成的历史。语言的共时体系是由这特定状态下各个棋子的位置及其相互关系决定的。

为了说明语言体系的性质,索绪尔提出了价值(valuer, value)的概念。他认为语言是一个纯价值的系统。语言符号是音响形象和概念结合的统一体。但是语言不是为了表达现成的概念体系而配以不同的声音,而是在形成"思想——声音"的统一体的过程中区分出思想中的概念,形成语言的符号或单位的。按照索绪尔的说法,一面是思想的长流,一面是声音的长流。思想的长流中的一个概念固定在声音的长流中的一个声音里,就形成了一个语言中的符号。每个语言符号都在语言的体系中取得它的价值,或者更具体地讲,每个语言符号都是由于它同其他符号之间的区别、对立和联系,也就是说都是由于它的功能而成为语言的特定的符号的。例如,在一个特定状况下的一盘棋中的一个"卒子",它之所以成为全盘棋中的一个"棋子",就在于它在棋盘中所处的位置及其同其他棋子的区别和对立,而不在于它本身是由什么材料构成的。把一个"卒子"从棋盘中拿出来,脱离它同其他棋子的区别和对立,它就不再是一个"棋子";相反地,不管用什么材料,或者做成什么形状,只要它在整盘棋中具有原来那个卒子的价值,它就是同一个"卒子"。语言中音响形象同概念相结合产生的符号也是这样。例如汉语的"舅舅"是在同"叔叔""伯伯""姑父""姨父""父亲"等等的对立和关系中获得它的价值的,而英语中的 uncle 却是在它同 father 的对立和关系中获得它的价值。同样地名词的"复数"在有"双数"范畴和没有"双数"范畴的语言中,处在不同的对立和关系系统中,因而具有不同的价值。符号的实质在于它的形式(forme,form),而不在于它的质料(substance)。符号同符号之间的区别、对立和相互联系,符号的价值,是语言学研究的主要内容。

　　索绪尔在说到语言中各单位之间的关系的时候,说到线性的组合关系和非线性的聚合关系。组合关系如复合词、派生词、短语、整个句子中各单位之间以及各单位与整体之间形成的关系。聚合关系是由联想形成的,例如,"体育"同"体操"、"体校"、"教育"、"德育"以及"锻炼"等等之间的关系,就是聚合关系。这两种关系是相互依存和相互制约的。例如上面讲的"体育",就可以形成下面这样两种关系之间的相互依存关系:

而我们所以把"体育"分解为由"体"和"育"两个更小单位构成的语
段,就是因为我们有上面那种由联想构成的聚合关系作为根据。
假如在我们语言中消失了这种由联想构成的聚合关系,"体育"就
成了一个不可分割的整体,不再存在语段的组合关系了。

　　索绪尔提出的区分语言和言语,区分共时和历时,以及关于语
言符号的整个理论,对后世语言学产生过巨大影响。但索绪尔的
理论本身也存在着重大的缺点。例如,他把语言看作一种心理的
实体,把语言起作用的方式类比于下棋,等等,就是一些明显的例
子。有些问题索绪尔没有讲清楚。其中最主要的是语言和言语的
关系,语言的不变性和可变性的关系。不过作为一个现代西方语
言学的创始人,他提出了一些涉及语言根本性质的问题。这些问
题提高了我们对语言的认识,促进了我们对语言的研究。这就是
索绪尔的历史功绩。虽然他的学说中包含着许多缺点和错误,有
些错误甚至是根本性的。

（原载《语文导报》,1985 年第 1 期）

直接结构成分与分布

最小的语言形式是语素。语素和语素可以组成较大的语言形式。例如"桌子""新房子""他走了"等等都是这种较大的语言形式。在较大的语言形式(包括复合词、派生词、短语和句子)里,各组成成分具有一定次序,属于一定结构。上面讲的"桌子"是一个词根在前、词缀在后的派生词结构,"新房子"是一个修饰语在前,中心语在后的偏正(向心)短语结构。"他走了"是一个主语在前,谓语在后的主谓句结构。有些复合的语言形式比较复杂。例如汉语里"规范化"这个词是由三个语素"规""范""化"构成的;"一幅描绘我国农村生活的生动画卷"这个偏正短语是由"一""幅""描绘""我国""农村""生活""的""生动""画卷"九个词构成的。至于"不管是伟大先哲的功与过,还是芸芸众生的是与非;不管是神奇的创造,还是无谓的牺牲;……一旦成为过去,后人统统称之为历史。"这个句子,结构就更复杂了。怎样分析这类复杂语言形式的结构呢?

布龙菲尔德在《语言论》中说:"如果我们仅仅把复杂形式化解为构成它们的最终形式,我们就无法了解一种语言的形式。"例如,我们把"一幅描绘我国农村生活的生动画卷"化解为它的最终组成形式,语素:

　　(1) 一|幅|描|绘|我|国|农|村|生|活|的|生|动|画|卷
我们不可能了解它的真正结构。也就是说这个短语并不是由这些
语素像一串念珠那样串在一起的，而是有层次地组织在一起的。
布龙菲尔德用 ungentlemanly 作为例子，说明所谓直接结构成分
分析法的原则：这个英文词的最大的直接结构成分是 un-和 gen-
tlemanly，而 gentlemanly 的直接结构成分是 gentleman 和-ly，
gentleman 又以 gentle 和 man 为直接结构成分。又如汉语"你没
把买煤的钱给我"这句话，最大的直接结构成分是主语"你"和谓语
"没把买煤的钱给我"。后边这部分的直接结构成分是修饰语"没"
和中心语"把买煤的钱给我"。"把买煤的钱给我"的直接结构成分
是修饰语"把买煤的钱"和中心语"给我"。"给我"是由动作"给"和
目的语"我"两个直接结构成分构成。"把买煤的钱"的直接结构成
分是介词"把"和目的语"买煤的钱"。"买煤的钱"的两个直接结构
成分是修饰语"买煤的"和中心语"钱"；"买煤的"直接结构分成是
短语"买煤"和修饰语标记(助词)"的"；"买煤"的直接结构成分是
动作"买"和目的语"煤"。用画线法可以表示这个复杂的语言形式
的直接结构成分的结合层次：

　　(2) 你|没 ‖ 把 ⫼ 买 ⁙ 煤 ⁙ 的 ⁙ 钱 ‖ 给 ⫼ 我

　　直接结构成分分析法是描写语言学最基本的分析语言结构的
方法，也是他们对语法分析的一大贡献。这个学派的重要代表之
一威尔士(R. S. Wells)曾写过专门讨论这个问题的论文《直接结
构成分》。文章的主要目的在于提供一种研究直接结构成分(IC，
复数 ICs)的统一的系统的理论。威尔士认为确定 IC 的最基本的
概念是"扩展"。

　　什么叫扩展呢？这里需要说明两个相关的概念：序列类和焦点类。语言中的每个表达式都是由一个或几个语素组成的序列。例如汉语"白菜"这个表达式是由语素"白"和"菜"组成的一个序列。凡是汉语中第一个语素同"白"属于同一个语素类，第二个语素同"菜"属于同一个语素类，而且具有同"白菜"相同的重音形式"中重"的序列，例如"黑板""红薯"等等，构成一个序列类。凡是属于同一个序列类的表达式，它们的内部结构是相同的。这里讲的序列类也包括由一个语素构成的表达式。凡是语素类都是序列类，但并不是所有序列类都是语素类。在语言里，属于不同的序列类的表达式常常是可以替换的。例如：

　　（3）（a）白菜是蔬菜。

　　　　（b）雪里红是蔬菜。

　　　　（c）黄瓜和包心菜是蔬菜。

这里"白菜""雪里红""黄瓜和包心菜"是属于三个不同序列的表达式，但在"——是蔬菜"里的"——"位置上是可以替换的。当其中一个序列 A 同另一个序列 B 相比，长度（即包括的语素数目）相等或较长的时候，我们就说 A 是 B 的扩展，而 B 是 A 的模型。IC 分析的主要目的就是要尽可能地把每个序列分析成部分，而每一个部分都是一个扩展。例如下面这个句子：

　　（4）一个师范大学的校长召开了系主任会议。

这个句子可以看作"张三笑了"的扩展，因为"一个师范大学的校长"是"张三"的扩展，"召开了系主任会议"又是"笑了"的扩展。这两个扩展也就是（4）的两个直接结构成分。用同样的方法可以把"一个师范大学的校长"看作"一个校长"的扩展；"召开了系主任会议"看作"召开了会议"的扩展。这也就是(4)分出的两个直接结构成的直接结构成分。用这样的方法一直分下去,一直分到语素为止,就得出整个表达式的层次结构。下面我们只分到词为止:

(4′)一‖个‖师范‖‖‖大学‖‖‖的‖校长│召开‖‖了‖系主任‖‖会议

为了使划分 IC 的手续更有效,需要给扩展以更完整的定义。我们可以把每个句子分成焦点和语境两部分。一个句子里可以被其他序列替换的序列叫焦点,句子的其余部分就是这个序列的语境。实际上我们可以把"焦点+语境"的范围从句子缩小到句子的某一较小部分。例如在(4)这个句子里,"一个师范大学的校长"是一个焦点,"召开了系主任会议"就是这个焦点的语境。同样,在"一个师范大学的校长"这个表达式里,"师范大学"也是一个焦点,"一个——的校长"就是它的语境。凡是能够在一个给定的语言环境中的一个给定的焦点上可以互相替换的序列,对这个语言环境讲就是一个焦点类。语言中的序列对焦点来讲,一般不是一对一的关系。有的序列只出现在焦点 A 里,有的序列既可出现在焦点 A,也可出现在焦点 B 里。例如,汉语"吃"可以出现在焦点 A "——完",和焦点 B "——饭";而"吃了"却只出现在焦点 B。从直接成分分析法,或者更概括地讲从语法研究的角度讲,主要的在于区分出这样一些焦点类:用来区别这个焦点类的语言环境很多,而同时又能概括较多的序列类。传统语法中讲的词类,就是这种类型的焦点类。例如(4)两个 ICs 所代表的两个焦点类,即通常说的主语、谓语就是这种焦点类;"动词短语"也是这样的焦点类。在汉语里,"动词短语"包括简单动词、动词+时态助词、动词+名词宾语、副词＋动词等等序列类。

序列类是从语言形式的内部语法讲的，焦点类是从语言形式的外部语法讲的。内部语法指的是语言形式的形式结构，外部语法指的是语言形式的句法功能。具有相同的内部形式结构的序列必然有相同的句法功能；但有相同句法功能的序列不一定有相同的内部形式结构。例如，凡是属于"动词＋名词宾语"的序列类的序列，如"吃饭，洗衣服，写信"之类，都有出现在"主语——"这个语境的功能，即都属于同一个焦点类"谓语"。但是能具有谓语功能不止"动词＋名词宾语"这个序列类，还有"动词＋时态助词""副词＋动词"等等。IC 分析法的目的就在于把每个话语和它的结构成分分析为这样的最大限度的独立的序列。

上面讲的这种"焦点＋语境"的分析语言表达式的内部结构和外部功能的分析法，就是所谓分布分析。分布分析法是描写语言学的基本方法。这种方法不仅运用于语素、焦点类、句法结构的分析，也运用于音位的分析。

描写语言学派在分析语言形式的时候，总是尽量避免考虑话语的具体意义。但是威尔士在《直接结构成分》一文中认为对于像英语 old men and women（年老的男人和女人）这样序列的 IC 分析中，就不能不考虑意义，因为这个短语是歧义的。在一种意义下，它的 ICs 是 old men │and│women（女人和年老的男人）；另一种意义下，它的 ICs 是 old│men and women（年老的男人和年老的女人）。这类形式向我们提出两个问题：一、分析语言形式的 ICs，有时不得不考虑意义；二、研究语法不能只考虑语素及其线性排列，还要考虑更多的东西，这就是所谓结构，也就是成分之间的结构层次。按照直接成分分析法的观点,话语的意义不是简单地由构成它的语素及其线性次序决定的,而是由语素及其结构或直接成分的层次结构决定的。

威尔士在《直接结构成分》一文中还提出了多结构成分和非连续结构成分。例如,汉语的"教师、职员和工人"这个联合短语是多结构成分结构,"走出门来"中的"出……来"是非连续结构成分。

一个句子,除去上面讲的那些音段语素,还有重音和语调这类超音段或超音质的语素。把这类语素包括在内,威尔士把英语

(5) He said so, but I doubt it。

这句话作为例子说明 IC 分析法:

(5a) /h³iys²e′d-s³ôw ‖ b³ətayd²a′wt⁴it/

(5b) hiy+se+′+d+音渡+sow+323+ ‖ +bət+ay+dawt+′+it+324

(5c) hiy‖‖ se… ‖‖‖‖ …d ‖‖‖‖′ ‖‖‖ 音渡 ‖‖‖ sow ‖ 323∣ ‖ ∣bət ‖‖‖ ay ‖‖‖‖ dawt ‖‖‖‖‖ ′ ‖‖‖ it ‖ 324

(5a)是整个句子的音位转写(标音),其中"‖"是句中停顿;"-"是音渡;"‖"前后的"323"和"324"是语调。(5b)是语素序列的转写,在转写中把超音质语素同音质语素放在了同一个平面上。(5c)是整个句子的 IC 分析,竖线的多少表示直接结构成分划分的层次。

(原载《语文导报》,1985 年第 6 期)

描写语言学的宪章

——布龙菲尔德的《一组公设》

描写语言学本来是一般用语,但是在现代语言学史上常常用来专指美国布龙菲尔德(Leonard Bloomfield)创始的语言学派。这个学派有许多别名:布龙菲尔德学派,分布主义,美国的结构主义,等等。最常用的是描写语言学。

布龙菲尔德 1926 年发表的《语言科学的一组公设》(A set of Postulates for Science of Language),被认为是描写语言学的宪章,它所提出的原则和方法,一直是这个学派的主要指导思想。1933 年出版的《语言论》(Language)全面地、详尽地阐明了《公设》的理论。这部美国描写语言学派的经典著作,不仅影响了许多美国语言学家,也对很多外国语言学家产生过重大的影响。

在《公设》一文里,布龙菲尔德首先根据行为主义心理学把言语行为分析为三项:某种刺激(A);一个人通过讲话所作出的反应(B);这个人的话反过来刺激他的听话者作出某种反应(C)。在《语言论》里,布龙菲尔德把 A 叫做言语行为以前的实际事件,把 B 叫做言语,把 C 叫做言语行为以后的实际事件。下面是他用来表示这种通过言语的中介所形成的刺激(S)——反应(R)过程:

$$S \rightarrow r \cdots \cdots_s \rightarrow R$$

这里虚线(……)表示声波,它是联系说话人和听话人的媒介。研究语言的人所关心的不是言语活动之前的刺激(S)或言语活动之后的反应(R),而是言语活动本身(B)所形成的反应——刺激(r……s)过程。这个"r……s"过程,布龙菲尔德称之为"言语活动"。

每一个使用同一种言语符号系统的人群是一个言语社团,每一个言语活动是一个话语,一个言语社团所能作出的话语的总和就是这个言语社团的语言。语言研究要从连续的话语中分析出语言特征上相同或部分相同的具有特定意义的语言形式。在布龙菲尔德看来,所谓一个语言形式所具有的意义,就是同这个形式相应的刺激——反应特征。例如,在下面的连续话语中:

> (1) 甲　甭管什么,能听戏就得。
>
> 　　乙　您会干什么?
>
> 　　甲　甭管什么,能听戏就得。
>
> 　　乙　您会干什么?
>
> 　　甲　嘻,跟着瞎忙活,就为听戏。

甲第一次讲的"甭管什么,能听戏就得"和第二次讲的"甭管什么,能听戏就得",乙第一次讲的"您会干什么"和第二次讲的"您会干什么",具有相同的语音特征;甲第三次讲的"嘻,跟着瞎忙活,就为听戏"跟甲前两次讲的"甭管什么,能听戏就得",有部分相同的语音特征("听戏")。两个"甭管什么,能听戏就得"和"听戏"不但具有相同的语音特征,而且具有相同的刺激——反应特征,即具有相同的意义或具有相同的交际效果,因此两个"甭管什么,能听戏就得"是相同的语言形式,两个"听戏"也是相同的语言形式。总之,形式就是反复出现的具有意义的语音特征，意义就是跟一个形式相应的刺激——反应特征。而任何话语都是由形式构成的。

话语中有各种各样的语言形式。一个最小的形式，即不包括任何更小的形式的形式，叫做语素。语素的意义叫义素。一个能单独成为话语的形式是自由形式，不是自由形式的形式是黏着形式。例如，上面那段对话里，"您会干什么"、"听戏"、"您"，是自由形式。"跟着"里的"着"是黏着形式。其中的"您"、"听"、"戏"、"会"、"着"等，都是语素，因为它们都是汉语中反复出现的最小的语言形式。我们说它们是语言形式，就同时承认它们不但是汉语中反复出现的，而且是具有特定意义的。

什么是"词"呢？词是最小的自由形式，也就是说词可以单独构成一个话语，但是不能把它分为能够单独构成话语的不同部分。例如，"桌子"是一个词，可以单独构成一个话语，但是它却不能分解为各自都能单独构成话语的部分。就这个词来讲，它的组成部分"桌"和"子"都不能单独构成话语。由一个语素构成的词，如"我"，当然更不能分解为两个自由形式了。

布龙菲尔德把非最小的自由形式叫短语。例如，上面例子中的"甭管什么"、"能听戏"、"瞎忙活"，以及日常用语"请坐"、"高房子"、"玻璃茶杯"等等，都是短语。有些形式介乎词和短语之间。布龙菲尔德举了两个英文例子，一个是 blackbird，一个是 the man I saw yesterday's（daughter）。Blackbird 可以分析为 black 和 bird 两个词，在这一点上很像短语，但是它同短语 black bird 的重音不同，在 blackbird 中，bird 不重读。汉语也有类似情况。例如，"大人"，后面的"人"轻读是一个词，重读是一个短语。但是这个界限并不是永远那么清楚的。在 the man I saw yesterday's 中，表示所有格的黏着语素"'s"附着在短语"the man I saw yesterday"后面，这是一个短语还是一个词呢？布龙菲尔德起先倾向于把"'s"前面的语言形式看作短语，把"'s"看作附在短语上的特殊语言形式，称之为短语词素。后来把这带有"'s"的整个形式叫做短语词。汉语里这类形式也有，如"我们党和国家的"，"了不得"等等。

关于句子，布龙菲尔德是这样规定的：在一个话语里，任何一个语言形式或者是作为更大的形式的组成成分出现，或者是作为一个独立的形式而不包括在更大的（或复杂的）语言形式里。例如：

    （2）王二婶　　那么，她在这儿干什么呢？

        齐　母　　在这儿？没有的事！二婶，你难道盼着我的凌云在这儿站柜台吗？

在这段对话里，"在这儿"在王二婶的话里，是作为更大的语言形式"那么，她在这儿干什么呢"的组成成分出现的。凡是处在独立地位的语言形式就是一个句子。

一个话语可以包括一个以上的句子。例如上面齐母讲的那段话就包括三个句子。一段话语中，句子同句子没有结构关系，而几乎在任何语言中都可以找出不同的法素（语法元素）来区分开不同的句子和句子的不同的类型。例如，停顿，语调，就是汉语中区分句子和句子的不同类型的重要的法素。

如果一个语言形式不是最小的，那么作为它的组成成分的形式就有所谓次序问题。不同的非最小的语言形式在组成成分的次序上以及与之相应的刺激——反应的特征上，可能完全相同，也可能部分相同。例(1)里的两个"您会干什么",是完全相同的例子。例(2)里的"那么,她在这儿干什么呢"和"二婶,你难道盼着我的凌云在这儿站柜台吗"中都有"干什么",这是部分相同的例子。这种反复出现的形式就是结构,同这些结构相应的刺激——反应特征就是结构意义。词里面词素同词素构成的结构是形态结构,短语里面自由形式同自由形式构成的结构是句法结构。例如英语里books具有词素加词素的结构,并具有"有数的对象"的意义,是一个形态结构。汉语里"张三写信"具有自由形式加自由形式的结构,并具有"施动者施动于受动者"的意义,是一个句法结构。

在一个结构里,每一个按次序排列的单位占有一个位置,而每一个这样的位置只能由某种特定的语言形式填充。例如,在汉语里,"桌子"这个形态结构里,有两个位置。第一个,"桌"的位置;第二个,"子"的位置。第一个位置只能由词根填充,第二个位置只能由词缀填充。"张三写信"这个句法结构也是这样。这里有三个位置:第一个位置和第三个位置要由表示对象的自由形式填充,第二个位置要由表示动作的自由形式填充。从意义方面讲,我们可以把每个结构的意义分解为它的各个组成位置的意义。例如,把"张三写信"这类结构的意义分解为第一个位置所具有的"施动者"的意义,第二个位置所具有的"动作"的意义,第三个位置所具有的"受动者"的意义。结构中每个位置所具有的意义叫做功能意义,每个形式出现的位置叫做功能。例如,在"张三写信"和"李四打球"这类结构里,"张三"和"李四"所填充的位置的功能意义是"施动者",出现在这个位置的"张三"和"李四"这两个语言形式就具有"施动者"的功能。

所有具有相同功能的语言形式构成一个形类,形类所表现的功能意义就构成这个形类的类义。例如,上述所有能填充在"张三写信"这类结构里的第一个和第三个位置的形式构成一个形类,而"施动者""受动者"等等就构成这种形类的类义。就这个形类来讲,它的类义还可进一步概括为"对象表达式"。一种语言中所有的功能意义和类义构成这个语言的范畴,如"对象表达式"范畴,"数"范畴,"施动者"范畴,等等。假如一个形类包括较少的形式,那么这个形类对包括它的较大的形类讲,它的意义就是次范畴。例如英语里,"数"是个较大的范畴,而"单数"、"复数"就是次范畴。

因为语言形式不限于词,因此形类所概括的也不限于词。有共同功能的语素、词、短语,以及有共同功能的词和短语,都可概括为形类。如果单就词来概括形类,这样的形类就是所谓词类。传统语言学的词类则是一种语言中的最大的形类。

《一组公设》还讨论了"音位"、"交替"以及"历史语言学"等问题。有些我们不准备专门介绍,有些准备在以后的文章里再讲。

(原载《语文导报》,1985 年第 2 期)

音位学和语素音位学

——描写语言学关于音位的理论

任何语言形式，从根本上讲都是由一连串的声音——人的发音器官发出的一连串的语音——构成的。在交际中人们之所以能辨别不同的话语，辨别不同话语所表示的不同意义，是因为语音中存在着差别。相反地，人们所以能在连串的语音中辨认出相同的语言形式，例如辨认出相同的词，则是因为语音中有相似的东西。但是单纯从物理角度讲，人类的语言真是千差万别，不但不同的人发出的同一个词（语言形式）的声音不会一样，就是同一个人在不同时间发出的同一个词也有这样或那样的区别。只有从语言的声音同语言的意义相结合的角度才能谈到语音中的相同和相异，才能了解语言是如何凭借语音来进行工作的。

不管是索绪尔还是布龙菲尔德，都认为在语言中形式和意义是结合的，语言的形式是语言中某种意义的形式，语言中的意义也指的是语言中某种形式的意义，尽管他们两个人对形式和意义的理解有所不同。就布龙菲尔德讲，"形式就是重复出现的具有意义的语音特征"，而意义则是"同形式相对应的重复出现的刺激——反应特征"。这里的形式相当于索绪尔讲的能指，这里的意义相当于索绪尔讲的所指。由于布龙菲尔德认为意义的研究涉及各种各样的关于自然和人的知识,在他所处的时代无法对意义进行科学的论述,因此他十分侧重语言的形式,即表现为语音的形式的研究。

从语音的相同和相异来辨别语言形式的异同,来探讨语言的交际功能,就自然要探讨所谓音位(phoneme)问题。我们先看看汉语普通话的一些实例。

(1) 他是南大的学生。

(2) 他是兰大的学生。

这两句话是两个不同的语言形式。它们所以是不同的语言形式是因为它们具有不同的语音特征和语义特征。但是仔细分析一下可以看出,这两句话在语音上的区别只在"南大"的"南"是 nán,"兰大"的"兰"是 lán,即区别只在 n—l 的对立上。从这两个例子的对比可以看出,在汉语普通话里,n 和 l 有区别不同形式的作用。换句话说,(1)和(2)的区别是由 n—l 的对立表现的。再看看下面成对的语素的对比:

(3) 今(jīn)——新(xīn)

天(tiān)——颠(diān)

来(lái)——雷(léi)

慢(màn)——闷(mèn)

高(gāo)——甘(gān)

山(shān)——商(shāng)

这里的六组语素中的两个语素也是具有不同的语音特征的不同的语言形式,它们之间的区别也是由个别语音上的差别构成的。例如,"今"和"新"的区别在音节头上的音 j 和 x;"天"和"颠"的区别也只在音节开头的音 t 和 d。"来"和"雷"、"慢"和"闷"的区别在音节中间的 a—e 的对立。"高"和"甘"、"山"和"商"的区别都在音节尾巴上,一个是 o—n 的对立,一个是 n—ng 的对立。这里通过对比分析出来的 n,l,x,j,t,d,a,e,o,ng 等等语音特征,在汉语普通话里都有区别语言形式的作用。这就是音位。布龙菲尔德在《一组公设》中给音位下的定义是这样的:语音特征的最小的单位是音位或区别性语音。在《语言论》里是这样定义的:音位是一个区别性语音特征的最小单位。根据布龙菲尔德的定义,音位有两个基本特点。首先它是具有区别作用的语音特征,其次它是最小的。

关于 n,l,a,o 等等的区别语言形式的作用是很清楚的。但是它们是不是最小的具有区别作用的语音特征或单位呢? 霍凯特(C. F. Hockett)说:"一种语言的音位是在这个语言的音位体系中处于相互对立的那些元素。"每种语言都有它的音位体系,也就是说都有它所特有的一组起区别作用的语音特征的体系。例如汉语普通话音节开头的辅音(声母)有 b,p,m,f,d,t,n,l,g,k,h,zh,ch,sh,r,z,c,s 等十八个互相对立的,具有区别作用的单位或元素。例如:

(4) bān(搬)　　pān(攀)　　□□□□　　fān(帆)

　　dān(单)　　tān(贪)　　nān(囡)　　□□□□

　　gān(甘)　　kān(堪)　　　　　　　hān(憨)

　　zhān(沾)　　chān(搀)　　　　　　shān(山)　□□□□

　　zān(簪)　　cān(参)　　　　　　　sān(三)

(5) bā(八)　　pā(爬)　　mā(妈)　　fā(发)

　　dǐ(底)　　tǐ(体)　　nǐ(你)　　　　　　　lǐ(里)

　　zhàng(丈)　chàng(唱)　　　　　　shàng(上)　ràng(让)

这十八个单位或元素也就是汉语普通话的十八个音位。作为一个具体的声音,每个单位都有许许多多语音上的特征,而且不同的人或同一个人在不同时间发出的这同一个单位,在声音上也有很大差别。例如 g,从发音的角度讲,至少有这样一些特点:舌根音,塞音,非鼻音,清音,不送气。但是就它在汉语普通话的音节开头的辅音的音位系统讲,/k/是由它的舌根的发音部位同/p/、/t/、/tʐ/、/ts/有区别,由它的发音方式塞音同/n/有区别,由它的不送气同/kh/有区别。至于它的清音、非鼻音的特征在普通话的音位体系中没有区别作用。它在发音时舌位略前或略后也没有区别作用,只要它的舌面音性质不要变成舌尖音就行了。因为作为汉语普通话的一个辅音音位,它是一组区别性特征的组合:舌根音,塞音,不送气。

既然/p/,/ph/等等是一组区别性语音特征的组合,为什么又说它本身是区别性语音特征的最小单位呢?这是因为作为一组区别性特征,它们只能通过一个发音单位 b,p 实现出来。b,p,等等才是表现在实际语音中的起区别性的单位,而且这些单位同其他单位的区别正是以它的这种特征的综合形式起作用的。

布龙菲尔德在《语言论》中把音位分为两大类三小类。他认为英语里的元音音位/a/,/ɑ/,/e/,/ɛ/,/i/,/o/,/ɔ/,/u/以及辅音音位/b/,/d/,/f/,/g/等等,是首级音位,复合元音/aj/,/aw/,/ej/,/ij/等等是复合的首级音位,重音和语调是次级音位。但是汉语的字调(声调)虽然同英语的语调都是一种音调,字调却具有首级音位的作用。不过描写语言学家更多注意的是所谓音段音位和超音段音位的区分。凡是从连续的语音中分析出的具有语音片段性质的音位,主要是元音音位和辅音音位,也包括半元音音位,是音段音位。凡是延伸几个音段音位之上的具有区别作用的语音特征,如汉语的声调、语调、重音等等,是超音段音位。根据前面那种分法,普通话语素"你"(nǐ)由辅音音位/n/、元音音位/i/和声调音位/ˇ/三个首级音位构成;根据后面那种分法,"你"由辅音音位/n/、元音音位/i/两个音段音位和声调音位/ˇ/这个超音段音位构成。对于复合的首级音位,如普通话里的/ai/、/ei/、/ao/、/ou/等等,也可以有两种分析方法:一种认为这是一个由一个元音音位和一个半元音音位组成的复合音位,一种认为这就是两个单独的音位。把复合元音看成一个复合音位,在汉语的音位系统中是有根据的。例如:

(6) lì(利)　　　má(麻)

　　zhà(诈)　　lài(赖)

　　mái(埋)　　zhài(寨)

　　lèi(累)　　méi(梅)

　　zhèi(这)

(7) 普通话　　苏州话　　西安话

　　lɑi(赖)　　lɒ(赖)　　lɛ(赖)

　　mei(梅)　　mɛ(梅)　　mei(梅)

从上面普通话内部和普通话同苏州话、西安话的比较中可以看出,复合元音/ai/和/ei/是以整体的身份同普通话内部的/i/和/a/对立,并同苏州话、西安话的/ɒ/,/ɛ/和/ɛ/,/ei/相对应。因此,这两个复合元音在普通话中同简单音位/i/、/a/等等起着相同的区别语音单位的作用。正是从这个角度,汉语传统语音学把汉语起区别作用的语言单位分析为声、韵、调三类。当然,如果从/ai/、/ei/、/ao/、/ou/之间以及它们同/an/、/en/、/ang/、/eng/等等的区别来进一步分析,还是可以分析出/a/,/i/,/e/,/o/,/n/,/ŋ/等等的。

　　根据曾经研究过的语言来看,元音音位和辅音音位加在一起一般不超过六十个。霍凯特考察过六十多种语言的音位系统,他的结论是:元音音位在三到十二之间,辅音音位在八到四十二之间。各种语言正是利用这些有限的具有区别性特征的元素来构成上万个甚至几十万个不同的词和句子的。关于音位的研究使人认识了语言利用语音进行交际、传达信息的根本手段。这是语言的根本特性之一。同时音位的研究,也为语言制定拼音文字提供了科学依据。汉语普通话拼音字母的制定,就借鉴了音位的理论。拼音字母之前的各种汉语拼音方案以及古代音韵学的研究,都可以看作音位理论的运用,也为音位研究提供了丰富的实践材料。

　　在音位体系中还有所谓零音位问题。例如,在汉语普通话下列语素的语音对比中:

　　　　(8) bān（搬）　dān（单）

　　　　　　gān（甘）　ān（安）

"安"同其他三个语言形式的对立在于它在音节开头没有具有区别性特征的辅音(声母)。没有同有也是一种具有区别性的对立,因此零音位在汉语普通话的音位系统中也是一种音位。传统语音学中把这种零音位叫零声母。

　　一种语言的同一个音位在不同的语音环境中常常发生规则性的变易,这种同一音位的不同形式叫做这个音位的变体。也有人认为每一个音位的具体表现形式都是这个音位的变体。

　　由于在实际言语中"音位"总是以某种具体的语音形式出现的，而这些语音形式几乎没有任何两个是完全相同的，这就向语言学家提出这样一个问题：音位到底是什么性质的东西？

　　布龙菲尔德是把音位看成一种物理的实体的。布氏在《语言论》里有这样一段话："那么，在任何语言的总的音响特征里，其中的某些特征是区别性的，在连续话语中反复出现时，具有可以识别和相对固定的形状。这种区别性特征是在成堆或成群的状态中出现的，其中的每一个特征就叫一个音位。"显然，布龙菲尔德这里讲的区别性特征，相当于一个具有区别词或语素的作用的音位，如汉语普通话中的 b，p，s，sh 等等。但是也可以把一种语言的每个音位看成在这种语言中具有区别作用的一组区别性特征的组合。例如，像我们上面讲到过，在汉语普通话的语音系统里，c 是以它具有的"舌尖前音""塞擦音""送气音"这三个语音区别性特征同相关的辅音 z(舌尖前音，塞擦音，不送气音)ch(舌尖后音，塞擦音，送气音)s(舌尖前音，擦音，送气音)相区别的。如果说，在语言中具有区别作用的单位是音位，那么的确可以像索绪尔讲的，用任何形式的符号，声音的，文字的，颜色的，动作的，等等来表示音位，都可构成语言形式，进行交际。在语言形式中有的只是单位之间的关系，而与实体无关。但是自然语言中音位之所以有区别作用，是以构成它的区别性语音特征起作用的。音位是一种物质的实体，正是以这样理解下的区别性特征来体现的。从物理的角度对音位的区别性特征的研究是语言学家长期从事语言研究的重要课题之一。

　　除去从物理的角度,即从声波的角度来分析音位的区别性特征以外,还可以从生理的角度,即发音器官的活动方式的角度来研究音位的区别性特征。这种研究的根据是,体现音位的区别性特征的音波是由发音器官的不同活动构成的。这样研究仅仅是把物理的现象转换为生理的现象,其目的在于研究构成区别性特征的物质实体的生理属性。我们上面讲"舌尖前音""塞音""送气音"等等,就是从生理角度说明音位的区别性特征的。

　　由于在实际言语中存在的只是具体的千差万别的语音,即音位的各种各样的变体,而在音位研究的初始阶段还不能从物理的角度利用实验的手段区别出在言语交际中起相同的区别作用的各语音之间的共同的主要的语音特征,因此对音位的本质产生了各种各样的解释。有人认为音位只是一种心理的存在,是一种音响印象;有人认为音位只是一种虚构的单位,是为了描写语言的语音系统从具体的语言中抽象、虚构出来的单位。历史上关于音位的本质的争议很多,但是争议各方虽然看到音位的客观存在,由于迷惑于音位在具体言语中表现的多样性,因而不可能作出正确的答案。如果我们运用个别和一般的相互关系的理论,这个问题是不难解决的。一般是客观存在的,但一般不是柏拉图式的理念,而是一般寓于个别之中,一般是从个别中抽象出来的,人类对客观事物认识的结果。既然在一组个别中能抽象出一般,即说明这组个别中存在着共同性。作为言语交际中起区别作用的一般的语音单位——音位,必然在声波上有足以同其他音位相区别的共同特征。这就是所谓音位的区别性特征。抓住声音上的区别性特征这一现象,不管从物理上,从生理上,从心理上,或者从社会上去探讨这个问题,都将有助于对音位这一基本语言形式的理解。

　　总之,出现于具体言语中的起着区别作用的语音单位,都只是该语言中的某一音位的音位变体。但是所有这些音位变体,都具有它所表现的那个音位的共同的区别性特征,并以此同其他音位变体区别开来。例如,在汉语普通话里的下列对比中:

　　　(9) cā(擦)——cū(粗)

　　　　　 chā(叉)——chū(出)

cā 和 cū 里的两个 c 的发音部位略有前后之分,chā 和 chū 里的两个 ch 也有前有后。单从具体语音讲,这里两个 c 和两个 ch 是四个完全不同的声音。但是在普通话的语音体系里,两个 c 和两个 ch 是以它们的舌尖前音和舌尖后音互相区别的。而 cā(擦)和 zā(扎)里的 c 和 z 的区别主要在于送气不送气,其他差别都是无关紧要的,是同这两个音位的区别性特征无关的特征。

　　现在我们谈谈语素音位学。

　　我们前面讲过,一种语言中的不同音位是以它的区别性特征而互相区别,并在语言中起着区别语言形式(语素,词等等)的作用。从语言的角度讲,凡是由不同音位构成的形式就是不同的形式。由于语言中意义同形式之间的关系的复杂性,有时同一形式可以表示不同意义,也有时同一意义可以由不同形式来表达。例如,汉语普通话中,miáo 这个语言形式,可以表示"苗""描""瞄"等几个不同语素;而英语里表示名词复数的语素却有 -s,-z,-es 等几种不同形式。说 -s,-z,-es 是三种不同的形式,是因为构成它们的音位不同。同一个音位的不同变体不能构成不同形式,只有在构成音位上有区别的两个形式才是不同的语言形式。在一个给定的语言中,同一个语素可以由不同的音位形状来表示,这种不同形状可以是其中某一音位为另一音位所代替,也可以是音位的消失和增添。这种语素由不同的音位形状表现的方式可以看作一种编码,这种编码就是这个语言的语素音位系统。研究这种语素音位系统的,连接着音位学同语法学的语言学的分支,就是所谓语素音位学。

语素是形式同意义的结合。虽然意义不同的两个形式不能认为是同一个语素的不同变体,但是同样也不能简单地认为凡是表现相同意义的不同形式都是同一语素的不同的语素变体。研究几个语素形式是否同一语素的语素变体,至少要考虑以下几个要求:一、几个语素形式要有相同的意义。这是归纳语素的必要条件,但不是充分条件。因为意义相同的语素形式,例如"chī(吃)"和"shí(食)"的意义相同,但并不是同一语素的不同变体。二、几个语素形式之间不能是对立(contrast)的,即不能同时出现在同一的上下文里。例如英语的 striken 和 struck,虽然都是 strike 的过去分词,如果它们来源于同一词根 strike,那么这两个词中表示"过去分词"的词缀就是两个语素,而不是同一个语素的不同变体。名词复数词缀-s,-z,-es 不出现在同一上下文,即不互相对立,而是互相补充,因此是同一语素的不同的语素变体。三、在符合上面两个条件下,几个语素形式是否合并为一个语素,还要从整个语法系统来衡量。例如,在英语里,kingdom 和 duchy 中的-dom 和-y 都有表示"统治范围"和"国"的意思,而且是不对立的。但是如果把这两个语素形式并为一个语素,就会使我们的语法呈现出一种复杂的局面。同时这两个形式也没有语音上的和语源上的必然联系。因

此这样两个语素形式也不是同一个语素的不同变体,而是不同的
语素。描写一种语言,研究一种语言的结构体系,就不能不研究这
个语言的语素音位系统。

布龙菲尔德在《语言科学的一组公设》和《语言论》里没有提出
语素音位学的名称,但是他讨论了语言形式中音位的交替问题。
这种交替大部分属语素音位学的范围。霍克特在他的《现代语言
学教程》中谈了同一语素的几种不同音位交替情况。首先,他分出
语音条件交替和语法条件交替两类。例如汉语普通话中"一"在不
同声调的音节前面有不同的发音:

> (10) yí gè(一个)
>
>   yì běn(一本)

这种变化是由后面音节的发音特点引起的。这是一种语音条件交
替。这类变化一般都是机械的。另一种是所谓语素条件交替。例
如英语里"wife"这个语素,单数时是/waif/,复数时是/waiv/。但
是当同名词复数形式相同的别的语素形式出现在"wife"这个语素
的后面的时候,却不是/waiv/而是/waif/。例如在 my wife's hat
中,"wife"的语音形式是/waif/而不是/waiv/。可见"wife"的单复
数形式的语言交替不是语音的条件引起的,而是语素的条件引起
的。这类交替一般是非机械性的。

语言交替或连音变化,在语言中是常见的。我们举的"一"在
不同语言环境中的交替就是一种连音变化。连音变化又可分内部
的连音变化和外部的连音变化两类。"一个"和"一本"中的"一"的
阴平和去声的交替是外部的连音变化。在下面的例子里,"八"的
连音变化,既有外部的,也有内部的:

　　(11) bá gè rén（八个人）　bá dì（八弟）

　　　　bā kē shù（八棵树）　bā gē（八哥）

"八个人""八棵树"是短语中词同词之间的连音变化,是外部交替;
"八弟""八哥"是同一个词内部的语素之间的连音变化,是内部交
替。

　　语素音位学是音位学同语法学之间的桥梁,但是从根本上讲,
语素音位学更多地属于语法学的范围。

　　　　　　　　　　　　（原载《语文导报》,1985 年第 3、4 期）

所谓乔姆斯基革命

——《句法结构》及其影响

一九五七年，乔姆斯基（Avram Noam Chomsky）《句法结构》（Syntax Structure）出版，立即引起美国以及其他一些国家的语言学界的注意。这本书出版后不久，同年的美国《语言》杂志（Language）就发表了黎兹（Robert B. Lees）的长篇书评。黎兹认为这本书是语言学家第一次企图建立像专家们所理解的化学理论、生物学理论那样的高度概括的语言理论。一九五八年，佛格林（C. F. Voegelin）在他的书评中称赞这本书将实现一次语言学中的哥白尼革命。从此，所谓"乔姆斯基革命"便成了语言学界经常提起的话题。

从语言学的角度讲，乔姆斯基革命是针对美国当时占统治地位的布龙菲尔德的描写语言学派，即结构主义学派讲的。但是实际上乔姆斯基理论所起的革命作用已远远超过语言学的范围，而波及到哲学和心理学领域。希尔（J. Searle）在题为《乔姆斯基语言学中的革命》的评论中，用下面的表来概括所谓语言学中的乔姆斯基革命的主要内容：

	结 构 主 义	生 成 语 法
对 象	话语素材	说话人关于如何产生和理解句子的知识,他的语言能力
目 的	对话语素材的元素的分类	说明处于句子结构深层的语法规则
方 法	发现程序	评价程序

从表中的对比可以看出,乔姆斯基的生成语法同结构主义比,不论是研究的对象,研究的目的,还是研究的方法,都截然不同。乔姆斯基《句法结构》的发表,开创了一个语言学的新方向,新时代。

根据乔姆斯基一九七五年出版的《语言理论的逻辑结构》(The Logical Structure of Linguistic Theory)一书的《导言》,《句法结构》实际上是这本书一部分内容的节略,同时增加了有关有限状态语法和语法的形式特征方面的内容。为了进一步了解《句法结构》,参阅一下乔姆斯基这本大部头著作,是有帮助的。

《句法结构》中所讲的"句法"研究的是具体语言中据以构成句子的原则和程序。乔姆斯基认为,语言学家还必须关心如何确定作为那些成功的语法的共同基础的一些基本性质。这些基本性质就构成了一般的语言结构的理论。这种语言理论的中心概念就是所谓"语言平面"。每一个像音位、形态、短语结构这样的平面,本质上是用来编制语法的一组描写的方案或装置。每个平面都是一个系统,在这个系统里,我们构成话语的一维的表现。每个系统都有一些固定的有限的元素,我们就用这些元素的连接形式表示在这个平面中的话语的表现。

例如:

(1)他们吃着饭。

这句话，在形态平面上的表现是：

（2）他⌒们——吃⌒着——饭

这里横线表示词的界限，弧线表示连接的是词内部的语素。这句话在音位平面上的表现是：

（3）ta^{55} men^2 chi^{55} zhe^2 fan^{51}

这里 t, a, 55, m 等等是音位平面的元素，元素之间的连接号省略了。同时，这里的音位表现形式是简化了的。

就一个具体的语言讲，每一个平面既体现着该平面的一般的语言规则，也包含着该语言的特殊的规则。语法还包含着把低级平面上的表现映射到高级平面上的表现规则。详细地说明语言的各个平面的表现规则和从低级平面到高级平面的映射规则，是整个语法理论的任务，这里说的只是一个极其简单的轮廓。

很明显，乔姆斯基所讲的语法（句法）同我们传统意义上的语法以及布龙菲尔德的语法有很大区别。在乔姆斯基看来，语法研究的不是话语素材中元素（例如音位、语素、词等）的辨认和分类，语法研究的是处于句子深层的，生成句子的规则。

《句法结构》第三章《语法的独立性》说：一种语言的语法是一种装置，这种装置能生成这种语言的所有合语法的序列而削除所有不合语法的序列。但是，在什么基础上我们区分合语法和不合语法的序列呢？一种语言的合语法的句子并不等于语言学家搜集到的任何特定的话语材料。一种语言的任何一种语法都将把这种有限的并且或多或少带有偶然性的观察到的话语素材投射到合语法的无限的系列中去。从这一点讲，语法正反映了说话人的能力，因为说话人也正是在关于语言的有限的和偶然的经验的基础上生成和理解无限的新句子的。

在《句法结构》中,乔姆斯基还强调了语法对语义是独立的。他曾举了两个有名的例子:

　　　(4) colorless green ideal sleep furiously.(无色的绿的观念狂怒地睡觉)

　　　(5) furiously sleep ideal green colorless.(狂怒地睡觉观念绿的无色的)

从意义讲,这两句话都是毫无意义的,但是说英语的人都承认(4)是合语法的,(5)是不合语法的。再如:

　　　(6) have you a book on modern music?

　　　(有你〔=你有,疑问句词序〕一本关于现代音乐的书吗?)

　　　(7) read you a book on modern music?

　　　(读你一本关于现代音乐的书吗?)

为什么说英语的人认为(6)是合语法的,(7)是不合语法的? 这也同意义无关。从上面正反两方面的例子可以看出,语法是独立于意义之外的。语法的自主性是《句法结构》的基本观点,也是后来引起争议的主要问题之一。

在《句法结构》里,乔姆斯基所设想的语法包括三部分。对应于短语结构平面的是一套"X→Y"这样形式的指令公式,每一个"X→Y"这样的规则叫做一个变换,意思是把 X 改写为 Y;对应于较低平面的是一套同一基础形式的语素音位规则;而把这二者连接起来的是一套转换规则。为了从这样的语法产生句子,我们要从句子开始构成一个扩展的推导式。乔姆斯基把这样的语法用下面的图来表示：

（8） Σ: 句子

$$F: \quad \left.\begin{array}{l} X_1 \longrightarrow Y_1 \\ \vdots \\ X_n \longrightarrow Y_n \end{array}\right\} \text{短语结构}$$

$$\left.\begin{array}{l} T_1 \\ \vdots \\ T_j \end{array}\right\} \text{转换结构}$$

$$\left.\begin{array}{l} Z_1 \longrightarrow W_1 \\ \vdots \\ Z_m \longrightarrow W_m \end{array}\right\} \text{语素音位学}$$

我们举一个例子说明句子的短语结构：

（9）一个人买五本书

要生成这个句子，需要这样一些变换或改写规则：

（10）（1）S $\longrightarrow$ NP VP

（2）NP $\longrightarrow$ Sh L N

（3）VP $\longrightarrow$ V NP

（4）Sh $\longrightarrow$ 一、二、三、四……

（5）L $\longrightarrow$ 个，只，本，间……

（6）N $\longrightarrow$ 人，书，山，学生……

（7）V $\longrightarrow$ 买，说，写，走……

根据这些规则，整个句子的推导过程是：

（11）句子

NP＋VP （10）（1）

Sh＋L＋N＋VP （10）（2）

Sh＋L＋N＋V＋NP （10）（3）

一＋L＋N＋V＋NP　　　　　　(10) (4)

一＋个＋N＋V＋NP　　　　　　(10) (5)

一＋个＋人＋V＋NP　　　　　　(10) (6)

一＋个＋人＋买＋NP　　　　　　(10) (7)

一＋个＋人＋买＋Sh＋L＋N　　(10) (2)

一＋个＋人＋买＋五＋L＋N　　(10) (4)

一＋个＋人＋买＋五＋本＋N　　(10) (5)

一＋个＋人＋买＋五＋本＋书　　(10) (6)

这里 NP 指名词短语,VP 指动词短语,Sh 指数词,L 指量词,N 指名词,V 指动词。从第二行起,每一行都是从前一行根据(10)里的公式推导出来的。(11)里的每一行都是短语结构平面该句子的一个表达式,一个推导式,而这一系列推导式的最后一个推导式是终端语符列,相当于语素的合语法的序列,是这个句子不能再根据(10)的规则加以改写的最终的短语结构平面的表达式。就一个终端语言(自然语言是终端语言)来讲,给出这种语言的短语结构语法,就可以重建每个句子的短语结构。我们还可以用树形图表示这种从 S 生成终端语符列的推导过程:

(12)

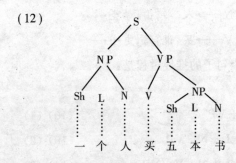

上面的树形图表现了这个句子的直接成分结构,规定了句子中各个词之间的语法关系。上面的(11)和(12)所表现的短语结构语法,基本上是从生成的角度对句子的直接成分结构的一种描写。乔姆斯基认为,短语结构的描写是不完善的,他在《句法结构》中曾用一些短语结构语法不能或难于处理的语法问题说明这一点。他举出的例子之一是:形成新句子的最能产的连接程序。例如,在汉语里,我们可以从下面的(13)和(14)形成(15):

(13) 杭州的风景是美丽的。

(14) 桂林的风景是美丽的。

(15) 杭州和桂林的风景是美丽的。

这种连接程序是根据下面的规则进行的:

(16) 如果 S_1 和 S_2 是合语法的句子,同时 S_1 和 S_2 的差别仅仅在于 X 出现在 S_1,而 Y 出现在 S_2(也就是说 $S_1 = \cdots$ X$\cdots$,$S_2 = \cdots$Y$\cdots$),并且 X 和 Y 在 S_1 和 S_2 里是同一类型的直接成分,那么,在 S_1 里用"X+and+Y"替换"X"而形成的 S_3 也是一个句子(这就是说,$S_3 = \cdots$X+and+Y$\cdots$)。

很显然,像(16)这类规则是无法插进短语结构语法中去的。乔姆斯基提出的另一个问题是:主动句和被动句的关系。乔姆斯基认为,如果把英语的被动式放在短语结构语法中处理,那么"be+en"(即系词 be+〔动词过去分词〕后缀 en)的选择要受到许多限制。例如,be+en 后面的动词必须是及物的;动词后面不能是名词短语(例如不能说 lunch is eaten John);如果动词是及物的,并且跟着介词短语 by+NP,就必须选择 be+en;等等。但是,如果我们把被动式从短语结构语法中排除出去,而用下面的规则重新引进,就简单多了：

  (17) 如果 S_1 是下面那种形式的合语法的句子

    NP_1——Aux——V——NP_2

  那么相应的语法形式

    NP_2——$Aux+be+en$——V——$by+NP_1$

  也是一个合语法的句子。

例如：

  (18) John writes a letter

是一个合语法的句子，那么

  (19) a letter is written by John

也是一个合语法的句子。(17)里的 Aux 表示"助动词"。

  上面讲的就是所谓语法转换。一个语法转换 T 作用于一个具有特定的直接成分结构的语符列，并且把它变换为一个具有新的、导出的直接成分结构的语符列，这就是语法的第二部分：转换部分。

  在《句法结构》里，转换有两种，一种是强制转换，一种是随意转换。例如在英语里出现在单数名词主语后面的谓语动词要加后缀 s，而出现在复数名词主语后面的谓语动词没有后缀 s，就是一个强制转换。这个转换必须运用于一切有关的推导式，否则就不能成为一个合语法的句子。但是被动转换就不同了。被动转换是随意的。用被动转换或不用被动转换都可以成为一个句子。强制转换运用于短语结构语法生成的终端语符列而生成的句子是核心句。随意转换可以运用于一个或几个核心句（严格地讲，应是处在核心句深层的语符列），也可以运用于经过一定随意转换的一个或几个句子,这样生成的句子是非核心句。一种语言的句子,不是核心句就是非核心句。例如汉语里"我吃了一碗饭"是一个核心句,"一碗饭被我吃了"是通过被动转换从这个核心句推导出来的非核心句。

从上面的叙述可以看出,根据《句法结构》的理论,我们在一种语言的转换分析中,先选定一些句子作为核心,对这些核心提出一个短语结构的简单的体系,在这个体系中可以找到这种语言的所有语法关系和选择关系。所有不属于核心的合语法的句子,都是由为这种语法建立的转换推导出来的。总之,一个句法描写包括一个核心的短语结构系统和一个转换系统。这两个系统合在一起就穷尽了所有合语法的句子。

转换分析可以作为一个语言平面加以公式化。正像在较低平面我们可以把句子表现为音位、语素、词、句法范畴和短语的序列那样,我们也可以在转换平面把每一个句子表现为一个操作的序列,通过这个操作序列,从核心推导出这个句子。这个序列就是所谓转换标记。例如,乔姆斯基举过这样一个例子:

(20) they know John to be honest (他们知道约翰诚实)
这个句子的短语基础包括核心句 John is honest 和 they know it (它们知道它)。这样,(20)的转换标记是:

(21) $\widehat{Z_1\ K_1}\ Tr—\widehat{Z_2\ K_2}\ I—T'cmp—Q^p$
这里 Z_1 代表 John is honest(＝John-s-be-honest),Z_2 代表 they know it。K_1 和 K_2 代表 Z_1 和 Z_2 的短语结构。这里的 Tr 是一个转换,$Tr(Z_1, K_1)$＝John—s—to be honest,即把 Z_1 中的 be honest 转换为 to be honest。I 代表自身转换,即保持原来的 Z_2 (they

know it)形式。T'cmp 是一个补足语转换，即把经过 Tr 转换的 Z_1 代进 Z_2。Q^p 表示最后生成的(20)的短语结构形式。

通过短语结构语法和转换结构语法生成的是一种语言的所有的合语法的语素的序列。但是为了完善这个语法，还必须使这个语法能生成所有合语法的音位序列。这就是语素音位学所要完成的任务。语言音位学也是一套改写规则。例如，"我→/wo²¹⁴/之类。关于语素音位学，《句法结构》只是简单地提了一下，并未详细讨论。

在语法研究中，"转换"这个概念并不是乔姆斯基第一个提出来的。乔姆斯基的老师哈里斯(Z. S. Harris)就曾专门讨论过转换问题。但是把转换作为句法的一个平面进行系统的深入的探讨，是乔姆斯基语言学中的革命的一个重要方面。

上面我们只就语法理论本身谈了乔姆斯基《句法结构》所起的革命作用，没有涉及他自己的哲学观点以及他对布龙菲尔德学派哲学观点的批评。

（原载《语文导报》，1985 年第 9 期）

转换生成语法的标准理论

乔姆斯基《句法理论》发表以后，1965 年又出版了《句法理论的一些问题》(Aspects of the Theory of Syntax)。这本书所阐述的语法理论，被称为转换生成语法（transformational-generative grammar）的标准理论（standard theory，简称 ST）。乔姆斯基的标准理论实际上是《句法结构》发表以后七八年间关于生成语法讨论的总结和发展。1957 年到 1965 年之间，包括乔姆斯基在内，生成语法学者对《句法结构》的句法部分提出许多修正意见，并试图把语义学加入到生成语法的模式中去。在这篇短文中不可能详论细节，只想谈谈句法方面的放弃所谓"核心句"、次范畴化，以及把语义学加入到生成语法模式中去等问题。

1957 年到 1965 年间，生成语法学家逐渐放弃了《句法结构》中的所谓"核心句"。按照《句法结构》的理论，由短语结构语法生成的，只经过强制转换的简单的肯定的直陈句是核心句。但是当六十年代初许多生成语法学者提出所谓触发语素以后，在生成语法中已经不存在《句法结构》中所讲的"核心句"了。根据触发语素的观点，否定句、感叹句、疑问句等等，都是由短语结构规则中的否定（Neg）、感叹（I）、疑问（Q）这类触发语素经过强制转换生成的。例如，在《句法结构》中，

　　（1）他不来。

这个否定句是由

　　（2）他来。

这个核心句经过否定随意转换生成的。但是现在就不然了,这个
否定句是直接由短语结构语法规则生成,因为短语结构规则中加
入了触发语素,或假设结构成分。这样,短语结构规则就可以直接
生成(3),而(3)里的 Neg 就强制这个句子接受否定转换,生成否
定句"他不来"。

　　（3）

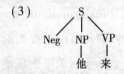

　　在这段时间,关于词汇范畴的次范畴化问题的讨论,对生成语
法模式起了重要影响。为了使语法只能生成"一个人买五本书"这
样合式的句子,而不致生成"五本书买一个人"这样不合式的句子,
我们必须把"名词"这个范畴次范畴化,即分为更小的范畴"有生的
(名词)"和"无生的(名词)",而"有生的(名词)"还需要进一步分为
更小的范畴"人类的(名词)"和"非人类的(名词)"。例如上面举的
"一个人买五本书"中的 N"人"就要次范畴化为[＋名词,＋普遍
的,＋人类的],N"书"要次范畴化为[＋名词,＋普遍的,－非人类
的]。按照乔姆斯基的观点,由短语结构语法通过改写规则生成的
每个词汇范畴,都可用特征引入规则赋给它以一组句法特征。例
如下面的 (4) 就是这样一个规则:

　　（4）N→[±N,±Human,±common]

按照这种次范畴化理论,由短语结构语法生成的每一个词汇语符

列元素可以用一组语法的区别性特征来代表：

（5）

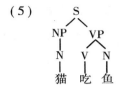

代替这里的"猫""吃""鱼"的各是一组语法上的(包括语音上的)区别性特征。例如,最右面的 N 下面的词汇语符列元素可以用[＋N,＋Common,＋Animal]来代表。按照这种理论,词汇就可以独立在句法之外,而根据每个语符列元素的句法的(和语音的)特征插入从词汇库中选取的相应的词项。

　　上面这两点关于句法的修正,同下面就要讨论的语义解释问题有密切关系。

　　乔姆斯基在《句法结构》的"引言"中谈到,他的语言结构的研究是纯形式的。在《句法结构》的语法体系中,没有语义学的地位。同时他又谈到,他的研究,对语义学"能起一些有意义的启示作用"。对乔姆斯基这里提出的问题,凯茨(J. J. Katz)、福得(J. A. Fordor)和波斯塔(P. Postal)等人进行了有意义的探讨。凯茨和福得在 1963 年提出所谓投射规则来给句子以语义解释。凯茨与福得认为,为了给句子以语义解释,在语法里必须加进两个部分,一个是词汇库,一个是"投射规则"。在词汇库里,每个词项都标记着语法和语义两部分。所谓语法部分,也就是所谓语法标记,是比较简单的,它仅仅包括词项所属的词汇范畴和次范畴,"人〔＋名词,＋普遍的,＋有生的,＋人类的〕"。但是语义部分的标记——辨义区别就复杂得多了。用凯茨和福得的话讲,一个词项的语义标记反映的是词汇库中该词项同其他词项之间的系统的语义关系,而语义辨义所反映的则是该词项的语义个性。例如英语 bachelor 作为词汇库中的一个词项,它的语法标记、语义标记和辨义是:

（6）

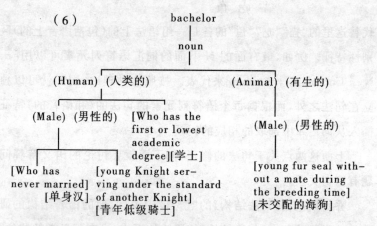

这里加圆括弧的是标记,加方括弧的是辨义。标记的语义涉及的是许多词项,而辨义的语义所涉及的只是这个词项。按照凯茨和福得的理论,从句子的语义解释来讲,第一步在短语结构语法生成的短语标记的每个范畴的位置上插入词汇库中与之相应的词汇项,然后运用投射规则给全句以语义解释。看看下面的例子:

（7）

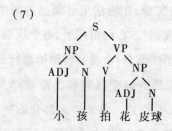

在短语结构语法生成的"ADJ""N""V"等等范畴的位置上插入相应的词汇项"小""孩""拍""皮球"。然后根据投射规则，从树形图的底下，由下而上地把相邻近的节点加以联合，从每个成分的意义和相互组合的意义得出这个结构的整体的意义，然后再把这个结构在更高的节点上同另一些成分结合，得出更大结构的意义，直至得出全句的意义。例如，在上面的例子里，我们先把 ADJ"花"和N"皮球"在最右面的 NP 的节点上加以联合，得出整个偏正短语NP"花皮球"的意义，然后再把这个 NP 同左面的 V"拍"在 VP 这个节点上加以联合，构成整个动宾短语 VP"拍花皮球"的意义。最后再把 NP 和 VP 两部分在 S 这个节点上加以联合，构成全句的意义。这就是凯茨和福得提出的语义解释中的投射规则。

　　凯茨和波斯塔在 1964 年提出了一个被称为凯茨——波斯塔假说的关于"转换规则不影响意义"的理论。这一理论认为，运用投射规则所必需的所有信息都只出现在底层的句法结构中。这就是说，对句子的解释是由转换以前的结构决定的。我们前面的文章中讲过，在《句法结构》中，由于否定、疑问、感叹等等是由核心句通过随意转换生成的，因此，转换不但影响意义，而且会产生新的语义成分，如否定转换中的否定词。但是根据触发语素的理论，这些都不再属于转换部分了。当然，凯茨——波斯塔假设不这样简单，而且存在着不少问题，曾引起语言学界的热烈讨论。但是这个假说在生成语言学的发展上起过重要影响，并且是乔姆斯基的标准理论的重要理论组成部分之一。

　　现在我们简要地介绍一下《句法理论的一些问题》（以下简称《一些问题》）提出的所谓转换生成语法的标准理论。

乔姆斯基在《深层结构、表层结构和语义解释》(Deep Structure, Surface Structure and Semantic Interpretation)一文中用下面的公式来表明标准理论的一般结构：

$$（8）\ \Sigma = (P_1, \cdots\cdots, P_i, \cdots\cdots, P_n)$$
$$\hspace{2.2cm}\Big|\hspace{1.9cm}\Big|$$
$$\hspace{2.2cm}S\hspace{1.9cm}P$$

这里 Σ 代表一个句子的句法结构。$P_1, \cdots\cdots, P_i, \cdots\cdots, P_n$ 等等是一个短语标记的有限序列(finite sequence)。P_1 是代表这有限序列的起头的短语标记。P_i 是表示这个句子的深层结构的短语标记，P_n 是表示这个句子的表层结构的短语标记。这里的 S 指的是这个句子的语义表现，是通过一系列的语义规则由 P_i 来规定的；P_n 指的是语音表现，是通过一系列的语音规则由 P_n 来规定的。P_1 是基础的范畴部分(categorical component)生成的。从 P_1 到 P_i，到 P_n，都是通过转换生成的。由于标准理论认为句子的语音——语义关系，句子的语义是由句法结构 Σ 决定的，因此这种理论是"建立在句法的基础之上的"，以别于下面即将讲到的"建立在语义基础之上的"生成语义学。

按照《一些问题》的说法，生成语法是一个规则系统，通过这些规则的反复使用，可以生成无限量的结构。这个规则系统可以分为三个主要组成部分：句法部分，语音部分，语义部分。正像我们上面讲过的，标准理论是一种建立在句法基础之上的理论，因此《一些问题》主要讨论的是转换生成语法的句法部分。标准理论的基本框架可以用下图来表示：

(9)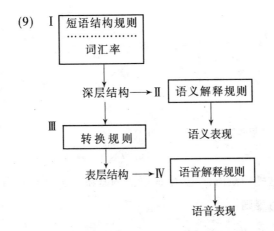

在这个图解里，Ⅰ和Ⅲ是句法部分，Ⅳ是语音部分，Ⅱ是语义部分。在句法部分中，Ⅰ是基础(Base)部分，Ⅲ是转换部分。在这个图解里，句法部分的表示是简化了的，因此也是不精确的。按照上面(8)所表示的，转换不仅参与了 P_i 到 P_n 的生成过程，而且参与了 P_1 到 P_i 的生成过程。

我们可以用乔姆斯基自己举的下面的例子比较具体地说明一下转换生成语法的标准理论：

(10) Sincerity may frighten the boy.

坦率可能吓着这孩子。

传统语法告诉我们，(10)这个句子可以分为两部分，frighten the boy(吓着这孩子)是一个动词短语，包括动词 frighten(吓着)和名词短语 the boy(这孩子)；sincerity(坦率)是一个名词短语；名词短语 the boy 包括限定语 the 及其后面的名词；the 是一个冠词；may 是一个助动词，一个情态动词。这可以用下面的树形图来表示：

（11）

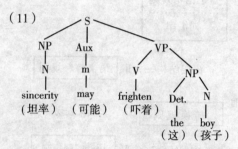

为了生成这样的短语标记,生成语法的基础部分必须包含以下这
样一些改写规则：

　　　　（12）（Ⅰ）S→NP⌒Aux⌒VP

　　　　　　　　　VP→V⌒NP

　　　　　　　　　NP→Det⌒N

　　　　　　　　　NP→N

　　　　　　　　　Det→the

　　　　　　　　　Aux→M

　　　　　（Ⅱ）M→may

　　　　　　　　　N→sincerity

　　　　　　　　　N→boy

　　　　　　　　　V→frighten

如果从汉语语法讲,（Ⅰ）（Ⅱ）可以是这样一些规则：

　　　　（13）（Ⅰ）S→NP⌒VP

　　　　　　　　　VP→V⌒VP

　　　　　　　　　VP→V⌒NP

$$NP \rightarrow Det \frown N$$

$$NP \rightarrow N$$

$$Det \rightarrow 这$$

（Ⅱ）$N \rightarrow 坦率$

$$N \rightarrow 孩子$$

$$V \rightarrow 吓着$$

$$V \rightarrow 可能$$

这就是《句法结构》中所讨论的短语结构语法。但(12)这样的改写规则不仅能生成(10)，而且能生成"boy may frighten the sincerity"这样偏离常轨的句子。(这是单就英文讲的，从(13)生成"坦率可能吓着这孩子"这类句子的时候，情形还要复杂。)因为 boy 和 sincerity 都是词汇库里范畴 N 的成员，而且每个 NP 都可改写为"Det$\frown$N"这样的形式。

为了解决这个问题，必须改变基础部分的描写。乔姆斯基认为，生成语法的基础部分必须包括下面(14)那样的改写规则和(15)那样的词汇库。下面列出的只是同生成(10)的短语标记有关的部分：

(14)(i) S→NP$\frown$Predicate-Phrase

（谓语短语）

(ii) Predicate-Phrase→Aux$\frown$VP

（Place〈处所〉）　（Time〈时间〉）

(iii)

$$VP \rightarrow VP \begin{cases} Copula（系词）\frown Predicate \\ V \begin{cases} (NP)(Prep\text{-}Phrase（介词\\ 短语))(Prep\text{-}Phrase) \\ (Manner（方式）) \end{cases} \\ S'（小句） \\ Predicate \end{cases}$$

(iv) Predicate $\begin{cases} Adjective（形容词） \\ (like)Predicate\text{-}Nominal \\ （名词性谓语） \end{cases}$

(v) Prep-Phrase→Direction（方向），Duration（延续），Place（处所），Frequence（频率），等等。

(vi) V→CS（复杂符号）

(vii) NP→(Det)N(S')

(viii) N→CS

(ix) [+Det－]→[±count（可数的）]

(x) [+Count]→[±Animate（有生的）]

(xi) [+N,－Common（普通的）]→[±Animate]

(xii) [+Animate]→[±Human（人类的）]

(xiii) [－Count]→[±Abstract（抽象的）]

(xiv) [+V]→CS/α$\frown$Aux—(Det$\frown$β) $\left.\begin{array}{c} \\ \\ \end{array}\right\}$这里 α,β

(xv) Adjective→CS/α...— $\qquad$ 都是名词

(xvi) Aux→Tense（时）(M)(Aspect（体）)

(xvii) Det→（Pre-Article（前冠词的）⌢of）Article
　　　（post- Article（后冠词的））

(xviii) Article→〔±Definite〕

(15)（Sincerity,〔＋N,＋Det－,－Count,＋Abstr-act,……〕)（boy,〔＋N,＋Det－,＋count,＋Animate,＋Human,……〕)（frighten,〔＋v,＋－NP,＋〔＋Abstract〕Aux－Det〔＋Animate〕,＋object－deletion（宾语清除）,……〕)（may,〔＋M,……〕)

上面的⌢是连接符,公式里的圆括弧如"Aux⌢Vp（Place）(Time)"表示可有可无,公式里的花括弧表示括弧右面的几项可以任选一项,方括弧如〔＋Det－〕表示句法特征,＋和－表示"有"或"没有"后面的句法特征。按(14)的改写规则和(15)的词汇率,可以通过下面的推导式推导出(10)这个句子:

(16)　S

　　　NP⌢Predicate－Phrase　　　　　　　(7)(i)

　　　Det⌢N⌢Predicate－phrase　　　　　　(vii)

　　　Det⌢N⌢Aux⌢Vp　　　　　　　　　(ii)

　　　Det⌢N⌢Aux⌢V⌢NP　　　　　　　(iii)

　　　Det⌢N⌢Aux⌢V⌢Det⌢N　　　　　(vii)

　　　Article⌢N⌢Aux⌢V⌢Det⌢N　　　(xvii)

　　　Article⌢N⌢Aux⌢V⌢Article⌢N　(xvii)

　　　Article⌢N⌢M⌢V⌢Article⌢N　　(xvi)

〔−Definite〕⌢N⌢M⌢V⌢〔+Definite〕⌢N

(xvi)

〔−Definite〕⌢CS⌢M⌢V⌢〔+Definite〕⌢N

(viii)

〔−Definite〕⌢CS⌢M⌢CS⌢〔+Definite〕⌢N

(vi)

〔−Definite〕⌢CS⌢M⌢CS⌢〔+Definite〕⌢CS

(viii)

然后再按〔ix〕到〔xiv〕的次范畴化规则,把最后一行的前后三个CS(复杂符号)改写为一组语法特征。如第一个 CS 是〔+N,+Det−,−count,+Abstract,…〕;第二个 CS 是〔+V,+−NP,+〔+Abstract〕Aux−Det〔+Animate〕,+object−deletion,……〕。按英语的语法规则,无定冠词在抽象名词前不出现,因此这个短语结构语法就生成了"Sincerity may frighten the boy"。

就汉语来讲,生成"坦率可能吓着这孩子"的改写规则,同(14)(15)要有所不同。例如(ii)和(iii)在汉语里大体是这样的。

(17)(i)

$$
谓语短语 \rightarrow \begin{cases} (系词)\,⌢\,名词短语 \\ 形容词短语 \\ 动词短语 \\ 小句 \end{cases}
$$

(ii)

$$动词短语 \rightarrow 动词 \begin{cases} （谓词短语）（名词短语） \\ \quad （数量短语） \\ 介词短语 \\ 小句 \end{cases}$$

在(14)的改写规则中,我们可区分出分支规则和次范畴化规则两类。(14)(i)(ii)(iii)(iv)(v)(vii)(xvi)(xvii)是分支规则,其他是次范畴化规则。在《一些问题》中,乔姆斯基认为,分支规则构成基础的范畴部分,范畴部分规定深层结构中起作用的基本的语法关系。这部分相当于《句法结构》中的改写规则,即短语结构语法。分支规则生成"前终端语符列"(pre-terminal string)。然后,我们增加一条规则:

(18) A→△

这里 A 是一个词汇范畴,△是一个虚位号。这样,范畴部分就生成了包含着许多虚位号和语法语符(formatives)的那个语符列的短语标记。用上面的(10)为例,就是:

(19)

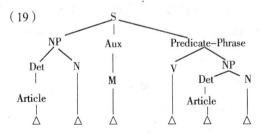

同时把次范畴化规则归入词汇库部分,这样每个词汇条目(D,C),例如词汇条目 frighten,包括语音特征(D)和句法特征〔＋

V(动词),＋－NP(及物动词),＋〔＋Abstract〕Aux—Det〔＋Animate〕(抽象名词主语和有生名词宾语)……〕(C)。我们可以把每个词汇条目中的句法特征 C 看作替代转换的结构上的索引,可以据此把这个词汇条目通过替换转换代入(19)这类短语标记中的相应的△的位置上。例如(19)的 V 下面的△,由于它出现的位置决定了它的句法特征〔＋V,＋－NP,＋〔＋Abstract〕Aux—Det〔＋Animate〕,……〕。而词汇条目"frighten"刚好具有相同的句法特征(C),因此可以把这个条目(D,C)通过替换转换代入(19)V 下的△。对(19)中的第二个 N 下的△也可以同样代入具有〔＋N,＋Det－,＋Count,＋Animate,＋Human,……〕的句法特征的词汇条目〔D,C〕,例如 boy,girl,等等。当所有这些转换完成后,就形成了(10)这个句子的深层结构 P_i。而(19)则是开头的公式中的P_1。这就是标准理论的基础部分。

现在我们谈谈转换生成语法标准理论的转换部分。

正如我们前面讲的,标准理论中的转换有两种,一种是词汇转换;一种是非词汇转换,或语法转换。词汇转换属基础部分,上面的框架图里的"转换部分"指的是非词汇转换。

我们上面讲过,语法的范畴部分通过改写规则生成的是前终端语符列(preterminal string),这个语符列是一些语法语符和复杂符号的有序排列。例如下面这个句子:

(20) 张三被狗咬了。

它的前终端语符列是:

（21）

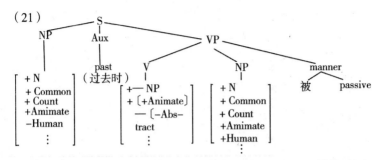

基础部分的词汇库里的每个词条都具有（D,C）这样的形式。其中 D 是一个音韵方阵,C 是一个复杂符号。按照生成音位学的说法,每个词的语音部分可以抽取出来用一个语音矩阵来表示。例如英语 algebra(代数)这个词的语音部分就可以用下面的音韵矩阵(phonological matrix)来表示:

（22）

	æ	l	g	e	b	r	æ
辅音	—	+	+	—	+	+	—
元音	0	+	—	0	—	+	0
鼻音	0	0	—	0	—	0	0
紧音	—	0	0	—	0	0	—
重音	0	0	0	0	0	0	0
浊音	0	0	+	0	+	0	0
延音	0	0	—	0	—	0	0

这个词出现在"he likes——"这个语境中时,上面矩阵中的"0"即表现为某一具体特征。这时 algebra 的语音矩阵(phonetic matrix)是:

(23)	æ	l	g	e	b	r	æ
辅音	−	+	+	−	+	+	−
元音	+	+	−	+	−	+	+
鼻音							
紧音							
重音	1	−		4	−	−	4
浊音	+	+	+	+	+	+	+
延音	+	+		+	−	+	+

复杂符号 C 包括这个词条的内在特征和语境特征。当一个短语标记中的某个复杂符号适合某一词条的 C 的条件的时候,我们就可以通过替换转换,用(D,C)(即该词条)替换这一复杂符号。例如,(21)最左面的 NP 下的复杂符号同"狗"这个词条的 C 相适应,我们就可以用"狗"替换这一复杂符号。把这个短语标记中的每个复杂符号都通过这种替换转换插入相应的(D,C)以后,就生成了由一些语法语符和词汇项的有序排列构成的终端语符列,也就是开头讲的 P_i,或深层结构。用上面的例子,"张三被狗咬了"的基础短语标记是:

（24）

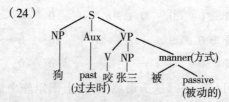

在基础短语标记的基础上,通过非词汇的或语法的转换,在这里是被动转换,就生成了(20)的表层结构:

（25）张三被狗咬了

(25)再通过语音解释规则,就生成了这个句子的语音表现:

　　(26) zhangsan bei gou yaole

这里省略了声调、重音等等因素的标示。而这个句子的语义表现则是通过(24)所表现的这个句子的深层结构接受语义解释实现的。

　　我们再看看下面的句子:

　　(27) 被自行车撞了的青年把衣服撕破了。

这个句子是由作为这个句子的基础的下面两个短语结构标记通过推广的转换(generalized transformation)生成的:

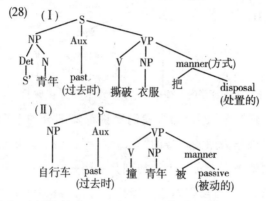

　　这个句子的转换史可以用下面的示意图来表示:

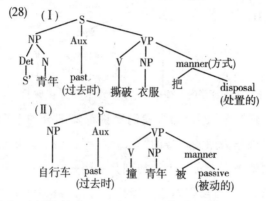

这个图表示:首先就(28)(Ⅱ)进行被动转换("青年被自行车撞了"),然后进行"的"字名物化转换("被自行车撞了的青年"),然后把(28)(Ⅱ)插入(28)(Ⅰ)的 S'位置。这一步就是涉及把一个小

句插入另一个小句的所谓推广的转换。在把(28)(Ⅱ)插入(28)(Ⅰ)的 S' 以后,再对(28)(Ⅰ)进行消除转换(即消除重复的 NP "青年",成为"被自行车撞了的青年撕破了衣服")。最后进行处置转换,生成:

(30) 被自行车撞了的青年把衣服撕破了

(29)所表示的就是(27)这个句子的转换标记。一个句子的深层结构是由它的转换标记,包括它的基础〔(28)(Ⅰ)和(28)(Ⅱ)〕来表现的;它的表层结构〔即(30)〕就是作为这一系列的转换的输出的短语标记。即:

(31)

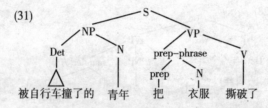

但是乔姆斯基认为,如果我们允许范畴部分的改写规则的右面可以出现作为原始符号的"♯S♯",那么语法的基础部分就可以无限制地把一个短语标记插到另一个短语标记之中。用上面的例子讲,我们可以把本来是虚假符号的(28)(Ⅰ)中的 S' 改为♯S♯,并在这个位置上继续通过改写规则生成(28)(Ⅱ),因而基础部分的改写规则可以直接生成下面这个扩充的短语标记(32):

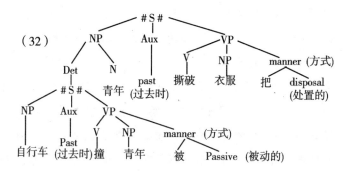

这个扩充的短语标记同简单的短语标记一样,就是这个句子的深层结构。然后,语法的转换部分在这一扩充的短语标记中由下到上地通过一系列的简单转换把这个句子的深层结构转换为表层结构。在这种简化了的生成语法中,把一个小句插入另一个小句那样扩充的转换已经消失,因为一个短语标记插入另一短语标记的过程已经由基础部分的改写规则完成,转换部分就只剩下了一系列的简单转换。最后,通过语音解释就生成了实际的句子:

(33) bei zixingche zhuangle de qingnian ba yifu sipo
　　le.

　　值得注意的是,在(32)的由左面 NP 管辖的"♯S♯"的位置上不但可以生成(28)(Ⅱ)那样的短语结构,也可以生成下面的(34)那样的短语结构:

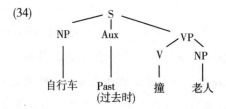

我们知道,这样生成的那个扩充的短语标记不能转换为一个合成的句子,因为在转换过程中转换受到阻碍。具体地讲就是:最下面的＃S＃经过转换的形式是"被自行车撞了的老年"。而这里的中心语"老年"同受这个偏正短语修饰的名词"青年"不是相同的成分,不能进行上面那种消除转换,转换在这里受到阻碍。也就是说,这样的扩充的短语标记不能转换为合式的句子。由此可见不是所有扩充的短语标记(包括简单的短语标记)都是某一合式的句子的深层结构。只有那些处于合式的句子的底层的扩充的短语标记才是深层结构。转换可以区分出哪些扩充的短语标记是深层结构。这就是所谓转换部分的过滤的功能(filtering function)。

这就是标准理论的转换部分。

在《一些问题》的第三章快结束的地方,乔姆斯基对标准理论语法框架作了这样的概括:

> 语法包括一个句法部分,一个语义部分,和一个语音部分。后二者纯粹是解释性的。

> 句法部分包括一个基础部分和一个转换部分。基础部分包括一个范畴次部分和一个词汇库。基础生成深层结构,深层结构接受语义解释,并通过转换规则把它映入表层结构,然后给以语音解释。

> 基础的范畴次部分包括一系列语境自由改写规则。这些规则的功能是规定一种决定语义解释的语法关系的某种体系,并且列出成分的抽象的底层次序,以便使转换规则的作用得以实现。语法的无限的生成能力来源于范畴规则的一种特殊的形式特征:它们可以把初始符号引进一个推导式的某一

行。这样,改写规则就能够把一个短语标记插入另一个短语标记,这种过程是可以无限反复的。

词汇库部分包括一个词汇条目的无序集合和某些剩余规则。[①]每一个词汇条目是一个特征的集合。其中有些是语音特征,可以表现为一个音韵矩阵。有些是语义特征,现在对它知道得还很少。词汇条目构成语言中不规则的东西的全集。

我们可以按特定次序运用范畴规则构成一个扩充的短语标记:从♯S♯开始,并在推导过程中引进的每个"♯S♯"出现的地方重新使用这些规则。这样我们就可以推导出一个前终端语符列。当我们按照〔词汇〕转换规则插入词汇条目的时候,它就变成一个扩充的短语标记。

转换的次部分包括一系列简单转换。给出一个推广的短语标记,我们就可以从下到上地用一系列转换规则构成一个转换的推导式。如果没有任何转换受到阻碍,我们就可以推导出一个合式的表层结构。仅仅在这种情况下,这个推广的短语标记构成这个句子的深层结构。这个深层结构表示这个S的语义内容,而这个S的表层结构则决定着它的语言形式。

这里我们没有讨论语法的解释部分。语音部分包括一系列规则,它们以从下到上的方式运用于表现为树形图的表层结构上。以相似的方式,语义部分的投射规则运用于由基础生成的深层结构,给每一个结构成分以一个语义解释。

根据乔姆斯基这段概括和我们前面的分析,上面画的《一些问题》中的语法框架图应该作如下的修改:

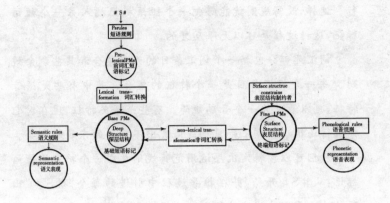

附 注

① 如果语法 G 中有一个层次的系列([+K]……[αF])[按:F 指语法特征],其中[+K]是一个词汇范畴,α=+或-,那么一个词汇条目(D,C)中的 C 包括[αF],那么[D,C]就必然是 K 的一个成员。例如英语 boy 的 C 包括语法特征[+common,+Human,+Count……],那么它的特征[+K]和[Animate]可以从[+Common],[+Human]推出来。凡是这种能从其他特征推出来的特征都不必在词汇条目的 C 中列举出来。这就是所谓语法的剩余规则。

(原载《语文导报》1985 年第 1 期,1986 年第 7 期、第 9 期)

段玉裁《说文解字注》
中的语义学

段玉裁(1735—1815)的《说文解字注》被王念孙誉为《说文解字》后一千七百年间仅有的著作。王氏从经学角度认为段氏"尝为《六书音韵表》,立十七部以综核之,因是为《说文注》,形声读若一以十七部之远近分合求之,而声音之道大明。于许氏之说,正义借义,知其典要,观其会通,而引经与今本异者,不以本字废借字,不以借字易本字,揆诸经义,例以本书,若合符节,而训诂之道大明。训诂声音明而小学明,小学明而经学明。"①经学的语言基础是训诂,而小学的核心也在训诂。中国的语义学同中国训诂学是分不开的。中国古代许多语言学或符号学的理论常常寄托在古书的注释中。段玉裁在《说文解字注》中详细地阐述了他对汉字形音义相互关系的理论,特别是汉字语义学的理论。段氏的《说文解字注》在《说文》本身研究方面,以及他的某些观点,曾引起学术界的争论。本文只讨论段注中所反映的段氏的语义学观点,而不涉及《说文》学本身的问题。

一

段氏在《说文》注中，首先对文字的性质和文字的形、音、义的关系作了确切而明晰的说明。段氏说：

> 以上言庖犠作八卦，虽即文字之肇端，但八卦尚非文字。自上古至庖犠神农、专恃结绳，事繁伪滋，渐不可枝。②

> 文字起于象形，日月星辰、山龙花虫、宗彝藻火、粉米黼黻，皆象其物形，即皆古象形字，古画图与文字非有二事。帝舜始取仓颉依类象形之文，用诸衣裳以治天下，故知文字之用大矣。③

> 凡文字有义有形有声。④一字必兼三者，三者必互相求。万字皆兼三者，万字必以三者彼此交错互求。⑤

这就是说汉字起源于象形，古代的八卦和画图都同汉字的起源有关，但八卦和画图还不是文字。从形体看，画图是象形，且表示一定的意义，八卦是指示和会意，也表示一定的意义，但二者都没有同语言中的一定的音义相结合的词或语素相联系，所以这些画图和八卦还不能算作"文字"这一"记录""语言"的符号的符号系统。文字必须有义有形有声，而且"一字必兼三者"，"万字"都必须"兼三者"，而且一个"字"中三者可以互求，万字之间也可以通过这三者建立它们之间的关系、联系，建立整个文字系统。汉字的每个字都有意义，即每个汉字都是语言中音义相结合的词或语素的书写形式。

关于形音义的关系，段氏说：

　　许君以为音生于义，义著于形。圣人之造字，有义以有音，有音以有形。学者之识字，必审形以知音，审音以知义。圣人造字，实自象形始。⑥

　　段氏在同一条注解里又说："形立而音义易明"，关于文字这种符号的形音义的关系，拼音文字比较简单，字形直接代表字音，即直接代表语言符号中的能指，所指则同语音相同。段氏这里讲的"圣人之造字，有义以有音，有音以有形。学者之识字，必审形以知音，审音以知义"似乎也可适用于拼音文字。其实段氏话的背景是"圣人造字，实自象形始"，因此这段话比表达"文字之通则"的上面讲的那种含义要丰富得多。段氏的话包括三层意思：一、"有义以有音。"音义结合是语言的问题。语言的词是表达人的表象和观念的。人们有了某种表象或观念，并同一定的语音相结合，就形成了词。先有一定的意义，然后有与之结合并加以固定的语音，这就是"有义以有音"。反过来，仅有一定的语音与之结合的意义还不能成为语言中的符号，成为语言中一个词语。段氏所以在训诂中特别强调"因声以求义"就在于他认识到语言符号的这一特点。二、"有意以有形。"汉字虽然以象形为主，但它毕竟是语言的书写符号，因此它必须代表一定的声音（语音），或者说它的本质是通过声音而与意义联系的。用现在的话说，"字"是语言中音义相结合的符号（词或语素）的符号，它不是直接代表意义，而是代表语言的词或语素。正因为如此，所以学者识字，必须先"审形以知音"，然后才能"审音以知义"。三、"音生于义，义著于形。""音生于义"的含义上面已经说明。什么是"义著于形"？这句话可以这样来理解：汉字以象形为主，即下文讲的"圣人造字，实自象形始"。段氏在进一步解释《说文·序》中的"分别部居,不相杂厕"时说:"每部各建一首,……于是形立而音义易明。"这一点正说明段氏既注意到语言和文字的"义→音→形"的关系,也注意到汉字所特有的"象形"的特点。正是在这一点上,造成汉字的形音义的错综复杂关系;也正是在这一点上,产生了种种不正确的文字训诂理论,使汉字语义学得不到正确的阐释。影响汉字形音义之间复杂关系的还有下面的原因:

第一,文字体制的演变。段氏注"五帝三王之世,改易殊体"及"而古文由此绝矣"时说:

> 其间文字之体,更改非一,不可枚举。传于世者,概谓之仓颉古文,不皆仓颉所作也。⑦

> 小篆既省改古文大篆,隶书又为小篆之省,秦时二书兼行,而古文大篆遂不行,故曰古文由此绝。⑧

第二,社会变迁的影响。段氏注"言语异声,文字异形"时说:

> 谓大行人属瞽史喻书名听声音之制废,而各用其方俗语言,各用其私意省改之文字也。言语异声则音韵歧,文字异形则体制惑。⑨

又在"君"字下谈到"君"声而读若"威"时注说:

> 地有南北,时有古今,语言不同之故。⑩

第三,古今字的差别。段氏在"气"下注说:"气氣古今字。自以氣为云气字,乃又作饩为廪氣字矣。气本云气,引申为凡气之称。"关于本义、或义以及引申义、假借义的问题,下面谈"六书"时再讲。

二

"六书"理论是理解汉字形音义关系和汉字这一书写符号的体系的关键。段玉裁关于"六书"的阐述是他的汉字语义学的核心。段氏认为：

> 六书者，文字、声音、义理之总汇也。有指事、象形、形声、会意，而字形尽于此矣。字各有音，而声音尽于此矣。有转注、假借，而字义近于此矣。

又引戴震的话说：

> 指事、象形、形声、会意四者，字之体也；转注、假借二者，字之用也。[11]

段氏阐释汉字形音义关系，段氏的汉字语义学的最精华的部分在论转注、假借和形声。现在按照《说文·序》的次序看看《说文解字注》关于六书的理论。

（一）指事和象形

关于指事，段氏说：

> 有在一之上者，有在一之下者。视之而可识为上下，察之而见上下之意。……指事之别于象形者，形谓一物，事赅众物，专博斯分，故一举日月，一举上下。上下所赅之物多，日月只一物。学者知此，可以得指事象形之分矣。……有事则有形，故指事皆得曰象形。而其实不能混。指事不可以会意淆，合两文为会意，独体为指事。[12]

在"二"字下段氏说：

> 凡指事之文绝少，故显白言之。……象形者，实有其物，日月是也；指事者，不泥其物而言其事，上下是也。天地为形，天在上，地在下，地在上天在下，则皆为事。⑬

关于象形，段氏说：

> 有独体之象形，有合体之象形。独体如日月水火是也。合体者，从某而又象其形，如眉从目而以卅象其形，箕从竹而以廿象其形……是也。独体之象形，则成字可读。附于从某者，不成字，不可读。……此等字半会意半象形，一字中兼有二者。会意则两体皆成字，故与此别。⑭

这里对指事和象形说得很清楚。象形象的是具体的物，指事象的是抽象的事，都可以从字的形体上看出它所表示的意义，但这个意义必须通过一定的声音（语音）而同语言中的词或语素相联系。独体的象形和合体的象形中"形"的不同，就在于是否同语言中的词或语素相联系，合体象形同会意的区别也在这一点。象形、指事的字，作为语言的书写符号，其本质特点，其与意义、与客观事物的联系就在于它是通过一定的读音同语言中的词或语素相联系的。这一点段玉裁已有明确的认识，且用以解释汉字语义中的各种问题。

（二）形声和会意

关于形声，段氏说：

> 刘歆班固谓之象声。形声即象声也。其字半主义，半主声。半主义者，取其义而形之，半主声者，取其声而形之。不

言义者,不待言也。得其声之近似,故曰象声,曰形声。⑮

　　其别于指事象形者,指事象形独体,形声合体。其别于会意者,会意合体主义,形声合体主声。……亦有一字二声者,有亦声者,会意而兼形声也。有省声者,既非会意,又不得其声,则知其省某字为其声也。⑯

　　声与义同源,故谐声之偏旁,多与义相近,此会意形声两兼之字致多也。《说文》或称其会意,略其形声;或称其形声,略其会意。虽则省文,实欲互见。不知此,则声与意隔;又或如宋人字说,只有会意,别无形声,其失均诬矣。⑰

关于会意,段氏说:

　　会者,合也,合二体之意也。一体不足以见其义,故必须合二体之意以成之。⑱

注"比类合谊,以见指扔"时说:

　　指扔与指麾同,谓所指向也。……会意者,合谊之谓也。凡会意之字,曰从人言,曰从止戈,人言止戈二字皆联属成文,不得曰从人从言,从戈从止。⑲

　　形声和会意都是合体字,一主声,一主义。从形(字形)是否与声相联系(表现在字形上)这一点来讲,象形、指事、会意是一类,形声是另一类。有的形声字的声兼表意,这是因为"声与义同源",因此兼有表意作用,但声旁终究具有表音作用,这是形声字不同于会意字,不同于象形、指事的主要特征。这一点段玉裁讲得很明白。关于声与义同源的观点,是有语言学上的根据的。段氏既看到声与义同源,又反对宋人把一切形声字都解释为会意字的偏颇的观点。这是十分正确的。例如像"波、滑、湖、海"就很难说右面的声旁与意义有什么联系。但也有"轮、沦、伦、论、纶"等字,都从"仑"声,都有"有条理、有伦次"的意思,还有如有人提出的从"戋"声的字大都有"小"的意思,等等。"声义同源"说是研究汉语同源字、分析汉语语素的基础。段氏继承了"声训"和"右文"说的合理的方面,是对汉字语义学的一大贡献。关于这个问题,王念孙在《广雅疏证》序中也有过阐述:

> 窃以训诂之旨本于声音,故有声同字异,声近义同,虽或类聚群分,实亦同条共贯。譬如振裘必提其领,举网必挈其纲。故曰本立而道生,知天下之至啧而不可乱也。此之不寤,则有字别为音,音别为义,或望文虚造而违古义,或墨守成训而鲜会通。易简之理既失,而大道多歧矣。今则就古音以求古义,引申触类,不限形体,苟可以发明前训,斯凌杂之讥亦有所不辞。[20]

(三) 转注和假借

关于转注,段玉裁说:

> 建类一首,谓分立其义之类而一其首。如《尔雅·释诂》第一条说始是也。同意相受,谓无虑诸字,意指略同,义可互受相灌注而归于一首。如初哉首基、肇祖元胎、俶落权舆、其于义或近或远,皆可互相训释而同谓之始是也。……以考注老,以老注考,是之谓转注。……《尔雅》训"哉"为"始",谓"哉"即"才"之假借也。《毛传》训"瑕"为"远",谓"瑕"即"遐"之假借也。故转注中可包假借,必二之者,分别其用也。既假借而后与假义之字相转注,未假借则与本义之字相转注也。[21]

段氏把艸部"苏,桂荏也,从艸,稣声。"和"荏,桂荏,苏也,从艸,任声。"与"蓼,辛菜,蔷虞也。从艸,翏声。"和"蔷,蔷虞,蓼。从艸,啬声。"作为转注的例子。关于转注及其间的意义关系,在"天"下有详细的说明:

> 凡言"元,始也。天,颠也。丕,大也。吏,治人者也。"皆于六书为转注。而微有差别。元始可互言之,天颠不可倒言之。盖求义则转移皆是,举物则定名难假。然其为训诂则一也。颠者,人之顶也。以为凡高之称。始者,女之初也。以为凡起之称。然则天亦可为凡颠之称。臣于君,子于父,妻于夫,民于食,皆曰天是也。②

这里,段氏涉及到转注与假借的关系。字的本义和假借义不同。因可以有不同语义类属,即有不同的转注关系。这无关字义,而仅关字形,但因汉字在形体上与意义有联系,认识这一点很重要。另外,段氏还分别了"求义"与"举物"的差别。"举物则定名难假",而物名不能以同一词代替。但物的命名,也可以引申而用之为表示一定属性的通名。这就是"天"所以能成为"凡颠之称"的根源。

关于假借,段玉裁说:

> 假借者,古文初作而文不备,乃以同声为同义。转注专主义,犹会意也;假借专主声,犹形声也。③

> 凡事物之无字者,皆得有所寄而有字。……县令县长本无字,而由发号久远之义,引申展转而为之,是谓假借。④

> 原夫假借放于古文本无其字之时。许书有言"以为"者,有言"古文以为"者,……凡言"以为"者,用彼为此也。如……

朋古文凤,神鸟也,而以为朋党字。……言"以为"者凡六,是本无其字依声托事之明证。……其云"古文以为"者……此亦皆所谓依声托事也。而与……"朋"字……不同者,本有字而代之,与本无字有异。然或假借在先,制字在后,则假借之时本无其字,非有二例。惟前六字,则假借之后,终古未尝制正字,后十字则假借之后,遂有正字,为不同耳。……大氐假借之始,始于本无其字。及其后也,既有其字矣,而多为假借。又其后也,且至后代伪字,亦得自冒于假借。博综古今,有此三变。㉕

许说义出于形,有形以范之,而字义有一定。有本字之说解以定之,而他字说解中,不容与本字相背。……许之为是书也,以汉人通借繁多,不可究诘,学者不识何字为本字,何义为本义。……故为之因形以说音义,而制字之本义昭然可知。本义既明,则用此字之声而不用此字之义者,乃可定为假借,本义明而假借亦无不明矣。㉖

段氏这几段话包括这样几层意思:一、文字使用中所以有假借,是因为古代造字开始,文字不完备,语言中称某事为某名(音),但无专用的字,须借同音字来表示,这就是假借。如用"朋鸟"的"朋"代替"朋党"的"朋(同音)"。二、汉字大都有表意作用,造字之初与一定的音义相结合。这些字的义与形有直接的联系,且具有表示该义的确定的读音。这种形音义的密切结合,就是许慎要讲的字的本义和本音。这是汉字这种类型的符号的性质所决定的。"假借"之所以成为一种用字的方法,也由汉字符号这种表义的特点决定的。这是汉语这一符号系统复杂性的根源。为了讲汉字的特点,为了讲假借,必须首先讲汉字的本义和本音;从另一角度,就是要弄清表示某意义的本字。三、假借有三种:一为造字之初,文字不完备,借他义、他形的同音字来代用,后来即一直沿用下来。二为后来另造正字。三为借用时已有本字,而临时用同音的他字来代替。这就理清了汉字的形音义之间的错综复杂关系。

段注中还涉及另外一些同汉字语义学有关的语义学问题。限于篇幅,不详述。总之,段玉裁《说文解字注》中涉及一般语义学和汉字语义学的许多问题。书中对汉字的形、音与义的关系,作了全面而明确的论述。他的理论是对汉字语义学的重要贡献,有待于进一步发掘、整理。

附　注

① 王念孙《说文解字注·序》,《说文解字注》,上海古籍出版社 1981 年版,《王序》1 页。

②《说文解字注》,十五卷下,同上,753 页。

③ 同上,十五卷上,"言必遵修旧文而不穿凿"下注,763 页。

④ 同上,一篇上"元"下注,1 页。

⑤ 同上,十五卷上,"爰明以喻"下注,764 页。

⑥ 同上,十五卷上,"分别部居,不相杂厕也"下注,764 页。

⑦ 同上,十五卷上,754 页。

⑧ 同上,十五卷上,758 页。

⑨ 同上,十五卷上,"言语异声,文字异形"下注,758 页。

⑩ 同上,一篇下,"書"字下注,28 页。

⑪ 同上,十五卷上,754 页。

⑫ 同上,十五卷上,"保氏教国子,先以六书"下注,755 页。

⑬ 同上,一篇上,1 页。

⑭ 同上,十五卷上,"日月是也"下注,755 页。

⑮ 同上,十五卷上,"三曰形声"下注,755 页。

⑯ 同上,十五卷上,"江河是也"下注,755 页。

⑰ 同上,一篇上,"禛"字下注,2 页。

⑱ 同上,十五卷上,"会意"下注,755 页。

⑲ 同上,十五卷上,755 页。

⑳ 王念孙《广雅疏证》,商务印书馆《万有文库》本,"序"2 页。

㉑《说文解字注》,十五卷上,"转注"下注,755—756 页。

㉒ 同上,一篇上,1 页。

㉓ 同上,十五卷上,756 页。

㉔ 同上。

㉕㉖ 同上,756—757 页。

（原载《广播电视大学学报》（哲学社会科学版），
1998 年第 2 期）

《马氏文通》句法理论中的
"词"和"次"的学说

——纪念《马氏文通》出版 65 周年

一

《马氏文通》是我国第一部系统完整的汉语语法理论著作。65年来,大家不断地研究它,纪念它,批评它,指责它,写了不少论文,也出版了一些专著。这篇文章的目的就是想在前人研究的基础上,对这本书的句法理论作一些分析研究。为了把问题集中,这里只谈马氏关于"词"(句子成分)的理论,以及与这一理论有密切联系的"次"的理论。关于马氏有关"读"、"顿"、"节"以及句子类型、语气等等的理论,我们准备在另外的文章里讨论。

过去,研究《马氏文通》的学者,对这本书句法方面的理论、观点、体系,有过种种不同的理解。[①]为什么不同的人对《文通》所根据的理论,所具有的观点,所建立的体系,会有不同的理解,得出往往相反的解释呢?除去研究者的主观原因外,产生误解或不同理解的主要原因是《马氏文通》本身的一些特点。

《马氏文通》是作者马建忠在去世前二年出版的。[②]马氏生前来不及对这部 30 万言的巨著进行最后的校订工作,这部书在术语、引例、解释等方面,有很多前后不一致的地方。这是对这本书的理论体系产生误解或不同理解的第一个原因。产生误解或不同理解的第二个原因,来源于这本书叙述上的缺点。这本书的许多重要理论和观点,往往是夹杂在引例的解释中叙述的。要想全面认识马氏的理论体系,需要一定的爬梳整理的工夫。不同的理解往往是从不同的片断形成的。产生误解或不同的理解的最主要的原因,是这本书所根据的理论本身,以及运用这种理论于汉语实际的方法。《马氏文通》进行汉语语法研究的理论根据是建立在印欧语传统语法学的基础上的拉丁语语法。拉丁语语法不但跟汉语语法的距离很大,而且跟过去大家所熟悉的英语语法的距离也是很大的。当马建忠运用这大家所不熟悉的拉丁语语法来说明汉语语法现象的时候,就难免使人产生种种不同的误解,得出种种不同解释。另一方面又因为马氏既想用拉丁语语法解释汉语语法,就不能不在汉语语法的事实面前对拉丁语语法理论进行不同程度的修改,这就更加增加了我们理解和分析这本著作的理论体系的困难。

由于水平的限制,这篇文章对《马氏文通》句法理论的分析,并没有真正克服了这本书给我们带来的困难。如果我们在理解马氏的理论体系方面有错误的话,那么我们所提出来的一些问题和讨论性的意见,就只能是无的放矢的空谈了。但是为了纪念这部中国最早的汉语语法理论著作出版 65 周年,也为了批判地继承这位19 世纪末期优秀的语言学家的学术遗产,把这些不成熟的意见写出来,希望能得到同志们的批评指正。

二

2.1　字

《马氏文通》表示句法单位的最重要的术语有"字"、"词"、"读"、"句"。这些都是中国传统语文学中固有的名称。当马建忠用这些名称来作为表示句法单位的术语的时候,这些名称的固有含义就常常跟新的含义纠缠起来,给马氏体系本身带来混乱,增加了我们理解马氏体系的困难。[③]

我们先谈谈"字"这个术语。在马氏的语法体系中,"字"指的是最小的句法单位——词。马氏选用"字"这个术语来指称词,是有道理的。《马氏文通》研究的对象是"文言文"。在文言文里,词的基本形式是字。从中国语文学的传统来看,"实字"、"虚字"、"死字"、"活字"等等,也正是用"字"来代表句法的最小单位的。但是文言文里的词并不是永远跟字相适应的。《马氏文通》就曾屡次谈到由两个字构成的名字、静字、状字的问题。[④]这就不能不碰到作为句法单位的字和作为书写单位的字的矛盾。下面我们举几个明显的例子:

《孟子·梁惠王上》云:"天油然作云,沛然下雨,则苗浡然兴之矣。"油、沛、浡三字各以然字为殿而成状字。(Ⅵ,294)[⑤]

汉文最称浑厚,其名字多用双字。(第二册,9页下面)[⑥]

名有一字不成词,间加有字以配之者。(Ⅱ,31)

这里的"三字"、"然字"、"双字"、"一字"、"有字"等等里边的"字",跟"状字"、"名字"等等里边的"字",是两个完全不同的概念。在上面引的最后一句话里,矛盾更突出了。这句话按照马氏的术语,本来应该说成"名字有一字不成字,间加有字以配之者"的。

2.2　词

"词"是《马氏文通》句法体系中的一个重要概念,是马氏分析句子结构的基石。什么是"词"呢?《马氏文通》说:

> 句者,所以达心中之意,而意有两端焉:一则所意之事物也;夫事物不能虚意也,一则事物之情或动或静也。意达于外曰词。《说文》云:"意内而言外曰词。"(Ⅰ,9)

单看最后两句,"词"跟普通所谓"言辞"没有什么区别,几乎可以看作言语表达的统称。但是如果我们联系上下文,并且跟以"词"为名的"起词"、"语词"、"止词"、"转词"等术语结合起来看,我们就可以看出马氏的所谓"词",实际上指的是所谓"句子成分"(elements of a sentence)。

在《马氏文通》中,还有一个常常使用的名称"辞"。"辞"的含义可以从下面几段文章中看出来:

> 凡以表决断口气,概以是、非、为、即、乃诸字参于起表两词之间,故诸字名断辞。(Ⅱ,162)

> 夫如是,则若、斯二字亦可藉以为状辞之助语矣。(Ⅵ,295)

> 若、苟、使、如、设、令、果、即、诚、假诸字,皆事之未然而假设之辞,亦为推拓连字,惟以连读而已。(Ⅷ,405)

> 设辞之后,复有以虽字宕跌者,亦习见也。(Ⅷ,407)

> 《礼记·大学》:"心诚求之,虽不中不远矣。""心诚求之"者,设辞之读也。(同上)

"断辞"的"辞"以及整个"断辞"这个术语,都是从传统语文学讲虚字的书里承袭过来的。所谓"断辞"、"设辞"、"转语辞"(Ⅶ,397)、"断事之辞"(Ⅷ,390)、"询商之辞"(Ⅷ,410),都是指具有某种"辞气"⑦的虚字讲的。同时又由于"辞"本来有表示一般言辞的意思,因此,对一些既不能用"字"又不能用"词"来指名的,马氏有时就用"辞"这个名称称呼它。例如上面引的"状辞"的"辞",就是这样选用的。根据马氏在这句话前的引例来看,"六辔沃若"、"二爵而言言斯"里的"若"和"斯",跟"油然""沛然""淳然"里的"然"字一样,都是表示状字的词尾("助语"),"沃若"、"言言斯"才是完整的"状字"。因此,对构成这两个状字的基本含义部分"沃"和"言言"来讲,就只好称之为"状辞"了。马氏在这段的开头说:

> 有任用何字为状,煞以然、焉、如、乎、尔、若、斯诸字者。
（Ⅵ,294)

"状辞"指的正是这里讲的"任用何字为状"的那个状"字"了。至于"设辞之读"里的所谓"辞",就只是"辞气"的意思,或者用现在通用的术语讲,是"语气"的意思了。

在马氏的术语中,"词"和"辞"是有区别的。但是因为"词"和"辞"两个字,不论在一般用法上,或者作为传统语文学的术语,都是常常互相通用的。在《马氏文通》中这两个字也常常混用。一般说,用作句子成分的术语时,以"辞"代"词"的情况比较少。仅见的下面这个例子,可能是不及刊正的误笔:

> 凡以言起词所有之动静者,曰语词。语者,所以言夫起辞也。(Ⅰ,10)

至于一般该用"辞"而用了"词"的,就很多了。有时这种混用实际上反映了马氏自己的摇摆不定。"断辞"有时又叫"断词"或"决词"（Ⅲ,163）。"断辞"是不是独立于起词和表词之外的句法结构单位,马氏一直是摇摆不定的。关于这一点,以后还要谈到。

《马氏文通》虽然用"词"这个术语来指称"句子成分",但是他对"词"的解释却不是完全按照印欧语传统语法学的说法的。马氏从"词"的传统用法出发,特别强调了词的"意内而言外"⑧的特点,这就更加加强了句子的结构分析（按照马氏的体系,就是把句子分解为不同的句子成分）依赖于句子的逻辑分析（即把句子分解为不同的意义构成的要素）的观点。

2.3　起词和语词

《马氏文通》的"起词"和"语词",就是通常的所谓"主语"和"谓语"。句法上的主语谓语跟逻辑上的主语谓语的纠缠和辨析,一直是语法学史上争论不休的主要问题之一。马氏对于起词语词的分析,是密切地结合着句子的逻辑分析进行的。我们看看下面马氏对句子以及起词和语词的说明:

> 句者,所以达心中之意。而意有两端焉:一则所意之事物也;夫事物不能虚意也,一则事物之情或动或静也。（Ⅰ,9）

> 凡以言所为语之事物者,曰起词。起者,犹云句读之缘起也。（Ⅰ,10）

> 凡以言起词所有之动静者,曰语词。语者,所以言夫起辞（词）也。（Ⅰ,10）

> 然则句之成也,必有起词语词明矣。盖意非两端不明,而句非两语不成。（Ⅰ,10）

马氏先从逻辑的角度把表示"心中之意"的"句子"（逻辑判断）分为

"所意之事物"(逻辑主语)和"事物之情"(逻辑谓语)两部分,然后把与之相应的"言外"之"词"叫做"起词"和"语词"。这样,就把语法上的主语和谓语跟逻辑上的主语和谓语全面地对当起来。

　　根据语法主语和语法谓语跟逻辑主语和逻辑谓语全面对当的观点,马氏的所谓起词和语词,指的应该是整个主语部分和谓语部分。但是句法分析本身要求进一步研究主语部分和谓语部分是怎样构成的,要求对这两部分作进一步的分析。按照印欧语传统语法学在印欧语基础上形成的观点,——这种观点是有事实作根据的,主语部分和谓语部分都有一个"中心词",这个中心词也被称为主语和谓语。在马氏的语法体系中,对这两个不同层次的句法单位也承袭了这个传统,用了相同的术语。不过马氏在用起词的时候,更多地指主语部分,而语词则更多地指语词的中心词罢了。我们看看下面的例子:

　　　　《孟子·梁惠王下》:"齐宣王问曰:'交邻国有道乎?'"交,
　　　　外动字,邻国,其止词。……交邻国三字为有字之起词。交字
　　　　散动而为有字之起词。(Ⅴ,282)

这里,前面讲"交邻国"是有字的起词,后面又指出,这就是散动用作起词的例子,"交"是"有"的起词。"语词"也是这样。马氏一面说,"凡曰语词,则动字与其所系者皆举焉。"(Ⅹ,515)一面又说,"字之为语词者,动字居多。"(Ⅰ,11)这种术语上的混用,反映了概念上的混淆不清。这种含混不清的情况,在运用"止词"、"转词"、"司词"等术语的时候,也是同样存在的。

　　从逻辑着眼来分析句子,自然要把一切句子都看成由起词和语词构成的主谓结构。马氏在好几个地方都明确地指出,具有起

词和语词是句子的必要条件。除去前面引过的话以外，马氏还说过这样的话：

> 要之，起词语词两者备而辞意已全者曰句。（Ⅰ,17）

> 凡句读必有起语两词。（Ⅰ,10）

不过，马氏并不认为在言语中出现的句子都必须具备起语两词。因为在一定的条件下，可以有没有起词或没有语词的句子。一般的省略句事实上是有起词或有语词的，不过在一定的上下文里临时省略罢了。但是汉语还有经常不用起词的句子，这就是一般所谓无主句。关于这类句子，马氏是分作两种类型来叙述的。第一种马氏认为是"本无起词"的句子，这类又分为两小类。马氏说：

> 无属动字，本无起词；有无两字，间亦同焉。（Ⅹ,496）

下面是对这两种"本无起词"的句子的较为具体的说明：

> 有无两字，用法不一，……若记人物之有无，而不明言其为何者所有，何者所无，则有止词而无起词者常也。（Ⅳ,226）

> 动字所以记行，行必有所自；所自者，起词也。然有见其行而莫识其所自者，则谓之无属动字，言其动之无自发也。凡记变，概皆无属动字。（Ⅳ,241）

马氏举的例子是：

> 《孟子·梁惠王下》："今有璞玉于此。"今以璞玉置之当前，于此见有璞玉焉，至何人有此璞玉则不言也。故有字见为无起词者，此也。璞玉实为有之止词也。（Ⅳ,229）

> 《公羊传·隐公九年》："三月癸酉，大雨震电。"又："庚辰，大雨雪。"雨电雪三字，皆天变也，然莫识变之所由起，故无起词。无起词，则动之行无所属矣。（Ⅳ,241）

《史记·汲郑列传》："河南失火，延烧千余家。"失火者，非

河南失也，于河南失也。故失火无主，亦记变也。（同上）

第二种经常不用起词的句子是所谓"议事论道"的句子。马氏把这

类句子放在省略起词的省略句里，跟"对语"省的省略句归为一类。

马氏虽然把这类句子跟一般的省略句并列，但是他看出来这类句

子跟一般的省略句不同，因此他在讲这类句子的时候，特别指出：

大抵论议句读皆泛指，故无起词。此则华文所独也。

（Ⅹ，492）

这三类句子从句法结构上讲，都是不需要起词或者从来没有起词

的句子，都是从句法结构上看的无主句。用马氏的术语讲，这些都

是"本无起词"的句子。但是如果把起词看作动作的发出者，看作

动作、行为、变化之"所由起"，那么，因为起词泛指而省略起词的

"议事论道"的句子，和不能明指起词是什么的"有无"句，以及无法

知道"动之所自发"的"无属动字"句，就不能一概称之为"本无起

词"的句子或无主句。按照后面这种看法，真正"本无起词"的句子

恐怕只有"无属动字"句这一类了。但是把这种是否有起词的问题

从语言上完全转移到逻辑上来考虑，那么，这种"无属动字"也并不

是真的"无所属"，而"苍苍者""天"也的确可以作为这些变化之所

由起的"起词"了。黎锦熙先生在他的《比较文法》里对马氏这类无

主句就有过这样的解释：

则此当属之"无主句"，即"省略主语"之句法，若加主语即

指"天"，如英文，则主语概表以代词"it"。（科学出版社1958

年版，7页）

马氏在这里一方面从语言事实出发，认识到这三种句子都是以无

起词为"常",但是他同时又从逻辑的角度——离开语言的实际表达——把这三种句子分为两大类三小类,认为有省略起词和本无起词的区别。他从语言事实出发,发现了"华文所独"的三种"无主句",这是一个重大的发现。但是从他分类的标准来看,又似乎是以能否有意念上的起词作为研究不同句子类型的基本根据了。[⑨]这就给他的句法理论带来混乱,而妨碍了句法规律的研究。

谓语中心说有深厚的逻辑基础和心理基础,[⑩]也有充分的事实根据。[⑪]从逻辑的角度和心理的角度看,任何话都是"有所谓"的,因此任何话都必须有"谓"语。马氏既然纯粹从逻辑的角度来分析句子的主语和谓语,马氏也必然是一个谓语中心论者:

> 凡句读之成,必有起词语词。起词之隐现,一以上下之辞气为定。而语词则起词之所为语也,无语词是无句读矣。(Ⅴ,264)

但是,作为一种句法理论,谓语中心说是有问题的。这种理论正像纯粹从意念上来分析起词的省略和有无一样,都是用言语所表达的思想形式(逻辑)的分析来代替了思想的语言表达形式(语法)的分析,也就是用逻辑偷换了语法。

2.4　表词

《马氏文通》在语词外又别立了"表词"一个名目。什么是表词呢?马氏说,"惟静字为语词则名曰表词。"(Ⅰ,12)表词的作用与动字语词不同,表词的作用在于"表起词之为何"(Ⅰ,13),"决事物之静境"(Ⅲ,159),故"表词概为静字"(Ⅱ,13)。要是用名字或者顿、读来作表词,马氏就认为这些名字或顿、读已经用作静字了。马氏这里是先肯定表词必定是静字,然后谈用作表词的名、顿、读等等都是用作静字的。为什么表词必定是静字呢？这并不是由用作表词的字的语法特点决定的。表词被看作静字，是由语词在逻辑上对起词所起的作用来决定的。按照传统逻辑的说法，谓语总是表示主语的属性的。事物的属性不外动静两方面。语言中的动字和静字，正是反映事物的动静两方面的属性的。因此，语词总是或由动字或由静字来表达的。关于事物的属性，动字和静字，句读的语词，这三者的关系，马氏有如下的说明：

> 天下事物，随所在而必见其有行。其行与行相续，即有由此达彼之一境，所谓动也。故实字以言事物之行者曰动字。（Ⅰ，4）

> 凡实字以肖事物之形者，曰静字。形者，言乎事物已有之情境也。故静字与动字两相对待。静字言已然之情景，动字言当然之行动。行动必由事物而发，而情景亦必附事物而著。（Ⅰ，5）

> 夫事物之可为语者，不外动静两境。故动境语以动字，静境语以静字。语词必以动静为之者常也。（Ⅲ，160）

由动字表达的语词就一般称之为"语词"，而由静字表达的语词，便别立了"表词"这一名目。至于表词有用名字和顿、读的，马氏也认为是用如"静字"了。

也可能马氏先看到汉语有静字作表词的事实，然后认为凡作表词的都是静字，最后再从理论上说明动字语词、静字语词的对立和区别的。但是不管怎样，马氏在这里犯了两个错误：一、决定表词都是静字，缺乏语法上的根据；二、对表词和语词的区别是纯粹从逻辑上立论的。

　　本来汉语非动词谓语的主谓句不只"静字"作"表词"这一种。在拉丁文里也有名词作表词和形容词作表词两种形式。关于这一点,马氏是清楚的。但是马氏仍根据上面所讲的理由,把这一切都归并在"静字"作表词的项下。这种理论有它简明的地方,但也有牵强的地方。像下面这些句子都认为是与"静字"作表词的句子属于同一类型,是很勉强的:

　　《战国策·秦策》:"虎者戾虫,人者甘饵也。"虫、饵皆名也,而为表词,用若静字然。(Ⅲ,162)

　　《史记·魏其列传》:"天下者,高祖天下,父子相传,此汉之约也。"天下者,起词。高祖天下,偏正两名也,其表词也。犹云"所谓天下者,乃高祖之天下"也。此所谓用如静字也。(同上)

　　《汉书·刘歆传》:"且此数家之事,皆先帝所亲论,今上所考视……"此数家之事一顿,起词也。皆先帝所亲论,今上所考视两豆,皆为表词,犹云"此乃先帝所亲论者与今上所考视者"也。(同上)

这里前面两句是用名词或以名词为中心词的偏正词组作谓语的,最后一句是用马氏所谓"读"作谓语的。这类谓语看作"用若静字",很难说有什么语法上的根据。

　　对表词句的分析还有一个值得注意的问题,用马氏术语讲,就是所谓"断辞"问题。凡是表词句,都有表"决断"的意思。根据马氏的分析,文言文中表示决断口气的语言形式有三种:一种是加在起词表词之间的是、非、为、即、乃等"断辞";一种是放在句尾的"助字";一种是加在表词前的"状字"。关于古汉语中表示决断语气的语言表达形式的探索,马氏是很仔细的。但是马氏对这些语言形式在句法分析中所处的地位的看法,却是值得进一步讨论的地方。按照马氏给"语词"所下的定义看,这些成分都应该是语词的一部分,"表词"是"语词"的一种,这些成分也应该是表词的一部分。但是我们看看马氏下面的分析:

《庄子·秋水》:"子非鱼,安知鱼之乐?"子,起词,鱼,名也,而为表词。参以非字,所以断其不然也。(Ⅲ,163)

《孟子·尽心下》:"道则高矣,美矣,宜若登天然。"道,起词。高、美,表词。助以矣字,所以决其所见之道为如斯也。(Ⅲ,164)

《汉书·贾谊传》:"故曰:选左右,早喻教,最急。"急,表词,最状之,即有决断辞气。(Ⅲ,166)

从上面的分析可以看出,马氏是把表示决断语气的成分跟表词对待起来,看成表词以外的成分的。但是,在马氏的体系中并没有给这些成分以一定的名称。关于状字,我们下面还要讨论,这里先谈谈"断辞"和"助字"问题。看这里的分析,"断辞"和"助字"的地位是相同的。对于助字在句读中的地位,马氏有时看作句读以外的表示"字句内应有之神情"(Ⅰ,7)的成分,有时又看作谓语的一个组成部分,看来,这里马氏是把"断辞"看作独立于起表两词之外的表示决断语气的虚字的。这样,断辞就跟助字相等了。但是马氏对断辞还有另外的看法:

《孟子·滕文公上》:"夫夷子信以为人之亲其兄之子,为若亲其邻之赤子乎?"信以为后面两豆,一起词,一表词,中参为字以决其近似之事,然以乎字,摇曳其词以设问也。有以为

若解作有若者,盖未知为字之为句眼耳。句眼二字评文家尝
言之矣,其实即句豆之语词耳。(Ⅲ,165)

"断辞"在句法结构中的地位本来是一个比较复杂的问题。马氏的
摇摆不定正反映了这一问题的复杂性。当马氏在讨论到动字中的
"同动字"的时候,这种难于处理的处境表现得更为明显了。马氏
说:

其他同动字以似、类等字。……《论语·乡党》:"屏气似
不息者。"《广韵》:"似,类也,象也。"故"不息者"可为似之表
词。(Ⅳ,232)

如字为用不一,而作同、若之解者,其后皆有名代等字以
为止词,或为表词亦可,与动字无异,故列入同动字。(Ⅳ,
233)

看这里,马氏似乎完全把"表词"跟"止词"并列起来,都看成"动字"
或"同动字"后的成分了,这样,至少对带有"断词"的句子,我们根
据什么把它看作"静字语词"句而与"动字语词"句相对待呢? 原来
这里的关键还是模仿印欧语语法和适应汉语语法特点的矛盾问
题。在拉丁语里,凡是做"系词"或"准系词"句的"名词谓语"或"形
容词谓语"的名词或形容词,用的是主格;而做一般动词相关成分
的名词、代词等等,用的是受格(马氏所谓止词)和与格、属格、离格
(马氏所谓转词和司词)。在拉丁语这类语言里,系词性的动词和
一般动词的区别是很清楚的,跟这些词相关的成分是止词、转词还
是表词,也是很清楚的。汉语名词、代词、形容词没有格的变化,又
想根据拉丁语这类语言来区别这两类不同成分,于是只好从动词
的意念上的不同来区别为一般动词和系词两类;而把系词后面的

成分叫做表词了。根据什么语法上的标志把汉语中的系词从一般
动词中分出来,一直是语法学史上经常引起争论的问题。

2.5　止词、转词和司词

《马氏文通》纯粹从施受关系上来看动词的主语和宾语。马氏
认为,"凡动字之行发而止乎外者"（Ⅰ,11）,叫外动字。对外动字
讲,"凡受其行之所施者"（Ⅳ,181）是"止词"（宾语）,"言其行之所
自发者"（Ⅳ,181）是"起词"。从语言表达上看,作止词的大都是名
字、代字,而且止词一般总是"位"在外动字的后边,因此马氏给止
词下的定义是:"凡名代之字,后乎外动而为其行之所及者,曰止
词。"（Ⅰ,12）

但是,在马氏的体系里,"散动"直承"坐动"也被看作"与止词
无异"（Ⅴ,282）的止词。马氏认为:"一句一读之内有二三动字连
书者,其首先者乃记起词之行,名之曰坐动,其后动字所以承坐动
之行者,谓之散动。""坐动"是句读的动字语词,后面相承的"散动"
就是这一"坐动"的止词。散动直承坐动的格式有两种:一种是"散
动之行与坐动之行同为起词所发",只是坐动散动前后并置的,这
就是一般所谓"连动式"或动宾词组作宾语,而这一宾语中的"动
字"之"行"也是发自起词的。一种是"更有起词焉以记其行之所自
发"而"参之于坐散两动字之间""更为一读",这就是一般所谓"兼
语式"或主谓词组作宾语（Ⅴ,269）。马氏把这两种散动字都看作
坐动的止词。关于后面那种"承读"的句子,我们讨论"读"的时候
再详细讨论,这里只举几个第一种"散动"直承"坐动"的例子:

　　《孟子·尽心上》:"孩提之童,无不知爱其亲也,及其长
也,无不知敬其兄也。"爱其亲,敬其兄,皆承知字。（Ⅴ,270）

《孟子·公孙丑下》:"今病小愈,趋造于朝。"趋造二字同一起词,故连书。(Ⅴ,276)

《左传·宣公十二年》:"其君能下人,必能信用其民矣。"(Ⅳ,235)〔按:能字为助动字,用为"坐动",后承"散动"为止词。〕

与动字相关的成分,除了止词,还有所谓"转词"。"转词"这一术语,马氏没有给过完整的定义,只是在讲外动字和内动字的时候分别说明的。在讲到外动字的转词时,马氏说:

外动行之及于外者,不止一端。止词之外,更有因此转及别端者,为其所转及者曰转词。转词例有介字以先焉。(Ⅳ,182—183)

可见外动字的转词在形式上一般要有介字,在意念上必定是动字所涉及的事物。关于内动字的转词,马氏说:

凡行之留于施者之内者,曰内动字。内动者之行不及乎外,故无止词以受其所施;……而施者因内动之行,或变其处焉,或著其效焉,要不能无词以明之,是即所谓转词也。(Ⅳ,212)

可见内动字的转词不一定前面有介字,只要在意念上表示上面所讲的意思就是转词了。看起来,好像外动字的止词和转词,内动字后的转词和外动字后的止词,区别得很清楚。其实这里却有复杂的情况需要解决。而这,就牵涉到了一些句法分析的极为重要的原则。我们先看看下面一些例子:

《孟子·公孙丑下》:"我欲中国而授孟子室。"授孟子室者,犹云"授室于孟子"也。今孟子转词,先乎室之止词,介字

不用。(Ⅳ,184)

> 《孟子·滕文公上》:"驱蛇龙而放之菹。"言"放之于菹"
> 也。(Ⅳ,186)

这里放在动字后面的两个名字或代字,马氏认为一个是止词,一个
是转词。我们再看看"双宾语"的例子:

> 《孟子·滕文公上》:"后稷教民稼穑,树艺五谷。"教民后
> 两止词,民者,所教之人也,稼穑者,所教之事也。先人后事,
> 两者并置而无介字以为系者也。(Ⅳ,192)

为什么"授孟子室"里的"孟子"是转词,而"教民稼穑"里的"民"是
止词呢?"民"是所教之人,"孟子"不也是所授之人吗?而且二者
都是"先人后事,两者并置而无介字以为系者也"。关于这一点,黎
锦熙先生曾经在《比较文法》中根据英语语法提出质疑。⑫我们再
看看马氏所谓"易转词为止词"的例子:

> 《孟子·万章上》:"天子不能以天下与人。"犹云"天子不
> 能与天下于人"也。人为转词,今易为止词,位后与字。天下
> 本为止词,置诸与字之先。(Ⅳ,188)

为什么原为转词的"人"字变成了止词了呢?是不是因为置于动字
"与"之后呢?还是因为"天下"作为"以"字司词置于动字之前呢?
还是因为二者呢?如果说成"天子不能与人天下",不是与"授孟子
室"同一格式了吗?关于这个问题,杨树达氏在《马氏文通刊误》中
也从意念上提出过不同的分析法。⑬我们再看看内动后无介字为
介的转词和内动用作外动后带止词的例子:

> 《孟子·滕文公上》:"滕文公为世子,将之楚,过宋而见孟
> 子。"过宋者,路过宋国。……凡经、过、涉、历诸字,皆内动字

也,用以转为受动者盖寡。以经过之行,仍止乎发者之内。如过宋乃过者自过,与宋无涉也。(Ⅳ,213)

《左传·宣公十七年》:"吾又执之以信齐沮,吾不既过矣乎。"信齐沮者,"使齐沮见信"也,则信为外动矣。(Ⅳ,225)

这里又为什么说"宋"为转词而"齐沮"为止词了呢? 马氏决定内动、外动、止词、转词的理论原则是什么呢? 在我看来,这些原则可以归结为以下几点:

1) 马氏在卷一《正名》篇中主要是从动字的行是"存乎内"还是"止乎外"来区别内动字和外动字的。在卷四《内动字》篇又提出内动字不能转为受动字这一补充标准。这个标准是针对内动字有时后面会带有在形式上跟外动字止词相似的成分(名字或代字)这一情况提出的。在拉丁文里,动词的及物或不及物是由动词是否带受格宾语来决定的。汉语名词代词没有格的变化,位在动词后的名词和代词,在形式上是没有区别的。因此马氏提出了这个确定带名词性后置成分的动词是内动还是外动的补充标准。应用这个标准同时也决定了这个后置成分是止词还是转词。对于一个内动字是否转为外动字,内动字后面的名词性成分是止词还是转词,也是用这个标准来确定的。"信齐沮者,使齐沮见信也",就是用这一标准来说明信字由内动转为外动的。

2) 对外动字来讲,外动之行是必须"止乎外"的。但"外动之行止于外者,不止一端",那么这些与外动字有关的名代等字,哪些是止词,哪些是转词呢? 这在拉丁文里也是很明显的,只要看这些字的格的变化形式就可以了。汉语没有这种形式上的区别,能否单从意义上来决定呢? 是否可以说,凡在意念上"受其行之所施"

的是止词,其他都是转词呢? 马氏不是单从意念上来分别止词和转词的。马氏根据汉语特点,提出了语法形式上的标准。在马氏看来,汉语的"介字"是用来"济""中国文字无变"之"穷"的。因此,外动字的止词和转词的形式上的区别在于有没有介字。不过马氏所谓"有无",不只限于现实的,而且包括"可能的"。这样,就可以得出以下两条区别止词和转词的标准:一、外动字前后带有介字的成分是转词;二、在外动后有两个名词性成分的时候,凡是能在原来位置上加介字的是转词。第一条标准是很明显的。在上面引的"以天下与人"这个例子中,"以天下"是否转词呢? 按照马氏的体系,这个"天下"应该是已经由"止词"转为"转词"了。这种情况在拉丁语里也是存在的。⑩不过马氏在这里并未明言罢了。这第二条标准虽然是有问题的,但是从这里也可以看出马氏并不是单从意念出发来谈止词和转词,而是力求找出分别二者的语言形式上的准则的。杨树达氏单从意念上批评马氏不该把"人"看作"止词",并没有真正了解马氏的理论。

3)马氏用什么标准来决定"教民稼穑"后的两个名字都是止词,而"授孟子室"后的两个名字一个是止词,一个是转词呢? 这里主要的还是模仿的拉丁语语法。拉丁语跟英语不同,拉丁语只有"教示义"的动字可以带两个受格名词的双宾语,而"授与义"的动词则只能带一个受格宾语和一个与格间接宾语(即马氏的转词)。

4)没有介字为介而又可以放在动字前面的转词,限于以下几种:一、凡是用"上、下、左、右、内、外、中、间、边、侧等字,缀于地名、人名、时代之下"的"记时记地之语",是转词。因为这类"上、下"等字是"代介字之用"的,这类成分也就等于带介字的转词了。为什么这类字可以代介字之用呢？这是因为"泰西文字遇有此等字义，皆为介字"（Ⅲ，119）的。至于没有介字或"上、下"等字的其他"记地之语"，如"教民山采"中的"山"字，就是名字借用为"状字"，而不再看作转词了。二、凡是记"事成之时"、"既往之时"、"几时之久"和"未来之时"这四时的，也是转词，因为这四类"记时之语"虽然没有介字为介，但"终不失有介字之义，故以列于转词"（Ⅹ，512）了。三、"凡记价值、度量、里数、距度之文"，一般没有介字，也是转词。

5）凡名字状动字，位在动字前面而无介字为介的，马氏认为是"名字"借为"状字"，不看作转词。这一类下面还要谈到。

现在谈谈所谓"司词"。《马氏文通》关于"司词"的理论，值得注意的是所谓"象静司词"。什么是司词。《正名》篇说，"凡名代诸字为介字所司者，曰司词。"（Ⅰ，18）可见司词是对"介字"讲的。什么是"象静司词"呢？马氏是把象静司词跟动字的止词、转词对举的。我们先看看马氏的话：

> 象静后之司词，犹动字后之止词，所以足其意也。司词有直接者，则无介字，否则概以于字为介。介以他字者，不习见也。（Ⅲ，150）

举的例子是：

> 《论语·为政》："言寡尤，行寡悔，禄在其中矣。"寡，静字也。所寡者何？尤与悔其司词也。（Ⅲ，151）

> 《孟子·公孙丑上》："行有不慊于心则馁矣。"于心者，不慊之司词也。（Ⅲ，152）

司词与转词同，可以置先静字：

> 《三国志·诸葛亮传》："然亮才于治戎为长，奇谋为短。"

　　长短两静字,于治戎、于奇谋,静字之司词,皆可先其所附者。(Ⅶ,327)

可见象静司词不是指介字后的成分,而是指足以足静字之意的成分,其地位与动字的止词或转词相当。这类成分在拉丁文里是用属格来表示的,一般称之为宾语性的属格。马氏为了区别于动字后的止词或转词,把这种成分叫做"司词"。这种司词虽然有时前面带有介字"于",但是也常常不带任何介字,而直接为静字所"司"。所以象静司词这个术语中的"司词",虽然跟前面讲的介字后面的"司词"有关系,但是二者的差别也是明显的,简直可以看作同名异实的两个完全不同的术语了。

2.6　加词和状词

　　关于加词的性质和范围,何容的《中国文法论》里有过分析。[⑮]在《马氏文通》里正式谈到"加词"或"加语"的有三个地方:

　　　　至句读中所有介字,盖以足实字之意焉尔。介字与其司词统曰加词。(Ⅰ,17)

　　　　加语者,前有名代诸字,后续他语以表名代之为何也,义若静字者然。(Ⅱ,75)

　　　　凡名代动静诸字所指一,而无动字以为联属者,曰加词。(Ⅲ,131)

要研究什么是"加词",首先要解决"加语"和"加词"是不是同一个东西。我们认为根据以下两个事实,可以证明马氏的"加语"只是"加词"的别名,而非加词以外的另一个术语。这两个事实是:一、《马氏文通》的《同次》篇有一个标题是,"其二,用如加语者",而下面文章里用的都是"加词"两个字;二、卷二《接读代字》篇认为"佗小渠披山通道者,不可胜言"里的"披山通道者"是一个用如"加语"的读,而这同一个句子,在《同次》篇认为"披山通道者"是起词后"系读以为解"的"加词"。本来在马氏的术语体系中,"语"是一个一般用语,而"词"则是一个"句子成分"的专名。这里的区别也只能是这样。这样,我们就可以把上面引的三个方面概括在"加词"这个概念里,认为"加词"包括三个方面:一、介词及其司词构成的转词、象静司词一类成分;二、同位成分;三、随在名字、代字后面的名字、代字的修饰成分。

转词和象静司词前面已经讨论过,同位成分下面还要谈到,这里着重谈谈上面举的第三种成分。下面先举几个例子:

夫子,天下之能名文辞者,凡所言,必传后世。(Ⅱ,75)

黥布,天下猛将也,善用兵。(Ⅸ,428;又Ⅲ,161)

颍考叔,纯孝也,爱其母,施及庄公。(Ⅹ,533)

天下者,高祖天下,父子相传,此汉之约也。(Ⅲ,162)

按照马氏的分析,"天下之能名文辞者"和"天下猛将也"是用如加语的成分,"纯孝也"是"表词之读",而"高祖天下"则为表词。这三类成分有没有区别呢?这类形式的加语与表词有什么区别呢?根据马氏对这类加语的解释来看,他是认为跟表词相同的,只是这类成分的作用在"系"起词之后"以为解"(Ⅲ,134)罢了。例如,马氏认为在"黥布,天下猛将也,善用兵"这句话里,"黥布"是起词,"善用兵"是表词,而"天下猛将也"则为"加读而为决辞"的成分。所谓"决辞"正是说这类成分有表词的作用,只是因为这个句子还有一个"善用兵"这个表词,因此便退居为加读了。对于"颍考叔,纯孝也,爱其母,施及庄公"这个句子的解释也是这样。"颍考叔",起

词;"爱其母",语词;而"纯孝也"则是"表词之读"以"表颖考叔之为
人也"(Ⅹ,533)。这类"表词之读"也是用如加语的。但是为什么
"高祖天下"又是表词了呢?大概是因为"天下"之后有"者"字,是
一种训诂式的句法,所以后面的"高祖天下"便成了正式表词了。
但是这中间的区别并不总是明显易辨的,马氏也没有提出任何形
式上的规律来。至于所谓"表词之读",只有在讨论"读"的时候再
详谈了。

　　"状语"也是《马氏文通》常常使用的一个概念。通观马氏全
书,并没有给这个术语下过定义。同时这个术语本身也不像一个
句子成分的名称。"状语"这个名称,显然是从"状字"这个术语来
的:

　　　　凡状字或名字,集至两字或三四字,以记时记处者,往往
　　自成一顿,无所名也,名之状语。(Ⅹ,517)
记时、记处正是状字的主要用途,可见状语的用途是相当于状字
的。什么是状字呢?马氏说,状字是"状动静之容"的实字。在马
氏的句法体系中,没有一个确定的表示"句子成分"的术语是专指
"状字"或"状语"这类成分的。⑩就"状语"来讲,这个名称虽然跟
"状字"有密切联系,但是"状语"并不等于"状字",而是把"状字"以
外的具有状字作用的一部分成分叫做"状语"。以"状字"为准,马
氏把与状字相当的句法成分分为三类:状字、状语、状读。因此,状
语既是一般的名称,又是专指状字、状读以外一切具有状字作用的
成分讲的。

　　关于"状字"的句法作用,由于马氏所讲的"状动静之容"中的
"动静"两字并不是专指语言中的动字和静字讲的,而是一般泛指

事物的动境和静境讲的,因此在马氏的语法体系中,状字并不是专指在句法结构上修饰动字和静字的成分,有时还泛指在"意义上"表示"动静之容"的成分。例如马氏在下列例句中,就认为状字可以状名字、代字,而且把句法作用显然不同的"大、若、犹"等等都看作"状字"了:

> 《孟子·离娄上》:视天下悦而归己,犹草芥也。(Ⅵ,289)
>
> 《孟子·告子上》:是以若彼濯濯也。
>
> 《汉书·霍光传》:去病大为中孺买田宅奴婢而去。
>
> 《孟子·梁惠王上》:以若所为,求若所欲,犹缘木而求鱼也。(以上Ⅵ,290)

这大概也是马氏所以没有构成一个统一的"状语"或"状词"的重要原因之一了。

最后,我们谈谈"状语"和"加词"的关系问题。加词中的同位成分和后附成分跟状语渺不相涉,可以不管,我们只谈谈作为这两种成分的接触点的转词问题。转词不就等于状语,或者至少可以说马氏没有明确地讲转词就等于状语。但是在状语和转词之间有一个共同的地带,这个共同的地带就是转词中放在动词前面又不带介词的那一部分记时记地的成分。这类成分马氏在卷十论顿的那一部分认为是"状语有为顿者"的状语(Ⅹ,517),而这同一类成分在论转词那一部分认为是没有介字的转词(Ⅹ,510—513)。可见这类成分既是状语,又是转词了。马氏在讲"何"字的用法时,也认为"何"字的下面这种用法是"单用而代转词"的,这样的"何"字是状字:

> 《论语·先进》:"夫子何哂由也?"犹云"夫子为何哂由

也"。为字不言,单用何字合于动字,故为状字。(Ⅵ,307)

但是放在动字后面或带有介字的转词,马氏就没有明确指出到底是不是状语了。看来,马氏只是把动字前面的成分认为是状语的。马氏在《正名》篇论述集字成句的一般规律时说:

> 凡状字必先所状。夫静字以肖事物者,亦所以状名代字也,故先所肖焉。推此意也,读之为起词止词者,先后各从其位。其用若状词者,亦必先其所状,不先者,唯以为所比之读耳。(Ⅰ,19—20)

这便是马氏确定状语的一般根据了。

状语和表词的接触点是所谓静字放在动字前后"状"起词的成分。马氏认为,"凡静字先后动字以状起词者,应与起词同次。"(Ⅲ,130)这类同次是用如"表词"的。马氏举的例子是:

> 《汉书·万石君传》:"内史庆醉归。"醉者,所以状庆归之容也。先乎动字,与庆同次。(Ⅲ,103)

> 《汉书·东方朔传》:"臣朔少失父母,长养兄嫂。"少、长两静字,先乎动字,以言朔失、养之时也。(Ⅲ,130)

这类成分本来跟一般疏状动字的成分是相似的。但是马氏认为这些成分是说明起词的,因而与起词同次而用如表词。这可以跟下面的例子比较一下:

> 《史记·信陵君传》:"公子威振天下。"威者,所以振天下也。……诸名之先于动字者,皆所以状之也,故视同宾次。(Ⅲ,123)

为什么前面那个句子里的"少"和"长"就是用如表词而状起词,后面那句话"威"就是状"振"的状语了呢? 按照马氏的意思,

"威"是名字,相当于省略了介字的"宾次",是用来"状"动字而"言所事之缘由"(Ⅲ,123)的,所以用如状字。但是上面那几个例子中的"醉"、"少"、"长"是"静字",它跟前面的起词构成起词、表词的关系,因而是用来"状"起词的。对后面这种句式的分析,马氏大概是在模仿拉丁语法而又小有变更得出的。在拉丁文"primus vēnit"这句话里,primus(第一)是个形容词,它按照这句话的主语(他,省略)变形,而在意念上却有疏状动词 vēnit(〔他已经〕来)的作用。马氏在这里为了解决这种"静字"的处境的矛盾,就索性把这种成分看作表词用来状起词了。这样,在这类成分上表词和状语便纠缠不清了。

三

3.1　次

《马氏文通》的"次"这个概念,也像许多其他的句法概念一样,来源于拉丁语法,同时又和拉丁语法里的"格"的概念不完全相同。可以这样说,"次"的基本内容,即"次"所表示的"名代诸字"在句法结构中跟其他实字的关系这一基本含义,是模仿拉丁语法的。而"次"的表现形式,区分为几种"次",以及为了适应汉语需要而附加给"次"的具体含义,等等,却是根据汉语的特点创立的。对于《马氏文通》中关于"次"的一些具体解释,也可以从这模仿与创新两方面来理解。

"次"是什么呢? 马氏给"次"下的定义是:"名代诸字在句读中所序之位。"(Ⅰ,14)这里的所谓"位",有两个意思:一个是在先后次序上表示的"孰先孰后之序",一个是句法结构中所处的地位。由于汉语中词与词的句法关系主要是由词序表示的,因此这两个意思可以归结为一个基本的含义,这就是所谓"位次"。黎锦熙先生选用"位"这个译名,而且把位和句子成分全面对当起来,正是从这条思路发展而得出的。但是马氏的"次"这个概念却不是这种"一线制"的。按照"一线制"的主张,"次"的概念完全可以融入"词"(句子成分)的概念中,根本不必讲"次"了。但是也正由于在马氏的"次"的概念中包含着这两方面——拉丁语的格和汉语的位次——的纠缠,因此也就包含着更多的矛盾。

3.2　主次和宾次

关于主次,值得提出的是"表词"之为主次的问题。杨树达氏曾批评马建忠不该把静字表词列为与起词同次,[⑩]也就是说不该把静字表词列为主次。其实,如果按照杨氏的理论,凡是马氏的表词都不该有"次",因为马氏认为一切表词都是用如静字的。但是马氏并不这样想。马氏不仅认为静字表词与起词同次,而且认为"静字先后动字以状起词"的,也是与起词同次的。照马氏的定义看,"次"似乎是专指"名代诸字"讲的。其实在马氏的心目中,"静字"也一样是有"次"的。马氏的这种想法也是有"根据"的,这个"根据"就是拉丁语法。按照拉丁语法,静字不但是有次的,而且刚好是作表词的静字和修饰起词的静字,必须与起词"同次",即皆为主次。当然,马氏把这二者认为与起词同次,还有他另外的根据,这另外的根据就是马氏依汉语实际给"同次"所下的定义了。关于这一点,下面讨论同次时再说。

什么是宾次?《马氏文通》把外动字的止词和介字的司词叫做

宾次。马氏在谈宾次的时候,把不带介字的"用以记地、记时、记价值、记度量、记里数"的名字也看作宾次。这不仅是应不应该把这类字叫宾次的问题,而且涉及到"介字"和"次"的关系问题。关于第一个问题,根据马氏句法分析的观点看,省略了某种成分的结构,是可以按照没有省略的结构来分析的,因此把这类名字看成宾次是可以的。但是还有很多根本不能加介字的名字怎么办呢?马氏大概是从这样两个想法来把这类成分一律看作宾次的:一、这些字是名字,当然是应该有次的。这些字不能是主次,也不能是偏次,那么,这些字只能是宾次了。二、想用把这些字概括为宾次的说法,说明他们与被介字所司的司词在句法作用上的共同性。但是这个说法怎么与"介字"是用来"济""中国文字无变"之"穷"的说法统一呢?首先,介字表示格的意义,而介字后又有宾次,这是不是矛盾呢?其次,作状语用的名字是"宾次",这"宾次"又是表示什么词与词之间的"语法关系"的呢?这种关系跟宾次又有什么关系呢?在这里可以看出马氏的模仿与创造的矛盾,可以看出马氏的旧瓶装新酒的矛盾。

3.3　偏次和同次

偏次是对正次讲的。《马氏文通》卷三《偏次》篇里说,"凡数名连用,而意有偏正者,则正者后置,谓之正次,而偏者先置,谓之偏次。"(Ⅲ,108)看定义,似乎偏正两次都必须是"名字",偏次只相当于名词的属格。其实马氏的偏次并不等于名词的属格,而大致相当于除静字以外的加在名词前面的修饰语。⑧这里需要进一步讨论的有两点。第一点,马氏在讲主次、同次时认为静字也有"次",这里讲偏次、正次,为什么偏偏不包括静字呢?这也可以从拉丁语法窥其消息。在拉丁语法里,静字修饰名词是与名词"同次"的,又怎好说一个正次,一个偏次呢?因此偏次之说虽"'次'成自我",而在运用时,又不知不觉地"为西方法之 case 所拘也"。[19]第二点,马氏的正次偏次并不限于名字。马氏在讲名字假借时曾经说过,凡是用作起词、止词等等的静字、动字、状字,都已转为名字,这样用的动字等等,前边可以加偏次。就偏次讲,也既可以是名字,也可以是动字、状字,只要这个字是名字的修饰语就行了。下面是几个动字用于偏次的例子:

《战国策·赵策》:"彼秦者,弃礼义而上首功之国也。"(Ⅴ,285)

《孟子·梁惠王上》:"故王之不王,非挟泰山以超北海之类也,王之不王,是折枝之类也。"(Ⅴ,285)

按照定义,偏次必须是加在名字前面的修饰成分。加在后面的是"加词"。马氏在讲接读代字之用的时候,就是把"居偏次者"和"用如加语者"并列的。[20]因此,在马氏的句法理论中,属于名字或代字的修饰成分的就有偏次、加词、附名静字等等。而且在马氏的体系中,这些成分并没有因为它们在句法作用上的共同性构成一个统一的概念。

什么是同次呢?马氏说:"凡名代诸字所指同而先后并置者,则先者曰前次,后者曰同次。"根据定义,能成为前次的同次的有两个条件:一、"所指同";二、位居前次后。定义里并没有讲前次和同次在"次"(指主次和宾次)上是相同的。这里提出的标准的所谓"'次'成自我"的创造。但是马氏在具体考虑"同次"的时候,又不知不觉地"为西文法之 case 所拘"了。这种双重标准的矛盾突出地表现在静字作表词与主词同次及句中并列的名代等字看作同次这两个问题上。为什么"表词"与"主词"同次呢？因为静字与所表的起词"所指同而又先后并置"的缘故。这是根据"同次"的定义，也就是根据"同次"作为汉语句法分析中的特有术语来理解的。但是马氏同时又说，二者既然同次，则二者必同为主次，这又把"次"看成名代等字之"格"变了。至于句中并列的名代等字，马氏明明知道这些字"所指或异"，而仍认为"所次尽同"，"附列"在"同次"项下，更是单从"次"相当于"西文法中之 case"这一类来考虑了。事实上，在马氏的"次"的总的定义中已经包含着这种双重标准了。

四

4.1 《马氏文通》分析句子结构用的是成分分析法。成分分析法是把句子按照构成句子意义的不同要素，并结合这些要素在语言表达形式上的差别和联系，把句子分成不同的组成部分这样一种句子结构分析法。这种分析法反映了思想及其各个组成片断跟语言表达形式之间的联系，便于从表达方面研究句子的构成规律和句子的类型。但是这种分析法却没有反映出句法成分间的层次结构关系，还不能全面反映出组词成句的规律和不同层次的句法成分间的组合规律。可以说，句子成分分析法反映出语言句法规律的某一方面，但是单用这一分析法是不够的，还需要另外的分析法从不同的角度来研究语言的句法规律。是不是在句子成分分析法里也包含着层次结构的因素呢？是的，在不同的句子成分分析法的理论体系里，都或多或少地反映了句法结构的这一特点，而且可以说层次分析法本身就是在这古老的句法结构分析法中发展起来的。但是这两种分析法在理论基础和根本倾向上却是大不相同的。句子成分分析法的理论是建立在句子成分跟思想组成片断之间的互相适应的基础之上的；而层次分析法则建立在语言的层次结构和思想的层次构成的互相适应的基础之上的。而且两者在语言表现形式上都有根据，也都有不能适应的地方。这二者可以互相渗透，但是二者又必须相辅而行。对于马建忠来讲，在他那个时代，句子成分分析法是占统治地位的句子结构分析的方法，甚至可以说这是当时存在的唯一方法。讨论马建忠的句法理论，不在于他采用了什么方法，而在于他的方法是否完善，运用于汉语实际是否得当。

4.2　马建忠认为句子必须有起词和语词，但是其中语词更重要，因为在马氏看来，各种句子成分在句子里不是处在同等地位的。语词第一，是第一等级的句子成分。起词第二，起词、语词是第二等级的句子成分。止词第三，是外动字作语词所必需的成分，起词、语词、止词是第三等级的句子成分。②转词、加词、状语等等，是第四等级的句子成分。在马氏的体系中，这第四等级所特有的句子成分的分类是比较混乱的，有些成分的地位也不明确。例如处在偏次的名代等字和附名静字等等，就没有明白指出是不是所谓加词。同时这类成分在马氏的句法体系中也没有构成一个统一的概念，而是分别用转词、加词、状语等等名称来指称的。这种分类法一方面有语言形式及语法意义上的考虑，但同时也由于分类标准的不一致而产生了互相变错的现象。

马氏的止词、转词等等不仅是句子成分的名称，同时也是表示词组内部结构关系的名称。马氏在分析句子的时候,句子成分的概念和词组内部结构的概念,并不是分得很清楚的。这可能是马氏没有把所谓"附加成分"看成一种统一的句子成分的原因。也正由于这一观点,以及上面谈的关于句子成分等级的观点,在马氏的句法分析的理论中反映了一定程度的句法结构中的"层次结构"的特点。

4.3　根据马氏自己的说法,在起词语词等等讲实字"相关之义"的名目之外另立"次"的名目,是为了"便于论说"(Ⅰ,14)。其实,在马氏的句法理论中,"次"在论述实字"相关之义"方面是具有独立作用的。例如两名相加,一偏一正,"偏次""正次"就是表示前面的名字修饰后面的名字这种结构关系的。另外,马氏把放在动字前面而又不带介字的疏状动字的名字,叫"宾次",这个宾次表示的是"疏状"这种"相关之义"的。这两类成分马氏都没有给它们立出特殊的句子成分("词")的名目,这里"次"便成了不只是为了"便于论说",而且是不可少的讲实字"相关之义"的名目了。但是,汉语跟拉丁语不同。在拉丁语里,"格"的形式是词本身的组成部分,汉语的"次"则是词在句子里所处的相关的位置。"格"的形式可以离开句中相关的词而存在,但是离开相关的词,"次"也就不再存在了。正因为这一点,所以汉语中的"次"没有独立的意义,不必作为语法研究中的一个独立的问题来讨论。

4.4　最近有些讨论《马氏文通》的人认为马建忠研究语法的时候,"单纯从意义出发"。②这个论断的主要根据是马氏的词类学说。关于词类方面的问题不在本文讨论的范围。单就马氏的"词"的学说来看,说马氏从意义出发来研究语法是正确的,说马氏"单纯从意义出发"就并不十分恰当了。要论断马氏语法研究中的基本倾向,不能单从他的某些宣言来看,而是要从他对语言的具体分析来看。如果我们比较全面地估计一下马氏句法分析的实际,我们就会看出马氏在大多数的情况下是注意到语法形式的探索的。尽管有些分析我们不能同意,可是马氏所发现的一些汉语句法上的规律,却是不能不承认的。"单纯从意义出发"的人,是不能发现任何重要的句法规律的。至于模仿拉丁语法问题,也应该看到马氏创新的地方,并且应该多从这种创新的成功和失败的地方来吸取经验教训。当然,我们这样说并不是否认《马氏文通》有模仿拉丁语语法的地方。我们的意思只是说,不要因为有"模仿"两字横在心上,就认为马氏一无是处,或者因为把注意力过分集中在模仿这一点上,而忘了从马氏的"革新"拉丁语语法以适应汉语语法方面来吸取经验教训罢了。

附　注

① 参看何容《中国文法论》中有关论述《马氏文通》的章节。

②《马氏文通》出版于 1898 年,马建忠死于 1900 年。关于马氏的卒年,参看陈望道《漫谈〈马氏文通〉》,见《复旦》月刊 1959 年第 3 期,1 页。

③ 何容在他的《中国文法论》里,曾经指出马氏的"句"和"读"两个概念夹杂着新旧两种含义而互相纠缠不清。其实在马氏的许多语法概念中都有这种情况。参看《中国文法论》,开明书店 1949 年版,170—182 页。

④ 参看《马氏文通校注》(章锡琛校注,中华书局版),30—31 页。下引《马氏文通》未注明版本的皆指章氏校注本。

⑤ 括弧内的罗马字指《马氏文通》的卷数,阿拉伯字指《马氏文通校注》本页数,下同。

⑥ 引文根据光绪二十四年(1893)商务印书馆初排本。

⑦ 这里的"辞气"指的是虚字的语法意义。

⑧ "意内而言外"这句话是许慎《说文解字》中用来解释"词"的。对这句话历来有不同的解释。马氏这里既用"词"表示句子成分，他对这句话的解释也就着重在字面上的"思想其内而言辞其外"了。参看陈承泽《国文法草创》，商务印书馆 1957 年版，27—28 页。

⑨ 马建忠把这类句子分为三类，也可能是模仿的英语语法。在英语里，记变句，有无句，议事论道句，都有特殊的形式。"记变"句用虚设主语"it"来开头，如"It is raining。""有无"句用"there"来开头，主语放在系词的后面，如"There are three books in the table"。"议事论道"句用不定代词"one"作主语来泛指，如"One should begin a proper noun with a capital letter"。但是马氏这里却没有"机械"地模仿英语语法，认为"记变"句省略了"天"(it)这个主语，认为"有无"句后面的"止词"是"变式"的"起词"。看来马氏在这里还是从肯定汉语有"无起词"为常的无主句出发，然后按照意念上"起词"有无的程度来把汉语的"无主句"加以分类的。这三类划分的结果恰与英语三类句式相当。但是马氏分析这类句子跟黎锦熙先生完全不同，黎先生纯然"模仿"英语来讲汉语；马氏则是根据"华文所独"的句法，在英语语法的启示下，从这三类句子所以形成无主句的逻辑根源来把这三类句子分为两大类三小类的。马氏既知道"泰西古今方言，凡句读未有无起词者"，又承认汉语有"华文所独"的无主句，这是马氏不同于"机械"模仿者的地方。但是马氏又从意念上把这类句子分为两大类三小类，这又是马氏从逻辑出发来研究语法的具体表现了。

⑩ 参看 M. Sanmann：Subject and Predicate. 102—103 页。

⑪ 大多数语言句子的主要形式是主谓句。在所谓"省略句"中，省略谓语的情况又是比较少见的。参看 C. F. Hockett：A Coures in Modern Linguistics. 201 页。

⑫ 参看黎锦熙《比较文法》，科学出版社，1958 年版，20 页。

⑬ 参看杨树达《马氏文通刊误》，科学出版社，1958 年版，88 页。

⑭ 例如拉丁语既可以说：dōnat corōnās suīs. (他)送花圈于人。又可以说：dōnat suōs corōnīs. (他)送人以花圈。

⑮ 参看该书 74—75 页。

⑯ 在《正名》篇总论"位言"成"句"时,马氏有过"凡状词必先所状"(Ⅰ,19)的话。但"状词"在《马氏文通》中一直不是作为一个确定的术语使用的。这里的状语中的"词",只是"辞"的混用罢了。

⑰ 参看《马氏文通刊误》,66 页。

⑱ 按:马氏并不把静字附在名字前的看作偏次。甚至静字与名字之间参以"之"字的,马氏也只说它是"若偏次然"(Ⅲ,141)。不过马氏在讲到"偏次之顿"时,一般是包括静字附于名字前面而又参以之字这种形式在内的。

⑲ 黎锦熙语,见《比较文法》,84 页。

⑳ 参看《马氏文通校注》,75 页。

㉑ 关于"止词"的地位,可以从《马氏文通》卷一《正名》篇只列了"起词"、"语词"和"止词"的定义,看出一些消息。

㉒ 见北京大学中文系《解放前汉语语法的研究》,载《语言学研究与批判》第 2 辑,205 页。

(原载《杭州大学学报》(人文科学版),1963 年第 2 期)

《新著国语文法》的
语言观和方法论

　　黎锦熙《新著国语文法》是中国系统地运用传统语法理论研究现代汉语的第一部主要著作。自从 1924 年出版以来，曾长期地、广泛地被采用为中等学校和高等学校教材，在汉语语法研究和教学等方面产生过深远的影响。1938 年开始，延续了好几年的中国文法革新讨论就是以《马氏文通》和《新著国语文法》为代表的传统语法学派的汉语语法著作作为对象进行的。在这些著作中，《新著国语文法》是最重要的以现代汉语为研究对象的著作。陈望道曾这样描述黎锦熙《新著国语文法》的影响：

　　（1）对于马氏的引证解释的修正最有成绩的要算杨树达先生的《高等国文法》；……对于现代汉语最有详细研究又最注意句法的组织的要算黎锦熙先生的《新著国语文法》。……如同词类……黎杨之间不但完全一样，词名中也没有一个不同，这就见得这一派文法已经进到稳定状况。这派已到了盛时。……到了 1932 年。就连原属革新派的刘复先生，也耐不了寂寞，归到这一派来了。这更显出这一派无两的盛势。逼得许多为要通过审定，必须采取稳定学说的教科书的编辑者不得不采用这一派的说法，而这一派的说法就因这一推广传

播在教育界握到牢不可破的势力。（陈望道 1980：367—368）

由于黎锦熙《新著国语文法》的广泛影响和它所代表的传统语法学派的观点，除 1938 年后的"文法革新讨论"以外，曾多次引起语言学界的争论。在现代汉语语法研究领域中，《新著国语文法》成了传统语法的最典型的代表，近代西方各种语言学派的兴起都同或修正或反对传统语法有关。与此相关，中国语法，主要是现代汉语语法中反对或者修正传统语法的流派也都不能不涉及《新著国语文法》。从 20 世纪最初的二十五年兴起的语法学上的结构主义思潮开始，经过半个多世纪的生成语法、功能语法、话语分析以及言语行为理论和语用学等等同语法研究有关的不同理论的嬗变，对传统语法学的一些基本观点需要作重新估价。在现代汉语语法研究中，黎锦熙提出的一些有关现代汉语语法的理论观点，也需要加以新的认识。

一

《新著国语文法》（以下简称《新著》）的最核心的理论是"句本位"。黎氏在《新著》的"引论"中说的第一句话就是：

（2）诸君知道近来研究文化的新潮么？简单说，就叫做"句本位"的文法。（黎锦熙 1933：3）

"句本位"文法是对"词本位"文法讲的。黎氏不赞成有些中国传统语法著作因为摹仿西方传统语法，把研究的重心放在汇集一些"九品词类"的法式及其例证上。黎氏呼吁："摹仿从前西文 Grammar 的'词类本位'的文法组织，非打破不可

了。"（黎锦熙 1933:3）

黎氏的理由是：

> （3）国语文法的本质原与西文法不同；"用词"既无繁琐
> 的规律，故记忆上不须划分难易的阶段；而"构句"却多奇诡的
> 变化，故理解上必须综合前后而并观。（黎锦熙 1933:16）

"句本位"不仅为了适应汉语语法的特点，而且是语法研究的
通则，是语言的基本特征在语法研究中的反映。黎锦熙认为，句子
"是语言的单位"，"如果谙悉其各部分的主从关系，彼此的衔接，恰
当的功能"，就"可以发现一种语言的普遍的规则"（黎锦熙 1933:
1—2），弄清一种语言的组织规则。在黎锦熙看来，"句子"是"思
想"的"表象（outward form）"，句子中的各成分表现思想中的（即
逻辑上的）各部分。例如：

> （4）德国被协约国打败了。

这个被动式的句子，其中句子成分主语"德国"表现判断

> （5）协约国打败了德国。

中的宾语，（4）中的句子成分述语的附加语"协约国"表现判断中的
主语。（4）中句子成分述语"打败了"表现判断中的谓语。黎锦熙
把（4）这种句子中的各成分的次序叫做"文学的"次序，把（5）这判
断中的思想的各部分和次序叫做伦理的（即逻辑的）次序。黎锦熙
认为：

> （6）若从句子研究入手……（一）可以发现一种语言的普
> 通规律，因为句子就是语言的单位……（二）可以作学习和翻
> 译他种语言的帮助，因为思想的规律并不因民族而区分，句子
> 的"逻辑的分析"也不因语言而别异……（黎锦熙 1933:1—2）

　　这种句子所表现的各种语言的共同的逻辑次序,可以用他的独特的图解法来表示;同时这种图解法连同原来的句子就表现了这两种次序之间的关系。例如:

　　(7) 这本书我已经读完了。

的图解是:

(8)

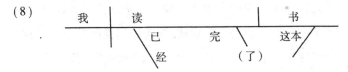

　　黎锦熙认为,语法研究的目的在于通过文学的次序了解逻辑的次序。这里讲的文学的次序和逻辑的次序大略相当于现代语言学中讲的表层结构和深层结构。用现在的话讲:语法研究的目的是一种从表层到深层的语言理解或语言解码过程,而语法研究的方法则是用归纳法从大量的白话文著作中归纳概括出现代汉语的不同的句子的文学的次序,以及它们所表示的逻辑的次序和这两种次序之间的关系。《新著》从文学的次序同逻辑的次序的关系探讨变式句、省略句以及所谓的"兼格"(即兼语)的特殊句式。黎氏虽然没有从理论上加以系统的说明,实际上他的所谓变式句、省略句和兼格句都是同句子的逻辑的次序比较而言的,即同深层结构比较而言的。在讨论这些句式时,既涉及移位和省略,也涉及语言成分的增添。有无变式句(广义的)[①]以及变式句的范围及对变式句的解释,则是现代汉语语法研究中引起争论的核心问题之一。

二

在词类问题上,黎锦熙受到的非难最多。他提出的问题一直成为现代汉语词类问题争论的焦点。词类划分和词类同句法的关系是词类研究中的老大难问题。由于现代汉语词形缺乏表示词在句子中相互语法关系的形式,黎氏在词类问题上提出词类、词品和词性转变三个相关联的概念。关于"词类",《新著》说:

(9) 词类是词在文法上的分类,旧称"词品"或"词性",英文为 parts of speech。(黎锦熙 1933:第一章第 4 页)

(10) 就语词在言语的组织上所表示的各种观念,分为若干类,叫做"词类"。(黎锦熙 1933:第一章第 5 页)

(11) 词类是分别观念自身在言语中的品类和性质。(黎锦熙 1933:第一章第 5 页)

(12) 国语的词类,在词的本身上(即字和形体上)无从分别,必须看他在句中的位置、职务才能认定这一个词是属于何种词类,这是国语文法和西文法一个大不相同之点。所以本书以句法为本位,词类是从句的成分上分别出来,其原因:①国语的九种词类,随它们在句中的位置或职务而变更,没有严格的分业。②一个词的词类变更,不像西洋文字有词头词尾的变化,也不从词尾上表示阴阳性、单复数或时间等等的区别,所以词类本身上并无繁重的规律。(黎锦熙 1933:第一章第 6 页)

黎氏在这里把词类定义为词语在文法上的分类,表面上似乎同现在以结构主义为背景的通行的词类的定义相同,其实在具体的理解上却有很大的差异。黎氏的"文法上的分类"指的是把"词语在言语组织上所表示的各种观念分为若干类"。因为黎氏认为汉语的词"在词的本身无从分别,必须看他在句中的位置、职务,才能认定这一词属于何种词类"。而这正是汉语不同于西文的地方,也是黎氏主张"因句辨品,离句无品"的根据。在《新著》1952年第24版修改版中,对于(9)中的词类、词品和词性的转变作了区分:

> (13)从观念本质上区分的类叫"词类",在句中划入的成
> 分叫"词品",某类的词在用法上变了质,就叫词性的转变,都
> 是指名词、动词等说的。(黎锦熙1952:第一章第4页)

这里关于词类的关键的概念是"在言语的组织上所表示的各种观念"。这一观点同黎氏把句子看成思想的"表象",把句子的各成分看成思想的各部分这一基本思想相关。在句子中某一句子成分同逻辑上的某一种范畴相当。词类不是孤立的词的语义分类,而是词在语言组织中表现的观念的分类。例如句子的主语总是表示对之加以陈述的对象的,因此主语总是名词,总是表示实体的范畴。但是汉语的确有语义上是表示动作的词用作主语的,在语法上具有名词的性质,而形体上又没有任何名词的特有标志。黎氏把这种情况叫"词性的转变"。黎氏这种解决汉语词类的方法是否合适是一回事,黎氏这里根据汉语的特点而苦心孤诣地进行解释是另一回事。黎氏在解决这个问题的时候,显然是把句子成分与言语组织中表现出的思想范畴相对应的。这并不是一般的印欧语观点,而是根据语法学中一个颇有影响的学派普遍语法学派立论的。

关于词类划分的原则,《新著》在第二章第七节中说:

(14) 这些名称，在第 4 节中已经列举了。九品词类大体是按照世界文法分别词类的通规而定的。但人类精神所贯注的"对象"，往往具备三个方面：一、实体；二、作用；三、性态。一个观念的表示，虽有完全具备这三个方面的可能，但方法上单个的语词，各只能具备一方面，因之大多数有"对象"的语词，也就不能不照三方面分为三大类：一、"实体词"，表实体的，就是名词、代名词；二、"述说词"，表作用的，即动词；三、"区别词"，表性态的，即形容词、副词。

这三大类的五种词，一个词虽能代表一个观念，依某种语言的形式集合起来，虽能成一个代表完全思想的单句；然而思想若是稍为复杂一点，牵涉的方面稍为多一点，便不能不另用一种联结媒介的词，来作句子中间的关节，来表明各词或语句的关系，这就叫做"关系词"（即介词、连词）。

言语是有精神和生命的，不是机械的堆砌；表示说话的意趣，或态度的词，就叫做"情态词"（即助词、叹词）。（黎锦熙1933：第二章第 9 页）

我们所以不厌其烦地引了整个第七节，是因为这是黎氏关于词类的观点，是黎氏词类观点所具有的普遍语法学派倾向的最完整的说明。根据"词在言语组织上表示的各种观念"的原则，世界的通则应是"五类"而非"九品"。"九品"中表现出各种语言之间的差异。当然，在更广泛的意义讲，"九品"也可以是通则，语言间的差异是在"九品"之下的"次品"的划分上。

三

黎锦熙虽然在《新著》中讲到"句本位"文法"退而'分析'，便是词类的细目；进而'综合'，便成段落篇章之大观"，但对篇章的分析多从篇章中各句之间的语义联系讲，很少涉及篇章同语言组织的关系。只有在讲文言文的篇章组织的图解时，涉及到上下文同句法分析的关系。十九章"段落篇章的修辞法举例"中分析班超《请还朝疏》中"诚无所恨"时说，这句依法要作下式图解：

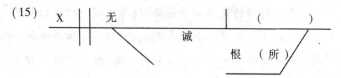

……但因上下文的关系，这里有意把"恨"抬起来作本句的述语，因为全段各主句中述语都是这路"表示情意作用的外动词"，所以变通图解（"所"是代实体词的，"无所"可比英文中的 nothing）。

［按：黎氏作如下图解：（黎锦熙 1933：第十九章第 352 页）］

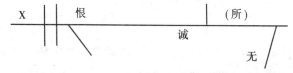

在分析《低能儿》的一小段时也涉及了句与句之间的关联问题，先把这小段抄在下面：

（16）他的家里只有一张桌子和两条破坏的长凳，已使他的小身躯回旋不得；半截的板门撑起，微弱的光线透进来，……使他从不曾看清他母亲的面庞；门外墙角，是行人小便处。时常有人来那里图一己的苟且的便当，使他习惯了不良空气的呼吸。现在这种境界在哪里呢？他真投入了别一个世界了。（黎锦熙 1933：第十九章第 350 页）

黎氏对这段话的图解有两个注：

"只""已"两副词互相应和，是修辞上的要点，所以用虚线连着为记。……

以上三个述语动词"使"字，都可以改作连词看待。那么，它们所带的宾语和补足语，便各连成一个表功效的分句，便也可以认为顺序的承接句之一种，但不如依这图解，把三个"使"字认为作三个大包孕复句的述语，较为紧凑而有力。（黎锦熙 1933：第十九章第 350 页）

篇章是句子的扩大，是更复杂的、更多见的交际形式。如果语言研究以交际中的语言为对象，自然要涉及到句子与句子的联系中上下文对句法结构、对表达形式的影响和要求。

四

在重新回顾了《新著国语文法》的语言观和方法论之后，我们想联系《新著》就当前现代汉语语法研究的方法论问题进行一些思考，提出以下一些问题：

（一）在语法研究中要不要考虑语言的文学的次序和逻辑的次序的区别？这种区别是什么？二者的关系怎样？

　　我们上面讲过,语言的文学的次序相当于现代语言学中讲的表层式或表层结构;语言的逻辑的次序大略相当现代语言学中的底层或深层结构。不管对深层结构的理解有何不同,现代语言学中有影响的很大部分语言学派都是以区别深层结构和表层结构作为语言学讨论的基础。转换生成语法、生成语义学、格语法、系统功能语法、关系语法、偏重意义的切夫语法、偏重形式的词汇功能语法以及其他一些语法学派等等,都涉及到表层结构和深层结构以及其间的关系问题。这是由语言的特性决定的,是人们如何运用语言符号以交际双方可以理解的形式进行交际的问题。由于语言是人们进行交际的符号,必然有形式和内容以及这两方面的关系问题,这种同思想、内容直接联系的"深层结构",在不同的语言学家那里可以是各种形式的语义结构、逻辑结构或句法结构。不过他们设定这两个层次的目的是相同的:解决黎锦熙讲的如何透过语言的文学的次序来了解语言所表示的思想的次序;而要研究这个问题,不能不从思想的次序如何表现为文学的次序着手。例如:

　　　　(17) 到上海去!

的表层结构是:

　　　　(18)(a)(到:上海(←去)!)

　　　　　　(b)(((到:名_处)←动_趋)!)

(17)的表层结构是明确的,但是却表达着不同意义:命令句"(你)到上海去!";回答"你(或他)到哪里去?"的感叹句"(我或他)到上海去!"如果命令句和感叹句在结构意义上有区别,这就是个歧义句。它的抽象形式(18)(b)也是歧义形式。确定这种歧义形式要以"深层→表层"为基础。即从不同的深层结构的句子导出相同的表层结构。作为语法,还要说明这种形式的结构及其可能具有的不同的结构意义。语法研究就是这样一种从深层到表层,又从表层到深层的往复过程。

（二）现代汉语是否存在与判断相对应的句子？现代汉语语法研究是否可以建立在"句本位"的基础上？句本位同词组本位的区别和关系是什么？"汉语用词组句偏重心理"和"汉语构句常多奇诡"的看法是否合理？从语法上讲能否分正式句和变式句？如何把语境因素纳入语法规律的研究？

这些问题可以概括为三个问题:(1)现代汉语有没有同判断相适应的句子？(2)现代汉语语法研究应该是句本位还是词组本位？(3)现代汉语句子的结构特点及其研究方法。这几点又可并为两个方面进行讨论。(1)是一方面,(2)和(3)是另一方面。

现代汉语有没有同判断相适应的句子:判断是一个有争议的概念。它的最通俗的解释"对什么肯定或否定它怎么样"可以表示它的最基本的特征。这种判断的形式不是建立在某种特殊语言的基础上的,而是建立在人对客观事实认识的普遍形式的基础上的。现代谓词逻辑的两个基本命题形式 $\forall x(Px{\rightarrow}Qx)$ 和 $\exists x(PxQx)$ 及其否定形式表示的也是"什么怎么样"。现代汉语既然是交际和交流思想的工具,它的一些形式就不可能不表示或传达人们对客观事物的认识的判断。问题是这种形式是否是句子。我们看看下面的例子:

(19)甲　　您是说相声的吧？

　　　乙　　对啦！

> 甲　那咱们哥俩是同行。
>
> 乙　您也是说相声的？
>
> 甲　现在是说相声的，解放前不干这个。
>
> 乙　怎么？
>
> 甲　没劲！一天累得个贼死。赚不了多少钱。
>
> 乙　唉！这可倒是。但过去干什么呀？
>
> 甲　经商。
>
> 乙　做买卖？
>
> 甲　对啦！[2]

(20) 杏花开了。台儿庄大捷，程长顺的生意完全没了希望。日本人把全城所有的广播收音机都没收了去。而后勒令每一个院子要买一架日本造的，四个灯的，只能收本市与冀东的收音机。冠家首先遵命，昼夜的开着机器，冀东的播音节目比北平的迟一个钟头。所以一直到夜里十二点，冠家还锣鼓喧天的响着。[3]

(21) 我暂不能告诉你，在这篇小说里我充当的角色，以及我是谁。十五年前在我还是一个年青的女子的时候，曾被人视为不可救药的冥想病患者，那时候我势单力薄。不能被人接受和理解。在实际生活中。我像一只迷途的羔羊，胆怯而沉默。记得，我常常关上房门，并且插上门闩，我很怕别人忽然闯进来，看到我呆呆的胡思乱想的模样。我不能够像许多人那样，轻松自如地面对自己之外的什么人。任何别人都会使我产生压力和紧迫。有时候，我表面装作轻松；但我心里早已倦累不堪。所以我总是躲开人群，不与别人相处，害怕总是处不好。④

我们先看看(19)里的对话。这段对话除去第5行、第7行、第8行以外，都是表示或提出"什么怎么样"的简单判断。第3行"甲"说的"那咱们哥俩是同行。"是简单判断的形式，同时也是现代汉语的一个单句。问题是第2行的"对啦！"以及第7行第8行的第一句话，第9行到第11行几句是不是表示判断的？以第9行"经商。"为例，这句话是回答第8行"您过去干什么呀？"的，是"我过去经商"的省略形式，当然是判断。其他可以作同样的解释。第5行，第7行，联系环境考虑，是用两个判断组成的复合判断，复合判断也是判断。在这段话中，每个单句、小句或复句都同相应的判断相联系。(20)和(21)两段散文，不像对话那样句与句之间界限分明。但是一个严肃的作家，总是在他认为是句子的末尾标示表示句子的句号、叹号或问号。而这些形式也都符合现代汉语的句子的语法规律，可以像我们分析相声的对话那样分析与它们相对应的判断。

现代汉语有表示判断的句子。虽然现代汉语句子有不少省略、移动等"奇诡"的形式，但毕竟都是句子，而且是表示判断的句子。现在看看现代汉语研究应该是词组本位还是句本位？如果我们认为语言的语法是交际工具，那么它总是以句子作为基本单位进行交际的，语言的组织规律，即语言的语法，应该以揭示句子的组织规律为目的。语法的基本原则是由语言的特点决定的。当然，要研究句子的组织规律，就不能不研究句子的组成部分，"词组"的组织规律，例如名词词组、动词词组、形容词词组、介词词组等等的组织规律。但是研究词组的规律不等于研究句子的规律，不揭示句子的组织规律就等于没有接触到语法上的核心问题。与其说词组加语调就成为句子，不如说词组是构成句子的基础。离开语境，不考虑省略、移位等等因素，就无法正确理解什么是句法。词组同词一样，只是构成句子的基础。离开"句本位"来研究词组只是语法的不完全的部分的任务。我们说词组加语调就组成句子并不确切，是因为有些句子的形式在词组层次是无法理解的。例如"那咱们哥俩是同行"。中的"那"在词组层次同后面的部分没有直接关系，再者有些句子中的某些移位形式在词组中也无法理解。再有，说汉语的句子结构同词组的结构是一致的，是从静态的、典型的句子讲的，实际上句子的组织形式比词组的形式要复杂得多。

关于汉语造句偏重心理的这一点，我们只想说一句：现代汉语结构不管多么奇诡，它总是有规律的，问题在于过去我们研究这种规律太少，有些人甚至认为这些规律完全属于修辞的范围。

（三）现代汉语词类的问题的核心仍然是黎锦熙提出的所谓"词类"、"词品"和"词性转移"之间的矛盾。其根源在于现代汉语的词没有表词类标志的语言形式。

解决这个问题的关键仍是三十年代末延续到今天的关于"分布"方法或广义形态理论的实践及其适应现代汉语到什么程度的问题。

"分布"方法是很有道理的，但"分布"方法的运用却是十分困难的。这里不但有词的同一性问题，而且还有不同"词类"分布的范围、界限的选择取舍问题。从黎锦熙开始，大家都认为困扰着语法学家的词类问题主要是名词、动词、形容词的问题。从语义上讲，由于表示事物的名词既可以表示事物，也可以表示事物所具有的品质,还可以表示使别种事物变成或具有该种事物特征的事物;而表示性质的形容词也可以抽象化,把它作为一种事物,或者成为获得某种性质的变化过程;表示作用的动词也同样可以抽象化,把它用来作为一种事物来指示,或者把该作用作为一种属性。在语义上是名物化、作用化和属性化;在语法上就可以看作名词化、动词化和形容词化。当然有些名词、动词、形容词不论在语义上和分布上都是兼类的,这就应该作为兼类词处理。也许这种处理现代汉语词类的思路,更容易说明语法的结构成分同语义的相应范畴之间的关系。这种处理还可以解决词组的功能同中心语功能之间的矛盾问题。例如:"来不好,不来也不好。"中的"来"和"不来"都是整个成分名词化;作为一个词组,"不来"的"来"是动词,受副词"不"的修饰。词类问题是一个复杂问题。黎锦熙提出了问题,直到现在仍是一个远没有解决的问题。

参考文献

陈望道 1980《〈一提议〉与〈抄冷饭〉读后》,《陈望道语文论集》,上海教育出版社。

黎锦熙 1933《新著国语文法》,商务印书馆。

——— 1952《新著国语文法》,商务印书馆。

附　注

① 黎氏在讨论词类和句法的关系的时候说过这样的话:"通用的句法,于正式的组织外,很多变式,并且是国语特有的;如主要成分的省略,位置的

颠倒,职务和兼摄等。"(黎锦熙1933:第一章第7页)

②《卖棺材》,《传统相声集》,上海文艺出版社1982年版,第598—599页。

③ 老舍《四世同堂》,百花出版社1979年版,第463页。

④ 陈染《沙漏街的人语》,《大家》1995年第1期,第11页。

(原载《中国语言学报》第八期,商务印书馆1997年版)

《中国文法要略》的"表达论"

朱德熙在商务印书馆出版的《中国文法丛书》的序言中说,"表达论""以语义为纲描写汉语句法,许多见解富有启发性,特别应该指出的是,《要略》是迄今为止对汉语句法全面进行语义分析的唯一著作。"这句话扼要地指出"表达论"的基本特点和历史价值。

语言是一种交际的复杂的符号系统。交际是双向的,说话人用语言的一定的组织形式表达自己的意思,听话人则通过这一语言形式了解说话人的意思。说话人是从意义到形式,听话人是从形式到意义。研究语言也可以有从形式分析它的意义和从意义研究它的表达形式两种方法。"纯粹"的形式研究似乎是不可能的,"纯粹"的意义研究不属于语言学。前面那两种方法是互相补充的而不是互相对立的。也许从意义到形式对研究自己的母语来讲可以事半功倍,可以研究得更详尽更细致。

《中国文法要略》的"表达论"几乎占全书的四分之三的篇幅,作者在修订本序中说:

> (1)这本书至今还有人愿意翻翻,我想主要还在下卷里搜集的用例还相当多,安排得还有些条理。(吕叔湘 1982:11)

又在"六版题记"中说:

　　(2)中下两卷,罗列事例,牵涉理论之处不多,作为资料,

还有点用处。(吕叔湘 1982:8)

在重新学习这本书的时候,我们感到任何排比罗列都有他背后的

"理论"。下面的讨论不一定完全符合原意,但是我们的探讨是认

真的。当然,本书涉及的问题很多又很深入,这里不可能全面加以

论述。下面只从五个方面谈谈。

一、表达——意义与形式

　　《中国文法要略》的重印题记上说:

　　(3)语法书可以有两种写法:或者从听和读的人的角度

出发,以语法形式(结构、语序、虚词等)为纲,说明所表达的意

义;或者从说和写的人的角度出发,以语法意义(各种范畴,各

种关系)为纲,说明赖以表达的形式。这两种写法各有短长,

相辅相成,很难说哪一种写法准比另一种写法好。(吕叔湘

1982:5)

又说:分成词句论和表达论两部分写,不但是因为合起来有技术上

的困难,而且因为"当时对汉语的语法结构没有成熟的见解",便于

以后修改。现在看来这正是本书的特点。

　　《要略》是一本语法书,这里讲的意义和形式当然指的是语法

的意义和形式。语法意义同名词、形容词和动词所指的客观事物

或事件的意义不同,它是严格的"语言内"的意义(即构成语言内部

组织时的组织意义以及源于人际交际所产生的意义)。简单地讲

可以叫做"语法意义"。"语法意义"是语法形式的意义。粗略地讲

也可以说只属于语言内的意义。

《要略》的"表达论"分两部分。一是"范畴",一是"关系"。"关系"主要讲的是由关系词所表现出来的"复句"中小句间的种种关系。种种关系是客观存在的,但语言可以有不同的反映形式和不同的概括方法。而且许多关系还带有主观的认识和感情的色彩。例如,"假设"这种关系本身就带有主观色彩。《要略》在第二十二章有这样两段话:

(4) 用"要是"和"就"联系的假设句,用"既然"和"就"联系的推论句,用"因为"和"所以"联系的因果句,这三种句法,虽然各有各的用处,所表示的是根本上相同的一个关系:广义的因果关系,包括客观的即事实的因果和主观的即行事的理由目的等等。(吕叔湘 1982:427)

(5) 可是用"只是"或"不过"的句子和用"可是"和"但是"的又微微有点不同。后者是一般的转折句,上句之意轻,下句之意重;前者则上重下轻,下句的力量只抵消上句的一部分,我们不妨称为保留句。(吕叔湘 1982:345)

这些关系以及对表示这些关系的关系词的语义分析,是句法—语义的分析,是语言内的语义问题。当然,语言是客观世界的反映,它同客观世界有着千丝万缕的联系,"语言内"的意义也不能完全同客观事物毫无关系。

《要略》"范畴论"中讲的"范畴"同哲学上讲的范畴以及当代语法上讲的"词类范畴"的范畴是不同的。但也不同于传统语法中讲的某些语言以形态变化表现出来的"范畴"。我们可以称之为广义的语法范畴。广义的语法范畴指那些与哲学范畴有联系而又只属于语言的范畴。以书中"数量"一章为例。现代汉语名词前数词后必须加量词,这是汉语的语法特点,而且量词的形式和与名词的搭配关系也各有不同。定量与约量、定数与约数、整数与分数、单数与复数、次序与程度以及动量等等,都与语言的结构有关,而各种语言的表达形式(结构形式)也各不相同。但是数量以及可数和不可数,似乎是客观现象本身存在的(至少在常识的观点下),其实这是人在语言交际过程中为了交际的需要而形成的约定俗成的方式。是句法中的语义问题,而不是纯粹的语义问题。

再看"有定""无定"两章。这两章都是讲指称的。不但在英语等语言中有不同形态变化的"三身指称"的指称词是语法要讲的问题,一切指称都属于语法问题。因为一切指称都是言语交际中所特有的意义,没有言语交际,也就无所谓指称。不同语言有不同的指称词和不同的语法结构形式。上引朱德熙的序说:"吕叔湘《中国文法要略》……和王力《中国现代汉语语法》……都力图摆脱印欧语的羁绊,探索汉语自身的规律,"这一点在这两章就表现得很清楚。有关文中不仅谈了白话的三身指称词"我、你、他(它、她)"同表示"所有"、"复数"的虚词"的"和"们",而且比较了文言的"三身词",并指出文言没有专用的第三身指代词。特别值得指出的是"无定"指称这一章讨论的问题。例如,疑问指称词在表疑问的时候是无定指称词,而且有特殊的句法特征,《要略》还特别提出非疑问用法的"任指"和"虚指":

（6）"谁""什么""怎么""哪儿"等词平常称为"疑问指称词"……可是这些词也可以不做疑问用……:这样用法的时候,可以称之为"无定指称词"。无定指称词用途有二:表不论

的可称为任指,表不知的可称为虚指。(吕叔湘 1982:82)
举的例子是:

(7) 你喜欢谁,只管叫来使唤。(任指)

(8) 只嚷饿得慌,要先吃点甚么。(虚指)

另外,《要略》还根据汉语的特点把逻辑上称为"量词"的所谓"综合及配分指称"分为"全称、偏称、他称、分称、普称、各称、偶称、逐称"等类,分析了他们的句法特点(语序和结构),观察细致,显示了语法研究的特点。这些虽然同逻辑上的量词不完全相当,但它为进一步结合句法分析汉语量词提供了事实依据和理论前提。

二、比较——求异与求同

《要略》上卷初版例言上说:

(9) 要明白一种语文的文法,只有应用比较的方法。拿文言词句和文言词句比较,拿白话词句和白话词句比较,这是一种比较。文言里一句话,白话里怎么说;白话里一句话,文言里怎么说,这又是一种比较。一句中国话,翻成英语怎么说;一句英语,中国话里如何表达,这又是一种比较。只有比较才能看出各种语文表现法的共同之点和特异之点。(吕叔湘 1982:7)

这里提出比较是研究语言文法的必要手段。这是非常必要的。记得陆志韦曾经说过,过去研究汉语语法的人,没有不懂得外语的。这就是说,不跟其他语言比较,就很难研究汉语语法。比较是多方面的,这里作者只提出古今、中外两种比较。《要略》在不少地方做了方言之间的比较。实际上有三种比较：古今、中外、方言。这也是我国汉语研究的传统。从《马氏文通》起，中外比较就成了汉语语法研究的重要研究方法。黎锦熙还专门写了古今比较的《比较文法》。赵元任的论文《北京苏州常州语助词的研究》是方言比较研究的具有代表性的作品。《要略》继承并综合了这些研究传统。

古汉语和现代汉语一起讲是本书的主要形式，古今比较就成了贯穿全书的主要比较法。例如"表达论"一开始，讲数量的时候，就比较了古今运用量词的区别。在谈到"分数"的时候，《要略》说：

（10）现代白话里也用"几分之几"的说法，……和文言不同的是名词只能说在分母前或分母后（用"的"字连接），却不能插在中间（如三分日之一），除非当中有动词（如"三分天下里头已经得了两分"）。（吕叔湘1982：135—136）

比较有求异和求同的区别。求同在于找出语言之间的共同点，这是研究普遍语法和类型学的方法；求异在于分析语言之间的差异，这是研究一种语言的特点和这种语言的规律的方法。《要略》的比较主要是同中求异，解释古今汉语的特点和规律。（10）就表现出这一特点。又如，在第十三章中谈到动相时说：

（11）例如：

孟子见梁惠王。

你去我不去。

第一例明明是过去的事情，第二例明明是未来的事情，可是我们不感觉有标明的必要，我们就不标明，这是汉语异于印欧语言的地方。（吕叔湘1982：227）

这是中外比较。书中方言比较的地方很多，下面举一个例子：

　　(12)"不要"在北京话里几乎限于问句的"要不要",但在北京以外仍常用。(吕叔湘 1982:252)

　　(13)"什么人"的涵义本来和"谁"不同。……但是这个标准有时并不严格遵守,……所以有些方言简直不用"谁",只用"什么人"(如吴语"啥人")。(吕叔湘 1982:172)

这种比较原则直到现在还为大家所遵从。

　　关于白话和白话、文言和文言以及它们相互之间的比较,可以看"的""了""矣"之间的比较。

　　(14)"了"字和"的"字的比较,可以说明决定语气和确认语气的分别;我们可以看作"动"和"静"的分别,正如文言的"矣"和"也"的分别相似。

　　比较:

　　他这么一说,我知道了。[原先我不知道]

　　你不必多嘱咐,我知道的。[我本来知道](吕叔湘 1982:263)

　　(15)语气词的说明实非易事,马氏提出的区别,很有启发之功。现在不妨再提出一种说法,以供参考。无论已然或将然,都是变化,都是有时间性的;无论固然或当然,都是无变化,无时间性的。因此,我们可以说:"矣"字表变动性的事实,"也"字表静止性的事实。(吕叔湘 1982:274)

《要略》还在同一章比较了"矣""也"和"了"的异同。

三、功能——认识、行为、感情

一般讲语法的书都从功能的角度把句子分为四类:陈述句、祈使句、感叹句和疑问句。这刚好表现了交际中语言的四种用途。陈述句和疑问句都是认识上的,祈使句是行为上的,感叹句是感情上的。《要略》在讲传信的时候列了一个表(吕叔湘 1982:258):

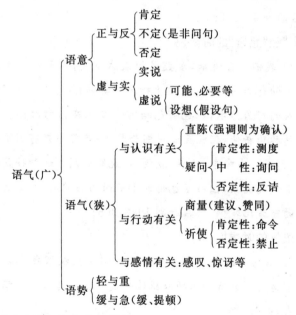

《要略》对这个表的解释是:

(16)"语气"可有广狭两解。广义的"语气"包括"语意"和"语势"。所谓"语意",指正和反,定和不定,虚和实等等区别,所谓"语势"指说话的轻和重,缓和急。除去这两样,剩下的是狭义的"语气":假如要给他一个定义,可以说是"概念内容相同的语句,因使用的目的不同所生的分别"。"语意"对于概念的内容有改变,而同一语气仍可有"语势"的差异。三者的表现法也不相同:语意以加用限制词为主,语势以语调为主,而语气兼用语调和语气词。但是三者之间关系非常密切。例如不定的语意必然取疑问的语气,反诘的语势比普通询问沉重,测度比直陈缓和,命令比商量急促,这些都是明显的事实。(吕叔湘 1982:257)

在讲到"行为"和"感情"的时候说:

(17) 我们平常讲话,多数是为表达事实,可是也时常以支配我们的行为为目的,这就是祈使之类的语气。被支配的以听话人的行为为主,但也有包括言者本人在内的时候。这类语气总称为祈使,但就反面说则为禁止;又其中颇有刚柔缓急之异,因而可有命令、请求、敦促、劝说等分别。这种种差别和语调有绝大关系,但白话也借助于不同的语助词,文言则用语气词的时候比较少。(吕叔湘 1982:305)

在讲到感叹语气的时候说:

(18) 以感情的表达为主要任务的叫做感叹语气。我们平常的言语大多兼有知识的和感情的成分。仅具知识内容的诚然也有,例如:

一年分四季:春、夏、秋、冬。

今天上了四课。

可是平常说话,常常不免在知识内容上蒙上一层情感色彩,例如:

（甲）春天到了。或

（乙）春天到了！

（甲）今天上了八课。或

（乙）今天上了八课！

　　说第一句时自然有一种愉快之感相伴而生，……假如这种感情相当浓厚，语调也因之而变，写下来时也不妨加上感叹号，成为（乙）（吕叔湘 1982：311）

我们所以详细地引用原文，是因为这里表现了作者对语言和语法的宏观的分析，对语言和语法的基本看法。这里作者把语言表达（相当于言语交际）总的放在广义的语气之下。从形式和意义作了全面的分析，反映了语言交际的基本功能，同时也说明了语言的基本性质。作者认为交际中语意和语气是交织在一起的，即任何交际中的句子都有一定的语气（狭义的）伴随着。这是非常有见地的。

　　上面讲的"语意"相当于句子的"逻辑内容"或简称"内容"。《要略》讲的"对于句子的内容有改变"，就是指句子在孤立的形式（即去掉语气并脱离语境的形式）所具有的"逻辑意义"的改变。上引（18）中说："仅具知识内容的诚然也有，例如：一年分四季：春、夏、秋、冬。"这是针对感情讲的。任何仅传达知识的句子，在言语交际中也具有一定的语气（狭义的语气）。形式逻辑研究的是离开语境、孤立的句子的内容。语言研究的是交际中的句子的内容，因此本书特别重视语气和语气词的研究。这是语言研究必须分清的根本问题。认知、逻辑的方法可以更细致更精细地说明语言的意义（语言的认知意义），这是语言意义的基础，但不是交际中语言表达的全部意义。这种意义很大一部分是由语气和虚词来传达的。

本书下卷正是以这两方面为主要内容。

语言是一种个人行为，更重要的是它还有"支配"自己特别是支配别人的行为的作用。这在上引(17)中已经讲得很详细，关于语言的"行事"作用，当代有更细致的研究。但是作者根据传统的语气的说法把语言的功能分为认识、行为和感情三类，是非常有见地的。同时对这三种功能的句子的句法形式特别是语气等虚词的用法作了全面的分析，既是从理论的角度对传统语法的发展，又为进一步研究打开思路。一般语法书不大注意"语势"，其实语势在表达感情（广义的感情，包括表达人的情绪等等在内）上有很大作用，是语言交际中重要的表情达意的因素，应该结合语意和语气进行综合的研究。例如命令的语气语势重而商量的语气语势轻，命令的语势急而商量的语势缓，语势的轻重缓急，表达了说话人的不同情感或情绪，等等。

四、传统——训诂与虚词

《要略》在修订本序中说：这本书"主要还是类集用例，随宜诠释，稍加贯通，希望对于读者的理解和运用各种语法形式略有帮助。这也就是前人写书讲虚字和句读的精神，在成书十年之后我才觉察自己无意中继承了这个传统"，这个传统实际上就是中国古代训诂学的传统。训诂学被称为前语言学的"语文学"，这无疑是正确的。但是，语文学的研究以古代的书面语的意义分析（理解）为主要任务，它就必然接触到句子的结构和虚词，必然涉及到语法问题，虽然这种研究是非自觉的，没有语法系统以及语法在语言组成中的地位和作用的明确观念,但是它对研究汉语语法仍有重要的借鉴作用。《马氏文通》就是在西方语法理论的启示下借鉴了这一传统写成的,《要略》的"表达论"既继承了训诂学的老传统,也在西方新的语法理论的影响下继承了马氏这一新传统。

虚词在汉语语法中起着重要作用,传统的语文学(训诂学)的"语法"研究也重在"虚词"的研究。但是,对虚词范围的理解却有广狭之别,"表达论"中讨论的词语不一定研究语法的人都承认是虚词。但是有的语法书上讲的半虚词,如量词、副词、限制词、连词等等,或全部或大部分具有虚词性,即属于语法词的范围。《要略》后附"词语索引"列了六百九十多个词语,其中绝大部分是虚词。不但本书讨论了绝大部分的虚词或语法词,就是这个索引本身也表明了本书以研究虚词为重点的特点。本书对虚词的研究是很细致的,很多都成为当代语法学进一步研究的课题。我们引一段讨论"呢"的一段话:

(19)"的"字的应用很有限制,我们绝对不说"我是一个学生的"或"他吃着饭的"(也不说"这个地方远的",也不说"我有两个哥哥的",除非说"我原来有……的")这些处所却正是另一个语气词"呢"字最常见的地方。"呢"字之确认,有指示而兼铺张的语气,多用于当前和将然的事实,有"诺,你看!""我告诉你,你信我的话"的神气。虽然从句式的分配上看,"呢"和"的"像是互相补充,这两个字的语气并不相同。"的"字是说事实确凿,毫无疑问,"呢"字是说事实显然,一望而知;"的"字偏于表自信之坚,"呢"字偏于叫别人信服。(吕叔湘1982:264)

举的例子是：

> （20）我也要去的，待会再见。［我之去毫无疑问］
>
> 我也要去呢，你等我一会，咱们一块去。［我之去即
> 在目前］

下面作者分别讨论了"有……呢""在……呢""在……着呢""着呢"
"还……呢""才……呢""（要）……呢"等形式的用法及其意义。

《要略》还把"呢"字和文言的"焉"加以比较，认为"焉"字在很
多地方相当于白话里的"呢"字，但又不是一对一的。用的方法是
文言里用"焉"这个语气词的句子能否改成白话里用"呢"的语气的
句子。相反也是一样。这种比较是非常细致的。也体现了"随宜
诠释"的特点和它在语义研究中的作用。我们在另外的文章中曾
经说过，训诂不是语法。但是，我们同时也可以说，研究虚词抓住
了汉语语法研究的重点，"随宜诠释"是研究语法意义的重要手段。
请看作者是如何分析"为之、至于、得"的语法意义和句法功能的。
作者先举了这样一个例子："昂首观之，项为之强。"认为"为之"和
"以此"结构相似而作用不同。"为之"只表事实的后果，"以此"则
兼表事理的后果。另外一个区别是，"以此"相当于白话的"所以"，
语气上没有什么区别；"为之"就不同了，他还有"其效果有如此者"
的意思。这是从"为之"和"以此"的区别中看"为之"的语法意义。
关于"至于"的意义，作者是从他同"为之"联系的小句的主语的差
别来说明的。"为之"的两小句主语不同而"至于"的主语相同，因
而后者表示的是同一事物本身发展的不同的阶段。关于白话的
"得（的）"字，作者认为，所表示的意义虽然与上举文言诸词相似，
但结构不同，意义也有所不同。举的例子有："她气得睡去了。"认

为这类句子不能全部改为"为了"或"至于",有的要改为两句,而且中间无法插进任何关系词。在讨论这些词的时候,还同讨论过的关系词"所以""故""是以"比较,认为这里讨论的几个词是表示叙述性的,"所以"等等是议论性的。由此可见,连系词的语法意义是从具体的句子中"随宜诠释"来的。

五、启示——语言内的意义和语言外的意义

近代语言学有内在语言和外在语言之说。内在语言相当于索绪尔的语言和乔姆斯基的语言能力,外在语言相当于索绪尔的言语或乔姆斯基的语言运用。从这种区分以及从《要略》得到的启示,我们认为"意义"也可以分为"语言内的意义"和"语言外的意义"。从根本上讲,语言的意义都是语言内的意义,因为意义本身就是属于语言的。但是语言又是人对客观事物的反映,从反映客观事物的角度讲,意义又是客观的。所以从整体上讲,"语言意义"有两面性。但是具体地分析起来,语言的意义有的主要是客观的,即语言外的;有的基本上是主观的,即语言内的;有的介乎二者之间。粗略地说,名词、形容词、动词的意义主要是语言外的,结构意义和表示说话人对所说的话的主观评价以及词语或成语带有的社会、文化或情感的意义,等等,是语言内的意义。例如"桌子"的指称意义或外延、内涵意义,是语言外的意义;桌子的词类范畴"名词"的意义,是语言内的意义。"主动者"和"受动者"的意义,是语言外的意义;"主语"和"宾语"是语言内的意义。"白"作为一种特

定的颜色的意义,是语言外的意义(虽然这种特性是经过人类感官的"过滤",是人类对客观事物认识的结果,但是它在表示客观意义的同时,也有属于语言内意义的一面)。"马"也是一样。可是"白马"这个短语中的"白"对"马"的修饰和限制作用的意义却是语言内的意义。时间和时间的先后是客观存在的,但是以说话的时间为基点,讲过去、现在和将来,讲过去完成等等,却是语言内的意义。"狐狸"所指称的物种是语言外的意义,"狐狸"所带有的"狡猾""多疑"等意义是语言内的意义。分语言内和语言外的意义比分词汇意义和语法意义,比分词汇意义和句子意义更有意义,更便于深入研究语言的意义,更便于研究句法—语义问题。但是"兹事体大",需要做深入的研究,这里只是作为一个阅读《要略》后得到的启示提出来,作为今后研究的一个有益的思路。

参考文献

吕叔湘 1982《中国文法要略》,商务印书馆。

马建忠 1983《马氏文通》,商务印书馆。

王　力 1981《中国语言学史》,山西人民出版社。

Lyons, J. 1977, *Semantics*. Cambridge：Cambridge University Pree.

(本文曾在"纪念吕叔湘先生百年诞辰国际学术研讨会"

(2004.9 北京)大会上宣读)

现代汉语的短语结构和句子结构

一、句法分析的不同侧面

1.1　言语交际中理解语言,总是从形式开始,透过形式来理解意义。句法分析的主要目的在于探讨语言形式表示意义的规律。离开语言形式讨论意义不是语言学,离开意义也无从讨论形式,因为在语言中不同形式之所以被认为是不同形式,正是由于它区别了或表示了不同意义。

语言的句法结构是一个极其复杂的现象,语法学史上的不同学派从不同的角度对句法结构进行过多方面的探讨。每种分析句法结构的原则和方法都为全面理解句法结构做出贡献。根据任何一种析句原则和方法所进行的句法结构的深入、细致的分析,都能加深我们对句法结构的理解。同时,这种深入、细致的分析也自然而然地暴露出各种方法的不足之处,并为我们比较全面地认识句法结构创造了条件。

1.2　层次和线性

词和句子之间有不同层次的中间单位。这一点,是传统语法学和后来兴起的跟结构主义语言学有关的一些语法学派所共同承认的。不过,各派对这种中间单位的理解有很大区别。例如,传统语法学派、布龙菲尔德学派、系统语言学派、转换生成语言学派就有很大区别。在这些观点中,站在两头的是传统语法学派和布龙菲尔德学派,而另外两个学派,单从这一点来讲,一种可以看作根据结构主义精神对传统语法学的改进,一种可以看作根据传统语法学的观点对结构主义语法学的改进。

虽然传统语法学的句法分析方法在一定程度上反映了句法结构的层次性,但是对句法结构的层次性讨论得最深入、最彻底的是布龙菲尔德学派的直接结构成分理论。直接成分分析法一方面揭示了语言句法结构的层次组合关系,另一方面揭示了存在于从词到句之间的各个不同层次的句法单位,也就是从简单到复杂的各种各样的短语。

直接成分理论的创立和实践,对语言中组词成句的各个层次做了细致的分析,为研究语言中形式和意义的有层次的联系和区别线性排列次序相同而层次组合不同的歧义的语言形式提供了条件,向全面认识句法结构前进了一大步。注意句法结构的层次性,对缺乏形态的现代汉语来讲,极为重要。因为形态比较发达的语言,例如俄语、德语,词在句中的组合层次常常可以由词的形式表现出来。

1.3 短语和句子

不同语言学家对短语的性质以及短语同句子的关系有不同的理解。例如,黎锦熙讲的短语,指的是作主语、宾语、补足语、形附或副附等句子成分的名词语、形容语、副词语。动词述语及其连带成分或附加成分的组合不是短语。《暂拟汉语教学语法系统》则把作句子成分的实词和实词的各种组合都看作短语,其中包括联合短语、偏正短语、动宾短语和主谓短语四大类。[①]由于对句子成分有不同理解,在句子中谓语及其连带、附加成分的组合是否短语,有不同理解。但是不管这两家对短语的理解有什么不同,在以下两点上是一致的:一、短语必须是词与词的组合;二、作句子成分的词和词的组合才是短语。在英国哈利德的系统语法中,短语是在句中根据功能,如作主语,作谓语,作补足语等等划分出来的词的组合形式。但是根据哈利德的看法,语言单位可以由于它在句子中的功能差异而移级。因此,在哈利德的系统中,短语可以是一个词,而小句也可以具有短语的功能,虽然短语是处在词和小句之间的中间单位。为了全面地说明现代汉语的句法结构,我们认为凡是按照直接成分分析法从言语中分析出来的任何层次的词的组合形式都是短语。[②]

短语同句子成分是语言的两个不同平面的现象,没有相对应的关系。句子成分分析法、层次分析法以至转换生成分析法之间的纠纷,主要是由于没有明确区别短语和句子这两个不同的语言平面造成的。

1.4　类型和实例

在语言的句法结构分析中,还要注意区别类型和实例。例如:

(1) 扶着他起来。

(1) 作为言语中的一个句子,它是类型'扶着他起来。'[③]的一个实例。作为一个实例,它表达的或者是"x 扶着他,x 起来",或者是"x 扶着他,他起来",而且 x 的值是确定的。但是作为一个"类型",这种区别是潜在的。这是一个有歧义的"句型"。

　　严格地讲,实例都是出现在言语交际中的具体句子。但是正像有不同层次的个别与一般一样。类型和实例也可以看成是有不同层次的。④例如:

　　(2) 扶着桌子起来。

　　就类型"扶着桌子起来"讲,是没有歧义的,它的任何实例都表示"x 扶着桌子,x 起来",虽然 x 的值在不同的语境中是不同的。根据一般和个别的相对性,(1)和(2)所代表的两个类型,又可以作为更高一级的类型

　　(3) 动＋着＋名＋起来。

的两个实例。这个类型由于动词和名词的不同,代表着两种结构的混同形式:

　　(4)(a)((动←着)⊙名)⊗起来。⑤

　　　(b)(动←着)⊙名⊖起来。

概括的层次不断增加,类型的抽象性不断增加,类型本身的潜在的复杂的多义性也跟着不断增加。最后我们可以把这种动词连用的所谓兼语式和连谓式概括为这样一个概括的类型:

　　(5)(名)＋动＋(名)＋动。

　　或用下面的形式表示:

　　(5)(a)((名)⊖动)⊗((名)⊖动)∨((名)⊖(动⊙名⊖
　　　动))

就(5)来讲,(1)(2)以外,下面一些句子都是它的实例:

　　(6) 花炮的光亮使人看见远处的树梢儿。

　　(7) 二哥搀着老太太走了二十分钟。

　　（8）不打不相识。

　　（9）请到里边坐。

　　不但句子有类型与实例的区别，短语也有。但是短语同句子不同。句子类型，包括构成表述性的语调，既是语言单位，又是言语单位。短语类型只是词和词的组合形式，只是语言单位。

　　短语的类型也是有层次的。'擦玻璃'和'吹玻璃'是两个短语类型。它们的共同概括形式又同'坐车'、'逛公园'这类类型不同。而'动⊙名'则是所有这些类型的最概括的类型。

1.5　深层和表层

　　句子有深层结构和表层结构，句子的深层结构和表层结构之间存在着错综复杂的关系，这是很早就被语言学家认识到并讨论过的问题。不过作为一个句法分析的基本原则，从二者的区别和联系进行深入细致的探讨，却是转换生成语法学派兴起以后的事情。我们把句子的深层结构看成是代表句子内容的由语义成分组成的非线性排列着的语义结构。在一定意义上讲，这种语义结构带有普遍性，而表示这种语义结构的语言形式，也就是所谓表层结构，各种语言却各不相同。就是在同一语言里，同一深层结构，也可以有不同的表层形式。我们应该认识到，由于表层结构不同，还赋予了这些不同句子以不同的意义。这种意义可以叫做语法意义。一般地讲，语法意义是由句法结构表示的抽象意义。但是作为某种句法形式的实例的语法意义，是具体句子所具有的具体意义。

　　不但句子有深层和表层的区别，短语也有。不注意表层结构同深层语义之间的正确关系，会流于形式主义的结构分析或观念主义的意义空谈。

1.6 语法和词汇

我们通常讲,语法是组词成句的规律。在讨论"病句"的时候,也经常谈到这个句子的毛病是语法问题,那个句子的毛病在于词语搭配不当,或者说仅仅用词不妥。大家都承认有词汇和语法的对立,但是什么是语法问题,什么是词汇问题,却有不同理解。现代汉语句法结构研究中,在贯彻形式和意义相结合的原则,在词汇问题和语法问题的界限,在句型以及歧义形式的分析等问题中,很多分歧产生于对这个问题的不同理解。

现代汉语的词缺少形态,就更容易给人一种印象,语法就是词跟词组成的外在关系。词汇是构成关系的单位,而与关系本身无关。但是,词有不同的搭配功能,这就是它所具有的语法特性。词类是词汇和语法的交错点。从词类的角度看词汇和语法的关系,在现代汉语里极为重要。

我们上面在谈到类型和实例的时候讲到,类型和实例的对立可以有不同层次。类型和实例这种相对性,不仅适用于结构,也适用于词类。在'动⊙名'结构类型里,动词是能带受事宾语的还是不能带受事宾语的,都只是词汇问题而非语法问题。对名词来讲也是一样,不管是一般名词还是处所名词,都是名词。就这个层次的类型讲,任何'动⊙名'形式都是合语法的。如果发生搭配不当,例如"逛饭",也只是词汇问题而非语法问题。但是,在现代汉语里,动词对宾语有选择性。从这一点讲,"逛饭"是不合语法的,因为这里的"逛"带了一个非处所性名词宾语。在不同的抽象层次上,词汇和语法有不同的关系。这一点不仅跟虚词有关,也跟某些实词有关。现代汉语的助词、连词、介词常常是某些句法结构的标志。例如,在最高层次的类型上,'动⊙名'是一种动宾结构,在较低层次的类型上,'(动←了)⊙名'中的"了"是某种动宾结构的标志,是语法成分。'(分句)ₐ+(分句)ᵦ'和'(分句)ₐ╠(分句)ᵦ'是两个不同层次的语法形式。在更低层次的'因为(分句)ₐ╠所以(分句)ᵦ'里,"因为""所以"这两个词汇成分就成了语法成分。又如,'(名⊖(副>动))'是一个比较概括的句法结构类型,'名⊖((把⊙名)>动))'则是一个较低层次的类型,这里的介词"把"也是语法成分。再如,'(名⊖(动⊙名⊖动)'是一个较概括的类型,'名⊖(使⊙名⊖动)'就是一个比较具体的类型。在后一个类型里,"使"成了语法成分。

1.7　孤立和语境

　　传统语法在研究句子的句法结构的时候,是把句子从具体的语言环境中抽离出来加以分析还是放在具体的语言环境中加以分析,是不明确的。实际上许多传统语法学家所用的句子成分分析法,多少都带有语用分析的性质。当代一些语法学派,也往往不重视这两者的区别。

　　"孤立"的形式是从语境中抽离出来的。在语法中需要注意的是同语法有关的语境问题。例如,

　　　　(10) 你给我一支铅笔。

这个句子,在不同的语境中,"一支铅笔"可以指不同对象,"你"和"我"也替代着不同的人,因此它表现着不同的意义。但是这种区别并不影响这个句子的语法结构的分析,因为在任何语境中它只有一种分析方法。但是下面的句子就不同了:

(11) 宋爷爷　经理有小孩儿吗？

郑书记　有两个。

这里"有两个。"作为一个句子类型，从具体的语境中抽离出来，是一个由动宾短语加上陈述语调构成的陈述句。这个"句子"在上面的语境中可以表示不同的意思，作不同的语用分析。例如，在上面的语境中，这是一个省略了主语"经理"的句子，"两个"替代的是"两个小孩"。假如这个"句子"出现在回答"有几个人在屋里？"的语境中，这就是一个省略了谓语"在屋里"的"有"字开头的无主句。

1.8 研究句子的句法结构，总是先从上面讲的六个侧面的第二个方面开始，然后深入到前一方面，最后再反过来解释第二个方面。例如，在《新儿女英雄传》里有这样一个句子：

(12) 可把我们俩吓坏了！

这个句子像我们研究的一切句子一样，是一个存在于具体语境中的实例。它是由线性地排列着的一些词汇单位组成的。从结构分析讲，我们首先把这个句子看作类型'可把我们俩吓坏了！'的一个实例。作为一个类型，它是由感叹语调和短语"可把我吓坏了"构成的。这个短语可以作层次分析，说明它的表层结构：

(13) (可＞((把①(我们＝俩))＞((吓＜坏)←了)))

从深层结构及其表层结构的关系讲，我们应该说明受"吓"的是"我们俩"，而"坏"是被"吓"的程度和结果。在表层结构里，为了强调"我们俩"所受的"吓坏"的遭遇，前面加上介词"把"把它移到动词前面。同时，作为一个句子类型，按照句子成分分析法，它是一个主语经常由情景来补充的不需要表层主语的无主句。在具体的语境中，主语可以由语境来补充，并给"我们俩"以具体的值。

二、现代汉语的短语结构和句子结构

2.1　句子和短语的区别

短语是构成句子的基础,但短语并不等于句子。实际存在的句子,都是出现在一定语境中的具有表述功能的言语单位,而短语则是从句子中抽离出来的词与词按照一定组合规律组合起来的语言单位。从形式上看,它们至少有下面几点区别:

一、短语是构成句子的基础,只有赋予短语以一定的语调以后,短语才能成为句子。试看下面的例子:

(14) 李天祥　妈妈背着人常常自己掉眼泪!

　　王仁德　掉眼泪? 掉眼泪?

　　李天祥　对! 掉眼泪!

"掉眼泪"是个短语。在(14)的第一句话里,它是构成整个句子的那个短语的组成部分。在第二、第三和第五句里,它是构成整个句子的那个短语。作为短语,这四个"掉眼泪"是同一个短语'掉眼泪'的四个实例,它们的结构都是(动⊙名)。但是第二、第三两个短语带上了疑问语调,就成了疑问句;第四个短语带上了感叹语调,就成了感叹句。

不管疑问句"掉眼泪?"还是感叹句"掉眼泪!"作为它们的基础的短语'掉眼泪'的结构都是一样的。从短语的角度分析这两个句子的结构,也只能分析到这里为止。但是作为具有一定表述性的句子,除去都有特定语调外,还是省略了出现在上文里的"妈妈背着人常常"的省略句。

二、句子里还可以出现短语里没有的成分和结构形式。句子中常常出现游离于短语结构之外的插入语,这是大家谈得很多的,不必举例。至于句子中所特有的话题和直接引语,需要多说几句。先看看下面的例子:

（15）学生,不管他们学了什么,不管他们怎样会服从,不管他们怎样幼稚、年轻,他们知道前人所不知道的"国家"。

（16）东房,右边一面是丁家,屋顶上因为漏雨,盖着半领破苇席,用破砖压着,绳子拴着,檐下挂着一条旧车胎;门上挂着补了补丁的破红布门帘,门前除了一个火炉和几件破碎的三轮车零件外,几乎一无所有。左边一面是程家,门上挂着下半截已经脱落了的破竹帘子;窗户上糊着许多香烟画片;门前有一棵发育不全的小枣树搭起一个小喇叭花架子。

如果认为句子的结构以短语为基础,把它们都纳入短语结构的框框里去,那么,这里的"学生"和"东房"跟后面的成分之间是主谓关系,整个句子是一个大的主谓短语。可是,这样的分析是很勉强的。其实,言语交际中的句子的结构,并不全同于短语结构。句子中存在着短语结构以外的,仅属于言语现象的成分。插入语以外,"话题"也是其中的一种。在句子里,话题是全句说明的对象。"话题"和"解释"的区分本身就是一种言语现象。如果只从说明和被说明的关系定主语,那么一切句子里的话题都是句子的主语。如果确定主语还有短语结构方面的考虑,那么就有不是主语的话题。不管怎样,话题跟解释有时构成主谓短语,有时话题只是游离于句子的短语结构之外的,出现在句子里的特有成分。再看看下面的例子:

(17) 对人,他颇有礼貌。

(18) 那,头一招,他就算输给咱们了。

(19) 至于北京话呀,他说的是那么漂亮,以至使人认为他是这种高贵语言的创造者。

(20) 他,他在这儿行吗?

例(17)的"对人",一般认为是个状语,当然不是短语结构中的成分;例(18)的"那"和"头一招"跟"他就算输给咱们了"看成是主谓短语也不大令人满意。这些都应看作话题。按照《现代汉语八百词例释》的说法,例(19)的"至于"的作用就在于引进话题。这些都是句子中所特有的。例(20)中开头的两个"他"也是言语中所特有的重复现象,它们之间的关系不属于短语结构范围。

　　三、下面这些句子里有所谓直接引语。

(21) 对了,我就说,猫先生来呀! 没有给你带来什么好吃的,只带来一只眼睛,你看合适不合适?

(22) "我估摸着您今个得露了。"赤红脸忙笑着说。

(23) "完了?"赵太爷不觉失声地说,"那里会完得这样快?"

(24) 他在门外问了声"谁来了"就下楼去了。

一般认为上面几句话里的直接引语是"说"和"问"的宾语,相应地认为"说"和"问"跟后面的直接引语构成动宾短语,这种分析没有注意作为言语单位的句子的结构上的特殊性。就句子来讲,一般情况下每个句子都有自己统一的语调,而这些句子却包括着不止一个句子的语调。这种形式不能用一般结构来解释,更不能把它们纳入动宾短语的类型中。这类句子的特殊性,在例(24)里表现得最为清楚。假如这里的"谁来了？"作为直接引语，具有自己独立的疑问语调，"就下楼去了"便成了一个分句，而且"他在门外问了声"跟"谁来了"之间不能简单地看作单句内部的结构关系，把"谁来了"看作"问"的"宾语"。假如这里的"谁来了"没有自己的独立语调，那就是一个作"问"的宾语的主谓短语，同"问"之间构成"动宾关系"，"问了声'谁来了'"是一个动宾短语，而全句也成了一个紧缩句。[⑥]

　　四、某些成分倒置现象和分句之间的关系，也是句子所特有。例如：

　　　　（25）不用对别人说，骆驼的事。

　　　　（26）极慢地站起来，四周没有一个人，低着头走。

这些都不能纳入短语类型。

　　句子在结构上不同于短语的地方不只这些。单从这些情况也可以看出，句子虽然是以短语为基础构成的，但是句子中还有许多短语结构所没有的成分和形式。为了认识句子的结构，不仅要对构成句子的基础的短语进行短语结构分析，而且要从表达功能的角度对句子进行句子成分的分析。[⑦]

2.2　现代汉语的句型

　　我们前面讲过，类型同实例不同，类型是抽象的，实例是具体的。要想把一个类型变为实例，必须把它的每个变项都代入相应的个体项。所有短语类型和句子类型，都可以看作组词成句的规律。关于短语的基本类型，大家谈得很多。要想进一步研究，不是短文所能胜任的。不过我们应该注意的是：短语类型也有不同层次。例如，（谓⊙X）是一个最概括的类型，（动⊙体）和（（形←了）

⊙体)是进一步分出的类型。而(动⊙名)和(动⊙处)是从(动⊙体)进一步分化出来的类型。现在着重谈谈句子的类型。

句子类型可以从三个不同的角度来概括。

每个句子都有特定的语调。语调是跟句子的表述性相联系的,是句子所特有的现象。关于现代汉语的语调类型,我们知道的还不多,但是有一点是明确的:语调跟句子的语气,即说话人对所说的话的态度有关。例如,"他来了?"和陈述句"他来了。"语调不同,所表示的语气也不一样。粗略地说,我们这里可以按照升调和降调把现代汉语的句子从语调的角度分为两类。

语调既然跟语气有联系,语气就应该是语调的意义。正像短语结构和句子结构都可能有歧义形式一样,语调也有歧义形式。例如,降调有时表示陈述语气,有时表示疑问语气:

(27) 他来了?

(28) 他来了。

(29) 谁来了?

(30) 他来不来?

(27)和(28)的区别在于升调和降调,这是最高层次的区分。(28)跟(29)、(30)的区别在于后者一个有疑问代词,一个有谓词的重叠形式。这样分出的句子类型可以叫句类。

我们可以把句子按照构成这个句子的结构加以分类。这样分的时候,既不考虑语调所表示的语气,也不考虑出现的具体语境。例如:

(31) 崔元峰　　难说! 很难说! 你看,今天王大帅打李大帅,明天赵大帅又打王大帅。是谁叫

> 他们打的？
>
> 王利发　谁？哪个混蛋？
>
> 崔元峰　洋人！
>
> 王利发　洋人！我不能明白。
>
> 崔元峰　慢慢地你就明白了。

这里有的句子是由一个词构成的，有的是由状谓短语（"难说"，"很难说"）构成的，有的是由定体短语（"哪个混蛋"）构成的，有的是由兼语短语（"是谁叫他们打的"）构成的，有的是由主谓短语构成的。[8]至于"今天王大帅打李大帅，明天赵大帅又打王大帅"和"慢慢地你就明白了"已经超出短语的范围，需要另作分析。这样分出的句子类型可以叫做句式。

句式的研究可以帮助我们了解现代汉语里哪些词的组合形式可以成句，哪些不能成句，句子里有哪些不同于短语结构的成分和形式。[9]这样进行分析的时候必须注意：这仅仅是句子分析的一个方面。单从这个方面还不能全面认识句子的结构。例如，句子中有不属短语结构的成分，像语调、话题等等。句子中不同层次的非直接成分之间的结构关系，像主语和宾语，主谓短语作补语的小主语和全句的主语、谓语之间的结构关系，也必须在这种分析的基础上进行更加综合的研究。

一般讲句型指的是足句的类型。我们上面讲句式，是把所有可能成句的形式都包括在内，而句型研究的却只是其中非省略的可以独立成句的形式。例如：在回答疑问句"你把什么打碎了？"的时候，说"把茶杯。"这是省略句。足句跟省略句不同，足句不需要上下文的补充，独立表示一个完整的意思。依靠上下文而形成的省略句,情况是多种多样的,是随着语境变化的,不可能也不需要从结构上概括出各种类型。而足句却不一样。一种语言里足句有哪些形式,是研究这种语言的语法的人必须仔细分辨的。[⑩]有些表面上看是省略句,而实际上已经成为固定的格式,也就成了一种句型。"再见!"就是一个例子。研究句型的时候可以暂时把语调类型排除,例如"他来了?"和"他来了。"属于同一句型。

概括句型可以采取不同方式。现在影响比较大的分析句子的方法有句子成分分析法、直接成分分析法。如果不怕麻烦,各种方法都可以反映语言的句型。如果句子的组成规律是有层次性的,那么直接成分分析法正反映了这种组合类型。但是这样概括句型的方法还没有人试验过。从理论上看,这虽然是可行的,但是一定是十分烦琐的。当然,我们也可以从另外角度考虑问题。我们不去研究现成的句型公式,而去研究从深层结构到表层结构的生成转换过程。用这种生成转换的公式代替各种句型的公式。但是即使如此,句型的研究仍是很重要的。就把某种语言作为外语进行教学,就语言间的类型比较研究,就该语言本身句法规律的认识来讲,都是必要的。目前,大多数人利用句子成分分析法研究句型。不过要使这种方法在现代汉语句型研究中发挥作用,必须加以改进。

首先,我们不能把句子成分分析法看成是把句子分成主谓两部分之后,就层层找中心词的方法。这种方法眉毛胡子一把抓,不可能从结构上认识句子的基本类型。例如:

(32) 觉新服务的西蜀实业公司所经营的事业,除了商场铺面外,还有一个附设的小型发电厂。

用这种方法,粗分是:

　　　　(33) 定—定—主‖状—状—谓—定—定—定—宾

细分就成了这样的形式：

　　　　(34)〔主—谓〕定—〔主—谓〕定—主‖〔介—宾〕状—状—
　　谓—定—定—定—宾

这样分析出的句型不但跟直接成分分析法分出的句型同样繁多，
而且还少了一定的层次性。

　　其次，我们也不能按一些讲语法的书讲的，把这六大成分固定
在句子结构的最高层次的平面上。按照这种观点，最复杂的单句
句型是：

　　　　(35) 定—主‖状—谓—补—定—宾

或者索性把定语取消，成为：

　　　　(36) 主‖状—谓—补—宾

这是因为现代汉语流行的句子成分分析法里的状语和补语是很复
杂的。例如：

　　　　(37) 我们把敌人打跑了。

　　　　(38) 狗都吓得躲在屋里打哆嗦。

这两句话都被概括为：

　　　　(39) 主‖状—谓—补

属于同一句型。这样的句型有简明的特点，但却掩盖了现代汉语
句法结构的真实情况。

　　第三，更重要的，主、谓、定、状、宾、补等等，是表示语法关系的
概念。作为公式的句型，变项必须是表示词的集合的词类的概念，
同时要在这些变项之间加上表示语法关系的连接符号。必要的时
候还要使用表示层次的符号。例如：

（40）长条的天井里露出一段日光。

（41）这时全家的人除了老太太外全坐在院子里。

这两个句子按照上面讲的第二种方法概括的句型公式是：

（42）（a）主—谓—宾（或：状—谓—补—宾）

　　（b）状—主—状—谓—补（或：状—主—状—谓—宾）

作为一个公式，我们仍然不知道怎样用它造出新的句子，因为作"主"作"宾"的可以是不同类词或短语，而且这些词语相互制约。要想把这些条件讲清楚，是十分复杂的。用我们上面提出的方法，例（42）可改写为：

（43）（a）名⊖动⊙名（或：名⊖（动＜趋）⊙名）

　　（b）时—名⊖（介⊙名）＞副＞动＜（介⊙名）

　　不过这样做的时候，需要根据分布的原则对词类进行系统的研究，并且对几个大的词类进行必要的概括和再分类。大体上讲，除了名词、动词、形容词的再分类以外，还要解决介词短语和主谓短语的词类归属问题。介词短语在句法功能上基本上相当于副词，但是它们大多有特殊作用，而主谓短语在建立话题的范畴并限制了作句子成分的主谓短语的范围以后，主谓短语的词类属性也需要进一步研究。最可行的办法是把主谓短语、介词短语另列一类，可以简称为"句"和"介"。如果这样，那么上面的（43）可用下面的形式表示：

（44）（a）体⊖谓⊙体（或：体⊖（谓＜谓）⊙体）

　　（b）体—体⊖介＞副＞动＜介

当然,这是极概括的句型。根据再分类的原则,上面的(44)可以修改为:

(45)(a) 处⊖(动←趋)⊙名

(b) 时—名⊖(除了⊙名)＞副(范)＞动＜(在⊙处)

作为句型,还要把那些可有可无的成分用方括弧括起来。把那些可以代换的成分用双方括号表示出来。例如(45)(b)中的"除了⊙名"和"副"就是可有可无的成分;(45)(a)中的"出"可以是"了"或"着"。

如果要全面表示句子的类型,还要把这跟句类结合起来,把语调放在全句类型的末尾,用(。)或(?)或其他符号来表示。例如把上面的(45)(a)写成:

(46)(处⊖(动←趋)⊙名)＋(。)

正像我们上面讲过的,句型是有层次的。不同层次的句型代表不同范围的句子。最高层次的句型里,如果一个变项可以包括几个大的词类范畴,就可以用最概括的词类的符号大写的 X 来表示。例如:

(47) X⊖X

表示最高的句型主谓句。这里的 X 可以是体词、谓词、主谓短语,甚至是介词短语。而

(48) X⊖X⊙X

(49) 0⊖X

(50) X

则分别表示主谓宾句、无主句、独词句。

在教学中句型到底讲到哪个层次，看具体需要决定。而有些较重要的句型，可以同较高层次的句型并列讨论。例如，存在句、把字句、有无句等等，不必罗列所有句型。

我们上面提出的只是一些设想，要想做更细致的阐述，还需要做大量的工作。

附　注

① 为了行文方便，转述过去的语法著作时，跟短语相应的词组、仂语等等，一律称之为短语。

② 布龙菲尔德认为短语是由两个或更多的自由形式结合而成，而他确定自由形式的标准是能否单说。我们根据国内现代汉语研究传统，把凡是由词（包括一些不能单说的形式，如"白的"中的"的"）组成的语言形式都看作短语。另外，这里讲的"任何层次"不包括分句同分句的组合。只出现在句子中的一些成分，如插入语等等也不包括在内。

③ 凡是语言类型或抽象的语言形式，用单引号表示。

④ 虽然"类型"和实例都有不同层次，但一般谈到"实例"的时候指具体言语中的实例。

⑤ 符号＞表示修饰关系。下面用到的表示结构关系的符号还有：＜表示补充关系，←表示后附关系，⊙表示动宾关系，⊕表示介宾关系，⊖表示主谓关系，⊕表示联合关系，＝表示同位关系，⊗表示非上列各种关系的关系（相当于通常讲的广义的连谓短语两个成分之间的关系），—表示话题跟后面部分之间的关系，┣表示分句之间的前偏后正关系。

⑥ 参见郑远汉《记言式及其结构分析》，《中国语文》1983 年第 2 期。

⑦ 功能分析和层次分析这两种因素在传统的句子成分分析法中同时存在着。因此，句子成分分析法向一个极端发展，是把句子成分看成层次组合关系，这就是直接成分分析法的方向。句子成分分析法向另一极端发展，是

把句子成分看成不同的表意功能段的线性组合,这就是线性分析法的方向。我们认为要想在同一模式里完全认识句法结构的这两个方面是困难的。

当然,句子的功能段的分析跟句子的直接成分分析有联系。功能段的线性组合跟词和词之间的层次组合有相对应的关系,并且应该用短语结构分析控制句子的成分分析。例如,我们可以把典型的句子成分的组合关系看成是有这样的层次:

$$（主＋（状＋（（谓＋补）＋宾）））$$

但是句成分分析法不在于它能否表示结构的层次性,而在它如何在句子层次分析的基础上,透过深层表层之间的联系,反映句子里各个表意功能段之间的组合关系,从而揭示句子的不同类型。

⑧ 这里"谓词"指能作谓语的词,包括形容词和动词;"体词"指名词、代词、数词、量词等。

⑨ 例如"把楼上"、"端起"这类短语就不能单独成句。

⑩ 对于句式,只要研究不能成句的形式就可以了,因为不能成句的短语是较少的。

（原载《语文研究》,1984 年第 1 期）

现代汉语的句法结构、语义结构和语用结构

一、语言交际

1.1 说话者和听话者

语言交际是在说话者和听话者之间进行的。说出一句话和理解一句话的方向正好相反。说话相当于信息理论中的编码过程，而听话则相当于信息理论中的解码过程。作为语言信息载体的是口头交际中的语音和书面交际中的文字。语言研究的直接对象是口头形式或书面形式的话语，而话语是语言研究的基本素材。

语言研究可以从说话人的角度进行，也可以从听话人的角度进行。从说话人的角度研究语言，研究的是人们如何生成语言而达到交际目的；从听话人的角度研究语言，研究的是人们如何理解语言而完成交际目的。人们在交际中生成语言是一个复杂的心理、生理过程。近年来虽然对大脑的语言机制方面的研究有了飞跃的发展，但是目前还不能从心理、生理角度对语言生成过程给以完满解释。生成语法学派的语言学家和人工智能的科学工作者企图从实际的话语，即语言的表层结构中分析、探讨语言生成的逻辑程序，取得了很大成功，形成了各种较完整的体系。生成语法的成

就加深了人们对语言交际功能的认识，提高了语法规律的解释力。生成语法学家和语言心理学家、神经生理学家从不同角度，运用不同方法，探讨了同一对象话语的生成问题。由于话语生成本身既是一个心理生理过程，又是一个逻辑语法过程，因此，这两种研究是相辅相成，殊途同归的。

人们如何理解语言，如何通过辨认语言的结构而辨认语言的意义，是传统语言学和描写语言学的中心课题。传统语言学家和描写语言学家对研究比较多的语言，像汉语、英语、俄语等等的结构规律作过详细的分析概括。这种静态的结构规则的辨认是研究语言生成的逻辑程序的基础和条件。没有这种静态的结构分析，就无法探讨语言结构生成的逻辑程序问题。而语言表层结构的描写和语法规律的概括也必须辅之以生成的研究，否则就无法以简驭繁，真正把握语言的结构规律。

语用学和话语语言学的发展，扩大了语言学、语法学、结构学研究的领域。语言交际中生成的是整个话语，而不是孤立的句子；语言理解不仅要辨认"句子"的结构，而且要辨认整个话语的"结构"。在"话语"这个语言交际的实体上，传统语言学、描写语言学、生成语言学、话语语言学会师了，并且发挥着各自的和相互补充的作用。句法学、语义学、语用学在不同层次上对话语功能进行着分别的而又相互联系的探索。

1.2　语言交际的基本模式

下面是一个简化了的话语生成的示意图：

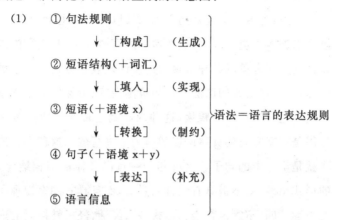

(1)　　① 句法规则

　　　　　↓　［构成］　（生成）

　　　　② 短语结构（＋词汇）

　　　　　↓　［填入］　（实现）

　　　　③ 短语（＋语境 x）　　　　语法＝语言的表达规则

　　　　　↓　［转换］　（制约）

　　　　④ 句子（＋语境 x＋y）

　　　　　↓　［表达］　（补充）

　　　　⑤ 语言信息

我们对这个示意图作一些简单的解释。一、这里的句法规则相当于转换生成语法的短语结构规则。根据这些规则，我们可以构成词类范畴的抽象的线性排列形式。这就是所谓短语结构。根据句法规则构成短语结构是一个"生成"过程。广义地讲，从①到④都是生成。从①到②的生成是狭义的，专指由改写规则构成的推导过程，是纯句法的。词类范畴，以及范畴之间的结构关系，都是语言的，而与语言结构以外的客观世界无关。由短语结构规则生成语言的所有的深层的基本的结构类型，即深层句型。二、词的基本意义是固定在语言中的概念，词是语言联系客观世界的桥梁。词有指称作用。抽象的、脱离具体语境的词指称它所代表的概念或泛指某类事物或现象；出现在具体语境中的词指称的是客观世界中有关的对象。当语言中的词语填入短语结构相应的位置以后，就成了具有一定意义的语言结构单位短语。短语才是真正的语言单位,语言交际的形式。不过这种形式的短语还只是静态的语言单位,而不是动态的言语单位。这样的短语只有意义而没有内容。在短语中,各语言单位之间受到语义以及语言上下文的制约,但与语言以外的语境无涉。三、在实际的言语交际中,交际的具体环境以及同交际有关的各种因素制约着话语表达方式。为了更有效地交际,必须在语言的语法允许的范围内,改变深层的基本短语结构形式。这种程序就是转换,这种规律就是转换规律。转换规律的运用是在交际时的具体语境的制约下进行的。这种形式的语言形式就是实际中的句子。这种句子一旦同具体语境相结合,作为⑤的形式出现,就不但具有语言的意义,而且具有同客观现实相联系的内容。四、不管语言表达形式多么灵活,经过转换后的形式总是有限的。在言语交际中,说话者根据语境来确定句子的形式,而说出的句子也必须在语境的补充下才能达到交际——表达——的目的。原则上制约转换的语境同补充表达的语境应该是同一的。但是由于表达形式是有限的,语境是千变万化的,因此补充表达的语境因素常常多于制约转换的因素,因此前者用"语境 x"表示,后者用"语境 x+y"表示。

如果语法是指人们如何构成实际话语的规律或表达规律的话,语法就应该包括我们上面示意图中的①到⑤全部形成话语的规律。也就是说语法不但包括传统的句法学,而且包括与句子形成有关的语义学,包括与话语形成有关的语用学。要从句法、语义、语用三个不同平面及其相互渗透的角度来研究语法,解决语言的句法规律。从实际的言语素材,即从听话人的角度研究语言的句法规律,也必须明确地从⑤到①逐步分析上去,并在每一步骤认真辨析同形成句法结构形式有关的语言的和非语言的因素,区分句法的、语义的、语用的不同层次,否则就不能正确认识句法规律,并混淆了不同句法平面上的现象。

二、语言形式和言语形式

2.1　语言形式和言语形式

为了正确理解、分析语言的句法结构及其表达作用,必须区分语言形式和言语形式。我们这里的语言形式比一般理解的语言形式要广。我们认为凡通过语法规则,包括短语结构规律和转换规则构成的语言形式,在未进入具体的言语交际时,都是语言形式而非言语形式。从认知的角度讲,从言语交际中抽象出来的任何一个成分,包括整个句子,都是语言形式,都只有语言意义而没有客观内容。根据这种理解,由于不同的语境制约,按照不同的语用结构规律构成的两个形式相同的句子,虽然作为言语交际中的实际的句子具有不同的结构和内容,但是作为抽象的语言形式,它们的意义和形式是相同的。例如:

　　　(2) 赵老　修沟的到了! 到了!

这里的"到了!"是指"修沟的人"到了,是省去主语的省略句。而在一位坐火车旅行的人到了杭州车站时讲的"到了!"是"到了杭州了"的省略。这两个具体的"句子"的形式和内容各有不同,而它们却有着共同的形式。这个抽象的形式"到了!"是从具体句子中抽象出来的,只有语言意义而无客观内容,是语言形式而非言语形式。至于从句子中抽象出来的小于句子的形式,词和短语,是语言形式则是大家公认的。

我们对言语形式的理解也跟一般看法不一样。我们认为凡出现在言语交际中的实际的句子中的一切形式都是言语形式。也就是说,不但整个句子,而且包括在句子中的一切词、短语等等都既有意义又有内容,因此都是言语形式。例如,"修沟的",作为一个孤立的词,是语言单位而非言语单位。但是在(2)里,"修沟的"是言语单位,而非语言单位。在这句话里,它是有所指的,它含有指称客观事物的具体内容。

不能说词和短语是语言单位,句子是言语单位。这些形式都既可以是语言的,又可以是言语的,问题在于它们是否出现在实际的话语中,承担着言语交际的任务。

2.2　语言和言语与语言形式和言语形式

传统的说法认为语言只包括语法和词汇。根据这种观点,一切按句法规律构成的词和词的组合形式都是言语活动的结果,都是为了交际的需要而随时组合的。这种理论的逻辑结果是,不存在抽象的、静态的短语,更不要说句子了。应该说,语法规律和词汇单位是言语中抽象出来的最高的语言抽象,是言语生成和言语交际的最终的出发点。但是这种观点忽视了言语生成程序中的中间环节,同时也就是忽视了从具体到抽象的抽象过程中的中间环节。因此这样理解下的语言和言语的关系就无法解释交际中的复杂的言语现象。

正像我们上面已经阐述的,要把语言生成程序分为两个不同层次:生成深层的基本短语形式的层次和生成实际交际中的表层的具体句子的层次。同时要把语言中不同层次的单位,词、短语、句子,根据它们是否呈现在实际的话语中,分别归属于语言和言语两个不同平面。把这样的不同形式分别称之为静态语言形式和动态语言形式更能表现二者的区别和特性。不过我们对这两种形式的范围的界定对流行的解释有了一定的修正。

　　能不能把从具体语境中抽离出来的句子看作语言形式? 这个问题我们在上面已经作了适当说明。"到了!"是在言语交际中由于语境的制约而形成的"省略句",是言语中的句子。但是从《龙须沟》中出现的具体语境中抽象出来,它就成了只有语言意义而无言语内容的语言形式,并在不同的语境中受到不同语境的补充而具有不同的内容和结构形式。我们这里的语言形式,正是指一切抽象的、只有语言意义而无言语内容的形式讲的。例如:

　　　　(3) 您这篇论文的主题是什么?

这是传统相声《戏剧杂谈》中的一句话。这句话在特定的上下文里,"这篇论文"指的是上面讲的"在外国留学时发表的一篇论文,四万余言,费了三个月脑筋"被大戏剧家称为"盖世奇文"的吹嘘出来的论文,而"您"则又随说相声者的不同而变换着指称对象。"主题"根据上文也有所指,"什么"则同下文相联系。但是同样的话可以出现在各种不同的语境中,表示不同的内容,而这句话本身仍不失其为同一抽象的语言形式。

2.3　短语结构

　　语言的实际存在形式是语言单位(符号)的线性排列,因此最抽象的句法形式是词类范畴的线性排列。例如:

　　　　(4) 我弄水去。

　　　　(5) 大学毕业以后我就从事戏剧工作。

的句法结构形式是：

      （4a）NP＋VP＋VP

      （5a）NP＋VP＋NP＋NP＋Adv＋VP＋NP

这些词类范畴的组合是有层次的：

      （4b）NP＋（VP＋VP）

      （5b）（（（NP＋VP）＋NP）（NP＋（Adv＋（VP＋VP））））

这些词类范畴的组合不但是有层次。而且各成分之间发生种种
不同的句法关系：

      （4c）NP⊖（VP⊗VP）

      （5c）（（NP⊖VP）←NP）＞（（NP⊖（Adv＞（VP⊖

         NP）)))）[①]

每一个这样的形式都是现代汉语里的一种"句型"。从认知的角度
讲，这类句法形式是从现实言语中抽象出来的；从生成的角度讲，
这类句法形式是通过语法中的短语结构规则和转换规则推导出来
的。

    我们上面讲过，短语结构规则生成短语结构，言语中的句子形
式是在短语结构的基础上再通过转换程序得到的。现代汉语的短
语结构形式是现代汉语深层的基本句法结构形式。例如（4）的句
法结构形式既是一个表层的句子结构形式，也是一个深层的基本
的句子结构形式，即短语结构。而（5）则是从

    （6）我大学毕业以后就从事戏剧工作。

这个短语，即深层的基本的句子经过时间状语移位到主语之前构
成的，（5c）本身不是基本的句子结构形式。怎样确定现代汉语的
短语结构？为什么说（4c）不是短语结构，而（6）所包含的形式是短

语结构？这需要对现代汉语句法形式及句法规律进行全面的调查研究,并考虑理论解释的合理性,才能得到合理的解决。例如,在无标记的情况下,现代汉语总是主前谓后,修饰语前中心语后,动前宾后的。符合这一规律的,是基本形式,是常式。由于有特殊标记或无特殊标记而改变了这一原则的,就应该认为是经过转换的形式,是变式。关于这个问题需要作专门的研究。就"弄水去"最抽象的形式,词类范畴的排列

　　(7) VP＋VP

讲,它可以是下列各短语的共同的形式:

　　(8) ① 请客吃饭

　　　　② 笑着说

　　　　③ 请他来

　　　　④ 鼓掌欢迎

　　　　⑤ 画画儿写字

　　　　⑥ 吃完

　　　　⑦ 喜欢喝水

如果考虑到 VP 同 VP 之间构成的句法关系,那么上面(8)①—⑦可以分为以下五种形式:

　　(9) ① VP⊕VP (联合关系,(8)⑤)

　　　　② VP＞VP (偏正关系,(8)②)

　　　　③ VP＜VP (谓补关系,(8)⑥)

　　　　④ VP⊙VP (动宾关系,(8)⑦)

　　　　⑤ VP⊗VP (连谓关系,(8)①,③,④)

而其中(9)⑤又可分化为连谓关系((8)④)和兼语关系((8)③和

(8)①的另一解释)。

　　上面(8)①—⑦那些短语是从具体言语中抽象出来的,而(9)
①—⑤那些短语结构形式则是从(8)①—⑦中抽象出来的。(7)是
(9)①—⑤的进一步抽象。

　　下面我们着重从生成的角度说明一下这些形式之间的逻辑程序。

2.4　短语

　　上一节(4c)和(5c)那样的短语结构形式是通过短语结构改写规
则生成的。由于现代汉语深层的基本短语结构有自己的特殊的体
系,因此它同英语的区别很大。但是可以借用转换生成语法的短语
结构规则的原则和基本形式建立现代汉语特殊的短语结构规则系
统。一个具体短语结构形式的生成推导过程及其结构成分之间的
句法结构关系同样可用树形图来表示。例如(4c)的树形图是:

　　　(10)

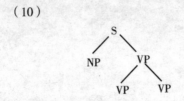

如果是连谓式,可以写作:

　　　(11)

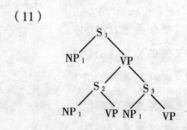

如果是兼语式,可以写作:

（12）

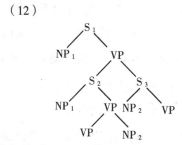

如果是联合关系,可以写作:

（13）

当然,在 S_1, S_2, S_3 的主语(NP)是否相同的问题上还有其他复杂情况。

　　在这类短语结构形式中的每个词类范畴的位置上填上相应的词,就构成了更高层次的语言形式,短语。例如在(7)中填入相应的动词,就构成下列的短语:

　　（14）吃饭写信

　　（15）歪着头笑

　　（16）喜欢说话

这几个短语都是"VP＋VP"形式的具体体现。但是由于所填的两个 VP 的语义限制和相互制约,可以分化为低一层次的不同句法结构短语。如(14)是(9)①(联合关系),(15)是(9)②(偏正关系),

(16)是(9)④(动宾关系)。

由短语结构形式插入词汇构成的短语,有以下几种复杂情况:

一、在某一短语结构形式的相应范畴位置上插入词,不仅受词的范畴性质的制约,而且受词的语义性质的制约。例如在"(9)④VP⊙VP"这一形式中插入动词,前面的VP必须是"喜欢"这一类可以带动词宾语的动词,而后一个VP则在语义上必须受前一个VP的制约。例如,前一个动词只能是"喜欢"一类动词,而不能是"吃"一类动词;如果前一个动词是"进行",后一个动词就不能是"喜欢"。这种选择关系,从词类范畴的次划分来讲,是词类的选择问题,属句法范围;从词的搭配关系讲,是语义的选择问题,属语义学范围。词的范畴意义和词汇意义的区分是相对的,句法问题和语义问题常常交织在一起。

二、句法结构本身是多义的,插入词以后,由于词义和词的句法功能的限制,结构关系明确了,多义的变成单义。这是指在临近的次一层次是单义的,而非绝对的单义的。例如,在"VP+VP"这一多义结构形式中插入"爱"和"笑",构成了"VP⊙VP"结构;插入"请客"和"吃饭",就构成了"VP⊗VP"结构,而作为连谓结构,这个形式本身仍是多义的。有时构成的是明显的连谓结构或兼语结构,有时构成的结构仍然是多义的。例如"请客吃饭"就既可以构成连动短语,也可以构成兼语短语,这要靠具体的语境来区别。

三、相反,同一语言形式(词的结合)也可以插入不同的短语结构形式,构成不同类型的短语。例如"炒饭",可以插入"VP⊙NP"构成动宾短语,也可以插入"VP＞NP"构成偏正短语。

二、三两项的多义结构,就短语这一层次讲,在实际的言语中,多义只存在于听话者方面,存在于认知过程,而不存在于说话者方面,不存在于生成过程。但是就一个孤立的、语言形式的短语来讲,它是多义的,既可以作为甲形式使用和理解,也可以作为乙形式使用和理解。

2.5　抽象的句子

一个短语可以作为组成成分出现在更大的短语中。例如,"炒饭"可以作宾语出现在"吃炒饭"这个动宾短语中,也可以出现在"我炒饭"这个主谓短语中。由于语言上下文的句法的和语义的制约,前者只能是名词性的偏正短语,后者只能是动词性的动宾短语。有些多义形式在更高一级的结构中变成了单义的。而这更高一级的形式本身仍是语言的而非言语的,因为这里起制约作用的只是词义和句法结构,而非言语交际中的语境。这类形式仍只有意义而没有内容。对这一类更高一层的语言形式来讲,也仍然具有上一节讲的那四点特征。

句子,包括复句,是这一平面的最高层次的也是最大的语言形式。抽象的句子不仅指动态句子中包含的短语形式,而且包括构成句子的一切语言因素,如通过转换构成的句子,以及全句的语调等等。也就是说,任何一个言语中的句子,在保持它的一切语言因素的条件下,都可以从语境中抽象出来,成为抽象的句子,而属于语言范畴。这个道理是很明显的,因为任何这样的形式都可以在言语交际中反复出现,同不同的语境相结合,表达不同的内容。如果"词"的"类型"是语言的,"词"的"实例"是言语的,那么"句子"也应该如此。

2.6　话语和语境

存在于言语交际中的只有言语形式而没有语言形式。话语是言语交际中唯一存在的实体。只有在对某一语言进行描述而不是用该语言进行交际的时候，才涉及到音位、语素、词、短语、句子等语言单位和语音、句法规律。一切话语都是对客观事物的描述，即使是虚构的小说和无法证实的某些哲学说教，也具有这种同语言以外的某种客观世界的联系的性质。例如下面两段话：

(17) 宝玉见他这样，还认作是昨日晌午的事，那知晚间这件公案？还打恭作揖的。黛玉正眼儿也不看，各自出了院门，一直找别的姐妹去了。

(18) 由此，我们看到，上帝亦如别的异乎我们的那些心或精神似的，他可以明显地，直接地为我们所知道。

第一段话讲的是虚构的故事中的人物、事物和东西；第二段话讲的是虚构的哲学理论。这些话以及这些话中的语词虽然全部地或部分地同现实的客观世界没有联系，但是在讲话者所设想的可能世界中，它们是有所指的。例如，宝玉、黛玉指称着小说中的两个主角，"昨天晌午的事"和"晚间的这件公案"指的是小说中讲过的宝玉和晴雯等丫头前后招恼黛玉的两件事。"她"指代黛玉也是明确的。"院门"也确指小说中的潇湘馆。整段话讲的是那个虚构世界中的一个事件。第二段也可以作同样的解释。用我们前面讲过的话讲，出现在言语交际中的整段话语，以及话语中包含的一切属于语言的形式，都同语言以外的某种客观世界联系着，都不仅有意义，而且有内容，也就是说它们都是言语形式，它们的意义和功能都不仅受语言上下文的制约和补充，而且受它出现的整个语境的制约和补充。以(17)的第一句为例。"他"指的是黛玉,在这句话出现的语境(即前面的情景)中是明确的,但是单就这段话讲,"他"指代的"先行词"却到最后一句话才出现。无论如何"他"的"内容"总是超过"句子"的范围的。"这样"的内容更完全决定于前面的情景。"认作是昨日晌午的事",离开语境的补充,单从语法结构及其组成成分的意义来理解是无论如何也无法理解的,甚至可以说是"不通的"。"那知晚间这件公案"所要表达的也不是"宝玉"不知道晚间发生的事,而是不知道晚间发生的事是造成"这样"的原因。既然离开语境的补充无法理解大部分词和短语所传达的内容,甚至在理解了词和短语的内容以后,也无法从表层结构形式来了解全句,全话语的含义,可见言语形式的结构分析和理解不只决定于以语言形式为基础的言语形式,以及把言语形式组织起来的句法规律。对言语交际中的句子来讲,大部分句子的意义不等于单位意义和单位与单位之间的结构意义之和。对自然语言的表层形式来讲,整句意义是由它的成分意义加上结构所表示的关系意义构成的这一弗雷格(Frege)原则是不适宜的。从句法角度讲,这些句子的句法结构也不能只作语言分析,还必须作言语分析,即语用分析。例如(17)第一句中间一个分句,单就这个形式本身讲,它的结构是:

(19) 还＞(认作是⊙昨日晌午的事)

如果联系上下文,考虑补充省略的成分,它的结构是:

(20) 宝玉⊖ (还＞(把⊙他这样＞(认作是⊙昨日晌午的事)))

但是如果联系到整个语境,我们就知道,这句话所要表达的绝不是这个已经补充了的表层结构中各单位的意义按照它们之间的句法关系组织起来的意义的总和,因为这句话表示的不是"宝玉"把"他这样"(即黛玉不理宝玉这件事)"认作是""昨日晌午的事",而是讲宝玉把"他这样""认作是""由于(或因为)昨日晌午的事",作"认作是"宾语的不是"昨日晌午的事",而是"由于昨日晌午的事"。

总之,言语形式中的词和短语都是同某种客观世界联系着的,有所指的。对言语形式的结构分析不仅要考虑属于语言范围内的上下文,而且要联系言语交际的实际语境。

2.7 言语中的句子

由短语结构规则生成的句子,是结构完整的,语义明确的,遵守弗雷格原则的典型的深层的句子。在言语交际中的句子,往往由于语言的或非语言的因素的影响,改变了深层的典型句子的语序,省略其中的某些成分,增添一些游离于原来句子之外的成分。言语中的句子同深层的句子比,有明显的区别。例如:

(21)我举几个例子,说明这个问题。比方分子原子组成的物质,同学们是具体感受到的,如桌子椅子板凳。……比方说,开始嘛,关个窗户。可以自己去把窗户关上,那就是通过直接接触把力传给窗户。还有什么办法呢,关窗户呀?……通过一种物质,把窗户把力传给窗户,空气这种物质把这种力传给窗户。……物理上定义的发展是从某些推理开始的。……物理上用基本推理方法来承认其存在的。抽象思维的东西学生接受起来的确比较困难。

(22)就在5月9号吧,我那个,去送孩子。九点多钟,在那个大妈家,跟大妈说话呐,我们原来住的街坊吧。那个大姐她是街道主任，带一个女同志就去咯，说是有人找你。

　　十点多钟，我回家吧，回家吧，进门不说什么，就哭。我爱人不知道怎么回事儿，……我们孩子也猜不着怎么回事儿。后来我一说这事儿，他也感到很突然。……

　　公安局就说的，赶明儿我们厂子挨那儿，电话号码多少，都告诉她啦。后来跟我厂里接洽联系，联系上，厂里也知道啦。

上面字下加点的有的是特殊成分。"抽象思维的东西"是因为话题化而移前的；"如桌子椅子板凳"是作为补充成分从"分子原子组成的物质"后面移到句末的。"我们原来住的街坊吧"也有类似情况，虽然它具有分句性质。其余加点的部分都是多余的成分。有些是由于迟疑而形成的重复（如"回家吧"）；有些是口头语（如"那个""嘛""赶明儿"）；有些是由于改变话题而多出来的成分（如"把窗户"）。这些特殊现象，有些属语言规律范围，如话题化；有些是非语言因素造成的，如因迟疑、改变话题而多余的成分。至于省略情况就更多了，因为交际中很多成分是由语境来补充的。例如（22）最后一段"厂里也知道啦"后面省略了宾语，如果没有语境的补充，这句话的结构是不完整的，语义也是不明确的。就是书面形式的语言，也常常用片言只字表达复杂的意义，因为书面语也有自己的特定的语境。例如：

（23）二春　妈，水就剩一点啦！

　　　　小妞　我弄水去。

　　　　四嫂　你歇着吧！那么远，满是泥，你就行啦？

（24）这一天是大集。山东土话叫"花子街"，叫花子来集上募集年货,大小摊贩不得拒绝。

(23)的"那么远",是"什么"那么远呢? 省略了;"满是泥"是"什么地方"满是泥呢? 也没有说出来。这些都可由语境补充出来。"山东土话叫'花子街'",既然讲"叫",总是把"什么"叫"什么",或叫"什么"为"什么"才行,这句话不管从语义或从结构讲,都少了一个同"叫"有关的"项"。这个"项"也是由语境补充的。

三、句法结构、语义结构、语用结构

3.1 句法结构、语义结构和语用结构

把言语中由一切非语言因素造成的非句法成分排除之后,剩下的部分是由语言中的句法规律形成的言语形式,也是我们研究句法规律的素材。例如前面(22):

(22)(a) 就在 5 月 9 号(吧),我……去送孩子。九点多钟,在那个大妈家,跟大妈说话呐,(我们原来住的街坊吧。)那个大姐她是街道主任,带一个女同志就来咯,说是有人找你。

每个言语中的句子都可以有三方面的结构,即句法结构,语义结构,语用结构;进行三方面的分析,即句法分析,语义分析,语用分析。以(22)(a)的后一句为例。这是一个复句,第一层包括两个分句:

(25)九点多钟,在那个大妈家,跟大妈说话呐

(26)那个大姐她是街道主任,带一个女同志就来咯,说是有人找你

这后一个分句(26)又是由三个分句组成的,这是第二层。以(25)

为例。这个句子的表层句法形式是：

  （25）（a)((九点多钟）＞((在那个大妈家)＞((跟大妈)

    ＞(说话))))←呐

这是一个以动词为中心,前边加上三层分别表示对象、处所、时间的状语构成的句子,句尾还附有表示进行态的语气助词"呐"。三个状语一个是时间名词,两个是介词短语。从深层结构讲,这里缺少一个"主语""我"。这个"我"应位于句首：

  （25）（b)我九点多钟在那个大妈家跟大妈说话呐

是在交际中,由于语境的补充作用,从(25)(b)省略主语"我"而生成(25)(a)。(25)(a)是这个句子的句法结构。这里主语"我"的省略已涉及到语用平面的成分省略问题。

  （25)这个句子的语义结构包括几个语义项：主动者"我",动作"说话",对象"大妈",时间"九点多钟",处所"那个大妈家",再加上一个进行态"呐"。在(25)里,这几个语义项的排列次序和"呐"的序位,都同现代汉语的基本结构形式,即深层结构形式的次序相符合。

  但是也有不一致的：

  （27）抽象思维的东西学生的确不容易接受。

这个句子包括的语义项是：主动者"学生",动作"接受",目的"抽象思维的东西"。这三个语义项在现代汉语基本结构形式中是"主动者——动作——目的",这里由于话题化的作用,表示"目的"的成分"抽象思维的东西"移到主动者的前面了。我们前面2.3和2.4节都谈过这类问题。

  在交际中出现的句子,可能涉及的语义内容是很多的,我们分

析句子的语义结构的时候,只限于那些同交际有关的方面。例如,《传统相声选·化蜡千》开头有这样两段话:

> (28)这是我们街坊的一档子事——凡是这个特别的事都是我们街坊的!那位说:"你在哪儿住哇?"这您别问,您就这么听,"姑妄言之,姑妄听之"。
>
> 这是前四十来年的事,我这家儿街坊是财主哇,富裕!站着房,躺着地,银行存着多少多少款。

这里最后一句"站着房,躺着地,银行存着多少多少款"是一个言语中的复句。这里的"站着""躺着""存着"是由动词构成的表示某种存在状态的。从这句话表达的意义看,在一般情况下,它至少涉及到"什么东西"站着,这个东西是属于"谁"的,以及在"什么时间"、"什么处所"、"什么形式"站着。但是从这句话出现的语境看,涉及到的只是"什么东西","谁"的,"什么时间"三者,"处所"在前文里故意不交代,"形式"也是无关的。从语义结构讲,这句话传达的信息中省略了"谁"和"时间"二者,而这可以由语境补充。从句法结构看,一般只作为承前省略了主语"我这家儿街坊"的省略句。开头一句表时间的分句,是贯串到整个后面的。

我们前面讲过,同一抽象的句法结构形式,由于插入的词语的语义不同,各词语之间的语义关系也会发生不同的变化,使同一结构形式分化为不同的语义结构关系,甚至分化为不同的句法结构形式。这是语义结构同句法结构的又一方面的错综复杂关系。这里不再多讲。

语义结构同句法结构的另一交叉问题是所谓相同的语义结构可以由不同的句法形式来表达。经常被人提到的例子是:

(29)（a）张三打了李四。

　　　（b）张三把李四打了。

　　　（c）李四被张三打了。

　　　（d）打了李四的是张三。

　　　（e）张三是打了李四的。

(30)（a）我们打得敌人落花流水。

　　　（b）我们把敌人打得落花流水。

　　　（c）敌人被我们打得落花流水。

　　　（d）我们打敌人打得他落花流水。

　　研究语义结构同句法结构的关系是一个语法学上的主要课题。

　　句子的语用结构指的是把句子分为说明和话题。我们这里还包括由于语用即交际因素的影响而形成的句子的特殊结构。移位，省略，重读等等都属于语用结构因素。

3.2　语用因素在句子结构中的作用

　　这一节我们想谈谈语用因素对句法结构的影响及其间的关系。

　　还看《化蜡千》中的一段话：

　　　（31）您别说啦，让人家街坊听见多笑话呀！您的心事我全知道，您这仨儿子仨媳妇，是怎么档子事，我全知道。胆儿小的不敢让您进来，怕您死在这儿。您没有病，什么病也没有，素常体格也很好，就是饿的！

由于前面的话以"您"为话题，第二句便顺着这个话题讲，两个分句都把"知道"的宾语提到句首作为话题先说出来。第一个分句因为结构简单,更为明显。最后一句的"什么病也没有"的一般语序是"没有什么病","什么病也没有"也是由于紧接着"您没有病"的"没有病"说的,就把宾语"什么病"提到前面来了。这种由话题化而改变了的结构形式,是语用因素造成的,但是这种结构形式一样可以从言语中抽象出来,成为现代汉语的一种句型。不过这种句型不是由短语结构规则生成的,而是在深层的基本句型的基础上,经过转换规则生成的。上面(29)(30)中各种句型都可作如是观。这样我们就把基本句法的短语结构规则和基于语用的转换规则联系起来作为统一的语法规则。根据这种语法观,传统语言学提出的句子的常式、变式,早期生成语法提出的核心句,语言类型学提出的类型的概念,都可以从这个角度加以解释,并予以"批判地"吸收。

语用因素不仅涉及句法结构,而且涉及语义结构。看看下面两个例子:

（32）这天,老解请人帮助算豆腐账。

（33）我的书还没有呢!

(32)有歧义。一种解释是老解请人同他一起算豆腐账,一种解释是老解请人替他算豆腐账。二者的语义结构不同,句法结构也有差异。这完全决定于语境。(33)"我的书还没有呢"可以有很多解释,例如,一种可以是"卖给我的书"还没给我呢,一种可以是"我写的书"还没有影子呢,还可以有其他解释。这些有的涉及句法和语义两方面,有的只是语义上的差别。

研究语言的句法规律,语用是一个重要的因素。

四、语法

不同的语法学派对"语法"有不同的理解。每个语法学派对语法都有自己独特的定义。这里不仅涉及语法体系本身的差异，而且涉及语法在整个语言系统中的地位及其发挥作用的范围。我们可以利用下面的例子来说明语法规律的性质：

(34) 对这一件事，因为我们是做教育工作的，稍微注意了一下。当时可看的书比较少……没有办法给她读一些书。不过，她的外婆，就是文化不是很高，但是对民间的东西了解得非常多。啊，那个牛郎织女的故事，可以说两三个晚上。

(35) 这个人生活困难，借了一点儿印子钱，利滚利越来越多，还不了啦。债主子找他逼命。……这个人被债主子逼得实在没路可走，就在河边上吊自杀了。

(36) 培养接班人，这件事关系到军队建设和未来反侵略战争的大局，非解决不可。

我们先看看(36)。从理解，即分析的角度讲，这个句子的结构是：

(36) (a) ｜培养接班人，｜这件事 ‖ 关系〈到〉军队建设和反侵略战争的大局，〈非〉解决不可。[②]

进一步分析可以看出，"这件事"是复指话题的第一个分句的主语。假设不话题化，这个成分就可以由"培养接班人"来替换。

(36) (b) 培养接班人关系到军队建设和反侵略战争的大局，非解决不可。

对第二个分句来讲,在原句里,主语"这件事"承前省略了;在(36)(b)里,省略的是"培养接班人"。而且"这件事非解决不可"这个形式中的"这件事"也是由于话题化从"解决"的宾语的位置提到句首的。这里还隐含着一个主语"我们"。根据我们前面讲的原则,生成这句话的短语结构的逻辑程序可用下面的树形图来表示:

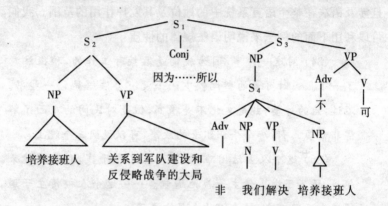

这个基本结构经过主语话题化,增添复指主语,由承前省略而删除S_4的主语,并根据现代汉语连词省略规则而删除连词,并根据表层表达的限制,把"解决"插入"非……不可"之间而构成(36)这个句子。

再看看(35)的最后一句。这句的句法结构是:

(37) <u>这个人</u> ‖ [被债主子]逼得〈实在没路可走〉,[就][在河边]上吊自杀了。

这也是一个复句。第二分句里"就"是表复句之间的逻辑语义关系的副词,前边承前省略了主语"这个人"。第一分句是被动式,它的主动形式是:

(38)债主子逼得这个人实在没路可走。

它的短语结构是：

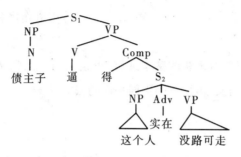

经过被动转换就成了：

(38)(a)这个人被债主子逼得实在没路可走。

至于(34)这段话，由于它是日常交谈的如实记录，构成这些句子时，语用因素起着更为重要的作用，因此它同深层的基本短语结构形式距离就更远一些。(34)里的句子的最明显的一个特点是话题的突出地位。如果话题同主语不统一，常常省去主语。例如，"稍微注意了一下"前面，"没有办法"前面，都省去了主语；而"那个牛郎织女的故事"则以话题挤掉了主语"她"。"她的外婆"虽然是后面两个分句的谓语的主动者，但是由于"就是……但是……"关联两个分句，使它成了整个句子的话题。

　　语法在言语生成的各个阶段上以不同形式的规律参与着句子的形成过程。语法规律贯串着句子生成的始终。短语结构规则生成短语结构，这种生成过程只受抽象的句法规则的制约；转换规则生成交际中的句子，这种生成过程更进一步受到语境的制约；在实际交际中还可能更进一步受到个人的和非个人的因素的影响，在生成交际中的句子的时候，产生游离于句法结构之外的语言的或非语言的成分。虽然这最后一步中的个人的和非个人的影响不受语言规律的制约,但是不论从认知的还是从生成的角度研究语言的语法规律,都不能不涉及这些因素,对这些因素作出合理的解释和处理。

　　这就是我们对语法的基本理解,也是我们所以强调研究语法要分清句法、语义、语用三个不同平面的根据。

附　注

　　① ⊖表示主谓关系,⊙表示动宾关系,⊕表示介宾关系,⊕表示联合关系,⊗表示连谓关系,<表示谓补关系,>表示修饰关系,←表示后附着关系。
　　② {}表示话题。

（原载《语文导报》,1987 年第 7、8 期）

现代汉语动词小句的基本短语结构形式

一

1.1 基本短语结构形式

言语交际中实际出现的句子,不论是整个句子还是它的组成成分,从它出现的具体语境中抽离出来,就成为短语结构。例如:

（1）大字报就贴在她任教的学校的墙上。

这是小说《方舟》里的一句话,把它从小说中出现的语境中抽离出来,整个句子就成了一个没有具体指称作用的短语结构,它的组成成分"她任教的学校的墙上"、"贴在她任教的学校的墙上"、"学校的墙上"等等也是短语结构。

把整个句子作为短语从语境中抽离出来,作为一个短语结构,不仅包括它的所有词语及其排列形式,而且包括整个句调。换句话说,一切短语结构都含有表示句法关系或语法意义的语言形式。

把短语结构进一步抽象,也就是把它从它所包含的具体词语中抽象出来,就剩下了它的纯粹的句法形式。这就是短语结构形式。短语结构形式属句法平面;短语结构属句法语义平面,或简称语义平面;言语交际中出现的具体的句子或其组成成分属句法语义语用平面，或简称语用平面。

短语结构是由词语以及词语之间句法关系构成的。小句短语结构还包括句子的语调。例如：

  （2）连自来水都给咱们安！

这个句子的短语结构可以用下面的形式表示：

  （3）（连：自来水）＞都＞（给：咱们）＞安！

这里"："表示介宾关系，"＞"表示修饰限制关系，"！"表示全句语调。

基本短语结构形式是对一般短语结构形式讲的。基本短语结构形式指的是现代汉语中表示客观事物间的关系的基本语言形式。这种形式是最常见的无标记的形式。例如上面的（2），表示的是"自来水"、"咱们"和"安"的关系。"安"是个动词，它涉及三个关系者："谁"安，安"什么"，给"谁"安。它们的语义形式或逻辑形式是：

  （4）安（x，自来水，咱们）

但这只是语义结构而非句法结构。按现代汉语的语法规则，施事、受事、与事同时出现的动词句，而且与事由介词"给"引出，它的基本结构形式是：

  （5）x⊖（（给：咱们）＞（安⊙自来水））^①

这里"⊖"表示主谓关系，"⊙"表动宾关系。而（2）则是这个基本短语结构形式在一定的语用要求下构成的转换形式。其语言形式标记是介词"连"和"自来水"所带有的逻辑重音。

1.2 基本短语结构形式的表示法

基本短语结构形式是用词类（范畴）符号和句法关系符号以及

语调(包括句调)符号表示的。例如上面(5)的基本短语结构形式
是：

　　(6)　体⊖((介：体)＞(谓⊙体))₁

最大的词类范畴是体词、谓词、区别词、介词、叹词,等等。这些范
畴还可进一步划分,例如,名词、代词、数词、动词、判断词、形容词、
副词,等等。必要的时候还可逐步细分下去。这种划分是以句法
功能为依据的。从功能或分布来讲,甚至可以说每个词都可自成
一类,但分到哪一个层次则是由研究语法的目的决定的。不过无
论分得如何细,都同词语的词汇意义或指称意义无涉。上面的(6)
就可以加以具体化：

　　(7)　体⊖((介：代)＞(动⊙名))

还可以进一步把"介"用"给"来代替,因为每个介词都有它表示独
特的句法关系的作用。

　　句调或语(短语)调是表示句法关系、句法类型的主要手段,在
基本短语结构形式中必须加以表示。陈述句、疑问句、感叹句等等
不仅有结构形式上的区别,句调上的区别可能起更重要的作用。
句调、语调是属于基本短语结构形式这一纯句法形式的因素。

　　1.3　本文主要讨论动词小句,并且以单独成句的动词小句为
主。因为句法上形容词小句同动词小句有许多纠缠的地方,所以
也涉及到形容词小句。判断小句不在讨论之列。

　　动词小句的基本类型可以分为三类。一是单纯的"主—谓—
宾"或"主—谓"式;一是带有补语的形式;一是复杂谓语的形式;第
三种讨论时要涉及通常所谓紧缩句。另外,复杂主语句也应特别
谈一谈。包含介词短语的小句也要作专门研究。

本文主要讨论陈述句。只有在比较的时候才涉及疑问句、感叹句或祈使句。

<h2 style="text-align:center">二</h2>

2.1 动词小句在单句中出现的频率

日常语言中,动词小句占单句的绝大部分。例如,在接近口语的对口相声《戏剧杂谈》中,共有单句 474 句。[②]其中动词小句约占 60％。在比较接近口语的话剧《茶馆》的前三分之一共有单句 326 句,动词小句约占 70％。在那些非动词句中,如果除去对话中表示应对的叹词句和表示呼叫的名词句外,动词小句占的比重还要高。同时我们也可以看到由动词为中心构成的小句短语最为复杂,研究小句的结构形式及其变换规则是句法研究中的核心问题。

2.2 (体⊖(谓⊙体))小句

2.2.1 前面讲过,(体施⊖(动⊙体受))是现代汉语表示动作及其施事、受事之间关系的基本语言形式。例如:

(8) 小牛儿提着水烟袋。

(9) 他们的友谊温暖了我的心。

(10) 我卖菜呢!

(11) 他从家里带来不少书。

(12) 您唱这个!

有时候这种句式中的"体施"和"体受"可以是很复杂的形式:

(13) 我想起小时候我父亲去世家中设灵堂请和尚诵经的情景。

（14）长期给关在活葬墓中的我终于看到了一线光明。

一般地讲,体词短语的复杂化同句子的结构类型和句式的变化关系不大;谓词短语前的修饰限制成分(状语)就常常同句式的变化有关。这是因为谓词前的修饰限制成分常常同补语结构有关,而那些介词短语又常常表示着它所"介绍"的体词短语同动词有某种格关系。同时有些状语的位置在语用平面上比较灵活。除上举(14)外,再举一些例子:

（15）我已经不吃大烟了!

（16）我也得罪了他?

（17）他并不说明理由。

（18）常鸣穿着一身平平整整的蓝制服。

（19）我今天才理解现实主义的威力。

（20）我这儿可带着王法呢!

（21）老友林放读了《我的噩梦》以后也写了一篇杂感《"文革"还在揪人》。

（22）你怎么说些小孩子的话?

（23）她在克服内心的激愤和冲动。

（24）传播这种流言飞语的人难道自己不感到恶心?

（25）卢北河轻轻地敲了敲门。

（26）你这阵子在屋里干什么?

（27）我在《月报》上发表过几个短篇。

（28）你要对我说实话。

（29）你给我拿马褂。

（30）你给后人树立了一个榜样。

(31) 我只是从那些泼向老人的污泥浊水，看出《战争与和平》的作者后半生所走的那么艰难的道路。

(32) 刘麻子先向松二爷、常四爷打招呼。

(33) 人不能用假话欺骗自己。

(34) 这位署名"琴"的年轻读者为我复印了一篇用英文写的散文诗一样的文章《你就永远这样年轻》。

(35) 蜈蚣叫耗子咬了。

这三组的概括的结构形式是"(体施⊖(动⊙体受))"。根据上述理由，还可以细分为两种：

(36) 甲　(体施⊖(动⊙体受))

乙　(体施⊖(X＞(动⊙体受)))③

有些交际中出现的"动⊙体受"形式的句子，实际上隐含着一个"体施"，是由于语用因素省略了。例如：

(37) 锁上他！

(38) 别夸奖我啦！

(39) 卖青菜呢！

(40) 现在简单地讲三件事情。

(41) 拿你写给她的情书啊！

(37)是命令句，是吴祥子命令宋恩子锁上他，即"你锁上他！"的省略形式。(38)省去语言上表示施事的"您"；(39)省去"我"；(40)省去"我"。这些句子的基本短语结构形式都是"(体施⊖(动⊙体受))"。有时"体施"以单独的呼语形式出现，更说明这种形式之间的关系：

（42）王掌柜,捧捧唐铁嘴吧!

（43）李三,再给这儿沏一碗来!

交际中出现的一些"（体施⊖动）"形式的句子的基本短语结构形式也是"（体施⊖（动⊙体受））"。例如:

（44）你怎么不真吃哪?

（45）我不喝。

（46）你买呀。

这里（46）根据上下文讲的是"我买票",因为紧接着"买票"讲,所以省略了表示受事的名词"票",成了"体⊖动"形式。这些句子的基本短语结构仍然是"（体施⊖（动⊙体受））"。有时在一定的语用条件下可以省略成一个动词。例如:

　　（47）甲　你看过电影《白毛女》吗?　　乙　看过。

根据上下文,"看过"是"我看过电影《白毛女》"的省略形式。再看看下面的对话:

　　（48）甲　谁吃饭哪?　　乙　我。

这里"我"这个代词表示的是"我吃饭哪"。这个所谓"独词句"的基本短语形式也是"（体施⊖（动⊙体受））"。

　　这些句式之间的关系下文还要讲。另外,我们这里为了叙述的方便,没有区分"陈述句""疑问句""感叹句"等等不同类型。

　　2.2.2　由于现代汉语施事、受事、动作之间的关系的语言表现形式是"（体施⊖（动⊙体受））,即（主语⊖（谓语⊙宾语））",因此在现代汉语语法结构中,"体—动—体"形式的语言表达式的句法结构也常常是"主—谓—宾"关系,在语法研究中也常常被看作"主—

谓—宾"式。把"体—动—体"都看作"主—谓—宾"式,是只从句法语义平面中词语的线性组合形式考虑的。实际情况要复杂得多。看看下面的例子:

(49) 我有满脑子的想不通。

(50) 戏剧与水利有关系。

(51) 我这儿正没有辙呢!

(52) 各种各样的人都成了这场"文字游戏"的受害者。

(53) 它已经变成我自己的问题了。

(54) 我还像个人吗?

(55) 你又发酒疯了!

(56) 一个作家、一部作品能够起多大的作用?

(57) 我仿佛做了一场美好的梦。

(58) 我总算闯过了八十的大关。

(59) 谁不曾胆战心惊地度过漫长的、可怕的"寒夜"!

(60) 我时时痛苦地想到自己"心有余而力不尺"。

(61) 我们当然不能相信梦境。

(62) 我一生最高的目标就在于"付出"二字。

(63) 它叫"孤独"。

(64) 你这叫什么笑话。

这里的动词有的是表示存在的,有的是表示变化的,有的是表示呈现的,有的是表示心理活动的,有的是表示经历的,有的表示的意思很虚,但这里谓语动词前面的体词短语都是主语,谓语后面的体词短语都是宾语。"宾语"可能是"小句"形式,这样的"小句"体词化了:

（65）我觉得请安比鞠躬过瘾。

（66）您不知道这是马五爷呀！

（67）你以为你父亲吃斋念佛就有人心么？

（68）但是我怎么能相信我是去扫墓呢？

（69）她不会想到每天早晨那一声"再见"让我的心感到多么暖和。

（70）大家都希望这一次能做出一点成绩来。

（71）我爸爸说你的字比我写得好。

（72）我只能说："……我永远不会忘记你们。"

（73）问题在于我们一定要顶得住。

这些动词大都是表示认知或心理活动的。下面的例子就比较复杂：

（74）门口摆着水缸和几个破木箱。

（75）我在这儿住了几十年。

（76）你去一趟吧！

（77）（我的汤婆子，）你放在哪里了？

从形式上看，这些都是"主—动—宾"格式的句子，但是这里的前后两个体词短语同动词的关系却同"（体施（〇动⊙体受））"形式不同。如果从基本短语结构形式同实际语言交际的句法形式之间的联系来考虑，这类"两难"问题就好解决了。例如（74）的基本短语结构是：

（78）（水缸和几个破木箱〇（在门口＞摆着））。

其他三个句子的基本短语结构是：

（79）我〇（在这儿＞（住了＜几十年））了。

(80) 你─(去<一趟)吧！

(81) 你─(在哪里>(放⊙我的汤婆子))？

下面这些形式都可作类似的解释：

(82) 这笔账我算不上来。(←(我─((算<不上来)⊙这
笔账))。)④

(83) 我那点财产，不值一提！(←(〔您〕─(不>((值←
得)<(提⊙我那点财产))))！)

(84) 这儿的茶钱我候啦！〔((我─(候了⊙这儿的茶
钱))啦！)

(85) 这种大茶馆现在已经不见了。((x─(现在>已
经>不>(见⊙这种大茶馆))))

这是在基本短语结构的基础上在语用条件的制约下经过移位转换
成的形式。对这种形式，我们可以根据表层线性组合分析它的句
法结构，还可以根据基本短语结构及移位转换的原则说明它的句
法结构。后一种分析更能说明句子中各句法成分之间的句法关系
和语义关系，更能说明语言的句法规律。在移位时，可能受汉语表
层句法的制约而在成分上有所增删。例如(83)(84)就是这样的例
子。

上面我们讲过，有些"名─动"或"动⊙名"的句子是由基本短
语结构"主─动─宾"经过成分省略转换来的。下面再举几个例
子：

(86) 官厅儿管不了的事，我管。

(87) 新的生活开始了。

(88) 先生,您照顾照顾!

(89) 你不懂!

(90) 你还记得吗?

(91) 我终于把心里藏了十年的话说出来了。

(92) 可惜我没有能把他寄到成都的信,几十年前的那封信保存下来!

(86)的"我管"单看是一个"体⊖动"结构,实际上它省略的"宾语"正是前面出现的名词短语"官厅儿管不了的事"。(87)包括着"省略"和"移位"两种转换过程:省略了主语"我",再把宾语"新的生活"移到动词前。这样转换后虽然"新的生活"同"开始"的基本语义关系没有变,但是它所表达的语用意义是有区别的。前者在说明"我"怎么样,后者在说明"新的生活"。(88)(89)(90)都在一定语境中,省略了动词的宾语,这在这一特定的语境中是听说双方不言而喻的。(91)(92)都是由于用"把"提宾语于动词前,在表层形式上成了动词的修饰限制成分(状语),因而整个句子变成"体⊖动"式。在实际语言中,省略主语的"动⊙体"式的句子就更多了,不再举例。

再看看下面这些句子:

(93) 刚才你说"大清国要完"?

(94) 啊,怪不得一早上我看见憬妹还在唱呢。

(95) 啊,十七岁你就要当爸爸了。

(96) 今天我也还没有忘记这个问题。

(97) 四年前编选《十卷本选集》的时候,我在《后记》里写着"我不会让《文集》再版"。

(98) 事后,卢北河曾从校刊记者手里,得到过曾令儿挨斗的一张照片。

(99) 多少年我没有这种"清晨入古寺"的感觉了。

(100) 从小儿我就喜欢戏剧。

(101) 在京王饭店的高楼上,每天都有老友来看我。

(102) 难道在上海我就能找到答案吗?

(103) 但在他的笑容中我还看到严肃的表情。

(104) 关于它,我还想讲几句话。

这些句子都有一个或两个状语提到句首。这些句子的基本短语结构都是"(体⊖(副>动))"形式,移到句首的状语成了全句的话题,在结构上也可以看作"句状语",但"句状语"只是一个语用平面的句法结构概念,它们的出现都可以从语用条件得到解释。以(102)为例。这句话的基本短语结构是:

(105) ((我⊖(难道>(在上海>(就>((能→(找<到))⊙答案)))))吗?)

这个"句子"在一定的语用条件下,状语"难道"和"在上海"可以分别地或共同地移到句首加以强调。省略的形式更是多种多样的。只要语境或交际允许,甚至可以省略成"找到答案?""在上海?""我?"等等。不再作详细分析。

2.2.3　介词短语在句法结构中和句法语义关系的表达中起着特殊作用。先看看下面的例子:

(106) 我在这儿等着你。

(107) 最近我还在家养病。

(108) 我有一种在法庭受审的感觉。

(109) 一个在晚报社工作的朋友最近给我寄来了邓朴方在中国残疾人福利基金会全体工作人员会议上的讲话。

(110) 在他身上我找到了旧日的友情。

(111) 在会议期间我的心情十分复杂。

(112) 我只好坐在廊上(休息)。

(113) 文章发表在《新民晚报》上。

(114) 你到现在还没有睡?

(115) 你一道跟我到南方去吧!

(116) 刘麻子先向松二爷、常四爷打招呼。

(117) 报童向内探头。

(118) 我只是从那些泼向老人的污泥浊水,看出《战争与和平》的作者后半生所走的那么艰难的道路。

(119) 我恭恭敬敬地向他鞠了三个躬。

(120) 你要对我说实话。

(121) 当然对"样板戏"各人有各人的看法。

(122) 我从未说过你对祖国的感情和对事业的理想。

(123) 我给你父亲看了。

(124) 曾伯伯,你送给我?

(125) 他给后人树立了一个榜样。

(126) 我跟你说。

(127) 未来绝不会跟过去和现在一模一样。

(128) 我们要为自己的理想献身。

(129) 谁也用不着为香臭的问题操心了。

(130) 这位署名"琴"的年轻读者为我复印了一篇用英文

写的散文诗一样的文章《你将永远这样年轻》。

（131）我为了你才丢了官。

（132）那么传播黄金疫的病毒究竟来自何处、哪方？

（133）朋友 S 从横滨来看我。

（134）过了八十我还得从零开始。

（135）人不能用假话欺骗自己。

（136）我必须用行动表示我的感激。

（137）难道今后我们还要用"三结合"、"三突出"等等创作方法塑造英雄人物吗？

（138）关于人道主义，我也有我的经验。

（139）这几十年来我们哪一天中断过关于理想的宣传？

介词不止这么多，这里只是举例性质。我们只就由"在""用""关于"这三个介词构成的介词短语作为例子说说有关问题。

包含"在"介词短语作为小句内同动词有直接句法语义关系的成分的基本短语结构形式是：

$$（140）（体\ominus((介_在：体)＞(动\odot体)))^{⑤}$$

上面（106）（107）是未经移位的基本形式；（110）（111）"在"字短语移到主语前；（112）（113）"在"字短语移到动词后。从表层句法结构讲，第一种是状语，第二种是句状语，第三种是补语。（108）（109）中的"在"字短语都包含在句子中名词短语的定语中。"在法庭上受审"和"在晚报社工作"都是用以修饰限制动词构成动词短语，（109）的"邓朴方在中国残疾人福利基金会全体工作人员会议上的讲话"比较特别。这里的"在"字短语是用作名词短语中的修饰限制成分。这个名词短语实际上是由小句转换来的。

（141）邓朴方在中国残疾人福利基金会全体工作人员会议上讲话⇒邓朴方在中国残疾人福利基金会全体工作人员会议上的讲话。

"在"字短语的移位在句法语义平面要受语义成分的制约，在形式上还要受句法语义平面上句法结构规则的制约。例如，"我在信纸上写"，可以移位转换成"我写在信纸上"，但是"我在早晨写"和"我在信纸上写字"就不能作类似的转换。前者属语义限制，后者属结构限制。这都是句法语义平面的限制。后面一句如果要把"在信纸上写"移到动词后，就得同时把宾语"字"前加介词"把"移到动词前："我把字写在信纸上"，或"我写字写在信纸上"。这就是说，在基本短语结构形式"（体⊖（（介在：体）＞（动⊙体）））"中填入具体词语的时候，它的句法结构就要受词语的语义制约，具有不同的结构特征和转换特征。在具体语境中它们的形式还要受语境的制约。

"介用：体"最主要的作用是表示"体"是工具。例如下面这个最简单的句子：

（142）我用毛笔写字。

这个句子的变换形式大约有这些：

（143）甲　我写字用毛笔。

　　　　乙　我毛笔写字。

　　　　丙　毛笔写字。

　　　　丁　毛笔。

当然在一定的语境下，单讲"写字""我"也可以表示"我用毛笔写字"，当然还可有其他形式。例如，"用毛笔我写字。"由于"用"经常单用为谓语动词,而"介词短语"又不大可能出现"(体⊖((动⊙体)＜(介⊙体)))"这种形式,因此一般把(143)甲分析为连动式。但是它表示的仍是"工具",而且同(142)有转换联系。

再看看"关于"。例如:

(144) 这次会议我们不准备讨论你的文章。

这个句子里的"讨论"的宾语"你的文章",可以同"关于"一起构成介词短语,移到句首,话题化:"关于你的文章这次会议我们不准备讨论。"但是在"我们讨论一篇关于你的文章"这句话里,"关于你的文章"是一个名词短语,"关于你"是"文章"的修饰限制成分,在这个句子里,"关于你"是名词短语内部的成分,同全句的结构没有直接关系。上举例(139)的"关于理想的宣传"如果移位到句首话题化,它的结构仍是"(((关于⊙理想)的)＞宣传)"。这种结构关系必须联系它的"来源",而这是属于句法语义平面甚至是句法语义语用平面的问题。(138)则是把作定语的"关于"短语移到句首加以话题化,其结构和作用都同(144)转换后的"关于"短语相同。

动词小句中,动词的补语在结构上和语义上都是一个复杂的问题。讨论动词小句还不能不讨论传统语法中讲的连动句、兼语句,甚至紧缩句。上面虽然涉及到一些补语问题,但是这两类问题不可能容纳在一篇文章里,需要另文研究。就是讨论过的一些问题也只是举例性质,未作全面讨论。本文实际上只涉及了第一部分谈到的动词句的第一种类型。

附　注

①　现代汉语施事、受事、动词的基本语序是"施—动—受",即"主施　⊖(动⊙宾受)"。介词短语是动词的修饰限制成分,现代汉语中修饰限制成分在中心语前,介词短语同动词的基本结构形式是"介词短语＞动"。这是从大量语言材料中概括出来的规律。

②　这里讲的句子是指书面上用句子标志句号、叹号、问号等等划分开来的形式。这种划分可能有一定的任意性。但严肃的作者用标句符号分开的正是他心目中的句子。这同根据语言内部规律划分出来的句子应该是吻合的。

③　这里的 X 代表作动词短语的修饰限制成分状语的任何一类词语,而且状语可以不止一个。

④　这里括弧中的形式是原句的基本短语结构。⇐表示前面的句子是由这一基本短语结构转换来的。

⑤　这是简化了的,没有考虑谓语前的介词短语以外的其他修饰限制性质的状语。

（原载《中国语文》,1994 年第 1 期）

现代汉语带"得"的补语句

一

1.1 为了使本文讨论的范围和对象明确,首先要作出以下两点限定。第一,这里讲的"带'得'的补语句"中的"句"包括传统语法中的"句子"和"小句",而不仅仅限于"句子"。即我们不仅讨论

(1) 此时,你的脸又皱得像个烧卖。

这种动词及其带"得"的补语作为"句子成分"的形式,而且讨论

(2) 二哥坐下,十成立了起来,闭得紧紧的嘴张开,似笑不笑地叫了声"二哥"。

这种动词及其带"得"的补语作"句子成分"的"成分",即作为短语层次中的成分的形式。第二,现代汉语带"得"的补语句的中心语大多数是动词,但也可以是形容词。本文主要讨论"动词"作为中心语的形式。这是因为动词带"得"的补语句更为复杂。

1.2 现代汉语书面语中的"得",包括它的同音形式"的",不是一个在语义上和功能上相同的单一的语言形式。一般认为下面的"得"不是词而是构词成分,虽然它在形式上同作为补语标记的虚词"得"有些相似:

(3) 我觉得我们气氛不对了,有点被形式上的舌枪唇剑

所左右了。

下面的"得"也是构词成分,但是它同"觉得"这样的词不同,后面一般只能带名词性"宾语":

> (4) 便渺茫地感到自己是一种史无前例的特殊人物,既记得几个满洲文,又会作一两句汉文诗,而且一使劲便可以成佛成祖。

至于下面的"得"虽然是一个独立的词,但在意义上和功能上与作为补语标记的"得"都有明显的区别:

> (5) 依着你,恨不得我穿成柴禾姐儿呢。

> (6) 唉,舐犊情深,柔肠侠骨,硬是没得咒念。

这些问题在下面还要提到。

二

2.1　我们首先讨论形式上最简单的带"得"补语句(名词短语⊖(((动←得/不)<形容词/动词),[⊙名词短语]))(注意:这里用方括弧表示可能出现的成分)。下面的(7)是这种典型的例子:

> (7) 难道我管得了一个城市的几十万人,却管不了你一个吗?

这种句子同其他带"得"的补语句在形式上最明显的差别是,以及物动词为中心语的这种动补结构后面可以带宾语,同动词直接带补语(不需要"得")的动补结构相同。下面再举几个例子:

> (8) 同样,他也从来没有想象过市委能离得开他。

> (9) 我不喜欢化学,考八十多分已经对得起化学老师了。

（10）到了我这一代，我记得大家以杏仁茶、面茶等作早点，就是连喝得起牛奶的，如大舅与大姐的公公也轻易不到牛奶铺去。

（11）若不是我脚下留情，你那条腿早废了，哪轮得上你做跷王呀。

这种动补结构不但可以带宾语，而且在"深层结构"中一定有一个宾语，虽然在言语交际中出现的"表层结构"中常常由于语境的补充作用而省略，或由于某种表达要求而出现在"宾语"以外的位置上。例如下面的（12）：

（12）丢东西啦，问问丢得了丢不了，哪里找去？

因为前面有"丢东西啦"这句话，后面的"丢得了丢不了"就省略了宾语。又如，《正红旗下》在谈到叫小弟弟读书的时候，父亲说了句"谁供给得起呢？"这里也因为语境的补充作用而省略了宾语"他"。下面这句话，由于语用因素（关联，概括），"下至纳鞋底、袜底，上至扎花儿、钉纽襻儿"话题化而出现在小句的话题的位置上。

（13）二姐……下至纳鞋底、袜底，上至扎花儿、钉纽襻儿，都拿得起来。

但是也有熟语性的形式，由于语义的限制不能出现宾语：

（14）行！行！这一手不坏，吃得开！

2.2　根据上面的分析，这种形式同不带"得"的"他吃完了饭"这种形式的语序都是"主—动—补—宾"，不同的只在于一个有"得"，一个没有"得"。"得"在语义上起什么作用而分化为两种形式？以下面的（15）为例：

（15）只有在饭厅里才看得见服务员。

比较一下"（我们）只有在饭厅里才看得见服务员"和"（我们）只有在饭厅里才看见服务员"的区别。"看见服务员"是叙述一种事实的，"看得见服务员"表示的是主观愿望中的事实的实现。同这种"看得见"肯定形式相对应的否定形式"看不见"跟"看见"的否定形式"没有看见"比，也有类似的差别。"看不见"的"不"，不是表示单纯否定的"不"，而是表示"得"的否定。因此同"得"相对应，它也是前面动词的后附成分，即((动←不)＜形容词/动词)的形式。

2.3　下面我们举几个例子，进一步看看((动←得)＜形容词/动词)的特点。注意，这里我们没有指明"得"后的补语同动词或主语之间的语义关系，同时把这里的"补语"限制在单个的动词或形容词。这是一个纯粹句法上的短语结构形式，由于动词和宾语的不同，以及交际语境的差别，可以体现为不同的结构。我们先比较一下下面的例子：

（16）他的身量本来不算很矮，可是因为近来吃得好，睡得香，全身越发展越圆，也就更显着矮了些。

（17）这话怎么说呢？就是沙袋子吃得多，又什么也不会干。

（18）龙门山到三王村，走大路有三十里，走小路还不到二十，还看得远。

（19）天下人都得干得多、吃得少。干得最多、吃得最少的人就是模范。

（20）也有人干得不多、吃得不少，但人家有人家的优点，人家虽然干得少吃得多，可是人家话说得少，而且香烧得多。

（21）我们在树林般的腿之间摸摸索索，手摸得漆黑。

　　　　（22）隔壁院子里比我们院里繁荣得多，单是依着我们这
　　边院墙，就种了红白两棵夹竹桃和一棵枇杷树。

　　　　（23）她随着手风琴放声唱了起来，歌声和着琴声，在天
　　空下散得很开。

这几段话里都包含着（（动←得）＜形容词/动词）的形式，个别的
（如（22）（动←得）形式中的动是形容词。这些（（动←得）＜形容
词/动词）形式，根据语义或语境可以确定它们不是 2.1 节中那种
表"可能"的形式，例如（19）里的"干得多、吃得少"，其中"吃得
少"，由于语义的限制，不可能是表示"可能的"、可以同"吃不少"对
举的形式。"干得多"则由于这里同"吃得少"对举，以及同下面的
"干得最多、吃得最少"的对照，可以确定它们同"吃得少"都是表示
情状的。

　　"吃得多"同上面（15）的"看得见"有什么区别呢？为了便于比
较，我们举一个有时是"看得见"形式，有时是"吃得少"形式的歧义
结构。比较下面两个句子：

　　　　（24）这点饭我吃得饱。

　　　　（25）我吃得饱，一点都不饿。

（24）里的"吃得饱"同（15）里的"看得见"相当，不再分析。（25）里
的"吃得饱"是"叙述"一种"我"的"情状"的，即我处于一种"吃饱"
的情状。用陈望道的说法，前者是评议性的句子，后者是陈述性的
句子或描写性的句子。根据这种情况，（21）里的"摸得漆黑"带有
表程度的形容词补语，（22）的"繁荣得多"以形容词为中心语，（23）
的"散得很开"带有形容词短语，都同（25）里的"吃得饱"属同一类
型。

2.4　现在我们举一个多义结构"写得好"来看看结构形式、词语意义和语用因素的关系。正如我们上面讲的,((动←得)＜形容词/动词)是一个纯句法平面的"短语结构形式","补语"同动词或主语或宾语的语义关系,以及结构的进一步分化,是由结构中每个位置上实现的具体词语决定的。假设这个短语形式在句法语义平面上的实现是"写得好",单在句法语义平面讲,这个短语结构是歧义的。这种歧义是由"写"和"好",特别是由"好"的词义(语义)决定的。"好"有"美好"和"完成"两个意义,因此它也可以表示两种不同意义,不同结构,它在一种语境中实现为一种结构,在另一种语境中实现为另一种结构。例如:

　　(26)这篇文章,今天上午他可能写得好。

　　(27)这篇文章比那篇文章写得好。

(26)的"写得好"是表示主观愿望中的事实的实现的,可以用"写不好"表示它的否定。(27)的"写得好"是描写"文章"的情状的,它不能用"写不好"来否定,而只能说"写得不好"。如果我们对助词"得"超乎文字(语素)的制约,而只从语音形式看,((动←de)＋动词/形容词)还可能是((动←的)⊖动词/形容词)。例如:

　　(28)写的好还是印的好。

这里的"写的"是所谓"的"字短语,是省略中心语的名词短语,"写的"同"好"构成主谓关系。

　　我们这里是联系语义和语用,在不同平面上分析句法结构的。反过来,我们也可以说句法结构是在不同平面上在不同的制约条件下起作用的。

三

3.1 现在我们讨论((动←得)＜小句)和((动←得)＜形容词短语/动词短语)这两种形式及其关系。讨论时必然要涉及((动⊙名词短语)⊗((动←得)＜小句/动词短语/形容词短语)))的形式。这是最核心的带"得"的补语句,也是我们讨论的重点。

3.2 我们前面讲过,这种形式的补语小句中主语同主句的主语的关系有两种,一种是补语小句主语同主句主语指的是同一事物,一种是指不同事物,而第一种又有两种,一种补语小句主语指的同主句主语指的是同一事物,一种指的是它的部分。这种差别可以用下面的形式来表示:

> (29)（名词短语₁⊖((动←得)＜名词短语₁⊖(动[⊙名词短语₂])))

> (30)（名词短语₁⊖((动←得)＜(名词短语₁'⊖(动[⊙名词短语₂]))))

> (31)（名词短语₁⊖((动←得)＜(名词短语₂⊖(动[⊙名词短语₃]))))

我们先看看补语小句主语同主句主语指同一事物的句子。如:

> (32) 小胡子忽然不打呼噜了,他的鼻孔忽然不动了,他忽然把鼻梁皱起来。皱呀皱的,就——"啊啾!"打了个响响的喷嚏;打得他浑身都动起来。

根据上下文,整段是讲"小胡子"的。后面一个句子分号以后的分句的主语是"小胡子"。把主语和有关成分补出来就是："小胡子……打了个响响的喷嚏，打得他浑身都动起来。"这是动词"打"后同时出现宾语和补语因而把"打"重复一下，成为（名词短语₁⊖((动⊙名词短语₂)⊗((动←得)<(名词短语₁⊖小句))))）的形式。从句法语义平面讲，这里涉及到动词"打"以及动词"打"的主动者（主格主语），结果（结果宾语）和"打（喷嚏）"所造成的情状（带"得"的小句补语）。而小句补语中则包含着"打"的主动者和对它的陈述。

这种形式同那些小句主语指的是主句主语所指事物的部分的句子有密切的关系。(32)中的"小胡子打喷嚏打得他浑身都动起来"中的"他"可以不出现，成为"打得浑身都动起来"。这同下面的例(33)中的"老太太笑得脸上的皱纹更密更挤了"成了同一类型的形式。

(33) 老太太笑得脸上的皱纹更密更挤了，她颤巍巍地迭声问："你们都是谁呀？"

这两种形式是可以互相转换的。这里需要附带谈谈这两个句子中"他"同"浑身"和"老太太"同"脸上的皱纹"的语义和结构关系。从语义上讲（语言反映的客观事物之间的关系），后者是前者的"部分"，因此在结构上前者可以构成表所属的定语同后者构成名词短语"他的浑身"和"老太太的脸上的皱纹"。但是原短语结构中，没有明显的表定语的标志"的"，而且作为同主句相同的小句主语的是"他"和"老太太"，这就可以证明把补语小句主语看作"他"和"老太太"，而后面的部分则是主谓短语作谓语。但是当同主句主语相同的小句主语删除的时候，作谓语的主谓短语就上升为小句，主谓短语的"主"也就上升为补语小句的主语了。

3.3 再看看小句主语同主句主语指的不是同一事物的句子：

（34）骂得黄狗垂头丧气，诚惶诚恐，灰溜溜地退到一旁，
深刻反省自己为什么犯了这么大的过失，其实它的出发点却
是忠于职守和立功受奖。

在这句话之前，是这样写的："狗的主人把黄狗狠狠批评了一
顿：……"可见（34）这句话"骂得黄狗……"的主语是"狗的主人"。
把这句简化一下就是：

（35）狗的主人……骂得黄狗垂头丧气……

即（名词短语$_1$⊖（（动←得）＜（名词短语$_2$⊖动词短语/形容词短
语/小句）））的形式。在这个句子里，"黄狗"是骂的"受事宾语"，可
以转换为"狗的主人骂黄狗骂得黄狗垂头丧气"。在很多情况下，
补语小句的"主语"可以不出现，但是这类句子中的"名词短语$_2$"必
须出现才能避免误解，虽然"名词短语$_2$"不一定出现在小句主语的
位置上。例如这句话可以用"把"字句说：

（36）狗的主人把黄狗骂得垂头丧气。

采取哪种形式要看表达的需要。这里在"垂头丧气"后面还有一大
串说明骂的结果使黄狗如何如何的话，这就是出现这种形式的条
件。

一般的情况下，这种形式中的小句主语就是前面动词的宾语。
但这并不是在带"得"的补语句中宾语和补语可以同时出现在动词
后面。"得"字后面的小句是整个作为补语的，说明前面动词所造
成的情状。

3.4 上面两类句子在"把"字句、"被"字句及其他一些变换上

有很多相似的地方。例如下面例(37)中的"他这两句话说得老头儿回去睡不着"可以有以下的变换形式：

(37) 要没有这句话呀，这壶碎不了，他这两句话说得老头儿回去睡不着，嘀咕哇，给嘀咕碎了。

(38) 他两句话把老头儿说得回去睡不着。

(39) 老头儿被他两句话说得睡不着。

(32)的变换形式是：

(40) 小胡子把自己打得浑身都动起来。

(41) 小胡子被他自己打得浑身都动起来。

这里(41)比较特别，不作进一步讨论。相反地，带有"把""被"的形式也有相应的其他形式。例如下面的(42)和(43)的相应形式是(44)到(47)：

(42) 一句话把慧芳说得破涕为笑。

(43) 他似乎看到了白花被碾得粉碎。

(44) 一句话说得慧芳破涕为笑。

(45) 慧芳被这句话说得破涕为笑。

(46) 他似乎看到了(乘坐的这辆小汽车的车轮)把白花碾得粉碎。

(47) 他似乎看到了(他乘坐的这辆小汽车的车轮)碾得白花粉碎。

从分析，即从理解角度讲，"被"后边的表示"压"的主动者的名词短语，要借助上文才能补出来，才能理解。从表达的角度，即从生成的角度讲，这个形式的确定，首先是根据这句话的话题是"白花"，因此要用被动形式；其次"被"后表示"压"的主动者的成分前面已经出现,在这里是明确的,因此采取省略的形式。这就是语用条件对句法结构的限制。

3.5　现在看看(名词短语⊖((动←得)＜形容词短语/动词短语))的形式及其同前面讨论的带小句补语的关系。例如"小雨急得直跺脚"这句话实际上是由"小雨急得他直跺脚"删除小句主语来的。而下面《正红旗下》的这句话:

> (48)到了酉时左右(就是我降生的伟大时辰),连铺户带人家一齐放起鞭炮,不用说鬼,就是黑、黄、大、小的狗都吓得躲在屋里打哆嗦。

则由于交际的需要(语用因素),由"到了酉时左右(就是我降生的伟大时辰),连铺户带人家一起放起鞭炮,吓得黑、黄、大、小的狗都躲在屋里打哆嗦"经过"得"后小句的主语的话题化来的。在这句话之前提到"鬼打墙"的事,说"鬼,不管多么顽强的鬼,在那一晚上都在家休息,不敢出来……""就凭这一片卖糖的声音,那么洪亮,那么急切,胆子最大的鬼也不敢轻易出来……"接着说:"再听吧,从五六点钟起,已有稀疏的爆竹声。到了酉时左右……"因为整个讲的都是"鬼",接下去当然要说"鬼""被""吓得"怎么样,这就是决定这句话的句法结构的原因,即条件。我们认为这是辨析、理解、研究在实际交际中出现的句子的结构,以及这种结构形式同基本短语结构形式的关系必须考虑的问题。我们这样研究不是研究具体语境中如何选择句式的修辞问题,而是研究决定句法形式的因素的规律问题,正像我们谈"语义"(出现在某种形式中的词的意义)对结构形式的制约一样。

我们看看(49)的第一个分句"你这学也上得太随便了":

(49) 你这学上得也太随便了，想不去就不去，考试你能过关吗？

正像所有这类句子一样，"太随便了"有一个在表层结构中未出现的深层主语。另外，"你这学也上得"也有一个复杂情况："这学"是"上"的深层宾语，提前话题化；"得"后是补语，本来宾、补不能同时出现，因宾语提前，"得"便直接附在动词"上"后，下接补语；因而"你上(这)学也上得太随便了"中的"上"便合二为一。在"你上学上得太随便了"中的补语的"深层主语"是"你"。但在"你这学也上得太随便了"中，似乎"太随便了"的"深层主语"是"你这学"，同时"你这学"是"上"的表层主语。其实从上下文看，也从这个短语的基本结构看，主语都是"你"，补语是说明主语"你""上"的情状的。这同前面(32)的情况极相似。这种语义关系在讲((动⊙名)⊗(动＜动/形))形式时再进一步讨论。

下面再看看形容词补语的例子。例如：

(50) 二哥坐下，十成立了起来，闭得紧紧的嘴张开，似笑非笑地叫了声"二哥"。

这里"十成……闭得紧紧的嘴"可以看作从"十成的嘴闭得紧紧的"变换而来，而这又可以看作从"十成闭得嘴紧紧的"的"嘴"话题化形成的。但是因为这类补语的深层主语大多同主句主语是相同的形式，而后边的((动←得)＜形容词)在语义上又都是表示对主句主语的描写的，因此言语交际中一般用((动←得)＜形容词)的形式。用小句补语形式反而显得累赘不自然。例如：

(51) 没什么事，妈，燕子说她在海南混得不错，已被一家大公司聘用。

说成"燕子说在海南混得她不错"就很不自然。(52)的情况有些不同:

> (52)高处的风像鞭子一样刷地一下将我的皮肤抽得紧
> 绷绷的,干燥光滑。

它的补语的深层主语同主句主语不一样。这里是用"把"(将)把这个深层主语提到动词前面作介词宾语。未"把"字化前的形式是:"高处的风抽得我的皮肤紧绷绷的,干燥光滑。"这类句子在变换形式上,以及它的语用限制上都同动词补语句没什么大的区别。

四

4.1 关于((动⊙名词短语)⊗(动<动词短语/形容词短语))形式,我们可以联系前面讲过的形式讨论。

现在许多研究语法的论文都谈到语义指向问题。"补语"或者是指向(说明)主语的,或者是指向动词的,或者是指向宾语的。带"得"的补语句的补语也有类似情况。前面我们分析了很多指向主语的例子,也提到指向宾语的例子,如例(35)。至于"吃得快"的"快"显然是指向动语"吃"的。但是联系到这一节提出的宾语和补语同时出现在动词后面的形式,可以看到有更为复杂的情况。例如:

> (53)他请安请得最好看,先看准了人,而后俯首急行两
> 步,到了人家的身前,双手扶膝,前腿实,后腿虚,一趋一停,毕
> 恭毕敬。

其中"他请安请得最好看",这里"最好看"既不是单纯补充说明

"请",也不是单纯说明"安"或"他"的,它讲的是"请安"最好看,即指向整个谓语短语"请安"的。我们看看下面几个例子:

（54）可是,这个书呆子会念诗,而且念得那么好!

（55）大姐赶紧去筛炉灰,筛得很细,预备去擦五供。

（56）海云去了,他们通着信,他想念海云,想得很苦,很苦。

其中(54)的"念诗""念得那么好"的"那么好"指向的也是谓宾短语"念诗"。(56)的"他想念海云,想得很苦很苦"的"很苦很苦"和"他写了很多张大字,写得手都酸了"的"手都酸了"是指向主语"他"的;(55)的"大姐筛炉灰,筛得很细"的"很细"是指向宾语"炉灰"的。这里这种补语指向"动宾短语"的句子,以及前面讲过的指向动词的句子,不可能构成小句宾语形式,而只能有这种叠用动词的形式。例如我们一般不会说"他请得请安最好看"或"他念得念诗那么好"。后面这句话如果说成"他念得诗那么好"或"他念得他那么好"意思就完全不一样了。这是我们所以有((动⊙名词短语)⊗((动←得)<形容词短语/动词短语))这种更一般形式的原因。另外,"他念 de 诗那么好"很可能是((((他念)的)诗)⊖那么好)这样的形式。

4.2　我们下面举的几个似乎省略了"得"的例子,都出现在口语化的文章中。我们说它"省略"了"得",只是说这些句子中具有补语性质的成分之前可以加"得",但是口语中并没有"得"。

（57）甭管说什么,你这样一看就是混不怎么的还用人说?

（58）他没有你说那么惨。

　　（59）我记特清楚,你假装思考问题,眼睛往我卷子上瞟。
从我们上面分析的书面语中的"得"字出现的规律看,在"规范"的
书面语中,这些补语性成分之前总要有"得"的。例如(57)"混不怎
么的"中动词"混"后面的"不怎么的"是补充说明"混"所得到(造
成)的情状的,是补语,而且可以出现(在"典范"的书面语中还"必
须"出现)"得",说成"混得不怎么的"。以下两个例子((58),(59))
也有类似的情况。在这几个例子中,"补语"都是短语,而不是那些
可以直接出现在动词后作动词补语的单个动词或形容词,如"吃
好""洗净""说完"等等。我们这里附带提一下,在现代汉语书面语
里"得"的用法,或"得"字句的构成,是相当一致的。只有在五四运
动以后较早的白话文作品中(如鲁迅的作品),因受近代汉语或方
言说法的影响,出现过一般不说的"叫得他应"的形式。

五

　　语言分析和语言理解都是通过话语来进行的。言语交际的目
的是为了表达人们对主观对象和客观对象的认识和感受。不同的
语法形式只是对相同的客观事物关系的不同安排的不同的反映形
式。

　　最简单的带"得"补语句是(名词短语⊖(动←得)＜形容词/动
词)。这是基本短语结构形式。这种形式可以分化为两种形式,一
种可以用"不"换"得"表示否定,一种不能,二者表示的语义不同。
单就汉语书面形式"得"讲,这两种形式不能区别,需要在言语交际
中(句法语义语用平面)才能分开。是否可以说有两个"得",因而

有两个基本短语结构形式呢？这同区分不同的"的"和不同的"了"，有相似的地方。它们的区分都有结构功能上的根据。其中不能用"不"代换"得"的形式又同可以用"不"代换"得"表示否定的形式在"动"和"形容词"或"动词"中具体实现的词语在语义上的不同有关。对这种（(动←得)＜动词/形容词)在句法平面上有两种处理方法。一种是认为只有一种基本短语结构形式，一种是把虚词("得")的区别作为区分短语结构形式的因素，这样就可以分出（(动←得$_1$)＜形容词/动词)和（(动←得$_2$)＜形容词/动词)两种基本短语结构形式，还有第三种办法：在基本短语结构这个平面上也有不同的层次。

下面看看相互关系比较密切的三种带"得"补语句形式。通常我们说带"得"补语句的补语同宾语不能同时出现在动词后面。同时出现的时候，动词必须重复一次，例如："大姐筛炉灰，筛得很细"不能说"大姐筛炉灰很细"，除非在"炉灰"和"很细"之间加上逗号，成为两个分句。但是只要补语在语义上是指向宾语的，就可以同时出现在"得"字后，构成小句补语"大姐筛得炉灰很细"。但是正像我们前面讲的，不是所有重复动词的结构都可以变成带小句补语的形式，有时又必须用小句补语形式，虽然就深层语义讲，这三种形式大都是互相关联，可以互相变换的，但是由于有些形式(句法语义平面)不能互相变换，因此出现在言语中的是三种不同句法结构形式。虽然其中一部分由于语义因素可以相互转换，但是并不带有句法上的普遍性。

参考文献

北京语言学院语言教学研究所　1992　《现代汉语补语研究资料》,北京语言
　　学院出版社。

陈望道　1979　《文法简论》,上海教育出版社。

范　晓　1996　《三个平面的语法观》,北京语言学院出版社。

胡裕树(主编)　1987《现代汉语》(增订本),上海教育出版社。

李临定　1986　《现代汉语句型》,商务印书馆。

吕叔湘　1979　《汉语语法分析问题》,商务印书馆。

沈　阳　1994　《现代汉语空语类研究》,山东教育出版社。

徐　枢　1985　《宾语和补语》,黑龙江人民出版社。

王　力　1985　《中国现代语法》,商务印书馆。

王维贤　1997　《现代汉语语法理论研究》,语文出版社。

赵元任　1979　《汉语口语语法》,商务印书馆。

朱德熙　1982　《语法讲义》,商务印书馆。

(原载《语法研究和探索》(十),商务印书馆 2000 年版)

论 因 果 句

自从《马氏文通》在讨论承接连字时把因果关系作为承接关系的一种以后,由于不同语法学家有不同的观点和古今汉语关联词语的差异,对因果句的范围,表因果连词的语义特征,以及因果句在复句体系中的位置,众说纷纭。本文拟就有关一般因果句的几个问题谈谈个人看法。

一、典型因果句及其语义分析

典型因果句的一般形式是"因为 A,所以 B"。"因为 A"表原因,"所以 B"表结果。例如:

(1) 因为振动的传播速度仅由媒质决定,所以不论振源是否相对于媒质在运动,一周期内振动向前传播的距离总是等于波长。

(2) 我大约因为在讲什么文学艺术的一篇论文中见过他的名字,所以一不小心便带出来了。

(3) 因为我喜欢散文,所以我设法出版了他的散文集。

"因为 A,所以 B"所表示的关系,有时只用"因为",有时只用"所以"例如:

（4）卫生防疫站因为我们家发现了肝炎病人，派人上午来做清毒工作。

（5）因为听说你妈会读个书写个字，才想见见谈谈。

（6）我一向是在版权得不到保障的条件下从事写作的，所以看见盗印本接连出现，我也毫不在乎。

（7）我们屋子很小，而且也不留人住宿，所以，你今晚还是另找地方去住吧……

"因为"有时用"因"，"所以"有时用"故"、"故而"，所表示的语义关系相同，因为"因为 A，B"和"A，所以 B"同"因为 A，所以 B"表示的逻辑语义关系相同。我们这里主要分析"因为 A，所以 B"。首先，这种格式表示的一般所理解的"因果关系"指的是 B 这个事物的出现是由 A 产生的。例如温度低于零度是水结冰的原因。上面（1）接近于这个含义。广义地讲，（2）和（3）都可作这种解释。不过（2）讲的是事实上的原因，（3）讲的是行为的理由。但是有些"因为 A，所以 B"表示的不一定是这种关系：

（8）因为所考虑的运动是沿着直线进行的，所以这种运动叫做直线运动。

这是命名问题。命名也可以说是一种行为，命名的根据就是行为的理由。从形式逻辑讲，还常常用"因为 A，所以 B"表示推断。例如：

（9）因为这个三角形中的两个角之和等于 90 度，所以这是一个直角三角形。

这就是说，"因为 A，所以 B"可以表示《中国文法要略》所讲的三种因果关系：事实上的原因和结果，行为上的行为和理由，推理中的推断和根据。但是这三种关系是属于句法平面上的,还是属于句法语义平面上的? 也就是说,这三种关系的区分是由 A 和 B 的具体内容所决定的,还是形式本身所固有的? 在一个具体的因果句中,"因为 A,所以 B"表示哪种关系,的确由 A 和 B 的具体内容决定的。但是这种格式既然可以"表示"或"容纳"这三种关系,应该说是这种格式所固有的、潜在的结构意义,只是在句法语义平面上实现哪种意义是由 A 和 B 的具体内容决定的。因此应该说,"因为 A,所以 B"所表示的应该是这三种意义的共同的概括意义。"因为 A,所以 B"预设 A、B 之间具有某种蕴涵关系,这种蕴涵关系类似于相关逻辑的"A⇒B"的关系,即不仅"A 真则 B 真",而且 A、B 之间是相关关系,A 真则 B 必然真。当 A、B 之间存在这种关系,并且"断定"A 是真的,因而"断定"B 是真的,这就是"因为 A,所以 B"的最一般的、最基本的意义。这就涉及到典型因果句语义解释中的第二个问题,即 A、B 是否都是"已然"的或者"皆实"的问题。有的语法学家认为因果句中有的结果是未然的,有的原因是未然的,有的原因、结果都是未然的。例如:

（10）因为人民有这种想法,所以要去试一试和平的但也是麻烦的方法。

（11）今天下午可能要下雨,因此他把雨伞带走了。

因为(10)表结果的小句中有"要去试一试",(11)表原因的小句中有"可能要",因此这两个分句讲的是"未然的"。对于这个问题,可以作这样的理解:就(10)讲,在不同语境中,它可以是一个一般的因果句,也可以是一个推论。如果是推论,它可以是一般的推理过程,也可以是一个证明过程。在后面那种情况下,B 是已经断定为事实的，A是推出的理由；在前面那种情况下，只是根据前提A，作出结论B，对于B是不是"已然的"并未涉及，但并不是因为有"要去试一试"这一表示将然的字眼。这就涉及到对"因为A，所以B"中的A、B的理解问题。从语言表达来讲，凡是"因为"和"所以"以外的部分都属于A和B。因此(10)和(11)中的"要去试一试和平的但也是麻烦的方法"和"今天下午可能要下雨"应该看作整个的判断，"要去试一试"和"可能"是判断(A或B)的一部分。在这样的理解下，作为一般因果句的(10)和(11)，其中的B和A都是"已然的"。实际上我们可以不从事实上的已然和未然解释"因为A，所以B"中的A和B，而从说话人对A和B的"态度"来解释。从说话人对他讲的话的态度讲，在"因为A，所以B"中，他"认定"A是"事实"，也认定B是"事实"。在这种解释下，典型因果句中的A、B都是说话人认定为事实的，而与它所表示的事实上的已然或未然无关。

总之，"因为A，所以B"这种因果句所表示的逻辑语义关系是，在预设A相关蕴涵(衍推出)B的条件下，断定A，因而断定B。同时因为在这一总语义关系下，具有三重不同的语义关系，因此在不同的A和B(句法语义平面)以及不同的语境中(句法语义语用平面)，可以分化为三种不同关系，这种分化是由这种总的概括关系加上不同的具体因素(事实上的，行为上的，认识上的，以至说话重点上的)形成的。

二、论"因为 A,B""A,所以 B""B,因为 A"

同"因为 A,所以 B"并行的表因果句还有"因为 A,B""A,所以 B""B,因为 A"。这中间缺少一个"所以 B,A"。补充这个空位的是"之所以'B',是因为'A'"。

"因为 A,B"和"A,所以 B"是"因为 A,所以 B"的连词省略形式。从语用层次讲,单讲"因为"和单讲"所以"的句子重点不同。前者重在说明原因,后者重在说明结果。

"B,因为 A"有些不同。"因为 A"放在 B 的后面,显然有补充说明"理由"的作用。《中国文法要略》认为这种原因句是说明推论的理由的。但在某种情况下,也可以是追述原因的,如:

　　(12) 我答不出来,因为我不知道。

我们在"之所以'B',是因为'A'"的 A 和 B 上加了引号,因为这种形式中的 A 和 B 在语言形式上不是一个完整的小句形式。在现代汉语里"所以 B,A"不存在,可能因为"所以"是表后果的"承接"连词,后面补充说明"原因"的 A 省略了表示原因的连词,就难于明确表明后面的部分是补充说明原因的,"所以 B"很自然地被看成是"承上"而提出"结果"的。"所以"的传统的含义是"……的原因",因此形成"之所以'B',是因为'A'"的句式作为补充。"是因为"也有用其他形式的。如:

　　(13) 他之所以得以逢凶化吉,完全是出于一种不近当时情理的偶然。

"出于"不同于"因为"或"由于",因为它比"因为"多出"来之于"这

样一个特殊的含义。这对相呼应的关联成分也有只用一个的:

(14) 他之所以喜欢李向南,就是从喜欢与他谈话开始的。

(15) 我的作品没有给骂死,是因为读者有自己的看法。

对于这种句子,可以有两种理解或分析方法。一种认为"X 之所以 Y"中的"X—Y"是一个由"之所以"关联的小句,即因果句中的 B;"是因为 Z"中的"Z"是由"是因为"关联的小句,即因果句中的 A。另一种认为"之"字把 B 小句名词化,成为句子的主语,"是"是系词,"因为 Z"是作系词宾语的名词化了的动词短语。前面的分析把这类句子归入复句,后面的分析则认为是单句。不过不管是哪种分析,"因为"和"所以"所表示的逻辑语义关系是相同的。根据形式,这类结构是一种用单句形式表示因果关系的句子,我们称之为准单句。这种句子是特有的、明确的解释原因的句子,即释因句。

三、表因果关系的副词

我们前面讲过,起关联作用的副词同连词虽然有相呼应的作用,但在句法上和语义上却处于不同层次。例如:

(16) 因为是四川同乡,不到一天的工夫我们就相熟了。

这里"就"同"因为"相呼应,有表因果关系的作用。但是这句话也可以说成:

(16′) 因为是四川同乡,所以不到一天的工夫就相熟了。

可见"就"的作用主要表示前后两件事"紧接着发生",而且有一定的联系。"因"和"果"也有这种关系,这就是因果句中表结果的分句在没有连词"所以"的情况下,"就"就担当了表"结果"的作用的原因。从句法上看,"所以"是 B 小句以外的表关联的连词,"就"是 B 小句内部表关联的成分,是状语。下面的句子中,"就"的这种作用更为明显:

　　(17) 被告不肯讲就挨打。

　　(18) 他推开门就大声喊起来。

这些"就"主要表时间上的"承接","因果关系"是由分句的内容决定的。(18)单就句法语义平面讲,"就"没有表结果的意思,就是明证。

　　在现代汉语里,许多表时间上前后紧接并表示二者之间有一定联系的副词,都可以同表因连词相呼应以表示因果关系。有时在语义内容的补充下还可单独表因果关系。例如:

　　(19) 由于开后门,他才住进了医院。

　　(20) 我看出他有点伤感,便向他作了详细的解释。

四、A 和 B 的形式特征

　　由于不同关联词语对 A 和 B 的形式有不同要求,因此 A 和 B 有不同的形式特征:

　　首先,A 和 B 可以是简单句形式,也可以是复合句形式,但一般只能是陈述句。不过有时整个因果句表示疑问。例如:

　　(21) 你们因为感到了孤独,才把自己比作了迷途的羔羊?

　　第二,除"所以"外,其他几个连词都可以出现在主语和其他成分后面。A 和 B 主语相同的因果句,其中一个主语常常省略。不过在句法语义语用平面上,主语的省略比较自由。如:

　　(22) 因为不在家,所以就不去了。

在一定的语境下,A 的主语可能是"他",B 的主语可能是"我"。

第三,在句法语义语用平面上,A 和 B 可以是各种省略形式。当 A 省略到只有一个名词性短语的时候,一般认为"因为 A"已经构成介词短语作状语,不再是一个复句。这也是一种用单句形式表现复句内容的准单句。

再看看下面的例子:

(23) 因为能够不至于误译的人们飘然远去,所以小兵也来挂帅了。

这个句子虽然前后两个分句的主语不同,在一定的语境下可以说成"因为飘然远去,所以小兵也来挂帅了";甚至 A 和 B 的主语都可以省略:"因为飘然远去,所以也来挂帅了。"这是因为在不同语境中可以有不同的"已知信息",这些是听说双方的共识,因此可以"省略"。平常讲的不能"省略",是指离开上下文,根据现代汉语句法规律(句法语义平面的规律)所允许的条件讲的。

附　记

本文为社会科学基金资助项目"复句研究"的一部分,因限于篇幅,删去其中"由于""因此"和"'因为 A,所以 B''A,所以 B''因为 A,B'的出现频率"几部分。关于本文的理论背景,请参看本书《句法分析的三个平面与深层结构》(《语文研究》1991 年第 4 期)。

(原载《中国语文研究四十年纪念论文集》,北京语言学院
出版社 1993 年版)

从一句古诗看汉语句法

一

韩愈《早春呈水部张十八员外二首》之一是：天街小雨润如酥，草色遥看近却无。最是一年春好处，绝胜烟柳满皇都。我们以诗的第二句为例，谈谈汉语句法。

句子总是说话人某种意思的语言表达形式，研究语法要先通过表层形式把握它的底层的意思，然后再看看这种意思表现为表层的语言形式的词汇—语法规律是什么。

按照汉语，包括韩愈所用的古文，表达施事受事动作之间的关系的基本语序是施—动—受。这种语序我们称之为基本短语结构形式。这种基本短语结构形式的一般形式是"（名词短语⊖（动词短语⊙名词短语））"，这里的⊖表示的是主谓关系，⊙表示的是动宾关系。名词短语等等表示词类范畴。由于古文是一种久已脱离口语的书面语，我们只能从书面材料的归纳、统计中来确定什么样的形式是基本短语结构形式。

由于汉语词形上没有表示句法中词与词的句法关系的内在形式，词和词的句法关系主要由词与词之间的词序和部分虚词来表示。也正因为这一点，在一些短语结构中，词同词的句法关系要结

合语义层来考虑才能确定。例如,韩愈《送李愿归盘谷序》中有这样两句话:

(1) 车服不维,刀锯不加,理乱不知,黜陟不闻,大丈夫不遇于时者之所为也。

(2) 处污秽而不羞,触刑辟而诛戮,侥幸于万一,老死而后止者,其于为人贤不肖何如也?

例(1)中的"理乱不知,黜陟不闻"在结构上是名词短语＋动词短语。但是这两个小句跟同样是名词短语＋动词短语形式的"孔孟不知,老庄不闻"比,其中名词短语和动词短语的语义关系和结构关系显然是不同的。后面这两个小句是歧义的,既可以表示"孔孟不知 x,老庄不闻 y",也可以表示"x 不知孔孟,y 不闻老庄"。再来看看"圣人不死,大盗不止"。这不同于"理乱不知,黜陟不闻"。但也不是歧义的形式。这种差别在古汉语的书面语形式上没有标志,它们之间结构形式上的差别是由基本短语结构形式插入词语以后的具体词语的意义——即语义层决定的。例(2)中的"处污秽而不羞,触刑律而诛戮",表层形式也相同,都是"(动词短语＋名词短语)＋而＋动词短语",但是语义关系和结构形式都不一样。"诛戮"是被动式,"不羞"是主动式。要确定"孔孟不知,老庄不闻"是"孔孟不知 x,老庄不闻 y"还是"x 不知孔孟,y 不闻老庄",就必须联系上下文才能确定。这就不止涉及语义层的问题,而且要涉及上下文,即要涉及语用层的问题。

因为汉语(包括古今汉语)词形(至少是书面语)缺少表示语法关系的内在的形式,使词与词的句法关系主要靠语序和虚词来确定,而且要进一步靠语义层的词语的意义和语用层的上下文和广义的语境来确定。

二

　　为了说明汉语这样的语言的句法规律,必须考虑句法、语义和语用三个不同的层次,在三个不同层次来探讨汉语的句法规律及其相互联系。从句子生成的角度,即从说话人的角度来考虑,要研究句法平面、句法语义平面和句法语义语用平面的相继的规律;从听话人的角度讲,要结合语境来辨别词语的含义及其相互之间的句法关系,因而了解它所传达的意义。当然,后面这种分析必须以前面那种规律为依据。

　　"草色遥看近却无"这句话是一个紧缩复句形式。"却"是表示"转折"的关联词,前面一个小句(分句)的表层形式是"草色遥看",后面一个小句(分句)的表层形式是"近却无"。"草色遥看"是一个以动词"看"为中心的小句。"看"是个所谓双向动词,即既要联系一个施事 x,又要联系一个受事 y。x 和 y 同"看"之间的基本语序是"x 看 y"。前面讲过,在汉语里 x、y 和"看"之间的句法关系没有词形内部标志,全靠语序和虚词来表示。这个小句里没有虚词,主要靠的是语序。同时我们说过,已经失去同口语直接联系的韩愈用的古文,确定基本语序的主要依据是统计,是归纳,是例证。为了说明"草色遥看"的句法结构和它的语义结构,我们选韩愈有代表性的文章《原道》、《师说》、《张中丞传后序》和《答李翊书》四篇做一些统计。在统计这四篇文章的时候,对小句底层的施事、受事、动作的关系采取较宽的理解。例如由双向动词"知、思、示、曰"等构成的小句也看作有施事、受事、动作关系的语言形式。根据这个原则,四篇中表示这种语义关系的小句的语序的统计结果是:《原道》共有以施事—动作—受事语序表示施事、动作、受事关系的语言形式 126 个,其中包括小句和作为小句的成分的形式。如"今其法曰:弃尔君臣,去尔父子,禁尔相生养之道,以求其所谓清净寂灭者"这句,"曰"及其联系的施事、受事算一个小句形式;下面作为"曰"的宾语的复句形式中的 4 个分句又算是 4 个小句形式。另外,由"之"加在主谓之间而表示的内容为施、动、受关系的形式,例如"博爱之谓仁"、"孔子之作春秋也",共 18 个。以上共计 126 个。另外,同我们讨论的问题有关系的句子还有由"有"(包括否定形式"无")构成的"名词短语—有—名词短语"形式的有无句。其中一种的句首名词为普通名词,"有"表示这类事物有不同类别,如"道有君子小人,而德有凶有吉"。另外一种的句首名词为处所名词或时间名词。"有"表示存在。如"古之有圣人""夷狄之有君,不如诸夏之亡"等共 8 句。在表示施事、动作、受事语义之间关系方面采取非施—动—受语序的,只有 7 个。如"唯怪之欲闻"、"不见黜于禹汤文武周公孔子也"、" 不见正于禹汤文武周公孔子也",以及"戎狄是膺,荆舒是惩"等,同 126 相比,仅占 6%。

《师说》共有小句 71 个,特殊语序的小句有 7 个。例如:"师道之不传也久已","巫医乐师百工之人君子不传,今其智乃反不能及","六艺经传皆通"。

《张中诚传后序》共有表示施事—动作—受事关系的形式 70 个,非施—动—受语序的形式有:"远与巡分城而守","城之陷","苟此不能守","天下之不亡","吾于书读不过三遍"等 5 个,仅占

7％。文中出现的有无句 3 个，也都是主格名词居前，如"嵩无子"。

《答李翊书》共有表示施事、动作、受事关系的形式 48 个，其中非施—动—受语序的只有 4 个。如："唯陈言之务去"，"始者非三代两汉之书不敢观，非圣人之志不敢存"，"以其犹有人之说者存也"。占 8％。3 个有无句，"（君子则不然）处心有道，行己有方"属于前述第一类，"以其犹有人之说者存也"，则属于前述另一类。

根据这四篇有代表性的文章的统计，表示施事、动作、受事关系的语言形式中的非施—动—受语序的形式都不到 10％，约在百分之六七之间。可见施—动—受语序是韩愈文章中表示施事—动作—受事关系的基本语言形式，同时我们看出，所有非施—动—受的形式都可以找出它的句法的、语义的和语用的形式或条件，也就是说施—动—受语序是无标记的形式，而非施—动—受语序的形式都是有标记的形式。同时在韩愈的语言中，有无句中表示存现的基本的语序是"处所词（时间词）—有（或无）—存现对象"。在我们分析的四篇文章中，后面这种形式是毫无例外的。所有这些，就是我们分析"草色遥看近却无"构成规律的句法平面上的根据。

三

双向动词"看"的施事必须有"能看"的特征，也就是说是属于动物的东西。它的受事是可以看到的东西，即有形的事物，除去在特定的可能世界（语境）中，"草色"不能作为"看"的施事。"草色遥看"中的"遥"是修饰动词"看"的状语。这种结构形式是符合韩愈所用的古文的句法平面的正常规律的。从上下文可以看出，"看"

的施事是诗人自己或不能确定的 x。从语义特征上看，"草色"可以是"看"的受事，但联系上下文的"近却无"来考虑，"草色"是"无"的宾语，是表示存现的事物的。与"无"对待的是"有"。"草色遥看"中的"看"的受事应该是上文"天街小雨润如酥"中的"天街"，"草色"是"天街有草色"这个表示存现的"有"字句中表示存现的对象。"草色遥看"是由"我遥看天街有草色"这个基本短语转换而来的省略形式。这个诗句中的后一个分句中的"近却无"中的"近"与"遥"相对，是修饰承上文省略了的动词"看"的状语。这个分句的基本短语是"我近看天街却无草色"。这种根据上下文的相互补充作用而在表层中省略和移位是在语境的制约下构成的。作者要用7 个字来表达"我遥看天街有草色，我近看天街却无草色"这个复句，必须采取省略形式。但这种省略形式必须在语境（这里主要指上下文）的补充下使人理解。这句诗的前半句是"我遥看天街有草色"的省略形式。由于语境、上文和下文的对照和补充作用，"我"、"天街"和"有"都省略了，就成了"遥看草色"。又因为律诗格律的限制，仄声的"草色"和平声的"遥看"互相易位而成"草色遥看"。"草色"移位还有使之话题化的原因，因为整个诗句讲的主要是草色。这两个因素的互相适应，使诗句更加协调自然。也许这就是所谓在小巷中耍蛇矛，这就是艺术。下半句的"近却无"可以做类似的说明。这种省略和易位都是韩愈所使用的古文所容许的，也是律诗这种特定的语境（律诗的格律限制也是一种语境）所要求的。这句诗正表现出汉语句法的灵活性和规律性。这种句法的灵活性和规律性的统一，不从句法、语义、语用三个平面相结合的角度是不能得到合理的解释的，更不能了解作者表达的奇妙。

　　为了适应汉语语法特点,解释汉语语法规律,我们认为应以汉语表达某种客观现象之间的关系或主观对客观的现象之间的关系的基本句法形式作为我们讨论的出发点。这种基本形式可以由书面语的统计或由以汉语为母语的人的语感为依据加以确定,并同其他有标记的形式(即由语义或语用因素制约而变换的形式)加以比较来印证。我们把这种由词类范畴、语法成分(虚词)及其结合层次和结合关系及语调等等组成的句法形式叫做基本短语结构形式,把在词类范畴中填入了相应的词语的形式叫做基本短语结构,把出现在具体的言语交际中的短语叫做一般短语,把从语境中抽离出来的这种短语形式叫做一般短语结构形式。这样:

　　(3)　(NP⊖(ADV＞〔(V⊙(NP)＋(V⊙NP)〕))＋"却"＋

　　　　(NP⊖(ADV＞〔(V⊙(NP))＋(V⊙NP)〕))

　　就是"草色遥看近却无"的基本短语结构形式,"我遥看天街有草色,我近看天街却无草色"就是"草色遥看近却无"的基本短语结构。语句中的这句话,就是一般短语。把这个短语从语境中抽离出来就是一般短语结构。即:

　　(4)　(NP⊖(ADV＞ VP))＋＋(ADV"却"＞VP)

　　从基本短语结构形式到一般短语结构之间由于句法、语义或语用之间的句法、语义或语用限制而形成的各种形式及其规律都是语法研究的范围,其间的规律都是句法规律。这些形式和规律都表现出各种语言的语法特点,同时也反映着各种语言的共性。

附记一

本文是过去参加上海一次语言学学术会议上的发言,曾得到与会专家的指正。今略加修改以就正于方家。

附记二

我们认为语言反映客观世界的最主要的关系是主观同客观的关系，特别是主观作用于客观的关系，即语言学讲的施事、动作和受事的关系。而施—动—受之间的次序是语言类型上主要差别之一。同时施—动—受的次序又影响甚至决定着语言的主—动—宾的语序。传统语法把名词—动词—名词的形式都看成主—动—宾（在汉语里"施—动—受"是"主—动—宾"，但主动宾不一定都是施动受）的形式，不是没有道理的。因为就汉语讲，不但"主观（施）—动作（动）—受动者（受）"是"名—动—名"的形式，使令动词、认知动词、心理动词、存现动词等等也构成"名—动—名"形式，这就是有些语法学家把大多数"名—动—名"形式都看成"主—动—宾"关系的重要原因。

但是从语言深层的语义关系讲，即语言借以反映的客观事物（包括主观与客观）之间的关系讲，不能这样简单地看问题。语言必须在语境中来理解，必须联系语境来了解它的意义，必须结合语境从它的表层结构（即言谈中词的组合）来了解它所表示的事物之间的关系的深层语义—句法结构。这个理论问题不在这里详细讨论。在这种观点下，"东边来了一个人"的"东边"是不是"主语"以及类似的问题就不存在了。

附记三

韩愈要在 7 个字的限制内，且要符合诗律要求表达一个复杂的意思，他必须在句法、语义、语用三个层次上进行句法转换，才能达到表义要求。这里表现了文学家为了达到他的表义目的而巧妙运用语言规律的能力和素养。这是句法要研究的范围。至于这句诗和这首诗所表现的意境和感情等等,就是文艺学所要研究的内容了。

附记四

本文所用符号:⊖表示主谓关系;⊙表示动宾关系;＞表示修饰关系;⊖表示主谓(主要指施事与动作的)倒置关系;＋表示并列关系;＋＋表示复句内部小句之间的关系。

（原载《浙江教育学院学报》,2003 年第 6 期）

论现代汉语动词形容词的名物化

　　50 年代中期作为学校语法教学体系提出的《"暂拟汉语教学语法系统"简述》认为动词形容词用作主语宾语,是动词形容词的特殊用法,因为在这样用的时候,动词形容词表示的不是"实在的行动或性状,而是把行动或性状作为一种事物"。它认为这种用法有三种不同的形式。举的例子是:

　　(1)(a) 分析是必要的。

　　　　(b) 我们重视分析。

　　　　(c) 诚实才好。

　　　　(d) 他喜欢清静。

　　(2)(a) 他的来使大家很高兴。

　　　　(b) 狐狸的狡猾是很出名的。

　　(3)(a) 作品分析是文学教学的主要内容。

并且认为由于(1)里的动词形容词保留着它们的全部语法特点,只是动词形容词的特殊用法;而(2)(3)里的动词形容词失去了它们的全部或部分特点,同时取得了能受名词代词修饰的这个名词的特点,它们作为动词形容词的语法特点已经有了变化,因此称这样用的动词形容词为动词形容词的名物化①用法。这里说的"名物化"就是西方语法理论中讲的 nominalization,也可以叫做名词化。

在早期的黎锦熙的《新著国语文法》里,认为凡是作主语宾语的动词形容词,不管前边带不带名词性定语,都是转为名词,也就是说都是名物化了。他认为在下列的句子里:

（4）种花是一件很快乐的事。

是"种花"这个整个短语作名词,称之为:"名词语"②。在黎锦熙看来,名物化的不是单个动词"种",而是整个动宾短语"种花"。

很显然,黎锦熙是完全根据西方,特别是英语传统语法的观点来看待汉语中用作主语宾语的动词形容词的,虽然黎氏清楚地看出汉语的动词形容词在"名物化"时,并无任何形式上的变化。

《"暂拟汉语教学语法系统"简述》针对汉语动词形容词作主语宾语没有形态变化这一点,从是否"保留"原有的动词形容词的语法特点和"取得"名词的语法特点的角度,把上列（1）和（2）（3）区别开来,认为只有（2）（3）两种情况下的动词形容词才是名物化的。

论述汉语动词形容词名物化的语法著作和论文很多,这两种观点是有代表性的。

汉语动词形容词名物化的说法受到一些语言学家的激烈反对。朱德熙、卢甲文、马真几位 1961 年发表的《关于动词形容词"名物化"的问题》③提出了系统的批评。这篇论文从语法意义和语法形式两个方面作了论证。

《关于动词形容词"名物化"的问题》认为,"名物化"观点首先混淆了"事物"范畴的三个不同层次。作为名词的概括语法意义的"事物",同用"什么"和"怎么样"这两个代词区别出来的"事物",以及从逻辑上讲作为判断对象的所谓"事物",是完全不同的。黎锦熙那种认为处在主语宾语位置上的动词形容词是表示事物的,因而转变为名词,是混淆了第三种事物范畴和第一种事物范畴;认为这样用的动词形容词可以用名词代词复指或同它们构成同位关系,因而转变为名词,则是混淆了第二种事物范畴和第一种事物范畴。《关于动词形容词"名物化"的问题》着重讨论的是《"暂拟汉语教学语法系统"简述》提出的(2)(3)两种情况下的动词形容词由于丧失了部分或全部它们原有的语法特征而获得部分名词语法特征,因而称之为"名物化"的问题。

《关于动词形容词"名物化"的问题》认为,名词和动词形容词作为不同的词类,它们之间既有共性,又有个性。既然大多数动词形容词都可以作主、宾语,而作主、宾语的动词形容词又常常可以带名词性定语,那么能带定语就不是名词所独有的性质,而是名词和动词形容词的共性。同时认为,不管任何词类的词,当它出现在某一特定结构中的时候,它所实现出来的语法特点不可能是它的全部特点;而出现在不同结构中的同一类词,它们实现出来的特点也不一定完全相同。说处在主语宾语位置上的动词形容词在有名词修饰的时候,丧失了某些原有特点,并不能证明它的动词、形容词的词类性质已经有了改变。

当然,关于"名物化"问题的讨论,比这里概述的要复杂得多,这里只是概述一下问题的原委。下面我们从另外的角度讨论一下汉语动词形容词的"名物化"问题。

就名物化的基本含义讲,现代汉语中的名物化至少涉及以下这些现象:

(5) (a) 疯子笨手笨脚的，再滑到臭沟里去！

(b) 见众人点头，他才拧开杯盖儿，轻呷了口茉莉花茶，言归正传。

(c) 在排演期间，演员们不断地到龙须沟——那里奇臭——去体验生活。

(6) (a) 房子没有一间整的，一下雨就砸死人，宝地！

(b) 刻的是谁呢？

(c) 我是属牛的，不属臭虫，专爱这块宝地！

(d) 一下雨，摆摊子的摆不上，卖力气的出不去，不是瞪着眼挨饿？

(e) 要是会画眉的呢，奔这地坛根儿来的就多了。

(7) (a) 看咱们这个地方，是有个干净的厕所，还是有个干净的道儿？

(b) 没有，捐的钱也没影儿了。

(c) 他是带着腰牌的旗兵啊！

(d) 他……请了高香，大小红烛，和五碗没有烙熟的月饼。

(8) (a) 同时他也看到了魏紫的柔和，深沉，自外而内的艺术风格。

(b) 他刚磕完头，父亲就提出给我办满月的困难。

(c) 这全都不说了，父母的养育，亲友们的帮助，可以全不顾。可是，你连自己的事儿也不管了？

(d) 这种声音引起多少低卑的央求，或你死我活的吵闹，夹杂着妇女和孩子们的哭叫。

(e) 我先前读但丁的《神曲》,到《地狱篇》,就惊异于这作者设想的残酷。

(9)(a) 这是历史教训,全党同志都要牢记。

(b) 这最后一次战争,艾奇逊的信上说,美国对国民党的物质帮助占国民党政府的货币支出的百分之五十以上。

(10)(a) 所取的题材大抵是困苦,饥饿,流离,疾病,死亡,然而也有呼号,挣扎,联合和奋起。

(b) 打人是不对的,老老实实地挨打也不对。

(c) 突然通知演出撤销了。

(11)(a) 对金四把的来到,却感到理应如此。

(b) 所以我的没有搬家,也并不是因为怀着天下太平的确信。

(c) 这个家伙的抬手投足,模仿筱翠花作戏,媚里媚气,扭扭捏捏。

(d) 作家的取人为模特儿,有两法。

上面(5)(a)到(c)中的"疯子"、"盖儿"(杯盖儿)、"演员"(演员们)是由动词"疯"、"盖"、"演"经过名物化的名词性成分。在汉语里,动词的这种名物化形式有极大的局限性,而且同原来的动词比常常具有特殊的意义。像从例句中见到的,这类名物化有名词的所有主要特点。如,"演员"后面可以带"们"构成复数形式"演员们","盖儿"前面可以直接加名词修饰语构成名词短语"杯盖儿"。从生成语法的角度来看,这些名词性成分应该属于基础部分的词汇库。这类形式本身,以及由这类形式构成的复杂短语,都是由基础部分直接生成的。我们想着重谈谈(6)到(11)几种形式。

　　在讨论(6)到(11)之前,首先要注意两个问题。第一,汉语的动词形容词不管是作谓语还是作主语宾语,也不管它前面是否带定语,它本身的形式都是一样的,并无任何"名物化"的标志。第二,由于上述情况,一般认为汉语同英语及其他印欧语不同,汉语句子的基本短语结构不能用"NP＋Aux＋VP"来表示,因为汉语的主语可以是名词短语,也可是动词短语或形容词短语,而谓语也不限于动词短语。当然,这后面一点跟把作主语宾语的动词形容词是否看成名物化是互为因果的。为了说明这个问题,我们先从(10)谈起。

　　现代汉语动词形容词作主语宾语,没有形式上的变化。例如(10)(a)的"困苦"、"挣扎",(b)的"打"和(c)的"演出"。作主语宾语的动词形容词或动词短语形容词短语,在句法功能上仍是地地道道的动词形容词。例如,"打"是个动词。在"打是不对的。"这句话里,"打"作主语。这个"打"可以带宾语,如(10)(b)中的"打人是不对的。"也可以带状语或同时带状语和宾语,如"不打是不对的。""不打敌人是不对的。"还可以有这样的形式:"打伤人是犯法的。""打起来很困难。"根据这种情况,我们承认这样用的动词形容词或动词短语形容词短语仍旧属于动词或形容词范畴,并没有名物化。这类成分是直接由基础部分的短语规则生成的动词短语或形容词短语。例如,"打人是不对的。"这句话的短语结构是这样的:

（12）

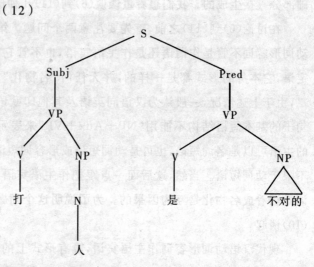

只要我们承认汉语的主语或宾语不一定是名词短语，也可以是动词短语，就可以不必把作主语宾语的动词或形容词看作名物化，而这正是符合汉语实际的。至于这类成分表示的是否已经从"行动或性状"转变为"事物"，这只是逻辑问题而非语法问题。

是不是所有作主语宾语的动词形容词都没有名物化的问题呢？这句话等于说（6）（8）（9）（11）同（10）有没有区别？单就动词形容词本身的形式讲，这类句子中的动词形容词也没有任何特殊标志。例如，（6）里的"刻"、"摆"，（8）里的"困难"、"央求"，（9）里的"教训"、"帮助"，（11）里的"来到"、"取"。但是这类句子里的动词形容词有一点跟（10）不一样，它们都有名词短语的标志。（6）的动词后面都有结构助词"的"，（8）（9）（11）的动词形容词前面都带有定语。我们这里先讨论后面一种情况。

的确，处在主语宾语位置上的动词形容词都可以带定语；但是带上定语和没有带上定语,形式上是有区别的,句法功能也不一样。没有带定语之前,整个短语是动词形容词性的;带上定语之后,整个短语就成了名词性的。这一点是大家都承认的。例如,(8)(d)里的"这种声音引起多少低卑的央求"这句话的短语结构如(13)所示:

（13）

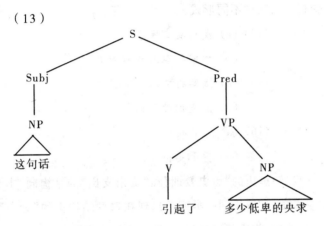

关于这类结构中的动词形容词是否名物化,它们的名物化的情况是否相同,这类结构中的定语和中心语的语义关系怎样,需要进一步讨论。

《关于动词形容词"名物化"的问题》中提出两种一般所谓兼类情况。一是"一把锁"和"锁门"的"锁";一是"一线希望"和"希望参加"的"希望"。作者认为前者是同形的两个词,一个是名词,一个是动词;后者是具有名词语法特点的动词,是同一个词,可以称之为"名动词"。并且认为一般讨论动词名物化用法指的常常是"希望"这类同时具有名词和动词特点的词。虽然按照我们上面的看法,名物化不仅涉及这里提到的两种情况,但是这种区分是很有启发性的。"一把锁"的"锁"和"锁门"的"锁"中所表现的名物化,同(5)里的"疯子"和"盖儿"所表现的名物化是同一类现象。这实际上是词汇中的两个词,不过是同形词罢了。所谓"名动词"或"名形词",如"希望""幸福",却跟我们这里讨论的名物化有关。单就以动词、形容词或动词、形容词短语为中心语的名词性短语来讲,至少有下面三种不同形式:

　　　　(14)(a)我的没有搬家

　　　　　　　(b)作家的取人为模特儿

　　　　(15)(a)低卑的央求

　　　　　　　(b)亲友们的帮助

　　　　(16)(a)历史教训

　　　　　　　(b)货币支出

　　(16)里边的"历史教训"和"货币支出"的结构同"木头房子"、"技术学校"属于同一类型。出现在这种结构里的"教训"、"支持"一类动词,前边不能带状语,后边不能带宾语。整个短语可以带表示名量的定语,如"一个历史教训"、"很多货币支出"。同时,能出现在这类结构中的动词形容词,一般也能直接带这类表示名量的定语。如"一个教训"、"很多支出"。在现代汉语里,有不少动词形容词,特别是双音的动词形容词属于这一类。这就是《关于动词形容词"名物化"的问题》一文中所讲的名动词或名形词。这类词同"锁"不同,"锁"是两个词,但"教训"却是一个词具有这种可选择的词类属性:$(+V) \lor (+n)$。在生成"这是一个历史教训"这个句子时,"教训"选择的是$(+n)$这个特征;在生成"他教训儿子"这个句子时,"教训"选择的是$(+V)$这个特征。而"他的教训儿子是很凶的"这个句子里的"教训"的特征也是（＋V）。这个句子里的名词短语"他的教训儿子"是从小句"他教训儿子"经过名物化转换来的。

我们上面的讨论已经涉及到（14）和（15）两种形式。我们先讨论一下（14）。（14）（a）和（b）都是吕叔湘先生在《语法学习》中叫做主谓仂语的。为了讨论的方便，我们把《语法学习》的主谓仂语的一部分归入（15）。《语法学习》关于这类结构的说明是：

> 有时候，我们在一个句子的主语和谓语中间加上一个"的"字，例如不说"志愿军打胜仗"，而说"志愿军的打胜仗"。这就让它由句子形式变成仂语形式，跟"志愿军的服装"相类似。……它虽然是一个仂语，可是实质上等于一个句子形式。
>
> 这种主谓仂语古代是有的，可是近代已经不用。现在又出现，是受了外国语法的影响；……这种构造把动词形容词用在名词地位上，不及句子形式里的动词和形容词活泼有力。④

这种观点同《中国文法要略》是一致的。⑤这段话有两点很值得注意：一、这类短语是由小句转化来的；二、现在这种格式的复活，同外语语法影响有关。事实正是这样。这类格式中动词形容词的名物化，十分接近英语的动名词。就汉语来讲，除去修辞的限制以外，小句转换为这类名词短语是很自由的。同时这类短语本身的语法性质和动词形容词的语法性质也同（15）有很大区别。这类短语前面不能带数量定语，甚至也不能再带其他任何定语；这类短语中的动词形容词也具有这两类词的主要特点。例如，（14）（a）的"没有"前边加"一直"，"搬家"前面加"立刻"，"搬"后面带"了"或"过"等等。

跟这类名物化类似的还有下面的形式。试比较：

　　　　(17)（a）您两个月没交给我钱

　　　　　　（b）工程队修成一条马路

　　　　(18)（a）您钱的两个月没交给我

　　　　　　（b）工程队一条马路的修成

这里的"钱的两个月没交给我"和"一条马路的修成"是由宾语前置构成的名词短语,这两个名词短语前面的原来的主语又同这两个名词短语构成偏正关系,并且可以构成下列形式:

　　　　(19)（a）您的钱的两个月没交给我

　　　　　　（b）工程队的一条马路的修成

上面的(14)(a)也可以有类似的形式:

　　　　(20)（a_1）我家的没有搬

　　　　　　（a_2）我的家的没有搬

这类形式的名词短语跟(16)不同。这类短语是由小句经过宾语前置、"的"字插入等名物化转换规则构成的。几乎由动词形容词谓语构成的小句都有(20)那种名物化形式;在一定条件下,动词谓语带宾语的小句也可以有(18)(19)那种名物化形式。经过原来主语的省略,也可以构成下面的名物化形式:

　　　　(21)（a）钱的两个月没交给我

　　　　　　（b）一条马路的修成

这种形式也可以是直接由动宾短语经过宾语前置的名物化的结果。所有这些形式中的动词形容词的名物化都是转换的结果,同(16)那种来源于基础的名物化形式不同。

　　现在再看看(15)。这是一种歧义格式。它的一部分是由小句或动词短语经过名物化转换来的,跟(14)属于同一类型;一部分是由(16)的名词修饰语经过"的"字插入转换来的。例如：

(22)(a)(1) 央求是低卑的→低卑的央求

(a)(2) 金四把来到→金四把的来到

(b) 帮助亲友们→亲友们的帮助

(c) 历史教训→历史的教训

但是有时这种格式是歧义的。例如：

(23)(a) 工作报告→工作的报告

(b) 报告工作→工作的报告

由于(23)的"工作的报告"有两个不同来源，因此它同"工作报告"不同，可以有"工作的长期没有报告"一类形式。这就是说，"工作的报告"中的"报告"按照(23)(a)的解释，它是由基础部分具有"(＋V)∨(＋n)"特征的词汇成分"报告"选择(＋n)这个特征来的；(23)(b)是由选择(＋V)特征的"报告"构成的动宾结构，经过宾语前置的名物化转换来的。但是对"金四把的来到"来讲，由于"来到"在基础部分的词汇中只有动词特征，它只能是由动词"来到"构成的小句经过名物化转换来的。(15)这种形式的另外一些例子有：

(24)(a) 给我办满月的困难

(b) 吃一顿喜酒的希望

(c) 变革现社会的可能

这里(a)类似于(22)(a)，(b)(c)类似于(22)(b)。但是都不同于(22)(c)。(22)(c)的"历史的教训"在结构功能上同"历史教训"相等，都是名词短语，而这里的"给我办满月困难"不是名词短语，"吃一顿喜酒希望"是不合语法的。

　　上面我们谈到的(15)(a)和(24)(a)(b)(c)已经涉及到(6)(7)里提到的所谓"的"字结构。凡是动词形容词后面带"的",不管后面是否出现中心语,都是一种名物化形式。我们先讨论(6)这种由动词形容词构成的为大多数语言学者公认的所谓"的"字结构。我们把(6)(b)重新写在下面:

　　　(25) 刻的是谁呢?

在鲁迅《写于深夜里》这篇文章中,这句问话是在这样的语境中提出的:"这是你刻的吗?""是的。""刻的是谁呢?""是一个文学家。"根据上下文,这个句子是从"你刻的是谁呢?"经过主语省略来的。而"你刻的是谁呢?"的深层结构是这样的:

　　　(26)

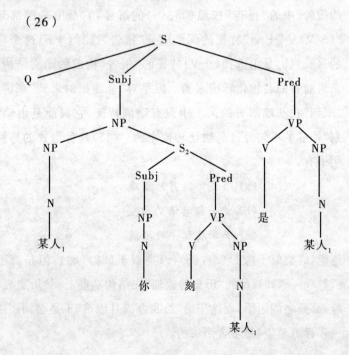

首先,把 S_2 移到它所修饰的 NP 的前面,并名物化为"你刻的某人$_1$";然后消去重复的名词"某人$_1$"就成了"你刻的某人$_1$";然后经过中心语("某人")和主语("你")省略构成"刻的",最后构成问句:"刻的是谁呢?"这里"刻的"指被刻的人。假如这句话出现在这样的上下文里:"这是刻着你的名字的图章吗?""是的。""刻的是谁呢?""是一位要好的朋友。"这里"刻的"是从另外深层结构转换来的,"刻的"指的是"刻图章的人",由于"刻"的宾语同"刻"有种种不同关系,"刻的"有时还可以指称刻的材料或刻的处所。如,刻的石头,刻的桌子,等等。这正说明"刻的"是由某种以"刻"为动词谓语的小句经名物化转换而来。我们可以用同样的方法来分析"卖菜的"、"昨天来的"这类"的"字结构。

再看看"捐的钱"、"带着腰牌的旗兵"、"卖菜的担子"这类形式的"的"字结构。根据我们上面的分析,这些形式都是由小句转换来的名词短语。省略每个形式的中心语,就成了(6)的形式。这里的"捐的"、"带着腰牌的"、"卖菜的"都是动词或动词短语的名物化形式。现在主要谈谈这类形式里的"的"字结构同一般名词的区别。

试比较以下形式:

(27)(a) 木头房子

(b) 文艺创作

(28)(a) 木头的房子

(b) 文艺的创作

(29)(a) 捐的钱

(b) 吃的希望

　　　　(c) 卖菜的担子

从语义上讲,名词和"的"字结构作定语,都既可以表示修饰,又可
以表示所属。定语所表示的意义常常受定语和中心语之间的语义
关系制约:

　　　(30)(a) 石头桌子

　　　　　(b) 石头棱子

　　　　　(c) 桌子腿

　　　(31)(a) 石头的桌子

　　　　　(b) 石头的棱子

　　　　　(c) 桌子的腿

(30)(a)和(31)(a)只表示修饰,(30)(c)和(31)(c)只表示所属,而
(30)(b)和(31)(b)是歧义的,既可以表示修饰,又可以表示所属。
动词形容词名物化形式的"的"字结构作定语,语义关系比较复杂。

　　　(32)(a) 刻的图章

　　　　　(b) 刻的手

　　　　　(c) 刻的哥哥

　　　(33)(a) 卖菜的担子

　　　　　(b) 卖菜的哥哥

由于"刻的"是省略"刻"的主动成分和受动成分而来,"刻的"作定
语所修饰的成分既可以是主动者,又可以是受动者,也可以是工
具、时间、处所。"卖菜的"省略的是主动者,"卖菜的"作定语,后面
不可能出现受动者。"刻的"同"卖菜的"比,"刻的"包含更多的歧
义,也就是说表意更加含糊。试比较下面两个形式:

　　　(34)(a) 刻的哥哥

　　　　(b) 刻字的哥哥

这里(b)有两种含义：具有"刻字"行为的"哥哥"和"刻字"的人的"哥哥"。(a)却可能有三种含义："刻"在某质料上的哥哥的形象，具有"刻"的行为的"哥哥"，具有"刻"的行为的人的哥哥。但是由于"哥哥刻"这个短语的独立性很差，除在极特殊的语境中，"刻的哥哥"总被理解为第一种意义，也正因为这一点，表达第三种意义也需要严格的条件。我们常用下面的形式表达后面两种意义：

　　　　(35) 刻 X 的哥哥

这里 X 一般是受动者，但对某些动词也可以是工具、处所、时间。

　　"刻字的"或"卖菜的"这种形式相当于名词或动词，在一定的语境中还可以再带上一个"的"，使表示的"所属"更加明确。例如：

　　　　(36) 这碗面是卖菜的。

为了表示所属，有时在这类"的"字结构后面加上一个复指成分。

　　例如：

　　　　(37) (a) 卖菜的那个人的担子

　　　　　　 (b) 卖菜的那个人的手

　　　　　　 (c) 卖菜的那个人的哥哥

当(33)(c)中"卖菜的"是定语时，只有"所属"一种解释。但是这个形式中的"卖菜的"和"哥哥"也可构成同位关系。为了区分歧义，(37)(c)那种形式是必要的。但是这里如果是"刻的"，就不这样简单。例如：

　　　　(38) 刻的那个人的手

"刻的那个人的手"通常被理解为"刻"在某种质料上的人的"手"形，而不一定是同位关系，因为这里的"那个人"可以是"刻"的受动者。

关于作为动词形容词名物化形式的"的"字结构,需要作专门讨论。这里只概略地就它作为名物化的性质作了说明。

乔姆斯基在《论名物化》一文中认为,转换论假说适用于英语的动形名物化词(gerundive nominals),词汇论假说适用于英语的派生名物化词(derived nominals)。这种区别跟我们上面讨论过的(14)和(16)基本上是相同的。而我们的(15)在某种意义上讲,也可以说是一种混合的类型。⑥从上面的讨论可以看出,单纯地指出处在主语宾语位置上的动词形容词是否名物化,或者哪种形式是名物化,哪种形式不是名物化,是不够的,需要具体分析处在这个位置上的这些形式的内在结构和语法功能的差异。

附 注

① 《语法和语法教学》,人民教育出版社 1980 年版。

② 黎锦熙《新著国语文法》,商务印书馆 1957 年版,79 页。

③ 朱德熙《现代汉语语法研究》,商务印书馆 1980 年版,193—224 页。

④ 吕叔湘《语法学习》,中国青年出版社 1953 年版,71—72 页。

⑤ 吕叔湘《中国文法要略》,商务印书馆 1958 年版,89—90 页。

⑥ Chomsky, N. Remarks on Nominalization 见 *Studies on Semantics in Generative Grammar*,11—61 页。

(原载《语法修辞探新》,浙江教育出版社 1987 年版)

关于现代汉语介词的
几个问题

一、什么是现代汉语的介词

关于介词的定义，最早见于《马氏文通》。马氏说："凡虚字用以连实字相关之义者，曰介字。"在解释中他说："泰西文字，若希腊拉丁于主宾两次更立四次以尽实字相关之情变，故名代诸字各变六次。中国文字无变也，乃以介字济其穷。"按马氏的意见，介字完全是用来表示后边名词的"格"，即"用以连实字相关之义者"的。这话说得有道理，但忽视了"语法形式"上的区别。《现代汉语语法讲话》以后，沿着《讲话》的思路讲介的又只从形式上来考虑。"次动词"（介词）"不作谓语里的主要动词"和"总带宾语""一般是体词宾语"，不但没有考虑它所表示的意义，而且形式上也难把握。黎锦熙给介词下的定义是："介绍实体词给述说词，以表示时、地、方法或因果等等关系"的词。这里明确说出"介词"是介绍实体词给"述说词"（相当于动词，包括作谓语的形容词）的，并且列出他们所表示的意义。另外一种说法是把介词看作动词的附类，但仍是虚词。这些说法都给后人以启发，但都没完全说清介词的特点和作用。

下面我们试图说明什么是现代汉语的介词。

我们认为现代汉语介词是：在以动词为中心语的小句中，表示它后面带的名词短语所表示的事物同动词在同一事件或过程中有某种关系的词。在这句话里，表示了四层意思。一、它是虚词；二、它是表示它后面的名词短语同动词（广义地，包括作"谓语"的形容词）之间的关系的虚词；三、它后面一定带名词性补语（宾语）；四、它和动词在同一事件和过程中具有某种关系。

要解释这几层意思，必须从语言是客观现象在认识中的反映说起。同介词有直接关系的是同一事件或过程中动词与事物之间的关系。这种关系要分清客观事物之间的关系和这种关系反映在人的语言中的语言的成分之间的关系。这就是通常讲的语言内的关系和语言外的关系问题。"我撕了一封信。"这个汉语的句子所表示的客观事物之间的关系和过程是类似于谓词逻辑的公式"$P(撕了)(x(我),y(一封信))$"。它同另外一个现代汉语的句子"这封信被我撕了。"所表示的事物的过程和参与者的关系是一样的"$P(x,y)$"，但是二者不但在句法结构上不同，"一封信"和"这封信"在形式上也是不同的，而且在表义上也有区别。按传统的说法，"y 被 x 撕了"是一个被动结构。在这一结构中，"被"有标志前面的 y 是受动者、后面的 x 是主动者的作用，并带有对事件过程及其与相关事物之间的关系的某种主观看法（如有的学者讲的"不如意"），同时还要求这种结构中的受动者（句中的主语）是有定的（比较"一封信"和"这封信"）而不是泛指的。"这封信被我撕了"同原句之间是语言表示同一客观事件和参与者之间的关系的不同语言形式，这是语言内部的问题。这里既包括语言的不同形式也包括人对这种关系的不同看法。

"虚词"是语言中词的"虚化"或"语法化"的产物,同一关系以及同一意义,在同一语言或不同语言中可以用不同语言形式来表达。例如,现代汉语没有专门表示"工具"的介词,"工具"是许多动作或事件的必要的参与者。有些关系,如动作的主动者、受动者、与动者,动作发生的时间或地点,常常只用语序来表示而不用介词。当然用不用介词在语义上是有区别的,这一点下面还要谈到。

一般认为介词是由动词虚化来的。从共时的角度看,现代汉语的介词有时同时是动词。有的似乎还正在虚化过程中,例如"给"。由动词虚化而来的"介词",在语言中表示的是词与词之间(主要是名词与动词之间)的句法—语义关系。[①]这种关系反映着现实事物在某一事件中的相互关系。这一点前面已经谈过。由于介词是表示某一事物同动作或事件的关系,因此它后面必须带名词性补语,而名词性补语才是充当某种语义角色的成分。

我们用一个简单的例子说明一下上面的一些意思:

(1)她上小学一年级的时候,就曾经把昏倒在公厕里的赵奶奶背·回家去。

以这句话里的"把"为例。"把"是一个虚词(失去了它表示某种动作的意义,只有表示某种语法关系的意义和某种主观附加的意义),有标志提前"宾语"(受动者)并带有表示"处置"或"强调"的主观附加意义。这句话可以按一般的次序说成:

(2)她上小学一年级的时候,就曾经背昏倒在公厕的赵奶奶回家去。

"把"把"背"的"宾语""提"到动词的前面去,并标志它后面的名词短语是动词的"受动者",且给以"处置"或"突出、强调"的主观附加意义。这句话讲的就是"背"这一动作或事件,"把"后面的名词短语所表示的事物是"背"这一动作的参与者(受动者)。而整个句子讲的是唯一的一个动作或过程。这个句子的时间状语是一个名词短语,它表示的同动作发生的时间关系是由词序来表示的。它的前面也可以加上介词"在",以便在语法层次上更明确地标志这个名词短语是一个表示动作出现的时间或处所。

二、介词所表示的"关系意义"

按照《马氏文通》的说法,介词表示的"相关意义"相当于西方文字的"格"所表示的实词与实词之间的特别是名词与动词之间的"相关意义"。介词的作用相当于"格"的变化形式的作用。传统的"格"是名词的变化形式表现出来的。因此我们可以说俄语有六个格,德语有四个格,等等。不管怎样,"格"有表示名词与动词之间的句法—语义关系的作用,因此有"主格""宾格""与格""工具格"等名称。名词作定语或表示"属于"意义的"生格",②虽然不是直接表示句子中名词成分与动词成分之间的关系,但是它同动词也有间接的某种句法—语义关系。现代语法学家讲的"格",主要指的是"格意义"或"抽象的格",略相当于"语义角色"。但"语义角色"比传统的"格"所表示的"意义"更为广泛。把从《文通》以来讲的汉语的"格"看作"语义角色"更为合理,因为汉语名词没有格变形式,而汉语的介词表示的在同一事件或过程中名词短语和动词短语之间的句法—语义关系也比传统的"格"要复杂。当然,马氏主要从语言形式的表义功能来看汉语介词同"格"变形式之间的关系，还是有一定道理的。

语言是客观事物在人的认识中的反映，客观世界中同一事件或过程中与之相关的事物当然不止六种或四种。这些语言的每一个"格"所表示的句法—语义关系也不止一个。语言中表示这种关系的方法是多种多样的。现代汉语至少有三种方式，语序、介词和重音。[③] 就介词来讲，它表示的"句法—语义关系"，可以分三个层次来看：一、句法层次。从语序来看，对动词来说，有前置的，有后置的；从句法成分来看，有主语、宾语、间接宾语之分。二、语义层次。可以有主动者、受动者、与动者、目的、时间、处所的不同。三、语用层次。为了一定表达的需要，介词可以把某一成分提前或移后，并赋予主观上某种特殊意义。例如我们上面讲到的"把"，它有在句法层次上标志它同后面的名词短语一起构成动词的状语的作用；在语义层次上它有标志它后面的名词短语是受动者的作用；在语用层次上它有把"宾语"提到动词前并赋予"突出"或"强调"的主观意义的作用。介词的多义性也很明显。例如"在"既可以表示时间，又可以表示处所。

三、"把""被""连"

"把""被""连"这三个介词构成的介词短语都只能放在动词前面，都有提前或移后句子的某一成分的作用，并赋予句子以某种主观意义。

介词"把"是介词中讨论的最多的一个词，很早就引起语法学家的注意。它不但句法功能和语义功能都很突出，而且是汉语所特有的一个形式，又是常用的。试比较下面几个例子：

(3) 妈妈敲门把我叫出去，说有事跟我说。

(4) 正翁把手捂在耳朵上，学着小贩的吆喝，眼中含着泪，声音凄楚。

(5) 售货员把保温瓶灌满汽水。

(6) 看猴子，逛植物园，看电影，来回走路，和一切的劳神，已经把我们累得不成样子。

(7) 把这碗参汤喝了它，你参不喝了。

在第一个例子里，"把"的作用在把动词"叫"的"宾语"提到前面去，并赋以一定的附加的意义。从结构讲，可以"自由"地把"我"放到"叫"的后面的"宾语"的位置上。但是例(4)到例(7)就不同了。以例(4)为例，动词"捂"的后面有补语"在耳朵上"，这两个成分在现代汉语中不能同时出现，因此必须用"把字句"；再看例(6)，"把我们累得不成样子"里的"我们"也不能直接放到动词"累"的后面。好像在现代汉语的这种动词后既有"宾语"又有"补语"的句子结构里必须用"把字句"。问题是这里的"把"有没有一般"把"字的意义和作用？这里有两个问题：一、有没有另外的说法；二、为什么现代汉语里这种"把字句"是最常见的。先谈第一点。这种句子基本上都有另外的说法。如例(4)，从基本的语义关系讲，既可以说"正翁在耳朵上捂手"，也可以说"正翁捂手捂在耳朵上"。后面这个句子，虽然把一个句子说成两个小句，却是常见的一种叠用动词的句法。例(6)的另一个说法是"已经累得我们不成样子"。这种不同说法在语用平面上的表义功能是有区别的。这种不同句式的选择,是有表义的需要。而"把"仍具有它在句法上和语义上的原有的作用。再谈第二点。为什么第二类的"把"字句比表义基本相近的其他句式更多?除去"把"的特别功能外,还有"简练""经济"的原因。例(7)有点特别。它在提前了的"宾语"的位置上又出现了前指的"宾语""它",这使句子结构起了变化,并在表达上突出"受事者""这碗参汤"的意思更加突出。

"把"有人用"管"④或"将"。例如:

(8) 这自卑几乎将他的精神压垮。

(9) 就是售货员将它摆上案板,操刀将它破开切成薄片的那一瞬间。

(10) 白大省的同学开始管她叫"白地主"。

再看看"被"。下面先举几个例子:

(11) 这是一般戏剧家没有想到的问题,被我发掘出来了。

(12) 男人被她拍得心惊肉跳。

(13) 我唯一的根据是米拉被捕时身穿小格子衬衫。

各种语言表示被动句的方式不同,古今汉语也不一样。现代汉语的被动句,可以没有任何标志。例如我们可以说:"瓶子打碎了。"显然"瓶子"是被打碎了,这是个被动句,而没有任何标记。我们这里讲介词,介词"被"是现代汉语被动句的标志。我们前面说过,在主动者和被动者都出现的句子里,"被"不但有标志后面的名词短语是主动者的作用,而且有标志前面的名词短语是受动者的作用。例如例(12),"被"后的"她"是主动者,这是"被"的主要作用,它是被动句的标志。但是,它在标志主动者的同时,也标志了它前面的名词短语是受动者或被动者。在主动者不出现的句子里,例如例(13)中的小句"米拉被捕时身穿小格子衬衫"里,"被"直接出现在动词"捕"的前面,标志它的前面的名词短语"米拉"是动词"捕"的受动者,整个句子是被动句。把这类句子看成"省略"了"被"后的主动者,"被"仍为介词更为合理,因为大多数这类句子的主动者都可以根据上下文补出来。"被"后的主动者可能难于确定,如"被打碎的茶杯"中的主动者。但是这是一个被动结构,"打碎"又是一个"二价"动词,必须有一个"主动者"。这就可以说明这里的"被"仍旧是一个"介词"。从许多例子可以看出,"x 被 y"或"x 被"之后是一个"动词短语"或"谓语形式"。

"被"有时用"给",下面还要谈到。

"连"是一个很特别的介词,它的用法和意义,《现代汉语八百词》和有关著作有过详细的描写。我们这里只对它的"移位"作用和意义作一些补充。先看看下面的例子:

(14)我们可以说,舞台上不但人走道迈方步,连马走道也迈方步。

(15)连更衣室的值班大妈都夸她。

(16)他们是一家粗人,搬进二号院时,连床都没有,他们睡地铺。

(17)天是那么高,那么蓝,阳光是那么亮,连大树上的破老鸹窝看起来都有些画意了。

(18)就连他的东家们也把便宜坊的雅座撤销,不再附带卖面饭和烤鸭。

(19)我呀,连卖半空多给,都受不了啦。

这样用的"连"字短语,总是放在动词前。《现代汉语八百词》说表示"强调",有的语法书说它有"比较"的意味,意思是说,"连"后边的名词短语所代表的东西是最可能不具有后面"谓语"所具有的性质的。从句法讲,它同"把"有相似的"移位"作用。以例(18)为例,原文"连他的东家们也把便宜坊的雅座撤销"的"连"字放在主语前面,只具有上面讲的特殊的强调意思,而没有句法上的"移位"作用。这个短语变成最基本的形式是:"他的东家们撤销便宜坊的雅座。"如果强调宾语(受动者),连字短语就要放在动词前:"他的东家们连便宜坊的雅座都撤销了。"甚至可以放在主语前:"连便宜坊的雅座,他们的东家都撤销了。"这时动词前要有与"连"相对的表示"比较"意思的"都"或"也"。但是它的移位作用同"把"不同,"把"一般不能把宾语移到主语前。当然,他们所表示的意义(包括主观赋予的主观意义或语用意义)也是不同的。

四、"对"和"给"

现代汉语介词"对"的主要作用是表示它后面带的名词短语是动词的间接宾语或主动者和受动者以外的动词"指向"的事物,也就是平常讲"三价动词"时,在主动者和受动者之外的第三个"参与者"。"与格"有人翻译成"对格"也许就有这个意思。先看看几个例子:

(20) 这些委屈她可不敢对丈夫说,怕挑拨是非。

(21) 但这样的问题对我们没有吸引力。

(22) 对她的成长我应当负很大责任。

(23) 对人,她颇有礼貌。

　　(24)另一个学生把一本英国作家史蒂文森的《新天方夜谈》带走,说是准备对它进行批判。

　　(25)虽说乌世保对徐焕章的来意起疑,也禁不住抱一线希望试试。

　　(26)这里有对善良、正义的追求,也有使自己成为美女的渴望。

作为介词,"对"当然还有其他用法。我们这里集中谈谈例(22)那样用法的"对"。在例(22)里,动词"负"的主动者是"我",受动者是"很大的责任"。"她的成长"是"负"这一事件或活动的第三个参与者,即"动词"所指向的对象(与格名词)。这种关系是由介词"对"表示的。在句法上,"对 x"可以放在动词前,也可以放在主语前。例(22)原文是放在句首,即放在主语前面的。但是我们也可以说"我对她的成长应当负很大责任"。这里不但有句法上的区别,而且有表意上的区别。"对 x"放在句首,是一种"主题化"的过程,具有"突出"或"强调""与动者"的作用。例(26)不同于上面的用法。这里"对"后的名词短语是后面动词的宾语,即"追求善良、正义"。现代汉语的动词短语和主谓短语,都可以在两个成分之间加上一个"的"字变成名词性短语。这里的"对"仍是介词,与上列各例中的对"用法相同。例如我们可以说"对善良、正义的追求我们非常赞成。"也可以说"对他的突然出现,我们都感到惊讶。"这里的"对"都是标志动词所"指向"或所"涉及"的事物的。

　　再看看"给"。"给"主要用作动词,但在下面的句子里,它显然是一个虚化了的介词:

　　(27)我给他送一本书。

（28）我相信一切封建的流毒都会给年轻人彻底反掉。

例（28）的"给"相当于"被"，这种用法在某些作品中相当普遍。例如下面一些例子，见于巴金的《随感录》：

（29）经过接连不断的大大小小的运动之后，我的不少熟人身上那一点锋芒都给磨光了。

（30）他……因为是我的女儿，给剥夺了好些公民权利。

（31）好像我给毒蛇咬过看见绳子也害怕一样。

关于"给"的这种用法我们不再多说。主要谈谈前面一种用法。在这种用法中，"给"和"对"有相似的作用，都标志着动作"指向"的第三个参与者。但是他们不仅功能不同，意义也有区别。以例（27）为例，它的另一个说法是"我送他一本书"。介词"给"把"他"提到动词前，标志"他"是动词指向的第三个参与者。下面这句话里的"给"有人认为"送给"更像一个复合动词或"动结"式。但是联系到下面的说法，把这类形式中的"给"都看作介词更为合理，可以给这些"给"以统一的解释。

"给"和"对"虽然都有标志"三价动词"的第三个参与者的作用，它们的意义却有很大区别。"对"的意思只是指动作"指向"的第三个参与者，有"面对"或"对……来讲"的意思。"给"就不同了。"给"有"给予"的意思，大多用于"送"一类动词。这类动词不能用"对"。下面我们举一些例子：

（32）教室里方便，有几个小同学给我当配角。

（33）他……随便给孩子们摆个金鸡独立，或骑马蹲裆式就特别好看。

（34）我让他给我倒杯水来。

(35) 得送给秀把式一两八钱吧?

(36) 我大姐的婚事是我大舅给做的媒人。

这里最后一个例子比较特别。从上下文看,"给"后省略了介词补语"我大姐的婚事"。这句话是从这样的基本短语转换来的:"我大舅给我大姐的婚事做媒人。"然后把"我大姐的婚事"移到句首,话题化,成为:"我大姐的婚事我大舅给做媒人。"然后把它变成"判断句":"我大姐的婚事是我大舅做的媒人。"根据移位后"语迹"的理论,"给"后留有"补语"的语迹。"给"仍是介词。

五、附记

我们上面的讨论已经涉及到介词或介词短语出现在动词后的情况。在现代汉语里有很多介词出现在动词后时,介词后可出现"了"。例如:

(37) 临窗的咖啡座,通透的落地玻璃使你仿佛飘在空中,使你生出转瞬即逝的那么一种虚假的优越感。

(38) 而巍峨的鼓楼至今仍屹立在这条街北面,并且今后会当作珍贵的文物保留下去。

(39) 他把回娘家念头完全放在了一边。

(40) 它来北京做手术,就住在了赵叔叔家。

(41) 他跪在了地上。

这一问题比较复杂,我们准备另作讨论。

此外现代汉语介词问题牵涉面很广,这里提出的只是一种可能的解释,而且有待深入研究。

本文参考了许多语法学家的有关著作，有的地方只是对他们的结论作了一些新的解释，未作一一注明。不敢掠美，附记于此。

附　注

① 句法—语义关系指句法关系及句法结构中的语义关系。句法—语义关系不同于纯语义关系。

② "生格"是俄语语法中常用的一个译名，指名词与名词之间的附加关系，包括名词的所有格。

③ 例如句子中的逻辑重音表示主题与述题的关系，这也是一种句法—语义关系。

④ 凡是只能把"宾语"提到动词前的介词，都有同时标志前面和后面的名词的"语义角色"的作用。

（原载《语言研究的务实与创新》，外语教学与研究

出版社 2004 年版）

北京话儿化韵中的音位问题[*]

一、引　言

　　1.1　二十多年前，傅懋勣同志在《北京话的音位和拼音字母》[①]一文中，对北京话儿化韵中的音位作了全面的分析。在这篇文章之前或之后，国内外语言学家曾对这个问题进行过若干讨论。但是，就北京话儿化韵音位问题来讲，这还是一个有待深入研究的领域。探讨这个问题，不但有理论意义，而且在实践上也是很重要的。本文准备就这个问题作一初步的分析。

　　1.2　由儿化韵构成的音节，[②]处在音节头上的辅音音位同非儿化的音节相同，不在本文讨论的范围之内。傅懋勣同志的文章把声调和儿化韵中的卷舌作用，看作元音音位的附属特征，把带有卷舌作用的/ar/、/ɤr/等等从不带卷舌作用的/a/、/ɤ/等等分出来，并各按四声分为四个不同的音位。例如，把/ar/分为/ar⁵⁵/、

　　* 本文初稿写于 1979 年，发表前作了部分修改，但基本观点未变。对最近两年发表的有关这个问题的文章中的某些论点，有些在文章中涉及到了，有些只在附注中谈了一些看法，都未及详论。可以看出，这里使用的方法是比较旧的，但是正像欧几里得几何学一样，在一定的范围内，为了一定的目的，这种方法仍然是有效的。参看 A. C. Gimson：An Introduction to the Pronunciation of English。

/ar^{35}/、/ar^{214}/、/ar^{51}/。现代汉语的声调,作为附加在整个音节上的,具有区别作用的声音高低升降的不同类型,应该从整个音节中抽离出来,作为独立的超音段音位,似乎已经得到大多数语言学者的同意,不再讨论。至于带有卷舌作用的/ar/、/ɤr/等等,是一个音位还是两个音位,儿化韵是否具有傅文所列的 7 个,却是需要进一步讨论的问题。

二、北京话儿化韵中的音位

2.1　北京话儿化韵母的音位分析,根据不同原则可以作不同处理。按照传统音韵学把汉语音节分析为声韵调三部分的原则,可以有几种可能的分析方法。第一,根据把韵、调结合在一起作为区别性单位的原则,[③]北京话儿化韵可以区分为/ar^{55}/、/ar^{35}/、/ar^{214}/、/ar^{51}/、/iar^{55}/、/iar^{35}/、/iar^{214}/、/iar^{51}/……/ɤr^{55}/、/ɤr^{35}/、/ɤr^{214}/、/ɤr^{51}/……/or^{55}/、/or^{35}/、/or^{214}/、/or^{51}/……等上百个音位。第二,根据按照韵母起头有无半元音[j、w、ɥ]而把韵母分为开齐合撮四大类的原则,把半元音[j、w、ɥ]从韵母中抽离出来,作为独立的音位,[④]北京话儿化韵韵母可以进一步分析为/j/、/w/、/ɥ/、/ar^{55}/、/ar^{35}/、/ar^{214}/、/ar^{51}/、/ɤr^{55}/、/ɤr^{35}/、/ɤr^{214}/、/ɤr^{51}/……等音位。这就是上引傅懋勣同志论文中的分析方法。第三,如果按照近年来许多人主张的那样,把声调也抽出来作为韵母中起区别作用的另一平面的独立的音位——超音段音位,那么北京话儿化韵音位可以进一步区分为/55/、/35/、/214/、/51/、/j/、/w/、/ɥ/、/ar/、/ɤr/、/er/、/ur/、/ār/、/ēr/、/ūr/等音位。[⑤]如果考虑声调和四呼是儿化韵和非儿化韵所共有的因素,那么儿化韵为北京音位系统增加的特殊音位是/ar/、/ɤr/、/er/、/ār/、/ēr/、/ūr/等。这样分析出来的音位/ar/、/ɤr/……等等,是同非儿化韵的包括复合结构音位在内的/a/、/ɤ/……/an/、/ai/……/an/、/aw/等音位相对待的,⑥ 而不是同/a/、/ɤ/、/n/、/ŋ/、/j/、/w/……等等这样的音位系统中的音位相对待的。

但是,我们可以按另外的原则进行北京话儿化韵韵母的音位分析。如果我们把音位看作最小的起区别作用的单位,⑦ 就需要把上面儿化韵韵母中分析出来的音位进行再分析。正像把/an/再分析为/a/和/n/两个音位,把/aj/分析为/a/和/j/两个音位一样。从教学的角度,以及从制定音素字母拼写文字的角度来看,后面这种分析似乎更加合理。现在大多数人都是从后面这个角度来进行现代汉语普通话的音位分析和语音教学的,虽然不少教科书在实际教学中采用了同传统的声韵调分析法相结合的方式。⑧ 可是,一般讲北京话音位系统的人,虽然在分析非儿化韵的韵母的音位时贯彻了"最小的起区别作用的语音单位"的原则,对儿化韵却认为/ar/、/ɤr/等等是不可分析的单一的音位。这是把音位分析中的两个不同层次的问题混在一起了。

2.2 儿化韵中的/ar/、/ɤr/等等,到底是一个音位还是两个音位?

首先,我们先从北京话非儿化韵音节的韵母结构谈起。北京话非儿化韵音节的韵母结构是:

韵头(半元音)+韵腹(元音)+韵尾(半元音或辅音)在快说的话语中,当后面的音节同前面的音节融为一个音节的时候,一般总

是后面音节中的一个辅音(声母或韵母)附在前面的构成音节中心的元音后面,构成同上面那种基本结构相同的结构。例如:

我们〔wo²¹⁴mən→wom²¹⁴〕

咱们〔 zɛn³⁵mən⁰→zɛ̃m³⁵〕

北新桥〔pəj²¹⁴ɕin⁵⁵tɕjaw³⁵→pə̃n²¹⁴tɕjaw³⁵〕

儿化韵音节也符合这个规律:

把儿〔pʌ⁵¹əɹ³⁵→pʌɹ⁵¹〕

捺儿〔nʌ⁵¹əɹ³⁵→nʌɹ⁵¹〕

渣儿〔tʂʌ⁵⁵əɹ³⁵→tʂʌɹ⁵⁵〕

当然,这还不能证明这里的"m"和"ɹ"是同类的语言成分。"m"是一个双唇鼻辅音[m],代表独立的音位/m/,是没有问题的。"ɹ"到底是一个代表独立的音位/ɹ/的独立音素[ɹ],[⑨]还仅仅是代表同音位/a/的对立的带有卷舌色彩的音位/aɹ/的卷舌色彩[ɹ],还需要进一步研究。大多数讲北京话儿化韵音位的语言学者倾向于把[ɹ]看作前面元音的卷舌作用,而不看作独立的音位。看来,这种分析并不符合北京话语音系统的实际情况。

的确,单从发音的角度讲,北京话的"把儿"这个词的韵母"aɹ"可以看作带有卷舌色彩的[ʌ],即[ʌɹ]。但是从北京话音位系统看,却不能把这里的[ʌɹ]分析为同/a/、/ɤ/、/n/等相对立的单一音位/ʌɹ/。在北京话里有下面这样对立的语言形式:

坝〔pʌ⁵¹〕　　　　搁〔kɤ⁵⁵〕

办〔pɛn⁵¹〕　　　根〔kən⁵⁵〕

捧〔paŋ⁵¹〕　　　更〔kʌŋ⁵⁵〕

拜〔pɛj⁵¹〕　　　钩〔kʌw⁵⁵〕

把儿〔pʌɹ⁵¹〕　　　歌儿〔kʌɹ⁵⁵〕

根据非儿化韵音位系统,左列的[ʌ][ɛ][a]是同一个音位/a/的条件变体,[n][ŋ][j]分属不同音位/n/、/ŋ/、/i/。⑩区分这几个词的是/a/音位后面有无/n/、/ŋ/、/i/几个音位。右列的[ɤ][ə][ʌ]是同一个音位/ɤ/的几个条件变体,[n][ŋ][w]分属不同音位/n/、/ŋ/、/u/。区分这几个词的是/ɤ/音位后面有无/n/、/ŋ/、/u/几个音位。左列儿化韵词"把儿"[pʌɹ⁵¹]中的[ʌ]和右列儿化韵词"歌儿"[kʌɹ⁵⁵]中的[ʌ]分别相当于非儿化韵音位中的/a/和/ɤ/。从对立中可以看到这里的[ɹ]是把左右两列中儿化韵词区别于非儿化韵词的语音单位,即音位/ɹ/。

把北京话儿化韵中的卷舌音[ɹ]分析为独立的音位,既可以简化北京话的音位系统,又便于分析儿化韵词的形态结构。当然,这样做的最主要的理由还是北京话音位系统本身的体系。

2.3　下面我们具体分析一下儿化韵韵母中/ɹ/音位前的音位区分问题。

先来谈谈傅文提出的/ar/音位中的"a"。⑪现在大多数讲普通话语音的书都一致认为/ar/来源于非儿化音节中的韵母/-a/、/-ai/、/-an/的"儿化"。认为/-ai/、/-an/在儿化时韵尾/-i/和/-n/消失,因此同/-a/韵儿化一样,都是[a]加上卷舌色彩,从音位讲都是/ɑʴ/。实际上这个结论是不确切的。试比较下列诸词:

把儿〔pʌ⁵¹əɹ³⁵→pʌɹ⁵¹〕

伴儿〔pɛn⁵¹—əɹ³⁵→pɛɹ⁵¹〕

爬儿〔pʌ³⁵—əɹ³⁵→pʌɹ³⁵〕

牌儿〔p'ɛj³⁵—əɹ³⁵→p'ɛɹ³⁵〕

盘儿〔p'ɛn³⁵—əɹ³⁵→p'ɛɹ³⁵〕

从这些对比中可以看出,韵母/-a/同韵母/-ai/、/-an/儿化后,/-a-/的发音不同,一个是[ʌ],一个是[ɛ],有区别词的作用,是两个不同的音位。也就是说,非儿化音节中同一个音位/a/,儿化后,它的两个不同变体[ʌ]和[ɛ]分化成两个不同的音位/ʌ/和/ɛ/。⑫

2.4　再看看傅文讲的/ɤr/和/er/这两个音位。

按照傅氏的说法,/ɤr/来源于/-ɤ/的儿化,/er/来源于/-i/(包括[i][ɿ][ʅ]三个变体)和/-en/、/-ei/的儿化,这也是大多数讲北京话语音的书的说法。这个说法是符合事实的。但从音位角度来讲,还需要做些分析。

韵母/-en/和/-ei/儿化前的韵腹都是/-ɤ-/,但这两个韵母中的/-ɤ-/是变体[ə],跟单韵母/-ɤ/中的变体[ɤ]不同。儿化后原来非卷舌的音位/ɤ/在这几个韵母中的变体[e]和[ɤ]分化为两个独立的音位/ə/和/ɤ/。⑬试比较下列名词:

歌儿〔kɤ⁵⁵əɹ³⁵→kʌɹ⁵⁵〕

根儿〔kən⁵⁵əɹ³⁵→kəɹ⁵⁵〕

黑儿〔xəj⁵⁵əɹ³⁵→xeɹ⁵⁵〕

喝儿〔xɤ⁵⁵ɤɹ³⁵→xʌɹ⁵⁵〕

虽然这里的"根儿"和"黑儿"里的[ə]在舌位前后上有细微差别,但这主要是受前面辅音的影响形成的,没有区别词的作用,而[ə]和[ʌ]则有区别词的作用,是两个不同的音位。这就是说,在非儿化韵中的同一个音位/ɤ/,儿化后,由不同的变体分化为两个独立的音位/ə/和/ɤ/。

上面讲的韵母/-i/包括出现在舌尖辅音后面的元音[ɿ]和[ʅ]

以及出现在其他辅音后面的半元音[j]和单韵母[i]。这几个不同的/i/儿化后有不同的情况:

鸡儿〔tɕi⁵⁵ əɹ³⁵→tɕjəɹ⁵⁵〕

枝儿〔tʂʅ⁵⁵ əɹ³⁵→tʂɹ⁵⁵〕

丝儿〔sɿ⁵⁵ əɹ³⁵→səɹ⁵⁵〕

[i]儿化后,在[ɹ]之前增加了一个元音[ə],使这个儿化韵母形成"韵头+韵腹+韵尾"的结构。从下面的分析里可以看出,这里的[ə]代表独立的音位/ə/而与其他音位相对立。[ʅ]、[ɿ]儿化后,这两个舌尖后元音变成央元音[ə]后再儿化,构成[əɹ]。这里的两个不同来源的[ə]发音基本相同,并与另外的元音音位形成相似的对立。这两个[ə]是同一音位/ə/。试看下面的例子:

叶儿〔jɛ⁵¹ əɹ³⁵→jɜɹ⁵¹〕

印儿〔jin⁵¹ əɹ³⁵→jəɹ⁵¹〕

月儿〔ɥɛ⁵¹ əɹ³⁵→ɥɜɹ⁵¹〕

玉儿〔ɥy⁵¹ əɹ³⁵→ɥəɹ⁵¹〕

趣儿〔tɕʻy⁵¹ əɹ³⁵→tɕʻɚɹ⁵¹〕

缺儿〔tʻɕɥɛ⁵⁵ əɹ³⁵→tʻɕɥɜɹ⁵⁵〕

从上面的/-ie/、/-in/、/-ye/、/-y/等韵母的儿化词的对比中可以看出,/-ie/、/-ye/儿化后的/ɹ/音位前面的元音[ɜ]和其他韵母儿化后形成的[ə]相对立,有区别词的作用,是两个不同的音位。也就是说,非儿化韵中出现在[j]、[ɥ]后面的/ɤ/音位条件变体[ɜ],在儿化韵中分化为独立的音位,同音位/ɤ/的另一变体/ə/相对立。

这里有两组对立:[ʌ]和[ə];[ɜ]和[ə]。但是在儿化韵中,[ɜ]只出现在[j][ɥ]后面,[ʌ]不出现在[j][ɥ]后面,在儿化韵中二者是互补的,可以归并为同一个音位/ɤ/而与音位/ə/相对立。这里的/ɤ/来源于/-ɤ/、/-iɤ/、/yɤ/的儿化;/ə/来源于/-ɤn/、/-ɤi/、/-i/、/-y/、/-in/、/-yn/的儿化。⑭

　　2.5　下面这些词,北京话有两种读法。但这只是异读,不同于一个音位的自由变体,不能因为这类异读现象而认为[ʌ]和[ɛ]、[ə]和[ɜ]属同一个音位:

家儿 tɕjʌɻ⁵⁵ : tɕjeɻ⁵⁵

花儿 xwʌɻ⁵⁵ : xwɛɻ⁵⁵

玩意儿 wɛn³⁵jəɻ⁵¹ : wɛn³⁵jɜɻ⁵¹

　　2.6　关于韵母/-au/和/-ɤu/儿化后的音位问题,比较复杂。一般讲北京话语音的书都认为韵母/-au/和/-ɤu/儿化后,只是韵尾/-u/带卷舌作用,前面的/-a-/和/-ɤ-/不变。并把这两个儿化后的"ur"同韵母/-u/儿化后的"ur"合并为一个音位/ur/。我们认为这样分析既不符合北京话语音的实际情况,又打乱了北京话音节结构的系统性。实际上,韵母/-au/和/-ɤu/儿化时同韵母/-ai/和/-ɤi/一样,都失去了半元音韵尾而直接在元音[a]和[ɤ]后面加上卷舌音[ɻ],不过这两个韵母儿化后,在失去半元音韵尾[w]的同时,元音[a]和[ɤ]变成圆唇的[ɒ]和[o]罢了。例如:

高儿 〔kaw⁵⁵əɻ³⁵→kɒɻ⁵⁵〕

钩儿 〔kow⁵⁵əɻ³⁵→koɻ⁵⁵〕

角儿 〔tɕjaw²¹⁴əɻ³⁵→tɕɻɒɻ²¹⁴〕

九儿 〔tɕjow²¹⁴ɻe³⁵→tɕoɻ²¹⁴〕⑮

/ɒ/和/o/这两个儿化韵中的元音音位,在上声和去声音节中的实际发音可能略带动程,读成[ɒᵒ]和[oᵘ]。但这仅仅是/ɒ/和/o/的条件变体，不能因此把/ɒ/和/o/看成复合音位。事实上，北京话里[po]这个音节在读上声时，除去舌位从高到低略有动程外，唇形从圆到平的活动更为明显。但是我们一般总把[o]看成一个单纯的元音，看成音位/ɤ/出现在唇辅音后面的一个条件变体，而不看作复合元音，看作由两个音位构成的复合结构。

2.7　除去上述各点外，韵母/-aŋ/、/-ɤŋ/以及与之相应的带有韵头/-i-/、/-u-/、/-y-/的一些韵母，儿化后，分别失去韵母/-ŋ/，同时前面的元音产生相应的变化。例如：

（空）当儿　　　〔taŋ⁵⁵ əɻ³⁵→tã̃ɻ⁵⁵〕

响儿　　　　　〔ɕjaŋ²¹⁴ əɻ³⁵→ɕjã̃ɻ⁵⁵〕

灯儿　　　　　〔tʌŋ⁵⁵ əɻ³⁵→tʌ̃ɻ⁵⁵〕

星儿　　　　　〔ɕjʌŋ⁵⁵ əɻ³⁵→ɕjʌ̃ɻ⁵⁵〕

东儿　　　　　〔toŋ⁵⁵ əɻ³⁵→tɔ̃ɻ³⁵〕

（小）熊儿　　〔ɕɥʌŋ³⁵ əɻ³⁵→ɕɥʌ̃ɻ³⁵〕

这里的鼻化元音[ã]、[ʌ̃]、[ɔ̃]有区分词的作用，分属三个不同音位，可记作/ã/、/ʌ̃/、/ɔ̃/。这是儿化韵所特有的音位。

三、小　结

3.1　根据上面的分析可以看出，除去声调，单就音段音位讲，儿化韵的音位有：作为韵头的半元音音位/j/、/w/、/ɥ/，卷舌的半元音或辅音音位/ɻ/，作为韵腹的元音音位/ʌ/、/ɛ/、/ɤ/、/ə/、/u/、/ɒ/、/o/、/ã/、/ʌ̃/、/ɔ̃/等。

3.2　儿化韵同非儿化韵比，构成韵腹的音位多于非儿化韵，而且有一大部分不同于非儿化韵。这些多出的音位的来源有三：一、从非儿化韵的同一个音位的不同音品分化来的，如：/ɛ/和/ə/。二、从非儿化韵/-u/尾韵儿化后韵尾消失，前面的元音唇化来的，如：/ɒ/和/o/。三、从非儿化韵/-ŋ/尾韵儿化后韵尾消失前面的元音鼻化来的，如：/ã/、/ɤ̃/、/õ/。

3.3　汉语音节不论是儿化的还是非儿化的，其基本结构是相同的，都是：

　　　　韵头（半元音）＋　韵腹（元音）＋　韵尾（半元音或辅音）

四、余 论

4.1　如果我们把儿化韵音位放在整个北京话音位系统中来考虑，我们可以进一步作出以下几点概括：

1）作为韵头的半元音音位/j/、/w/、/ɥ/可以像归纳非儿化韵音位那样，把它们分别并入/i/、/u/、/y/，把出现在韵头和韵尾的[j] [w] [ɥ]看作/i/、/u/、/y/三个音位的条件变体，把音位/i/、/u/、/y/作为既有元音特征又有辅音特征的音位。

2）可以把由音位/a/分化而形成的/ʌ/和/ɛ/里的/ʌ/并入音位/a/；把由/ɤ/分化而形成的/ɤ/和/e/里的/ɤ/并入音位/ɤ/。

3）/r/音位比较复杂，下面再作讨论。

4）这样，在考虑到儿化韵的条件下，北京话的元音音位可列表如下：

i　　(ɛ)　　a　　(ə)　　ɻ　　u

y　　　　　(ɒ)　　　　　(o)

　　　　　(ã)　　　　　(ɤ̃)

　　　　　　　　　(õ)

其中加圆括号的是儿化韵因音位分化等原因而形成的特有音位。

4.2　上面讲的儿化韵比非儿化韵多出的音位,是就把轻声音节除外的情况下讲的。其实"轻声"不仅有声调的变化,而且也有相应的元音的变化。假设我们把轻声中出现的一些不同于非轻声音节的元音都看作某种条件变体,那么在研究北京话的音位时可以不必考虑这些变化。但是,像儿化韵中表现的那样,轻声音节中某些音素的变化是很复杂的,不容易全部用条件变体来解释。例如:

爸爸　　〔pʌ⁵¹pɐ°〕　　走吧　　〔tsʌw²¹⁴pɐ°〕

拜拜　　〔pai⁵¹pɐ°〕　　走呗　　〔tsʌw²¹⁴pɐ°〕

抱抱　　〔pɒw⁵¹pɔ̃°〕　　蹦蹦　　〔pʌŋ⁵¹pʌ̃°〕

可见在轻声音节中也存在与儿化音节相似的音位的分化和加增鼻化音位现象。如果把这方面的问题同儿化韵的问题一起进行研究,可以得出北京话音位的进一步分析。[16]

4.3　现在我们再谈谈儿化韵韵尾/ɻ/在北京话音位体系中的地位。

讨论这个问题常常同声母中的/ʐ-/音位联系在一起。这首先因为这两个音不论从发音的相似方面,从历史的因缘方面,以及从音位的相关性方面来讲,都有密切的关系;同时也因为拼音方案把声母/ʐ-/和儿化韵尾/ɻ/用同一字母"r"来表示,有把这两个音合为一个音位的倾向。关于这个问题，我们想提出以下几点看法：

1) 声母/r-/[⑰]的发音是带有摩擦的[ʐ]，儿化韵韵尾/-r/的发音比[ʐ]略后而无摩擦。这两个音都可用[ɹ]来标记，但两个音的发音和所处的声韵地位不同。

2) 从音位分析角度看，可以有几种不同的处理方法：一、声母/r-/和韵尾/-r/分为两个不同的音位。这又有两种不同的处理方法。一种认为声母/r-/是辅音音位/ʐ-/，一种认为是半元音音位/ɹ-/。二、声母/r-/和韵尾/-r/并为一个音位。这也可以有两种处理方法。一种是把二者合并为半元音音位/ɹ/，一种是把二者合并为辅音音位/ʐ/。我们认为把声母/r-/看作半元音，固然可以避免声母系统中的不协调现象，但这个作声母的半元音[ɹ]却成了北京话语音系统中的奇怪现象了。看来可取的办法只有两个：或者把二者合为同一个辅音音位/ʐ/；或者把二者分开，一个是作声母的辅音音位/ʐ/，一个是作韵尾的半元音音位/ɹ/。至于有人把作韵尾的[ɹ]和[ʅ]、[ʐ]合并为一个元音音位/r/，就要打乱我们已经习惯了的北京话元音音位系统，虽然这从很多方面来看都不失为一种可取的办法。[⑱]

附　注

① 《中国语文》1956 年 5 月号，3—12 页。
② 这里指的是音位学上的音节。
③ 传统的韵书，例如《广韵》，就是这样区分韵部的。
④ 对儿化韵来说，这句话是适用的；但是就一般韵母来讲，这只是近似的说法。因为四呼既涉及到构成韵头的半元音[j, w, ɥ]，也涉及到构成韵腹

的元音[i,u,y]。

⑤ 传统韵书中讲的韵摄,大致就是这样分析的结果。这里列举的儿化韵音位根据傅懋勣同志的文章。下面的讨论可以看到,这种分析还不够精确。

⑥ 对音位可以有不同理解。我们认为关于音位的层次性的观点是比较合理的。就汉语来讲,同声、调相对的"韵"是音位,除了/-i-/、/-u-/、/-y-/等韵头的剩余部分是音位,把剩余部分再分析为韵腹、韵尾也是音位,这些不过是不同层次的音位罢了。关于音位的层次分析问题,请参看 C. F. Hockett：A Manual of Phonetics,1955,150—159 页。

⑦ 也可以叫"最后的",即不能再分析的起区别作用的语言音位。

⑧ 目前通行的《现代汉语》教材,大部分采取这种立场。

⑨ 下面几节的讨论可以明显地看到需要划分出独立的音位/ɹ/。

⑩ 出现在韵母头上的半元音[j],可以看作元音音位/i/的一个条件变体,并入/i/音位。根据一般观点,非儿化韵音节中的/i/音位还包括构成韵尾的[j]和舌尖元音[ɿ]和[ʅ]。关于"ɿ"和"ʅ"是否应该算作独立的音位,还值得研究,这里不进行讨论。

⑪ 傅懋勣同志文中/ar/等等是作为一个单独的音位提出的。但是除去卷舌作用的"r",作为承担卷舌作用的元音[a],就是我们这里所要讨论的对象。

⑫ 参看 K. V. Teeter 和 Kuang Mei：A Note on Mandarin Phonology,Language,1966 年第 1 期 66—67 页。

⑬ 韵母/-ɤ/和韵母/-ɤn/和/-ɤi/前面带上半元音韵头,儿化后,作为韵腹的元音仍是对立的/ɤ/和/ə/。例如：

朵儿〔twʌɹ²¹⁴〕： 吨儿〔twəɹ²¹⁴〕

⑭ /ɤ/的来源包括韵母/-uɤ/("多"的韵母)。

/ə/的来源包括韵母/-uɤn/和/-uɤi/。

⑮ 参看李葆瑞《现代汉语语音》,1957 年,103—104 页。

⑯《中国语文》1980 年第 5 期发表的游汝杰、钱乃荣、高征夏《论普通话音位系统》(328—334 页)一文认为,儿化韵和轻声很难类型化,因此不承认它们的音位资格。这种说法只是回避问题而不是解决问题。至于文中从轻声和儿化在普通话词汇体系中的地位和辨义作用的大小而怀疑二者的音位

地位,也是值得商榷的。轻声的词的数量虽然不大,但是出现的频率却很高。(例如"的"、"了"、"吗"以及口头常用词之类的出现频率就很大)儿化也不是可有可无的。最近广播中就有用"钱儿[tɕjɛɹ³⁵]"来区别"钱"、"前"两词的例子("向前看"和"向钱看")。如果普通话不仅仅指书面语和新闻广播、讲演、报告这样的口头形式,而且包括日常会话、电影戏剧中运用的口头形式,那么轻声和儿化的现象就必须重视,而且需要认真地研究。过去我们对北京话这类现象的研究是很不够的。关于这些问题,需要另写专文讨论。

⑰ 为了避免事先确定声母"r"的音值,这里不用/ʐ-/而用/r-/表示这个声母。

⑱ 参看王力《现代汉语语音分析中的几个问题》(《中国语文》,1979 年 4 期);朱晓农和夏秋《关于普通话"日"母的音值》(一)和(二)(《中国语文通讯》1982 年 3 期)。

(原载《杭州大学学报》增刊《语言学年刊》创刊号,1982 年)

语言逻辑

语言逻辑(linguistic logic/logic of language)又称自然语言逻辑、日常语言逻辑或自然逻辑。

语言逻辑作为一种研究内容，是古已有之的，在中国，可以上溯到先秦的名辩学，在欧洲可以上溯到亚里士多德的逻辑理论。英国学者 F. 萨默斯甚至认为前弗莱格的逻辑都是自然语言逻辑。因为都是在自然语言语句的语法分析的基础上进行逻辑研究的。但是，语言逻辑作为一个特殊的逻辑分支，却是 20 世纪数理逻辑兴起以后的事情。

现代的语言逻辑是在现代形式逻辑和现代语言学的影响下产生的。提出和研究语言逻辑的既有逻辑学家，也有语言学家。由于研究者的学术背景不同，研究的出发点和着眼点不同，再加上自然语言的复杂性，因此到目前为止，还没有一个为大家所普遍接受的语言逻辑的定义。在方法论上也有很大分歧。下面介绍几种有代表性的说法。

波兰逻辑学家 K. 爱裘凯维奇认为语言逻辑就是逻辑符号学。逻辑符号学是研究包括自然语言和形式语言在内的语言学科。它主要是从方法论的角度，并利用在人工的符号语言进行逻辑研究的成果进行研究的。爱裘凯维奇关于语言逻辑与逻辑符号学同义的观点,赋予语言逻辑两个基本特征。首先,它是语言科学,是包括自然语言和形式语言在内的语言符号学。其次,它是在人工的符号语言进行逻辑研究的成果的基础上,利用现代形式逻辑进行研究。逻辑语形学、逻辑语义学和逻辑语用学都属于这一研究方向。

　　英国逻辑学家 P.F.斯特劳森把语言逻辑叫做日常语言的逻辑。他在《逻辑理论导论》一书中谈到"两种逻辑"的时候说:同形式逻辑研究相并列并与之部分相重合的还有另外一种研究日常语言的逻辑特征的研究。如果想了解语言的逻辑作用,就不能只考察单纯的演绎关系,必须在衍推和矛盾以外进行多维的考虑,并且要运用属于形式逻辑以外的更多的分析工具。斯特劳森认为语言可以用于不同的目的,有些句子是用来发出命令,有些用来提出问题,有些表示赞同,有些表示感谢。这样用的句子无所谓真假。但是我们常用的大量句子是所谓"构成陈述的句子",即陈述句。了解这类句子的意义就是了解在什么条件下人们用它可以构成一个真陈述。解释这类句子的意义就是要说出这些条件是什么。说出某个句子衍推出什么句子或者说出它被什么句子所衍推,就是说出这个句子的意义的一部分。但是单单有衍推规则还不够,还必须有指称规则加以补充。"指称规则"指明话语出现的时间、地点,指明说出话语的人。因为在不同的时间、地点,或由不同的人说出的同一个陈述,真假是不同的。形式逻辑不但不考虑字面的意义和比喻的意义的区别,不考虑陈述句和非陈述句的区别,就是对于陈述句,也只考虑能够由衍推加以说明的那类意义。从形式逻辑学家的观点看,那些意义完全能够由衍推规则给出的句子才是理想的句子。在谈到日常语言同形式系统的区别的时候,斯特劳森强调自然语言及其规则的流动性。他认为,如果人们对日常语言的逻辑进行实实在在的研究,就必须了解这一点。由于自然语言的复杂性,日常语言的逻辑在丰富性、复杂性和吸引力方面是一个无可比拟的智力研究的领域。

美国语言学家 G. 雷柯夫在他的《语言学与自然逻辑》一文中全面论述了自然逻辑问题。在雷柯夫看来,自然逻辑就是自然语言的逻辑,它的目的是表达各种能够用自然语言表达的概念,刻画在自然语言中能够作出的各种有效推理,并且同自然语言的语言学描写相吻合。在这篇文章的小结中,他对自然逻辑作了概括的论述,下面扼要地介绍一下他的看法。

雷柯夫说,自然逻辑并不是新的。逻辑研究从起源到发展都为了了解人类推理的规律,而这种推理又是以使用语言为特征的。符号逻辑可以部分地看作是在这样的情况下产生的,即在逻辑学家发现了包含在人类推理中的规则不能用自然语言句子的表层形式表达的情况下产生的。为了表达这种推理的规则,人们需要包含量词、变项等等的逻辑形式。为了验证一个论证的正确性,要给每一个表层的句子以一个相应的逻辑形式。而逻辑规则则不是在表层形式上而是在这些逻辑形式上加以运用的。现代逻辑的发展,特别是谓词逻辑的发展,使很多逻辑学家把研究人类推理的逻辑变成研究人类推理中能够由谓词逻辑加以处理的那些推理侧面的逻辑。这种研究对数学基础的发展是很重要的,但同时也忽视了逻辑原有的大部分内容。模态逻辑的发展改变了这种状况。伴随着模态逻辑的发展,人们运用这种方法去处理越来越广泛的自然语言的结构,如命令、疑问、时间等等。近来模态逻辑的发展,以及语言学的发展,使认真地研究自然逻辑成为可能。模态逻辑使人们可以研究很多自然语言概念的逻辑。生成语法以及较后的生成语义学使人们可以研究大量的联系着自然语言句子的表层形式和逻辑形式的规则。当然,从长远看,不管是模态逻辑还是生成语法,都不能担负起全面研究自然逻辑的任务。因为总有一些自然语言的现象超出两者所能涉及的范围。但是人们在研究过程中可以发现模态逻辑和生成语义学能够推广到什么程度,以及它们的局限在哪里。关键的问题在于研究自然逻辑的学者不能忘了他们最终的目标。自然逻辑的主要目标有:一、了解语法和推理的关系;二、要求所有重要的概括,特别是语言的重要概括都能加以表述;三、希望有一种逻辑,在这种逻辑中用自然语言能够表达的概念,都可以无歧义地加以表达。也就是说,在这种逻辑中所有非同义的句子,具有不同的逻辑形式;四、希望有一种逻辑,在这种逻辑中能够解释所有自然语言作出的正确的推理,排除所有不正确的推理。很明显,建立一个完全的、非片段的自然逻辑不是一个直接的、实际的目标,甚至不是一个可能实现的目标。但是重要的不在结果,而在达到目标的过程,在于目标的吸引力。

　　上面介绍了三家有代表性的语言逻辑观,顺序是按照他们论述这些观点的时间先后排列的。这三家观点不同,但有一点是相同的,这就是要突破由 G. 弗莱格开始的一阶逻辑的界限。研究为经典逻辑所没有涉及的领域,研究自然语言各种语句和推理的逻辑形式,特别是要研究在一定语境中的自然语言的语句和推理的逻辑形式。语言逻辑不但研究的范围要扩大,研究的方法也要扩充。关于语言逻辑研究的基本的共同点是,语言逻辑是以自然语言为研究对象,但在对象和方法的看法上各家有不同的观点。在对象问题上,有的主张以包括自然语言和人工语言在内的语言指号系统为研究对象,有的主张以自然语言为研究对象,有的主张以同推理有直接关系的陈述句为研究对象,有的主张研究自然语言中各种类型的句子,包括非陈述句和比喻式的句子。在研究方法上,有的主张主要用研究人工语言的成果进行研究,有的主张要创造能够解释所有自然语言作出的推理的逻辑,有的主张要运用适合自然语言的传统的语形分析的形式加以研究。在语句分析中,有的特别强调语境的作用,有的比较地接近于一般逻辑学家的观点。

自然语言是一个极为复杂的指号系统。人们的思维是在自然语言的基础上进行的。但是语言不仅是思维的形式,而且是表达的形式。语言逻辑要想研究实际语言中的思维形式,就必须联系自然语言语句出现的语境,运用已有的和新创建的一切有效的逻辑学的和语言学的有效工具进行多层次、多角度、多侧面的分析,进行从部分到整体再到更大的整体的分析。上面三种观点虽然具有对立的性质,但实际上是互相补充的。已有的逻辑符号系统是人类创立的有力地分析自然语言的工具。语言可以用于不同目的,同传统的逻辑相联系的那部分陈述句只是语言表达式中的一小部分,而且自然语言又总是在一定语境中表现的,它的真值要联系语境才能确定。语言逻辑的研究必须与自然语言本身的特点相适应,自然语言的逻辑分析要在自然语言的语言学分析的基础上来进行,并且要使二者相一致。在如何达到这种一致方面可以有不同的途径和方式。总之,语言逻辑是一个新兴的正在建立之中的学科,只要研究的对象是一致的,各种倾向的研究都对这门学科的建立和发展起重要作用。语言逻辑可以说是应用现代逻辑和现代语言学的成果和方法,结合语言交际中的语境,研究语言中各种类型的表达式的意义、逻辑形式,特别是推理形式的规律的科学。

在中国,近年来语言逻辑受到逻辑学家和语言学家的重视。中国哲学家和逻辑学家周礼全早在 1959 年就提出形式逻辑要研究、讲述各个思维形式及其规律在汉语中的表现形式。1978 年更直接提出研究自然语言逻辑的问题,并提出语言逻辑要研究各种类型的语句的逻辑,从逻辑角度研究语句和语句同语境的关系,研究语用逻辑的任务。在这之后,中国的语言逻辑的研究得到进一步的发展。

（本文原为《逻辑百科辞典》中的"语言逻辑"条目）

逻辑语言学与语言逻辑学

一、现代语言学同现代逻辑学有密切联系

现代逻辑的建立和发展为现代语言学提供了理论背景和精密工具,而现代语言学对自然语言的语义和语用研究又为发展现代逻辑创造了条件。在逻辑学和语言学的交叉领域产生了逻辑语言学和语言逻辑学这样的边缘学科,使人们对自然语言的本质,对自然语言推理系统有了更进一步的认识。本文准备就这个问题作一简要的论述。

二、逻辑学

2.1　传统逻辑(包括历史上的和当前学校讲授的)是在由自然语言表现的具体思维的基础上研究逻辑形式的。传统逻辑的逻辑形式中还保留着自然语言中的某些语言形式(如:"所有"、"或者","如果……那么"等等)作为逻辑语言(形式语言)中的常项(命题中的"量项"、"联项"以及"命题联结词"等等)。传统逻辑教科书中关于分析、辨别自然语言的逻辑形式的大量例证和练习,说明了它同自然语言的密切关系。

但是传统逻辑公式(如三段论第一格 AAA 式)不是自然语言的推理形式,而是非形式推理,即用自然语言的句子构成的推理的符号表现形式。现代逻辑推理系统也仍然是非形式的推理的代表,要接受自然语言推理的检验。形式推理系统同自然语言推理系统之间的关系是双方面的:一方面,形式推理接受自然语言推理的检验并充实改正自己的不足之处;另一方面,自然语言推理接受形式推理的检验,判定直觉的认识是否正确。

自然语言推理系统同形式语言推理系统的关系可用下图来表示:

(1)

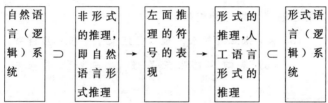

这个图说明,从自然语言中抽象出来的逻辑系统怎样解释自然语言中的论证,并借以修改自己。

对自然语言推理的研究,实际上是在已建立的形式逻辑系统的基础上对自然语言论证的反思。

2.2　现代逻辑在古典的数理逻辑的基础上有多方面的发展。例如:

(2)(a) 模态逻辑　时态逻辑　道义逻辑

(b) 认识逻辑　(信念逻辑等)

(c) 优选逻辑

(d) 部分整体逻辑

(e) 疑问句逻辑　命令逻辑

有的逻辑学家认为这些新兴的逻辑分支都是应用逻辑，因为它们都是运用古典的逻辑演算，即命题演算、谓词演算于某一具体领域而形成的。有的逻辑学家认为这是古典逻辑的扩充，因为研究模态逻辑等等的这些逻辑学家认为，古典数理逻辑虽然是正确的，但是是不充分的。有些有效推理，因为缺少某种逻辑语汇而无法表现。这些逻辑都是在古典逻辑基础上增加某种逻辑语汇或逻辑算子而形成的新的逻辑系统。这是从逻辑本身的发展来看问题的。这些新增加的逻辑语汇或逻辑算子，实际上是自然语言推理中影响推理有效性的某种语言成分的符号表现。我们看看下面的句子就可以清楚地认识到这种关系。

　　(3)(a) 张三可能来。张三已经来了。张三应该来。

　　　　(b) 李四相信张三是好人。李四知道张三是浙江人。

　　　　(c) 吃素比吃荤好　宁可站着死，不愿跪着生。

　　　　(d)《阿 Q 正传》是鲁迅小说中的一本。

　　　　(e) 你到哪个教室去了？把门关上。

目前国内外有些逻辑学家研究的副词逻辑或更广泛的虚词逻辑，就是这一方面的自然语言逻辑。由于语言的普遍性是语言的基本方面，而同时语言又具有各自的特殊性，因此这种种逻辑大部分具有普遍性，同时也有一部分带有民族语言的特点。就是那些带有普遍性的部分，各种语言在表现形式上也有不同程度的差异。

三、语言学

现代语言学中的生成语言学在发展过程中提出句子的表层结构、深层结构和逻辑形式的理论。现代语言学不但在研究方法上深受数理逻辑的影响，而且由于深层结构的研究，使语言学同逻辑学直接联系起来。

下面我们举转换生成语法、生成语义学和孟太格语法的理论来说明语言学家和逻辑学家是怎样从不同角度、用不同方法来分析自然语言中的语句的逻辑形式的。

乔姆斯基的《句法理论的一些问题》认为生成语法通过基础部分的短语结构规则和词项插入规则生成句子的深层结构，深层结构决定语义。例如：

（4）张三把书丢了。

这个句子，它的深层结构是：

（5）

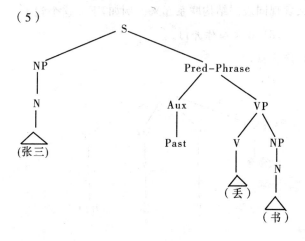

这里的深层结构虽然同逻辑语义有密切关系,但还只是深层的句法结构,而不是逻辑形式。乔姆斯基在支配和制约的理论中提出逻辑形式的概念,作为句子的语义表现形式。例如下面这个英文句子:

(6) It is unclear who to see

的逻辑形式是:

(7) It is unclear 〔S̄ for which person x 〔s PRO to see X〕〕

这里的 PRO 是抽象的代词成分。这种形式很显然是仿效一阶谓词逻辑的,虽然它并不是一阶谓词逻辑的公式,而是适应自然语言分析而制定的特殊形式。

以雷柯夫为代表的生成语义学认为同句子表层结构相应的意义就是句子的逻辑结构或逻辑形式。语法要给每个句子配上一个相应的意义,即逻辑的形式。雷柯夫在《论生成语义学》一文中认为:生成语义学派在这一点上是一致的,即语义在句法中扮演一个中心的角色。并且认为句法学和语义学不可分,转换的作用在于把语义表现同表层结构联系起来。例如,下面这个句子:

(8) 我命令你开门。

的逻辑形式是:

(9)

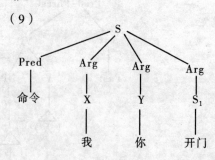

也可以表现为下面的谓词逻辑的形式：

　　　　（10）命令（我，你，开门）

　　　　（11）命令（X，Y，S）

　　　　（12）R（X，Y，Z）

雷柯夫还认为表层形式相同的句子在不同的语境中可以表示不同的意义，要配以不同的逻辑形式，而且每个特定的语境中句子的逻辑形式都同一定的语义和语用的预设相联系。

　　另一个生成语义学者麦考莱在《名词短语是从哪里来的》一文中，认为下面这个句子：

　　　　（13）这个男人杀了这个女人

的语义表现（逻辑形式）是：

　　　　（14）$\exists\, y\,[\,杀\, y(x_1,x_2)\, \wedge\, \text{Past}(y)\,]\, \wedge\, 男人(x_1)\wedge 女人$
　　　　　　(x_2)

在这个逻辑形式或语义表现里，暂时忽略了"这个"这个限制语。

　　孟太格语法在内涵逻辑与生成语法的基础上给句子的逻辑形式以独特的解释。我们举一个例子：

　　　　（15）John believes that a fish walks.

这个句子可以有两种解释。一种是关于事实的，一种是关于所说的。这两种解释可以分别用下面两种树形图来表示它们的生成过程：

（16）

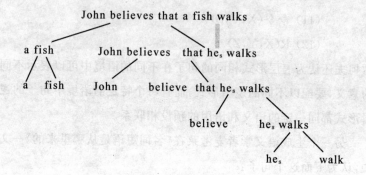

（17）

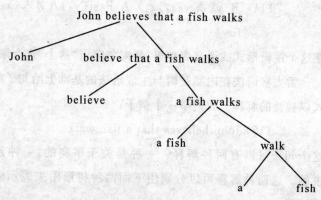

这两种解释翻译为孟太格的内涵逻辑公式,分别是:

(18) $\exists\ x[\text{fish}'\,(x)\ \wedge\ \text{believe}'(j,{}^{\wedge}[\text{walk}'(x)])]$

(19) $\text{believe}'(j,{}^{\wedge}\exists\ x\ [\text{fish}'(x)\ \wedge\ \text{walk}'(x)])$

(19) 表示的是 John 相信存在着一条鱼,这条鱼走路;(20)表示的是 John"相信的"只是"一条鱼走路"这个命题。这两个公式中的"fish"等等表达式中的"'"表示把英语词 fish 翻译为内涵逻辑的某种类型(如一元谓语$\langle e,t \rangle$)的某一常项。"$\wedge$"这个符号表示整个表达式指的是这个符号后面的表达式的内涵。

孟太格语法对每个自然语句给出的内涵逻辑表达式也是一种自然语句的逻辑形式。但是它不同于乔姆斯基和雷柯夫等人的逻辑形式。孟太格把英语翻译为内涵逻辑本质上不是解释我们生成的短语,而是作为赋予这些句子的意义的中间步骤。孟太格的翻译涵项(K)把每个源语言(例如英语)的基本表达式映射到目的语言(例如内涵逻辑)的特定表达式;并且对源语言的任何表达式 $S_0,\cdots\cdots,S_{n-1}$ 和(n—元)句法运算 F 来讲,K 可以把 $F(S_0,\cdots\cdots,S_{n-1})$ 映射到 $H(K(S_0),\cdots\cdots K(S_{n-1}))$。这里的 H 是目的语言中同 F 相联系的运算的有限结合,这种映射是一种同态的映射。

从上面的叙述可以看出,关于自然语言的逻辑形式,不同的语言学家和不同的逻辑学家可以根据不同的理论原则和不同的表述上的便利给出不同的形式。这些形式可能只刻画了自然语句的逻辑内容的某一方面,也可能刻画了这些语句的逻辑内容的大部分,甚至全部,而且对不同类型的语句可能采用不同的表现形式。但是不管形式多么不同,它们的目的是相同的,都是把自然语句的逻辑语义用某种逻辑形式表现出来。这里存在着这样一个问题:不但逻辑形式的表现形式各有千秋,它们之间在表现能力上也有强弱之分,而且这种逻辑形式所表达的自然语句的语义(或者用生成语义学的术语:这种自然语句的语义表现形式)同自然语言中的自然语句的语义是否相同? 它们的重要性又在哪里?

自然语句的语义是一个复杂现象,这种复杂性主要表现在两方面：一方面，自然语句有语言意义和言语意义，而言语意义则受语境等许多因素的制约；另一方面，自然语句的语言意义本身也是十分复杂的，它不仅包括认识意义，还包括感情意义等多种意义，而且语言本身，以及各种不同类型语言都赋给自然语句以认识意义以外的各种不同类型的意义。当代语言学以及当代逻辑学的一个共同的课题是对自然语句进行逻辑语义分析，并进行形式化处理。逻辑语义学成了当代逻辑学和当代语言学的共同研究领域。

卡尔纳普从另外的角度论述了逻辑同语言的关系。在《语言的逻辑句法》(1936)中，卡尔纳普认为：过去几十年的逻辑发展已经明显地表现出，只有当不是运用于判断(思想，或思想内容)而是运用于语言表达式的时候，逻辑才能在某种程度上进行正确的研究。在这些语言表达式中，句子是最重要的，因为只有对句子才能给以明确规定的规则。实际上，从亚里士多德起，设立规则，主要讨论的是句子。即使那些同意我们关于逻辑是讨论句子的意见的现代逻辑学家，在很大程度上仍然要使他们相信逻辑同样讨论句子之间的意义关系。他们认为同句法规则相反，逻辑规则是非形式的。同这种观点相反，我们提出这样一种观点：逻辑也讨论句子的形式处理。我们将看到句子的逻辑特征和句子之间的逻辑联系完全依赖于句子的句法结构。在这一方向上，逻辑将成为句法的一部分：狭义的句法规则同逻辑演绎规则之间的不同仅仅是形成规则和变换规则的差别，而二者都完全可以用句法术语加以公式化。

语言也可以看成一个逻辑系统，加以形式化的处理。

四、逻辑语言学、语言逻辑学与
逻辑—语言学

4.1　在传统的逻辑学和语言学的交叉领域进行研究,可以有三种不同方向。一是逻辑语言学,一是语言逻辑学,一是逻辑—语言学。

数学和数理逻辑对当代语言学有深远影响。当代许多语言学家运用数理逻辑这一工具和它的方法对语言的语音、语义、语法以及整个语言体系进行精密的分析和形式化处理,上面讲的乔姆斯基、雷柯夫、孟太格等人就是这一方向的几个有代表性的人物。由于机器翻译、人工智能的研究,这一方向正方兴未艾。经过坚持这一方向的学者的努力,我们对语言系统及其交际功能有了进一步了解。"自然语言逻辑"这一概念也是这些语言学家提出的。但是,从根本上讲,这种研究方向主要是语言学的,即以研究自然语言的语音、语义、语法系统及其相互关系为目的。这种研究以自然语句的语义分析为重点,并进一步探讨语义与句法,句法、语义与语用之间的关系,这种研究方向可以称之为逻辑语言学。

逻辑语言学可以运用个别的逻辑理论解释个别语言现象,对语言的个别现象进行语义、句法分析。在这样研究的时候,它既可用同一方法处理众多语言现象,也可以用不同方法研究不同语言现象。逻辑语言学也可以建立一套形式系统对某一具体语言或其一部分进行全面的分析研究。在这样研究的时候,它可以用已经建立的,外在于语言的逻辑系统作为分析语言的工具;也可以结合所分析的语言,把逻辑和语言看作有内在联系的系统对语言进行分析研究。

4.2 语言逻辑学的目的是建立自然语言推理的形式逻辑系统。由于自然语言推理的万分复杂性,这一目标是一个长远的奋斗方向。"千里之行始于足下","集腋成裘",像各种模态逻辑那样,把自然语言中影响推理有效性的各种语言成分逐一进行研究,就是走向这一目标的一个个坚实的步骤,逻辑语言学对语言现象的逻辑化的分析,也为自然语言逻辑的发展逐步铺平道路。语言逻辑学的研究为精密地、系统地理解语言体系及其工作原理提供丰富的材料,逻辑语言学的研究也为分析自然语言推理提供科学的依据。如果从认识整个作为交际工具的自然语言这一符号体系来讲,二者是殊途同归的。自然语言推理只是自然语言交际功能的一个主要部分。

4.3 还可以把语言和逻辑作为一个统一的整体进行研究,这就是所谓逻辑—语言学。下面举库帕(William Cooper)作为例子。

库帕在他标题为《逻辑—语言学基础》的书中提出这样一种设想:思想家长期以来确信语言和逻辑之间有一种内在的联系,弄清这种联系的方法可以是先发展一种语言理论,然后发展一种逻辑理论,然后再把二者结合起来。但是理想的方法是,语言和逻辑基础可以同时作为一个统一的理论加以发展。如果能够这样做的话,语言和逻辑的联系就是自明的了。库帕是在信息的贮存和传递这一观念上把语言和逻辑结合起来。他认为在一个方向上研究信息这一观念就得到一种语言理论,在另一方向上研究同一观念就得到一种逻辑理论。库帕要建立的理论具有同时是语言理论又是逻辑理论的双重特征,正是在这一点上,他把这种理论叫做"逻辑—语言的"理论。

库帕对"如果……那么"的解释就是这种理论实践的一个例子。库帕认为各种语言可以抽象地表现为语言自动装置的类。语言使用者之间的信息传递是语言的基本功能。"如果……那么"可以用条件概率加以解释。对"如果 S_1,那么 S_2"来讲,如果在某一信息状态中,S_1 以很高的可靠性学到,那么"如果 S_1,那么 S_2"在这一信息状态中的可靠性等于由此状态得到的新状态中 S_2 的可靠性。例如,在原始的信息状态中 S_1 以百分之九十九的可靠性学到,在由原始信息状态得到的新状态中 S_2 的可靠性是百分之六十,那么这里的"如果 S_1,那么 S_2"的可靠性就是百分之六十。如果 S_2 的可靠性是百分之九十五,那么"如果 S_1,那么 S_2"的可靠性就是百分之九十五。信息的贮存与传递理论是语言和逻辑的共同的理论基础。在这样理解下的逻辑—语言学主张演绎逻辑是语言学的一个分支,因为每个语言都有一个唯一的逻辑,而不是相反。

库帕的观点虽然是需要讨论的,但是这毕竟是一条思路,一种研究方向,特别是从逻辑和语言的交叉研究领域来讲,这是一个值得注意的方向。

五、当代语言学对语言结构的分析
正在从句子扩展到篇章

逻辑语言学的方法在话语和篇章分析中得到充分的运用。

作为研究自然语言推理形式的语言逻辑,也应该向话语、篇章的广阔领域延伸。很明显,这种研究是相当复杂的,因为自然语言的篇章中涉及到影响推理有效性的种种因素,而这些因素大部分是我们没有接触过,需要一个一个进行深入探讨的。在现有语言逻辑的基础上研究篇章逻辑几乎是不可能的。但篇章的逻辑研究必然反过来为我们提出过去没有注意到的逻辑问题,促进语言逻辑的发展。

(原载《逻辑与语言新论》,语文出版社 1989 年版)

逻辑与语法

一

"逻辑"和"语法"这两个词的一个共同的特点是,它们都既可以指某种客观对象,又可以指关于这种对象的理论研究。如果需要区分的话,那么前者可以叫做"逻辑"和"语法",后者可以叫做"逻辑学"和"语法学"。

任何科学研究都包含着逻辑,都需要逻辑学的帮助。因为逻辑是正确思维的规律,科学研究要想得到正确的结论,都必须遵守逻辑规律,而对正确思维规律进行研究的逻辑学则是保证思维的有效性的不可少的条件。但是逻辑同语法的关系要比一般科学同逻辑学的关系密切得多,深刻得多。

关于逻辑同语言的关系,有各种不同的观点。其中一种观点认为语言、思维、逻辑是不可分的。语言是思维的窗口,思维是通过语言来体现的。思维的规律——逻辑总是同语言的规律——语法纠缠在一起,日常语言的逻辑是逻辑学的基础,最抽象的逻辑规律也是以日常语言中的逻辑为起点,概括出来的。

但是我们应该认识到逻辑学和语言学虽然都以自然语言为研究对象,然而由于它们研究的是语言中密切相关而又相互区别的两个不同领域,因此才有二者关系的问题。而且这种关系问题成了语言学和逻辑学中长期引起争论的问题。

有各种各样的逻辑。大体上可以分为三种类型:传统逻辑、数理逻辑和辩证逻辑。辩证逻辑研究的是辩证思维的方法,即辩证法。通常讲逻辑与语法的关系的时候,不考虑辩证逻辑问题,因为辩证法是一般的思维方法、一般的方法论问题,不属于狭义逻辑的范围。

传统逻辑同语法研究的密切关系是大家公认的。早在古希腊时代,当时语法学和逻辑学都是建立在古希腊文的基础之上的。古希腊时期的语法理论和术语同逻辑的理论和术语很难区分,甚至可以说逻辑学的理论支配了语法学的理论。例如柏拉图认为话是名词和动词组成的。名词是指某种动作或状态所陈述的东西,而动词则是对名词的陈述。正因为这一点,柏拉图把希腊文中在形式上属于名词类的形容词归入动词一类,因为形容词同样可以作谓语。古希腊时代逻辑上和语法上都把一个句子分为主词和谓词两部分,更是逻辑分析受语言结构形式的影响,而语言的分析又是以逻辑分析为基础的最典型的例子。理性语法(波斯塔·罗耶尔语法)甚至把语法范畴和语法结构同普遍的思想的逻辑形式联系起来,用普通的逻辑形式来解释语言,而不仅仅是用逻辑的理论和方法来研究分析语言。

通常讲的传统逻辑,或者说由大学传统逻辑教科书所反映的传统逻辑,大体包括四个部分:词项或概念部分、命题或判断部分、演绎推理部分和归纳推理部分。逻辑中词项的理论同语法中词类的理论密切相关,在传统语法中,有时词项理论支配着词类理论,命题或判断理论也成为句法分析的基础。演绎推理和归纳推理是思维形式的一般规律,是语法分析研究的基础。

像柏拉图、波斯塔·罗耶尔语法、传统语法那样把逻辑和语法混为一谈的语法研究,虽然反映了逻辑和语法的密切关系,但不是我们这里讨论的那种关系。这种混为一谈的方法已经为现代语法学所抛弃。我们这里讲的逻辑学同语法研究的关系,指的是在明确区分二者的研究对象和研究目的情况下,逻辑学在语法学研究中起的作用,而且主要指现代逻辑学在语法研究中的作用。

二

现代逻辑的核心是数理逻辑。以数理逻辑为代表的现代形式逻辑发展了一种形式语言。每一类形式语言系统一般由初始符号、形成规则、变形规则以及由这些符号和规则构成的公理和定理组成。从符号学的观点来看,形式语言和自然语言一样,都有语法、词义、语用三个不同平面。语法一般叫做句法或语形(syntax),就形式语言来讲,由初始符号、形成规则、公理、变形规则和定理构成的形式系统就是它的句法平面。语言学中讲的语法,实际上就是广义的句法,因为词类的划分是为了分析句法结构。自然语言的句法与形式语言的句法相对应。

但是自然语言的句法比形式语言的句法要复杂得多。自然语言的句子不是独立于语义和语用的自治的系统,而是在语义和语用平面上受制于语义和语用诸因素,形成不同平面中的不同的句法形式。由于自然语言句法的复杂性,语言的句法必须多层次、多角度地进行研究,逻辑便是诸多角度的一个重要的角度。

　　从逻辑的角度研究语言的句法还可以有不同的角度和目的。一种是语言逻辑学的角度，目的在于研究逻辑，研究由不同的自然语言所表现的不同的逻辑形式。虽然"逻辑"只有一个，但可以有汉语形式表现的逻辑，英语形式表现的逻辑，以及其他语言形式表现的逻辑。这不是在研究句法，而是在研究逻辑，目的在于研究汉语、英语等语言表现的逻辑形式，而不是为了研究汉语、英语等语言的句法形式。另一种是逻辑语言学的角度，它的目的则在于研究语言的句法形式和规律。当然，逻辑语言学如何运用逻辑形式和规律研究语言的句法，也还可以有不同的方向和目的。

　　下面我们具体谈谈现代逻辑在语法研究中的运用。

三

　　第一，把自然语言的语法看作一个形式系统

　　当代最有影响的语言学家之一的乔姆斯基及其所创立的转换生成语法，就是按照现代逻辑学的观点，把自然语言的语法看作同形式语言的语法相类似的形式系统。例如，在他的所谓标准理论中，基础部分由一些范畴符号，经过改写规则生成一组受到高度限制的（可能是有限的）基础语符列，这个语符列可以一直改写到全部成为只包含语符列元素（词汇项和语法项）的语符列，即终端语符列。在此基础上，由非词汇转换规则把这种语句的深层结构转换为表层结构，然后再由语音部分的规则生成实际的说出的句子，并由语义部分作出语义解释。很显然，转换生成语法是在现代形式逻辑影响下形成的，它把自然语言的语法看作一个形式系统。

这一点在转换生成语法早期的系统中，以及在后来的管约论中，都表现得很清楚。当然，自然语言的语法不同于形式语言的语法，自然语言的语法要受到许多因素的制约，因此它的推导规则也要附加种种制约原则，而且不可能形成古典数理逻辑那样典型的形式系统。但是把语言（自然语言和形式语言）看作一种形式的推导系统则是一致的。

另一个把自然语言语法看作一个形式系统的典型的例子是蒙塔古的"语法"。蒙塔古在他的《日常英语中量词的严格处理》一文中，对英语的一个片段进行了严格的形式化的处理。

另一篇论文的题目就叫做《作为形式语言的英语》。蒙塔古认为这种处理类似于谓词演算（即谓词逻辑）的通常句法（语法）和模型理论，它由基本范畴（基本名词短语集合、基本公式集合、基本一元动词短语集合，等等）、模型、句法范畴（名词短语集合、公式集合、一元动词短语集合，等等）和语义演算组成。这些句法范畴可以由一些句法规则导入。对应于每一个句法规则，我们导入相应的语义演算。在蒙塔古语法里，语法和语义是同构的。

这种把自然语言语法看作一种形式系统的研究方向，发展到蒙塔古语法，已经距传统语法学的所谓语法很远，成了一种逻辑和语言的边缘学科。一般理解下的现代逻辑在语法研究中的运用，是指运用现代逻辑的某个分支、某些观点或某些方法来解决、分析自然语言中某种语法现象，作出更合理的分析和解释。下面我们将着重谈谈这方面的问题。

第二，主目、格与价

谓词逻辑把一个命题分解为由个体词、谓词和量词三部分组成。谓词逻辑关于谓词的分析对语法研究有很大影响。例如"格语法"虽然同语言中存在的格形式和格关系有直接关系，但这种语法首先把句子分解为"情态"和"命题"两部分，而命题部分又以动词（谓词）为中心分解为"动词"和它所带的不同的"格"，并以格的数目、性质和可以不出现的情况来区分不同的动词，这同谓词逻辑中把谓词看成一种"关系"，并根据构成这种关系的个体（主目）的数目把谓词分为一元谓词、二元谓词、三元谓词等等是相通的。谓词逻辑也把语法上的主语看成同语法上的宾语、间接宾语、表示工具的介词短语、状语等等都看作谓词（动词）的主目。例如：

（1）我用这支毛笔写了这封信。

用谓词逻辑的公式表示是：

（2）P(a，b，c)

这里 P 是一个带有三个主目的三元谓词，a、b、c 三个个体词分别代表"我"、"这支毛笔"和"这封信"这三个个体。谓词逻辑把语言中表示时、体和语气等等的成分抽掉，而只表示其中出现的个体及其相互关系。格语法把这个句子分析为：

（3）

其中 P(命题)部分的分析同谓词逻辑的分析基本相同,都是一个动词后面带有三个主目。只是格语法从语言的角度出发,对构成三个主目的语言形式及其格关系有所表达罢了。格语法还利用转换规则来解释表层结构主语等等的形成,这在数理逻辑中也是不管的。

同谓词逻辑把命题分为谓词及其主目相关的语法研究,还有当前引起许多语法学家关心的动词的"向"或"价"的问题。"价"的概念是从化学来的,但作为决定"价"的元素却相当于谓词逻辑的"主目"。"向"的概念则直接同谓词逻辑的"元"的概念相当。法国语言学家特奥尼耶尔认为句子是以动词为中心的,把同动词发生关系的名词词组和副词词组都看作动词的补充成分,并把依存于动词的成分分为"行动元"(指"角色")和"状态元"(指"环境")两类,认为行动元不超出三个,即主语、宾语和间接宾语。而状态元原则上是无限的。关于决定动词的"价"或"向"的成分到底指哪些? 是否只限于三个? 如果不止三个,那么哪些类型的依存成分是决定动词的"价"的? 这些问题是借鉴于谓词逻辑的"主目"的概念分析语言引起的,谓词逻辑本身并没有涉及这类问题。

第三,量词

量词在谓词逻辑中占有主要地位,传统逻辑就把命题的"量项"分为两类:全称和特称。命题逻辑对命题的分析不同于传统逻辑,但量词仍分为两种:全称量词和存在量词,并用符号 ∀ 和 ∃ 来表示。运用量词来分析自然语句,可以有两种方法。例如下面两个句子:

(4) 茅台酒好喝。

　　（5）有的学生贪玩。

可以用下面的方式分析：

　　（6）∀x(P(x)→H(x))

　　（7）∃x(S(x)∧W(x))

也可以用下面的方式分析：

　　（8）（∀x:x_EM）（H(x)）

　　（9）（∃x:x_ES）（w(x)）

后面两个公式采用限制的量化，更接近于自然语言的表达式。

由于谓词逻辑的量词是从自然语言的表示名词短语的量的词中抽取、概括出来的，∀和∃不能完全反映丰富多变的自然语言的表量词语，这就促使研究语法的人进一步分析语言中的表量词语，并使其逻辑语义进一步精确化。例如，有的语法书把表全称的词语分为表统指（一切）和表遍指（每、各）两类；有的更先分为有定指称和无定指称，无定指称又细分为全称（全、都、凡、皆、尽）、偏称（四个孩子里头有两个）、他称（别的）、分称（有的……有的……）、普称（家家、人人）、各称（各）、逐称（一晚又一晚的）等等。这些表量的词如果从集合论的角度分析（下详），可以说明它们不同于∀和∃的特殊的逻辑语义性质。又如下面这个句子：

　　（10）五个孩子把书桌搬到二楼。

主词"五个孩子"在量的表示上是歧义的。在不同的语境中，这个句子可以有两种解释：

　　（11）五个孩子各把（各自的）书桌搬上二楼。

　　（12）五个孩子共把（一张）书桌搬上二楼。

由于"各"是分指，"共"是统指，"五个孩子"在（11）和（12）中分别表示个体和群体。这个问题在语言学和逻辑学中都得到进一步分析和研究,而且互相促进。

第四,辖域

"辖域"指量词约束的范围。在量词的辖域里,一切和量词里的变项相同的变项都为该量词所约束。例如:

(13)　$(\forall x)R(x,y)$

(14)　$(\forall x)(p(x) \rightarrow (\exists y)(\underline{R(x,y) \wedge Q(y)}))$

其中下画⎵线的即为前面的量词的辖域。

在语法研究中对否定词的辖域问题经常引起讨论。例如:

(15)　不是我明天到上海福州路新华书店去买书。

(16)　我不是明天到上海福州路新华书店去买书。

(17)　我明天不是到上海福州路新华书店去买书。

(18)　我明天到上海福州路不是去新华书店买书。

(19)　我明天到上海福州路新华书店不是去买书。

否定词"不是"的辖域在它后面一部分。"不是"可以否定后面整个短语,也可用对比重音的办法否定重读的那个词,但是它不能否定它前面的成分。

助动词有时也有辖域问题。例如:

(20)　我愿意明天到上海去买书。

(21)　我明天愿意到上海去买书。

(22)　我明天到上海愿意去买书。

这三个句子中"愿意"的辖域一个比一个小,例如,(20)可以强调"明天"而不是"后天",或"到上海"而不是"到南京",或"去买书"

而不是"去买其他东西"。(21)只能强调最后两个对比。(22)则只能强调最后一个对比,即只能强调"愿意""去买书",而不愿意"做别的",这是因为"明天"不在(21)的"愿意"的辖域之内,"明天到上海"不在(22)的"愿意"的辖域范围之内。

辖域这一概念还可应用于其他语法分析中。

第五,二阶谓词与谓词算子

二阶谓词逻辑是扩展了的谓词逻辑。在二阶谓词逻辑中,一个谓词变项可以成为另一个谓词的主目。例如 ø 是一个谓词变项,F(ø)就是一个以谓词变项 ø 作为谓词 F 的主目。例如,汉语句子"他是很用功的学生","他"是个体词,"学生"是"他"的谓词,而"很用功"又是"学生"的谓词。这句话可以作以下分析:

$$(23)\ ø\,(ø\,(a)\Lambda F(ø))$$

另外一种处理办法是把这里的"很用功"看作一个从谓词形成谓词的算子,"F(ø)"本身仍是个谓词。这样,(23)就可分析为:

$$(24)\ (F(ø))(a)$$

对于下面的句子,也可作类似的处理:

(25)他愿意来。

$$(26)\ (F(ø))(a)$$

这样分析很接近于自然语言。这也就是语法研究中,把"愿意"看作同副词有相类似的性质的限制谓词并构成复合谓词的成分的重要原因。

按照这种看法,还可以有以命题为主目的谓词。例如:

(27)你采访,难!

$$(28)\ F(ø\,(a))$$

这些都对自然语言的语法分析和语义解释有好处。

第六，联结词

古典的命题逻辑提出并探讨了五个命题联结词，这就是"并且"、"或者"、"如果……那么"、"当，且仅当"和"否则"，分别用∧、∨、→、⇌和¬来表示。联接句子的联结词在复句的语法研究中是很重要的。就逻辑同自然语言的关系的角度经常引起争论的，是自然语言中的"并且"等等是否包含着比逻辑学中"∧"等等更高的意义；能否只从真值函项这个角度去规定自然语言联结词的意义。例如，"并且"这一联结词是否只从它联结的每个句子（命题）的真假就可以决定复句（复合命题）的真假？所谓关联性（两个命题是有关系的）和继续性（两个命题不可前后掉换）的争论就是这样的一种争论。但在这一问题上，可以利用数理逻辑的联结词理论更深入地探讨这类联结词的性质，以及逻辑上很少研究的大量句子联结词，如"既然……那么"、"虽然……但是"、"既……又"、"只要……就"等等的性质和特征。

第七，集合

集合是数学和现代逻辑的一个重要概念。集合论是现代逻辑四个分支之一。数学上所谓集合是一组任何种类的事物。日常讲的集合，一般指由具有共同特点的元素或成员组成的一个类。例如"人"、"中国的省"、"世界上海拔 5000 米以上的山"、"汉语的名词"等等都是集合。集合用大写字母 A、B、C……表示，元素用小写字母 a、b、c……表示，符号∈表示属于，即表示它左边的个别对象是它右边的集合的元素。集合可以用两种方法表示。例如：张元的家庭成员包括"张元，李瑛，张明"，这个集合可以用列举法表示为｛张元，李瑛，张明｝；也可用描述法表示为｛X｜X是张元的家庭成员｝，这个表示法的意思是"所有X的集合，X是张元的家庭成员"。对于成员数量庞大甚至是无限的集合，只能用描述法表示。例如汉语名词的集合，就只能用下面的形式来表示：

（29）M＝｛X｜X是汉语中表示事物名称的词｝。

还可以有以集合为元素的集合。例如，如果汉语动词根据能不能带受事宾语分为及物动词和不及物动词两类，那么以"及物动词"和"不及物动词"作为元素的集合就成为集合的集合（用手写大写字母𝒜来表示）。还可通过对其他集合的运算来规定一个集合。例如有A和B两个集合，A∩B是既是A又是B的元素组成的集合，叫做A和B的交集；A∪B是由是A的元素和是B的元素加在一起组成的集合，叫做A和B的并集；A—B表示A和B的差集，即是A而不是B的元素组成的集合。另外一个重要的概念是补集，在给定的一个论域中，A的元素以外的所有元素组成的集合就是A的补集，用Ā来表示。例如在讨论词类时，由名词构成的集合A的元素以外的所有词类的词就构成A的补集。假如"谓词"是论域∪，"动词"（A）和"形容词"（B）是"谓词"的两个子集，那么我们可以制成下图：

（30）

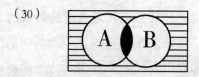

A、B的交叉部分是A、B的交集，即兼有动词和形容词性质的词。A和B所占有的范围是A、B的并集，即所有动词和形容词的集合。画横线的部分就是"A∪B"的补集，即动词和形容词以外的谓词(如果有的话)。

集合论在讨论处于一定句法结构中的词所代表对象的关系时,很有帮助。例如:

(31)大红苹果

是集合 A"大(的东西)"、B"红(的东西)"和 C"苹果"这三个集合的交集,如下图:

(32)

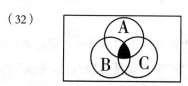

"老师和学生"是"老师"和"学生"两个集合的并集。"桌子是家具"表示"桌子"是"家具"的子集。如此等等。

第八,递归

递归函数的概念是捷克数学家哥德尔作为算术化方法的运用而提出的。算术化方法指的是把一个形式系统的元素用按照一定次序排列的整数加以编号,这样就可以把一个符号等同于它的次序号。这就意味着一个系统 S 的元素被算术地调换到一个元系统中。数学上的递归性的意思是,这种算术是累进的、一步一步的方法实现的。一个递归函数是这样一种函数,这个函数的值可以从前面已经知道的值开始,经过累进的计算得出。递归函数可以用下面的递归方案加以定义,这个方案给出:

(33)1)对主目的值为零的函数的值

2)当主目的一个值 n 的值是已知时,计算主目的值为 n+1 的函数的值。

我们引进叫做后续者(successor)的函项,这个函项运用于一个整体,给它加上一个单位。加法是一个递归函项,用 scc 表示 successor,可以用下面的模式表示:

(34) 1) $a+0=a$

2) $a+sccn=scc(a+n)$

用这个模式,当 a 和 b 是整数时,$(a+b)$ 的值可以累进地计算出来。

递归函数可以用自然语言的语句函项来直观地加以说明。例如"K 是人",K 的值已知为"亚当和夏娃"时,"K 是人"的值是"亚当和夏娃是人"。另外,我们已知 K 的值是"亚当和夏娃的后代","K 是人"的值是"亚当和夏娃的后代是人"。由这二者就可以得出"人的后代是人"。这样就可以得出"亚当和夏娃的后代是人","亚当和夏娃的后代的后代的后代是人",等等。"K 是人"的一切值可以递归地得出。

生成语言学曾把递归概念运用于语言的研究上。这里"递归的"指一些规则可以反复地运用于生成句子或结构。例如,英语生成语法有这样两个改写规则:

(35) 1) NP→(Det+N)(prep-phrase)

2) Prep-Phrase→Prep+NP

这样就可以累进地生成下面这样一些形式:

(36) NP→(Det+N)(Prep-Phrase)

NP→(Det+N)(Prep+(Det+N))(Prep-Phrase)

NP→(Det+N)(Prep+(Det+N))(Prep+Np)

这就是一个递归的(累进的)改写规则,它表示英语的名词后面带的介词短语在原则上是无限制的。汉语可以有这样的改写规划:

(37) 1) 名词短语→"的"字短语＋名词短语

　　　2) 名词短词→名词

这也是一个递归的改写规则。根据这个规则,可以生成:

(38) 名词短语→"的"字短语＋名词短语

　　　名词短语→"的"字短语＋"的"字短语＋名词短语

这也表示汉语的名词前面原则上可以带无限的"的"字短语。但是汉语的这两种形式实际上是有限制的,这是语法以外的其他因素在制约。

　　递归性是语法的一种固有的性质,在语法研究中"递归性"是一个十分重要的概念。

四

　　上面我们举例性地谈了现代逻辑在语法研究中的作用和影响。许多语法学家、语法研究的各个方面,都在运用现代逻辑的概念和成果。由于语言的计算机处理的需要,运用现代逻辑的概念和成果分析研究的要求更加迫切。有两本专门为语言学家分析语言写的逻辑学对语法研究工作者是很有用的。一本是詹斯·奥尔伍德等著的《语言学中的逻辑》(Logic in Linguistics),中译本由河北人民出版社于 1981 年出版。另一本是詹姆斯·麦考莱著的《语言逻辑分析》(Everything that Linguists have Always Wanted to know about Logic, but were ashamed to ask)1993 年第 2 版,中

414 王维贤语言学论文集

译本正在修订中,即将出版。另外由王维贤、李先昆、陈宗明合著的《语言逻辑引论》(湖北教育出版社,1989 年)和即将出版的周礼全主编的《逻辑——正确思维和有效表达的理论》也可作为参考。

（原载《杭州师范学院学报》1995 年第 1 期）

也谈词义和概念的关系

　　词义和概念的关系问题,是普通语言学里的老问题,也是最近两年引起语言学界争论的新问题。为什么这个问题长期以来成为许多语言学家注意的中心呢? 大家知道,语言的根本特点就在于它是一种交际和交流思想的工具,是一种表情达意的工具,因此,语言和思维的关系问题一直是正确理解语言本质的重要关键之一。在语言和思维的关系问题中,词义和概念的关系又是这个问题的中心。从思维方面讲,概念是构成思维的细胞,没有概念,也就没有思维。从语言方面讲,词是语言的建筑材料,是最小的能够独立表示意义的单位,词义的性质决定着语言所"表"所"达"的内容的性质。研究语言和思维的关系的时候,首先要研究的是词义和概念的关系。这个问题是解决语言和思维问题的肯綮。

　　词义和概念的关系问题是一个大问题。本文的目的不是要全面地论述这个问题。事实上这个问题也不可能在一篇文章中加以全面论述。这篇文章只是想就目前我国语言学界争论最多的一个问题,即词的基本的词汇意义①和概念的关系问题,提出一些个人的看法,希望得到同志们的批评指正。

　　在我们讨论的这个范围内,对词义是否就是概念这个问题,有人的回答是肯定的,有人的回答是否定的。除去大家都承认词义和概念分属于语言和思维两个不同范畴以外，反对词义就是概念的语言学者有两派。一派认为，从"反映"的性质来讲，词义跟概念没有区别，"词义就是由词的语音形式所体现的人们对客观事物或现象的反映。"②但是这一派认为不是一切以词为形式并巩固在词里的人对客观事物的反映都是概念，只有"现阶段人们对某一类客观事物或现象的本质特征的认识"③才是概念，因此也只有术语的意义才等于概念。这一派可以薄鸣同志的《谈词义和概念的关系问题》为代表。一派认为，词义和概念在反映客观事物、现象或关系的"概括性"方面"是同样性质的和同等程度的"，④在这一点上二者没有什么区别。词义和概念的区别在于词义对客观的反映是间接的，而概念对客观的反映是直接的。这一派可以朱林清同志的《关于词义和概念的几个问题》为代表。这两派在反对词义就是概念这一点上是相同的，但是他们在为什么说词义不等于概念这一点上，却是针锋相对的，互相否定的。在我们看来，这两派所提出的反对词义就是概念的理由都是值得商榷的。

在承认任何词义都是人们对客观事物或现象的反映的前提下，认为只有术语的意义才等于概念的观点实际上是对概念的一种误解。能不能把概念看成"现阶段人们对某一类客观事物或现象的本质特征的认识"呢？我看是不行的。概念是思维的一种形式，是人们在感性认识的基础上，在实践的基础上，对客观事物的一种抽象的（即非直观的）同时也是反映了客观事物的本质特征的认识形式。人对客观事物的认识，即对客观事物的属性的认识，对客观事物的本质特征的认识，不是一下子完成的，而是一种不断深化和丰富的过程。认识的每一阶段所形成的抽象地反映客观事物的认识形式都是概念,反映在概念中的标志着一类事物区别于其他事物的特征也都是事物的本质特征,只是在反复实践和认识的过程中,随着认识的深化,概念所反映的事物的本质特征也在不断地丰富和发展罢了。概念的这种不断深化和发展过程,在个人的认识史中也是存在的。有时个人认识的这种发展过程还恰恰反映了人类认识的发展过程。例如,在没有学过社会发展史和历史唯物主义的基本原理的时候,我们对"人"这类动物的认识,我们所形成的"人"的概念,只能是"会说话的动物",或者至多是"有理性的、会思维的动物"。等到我们学习了社会发展史和历史唯物主义的基本原理以后,我们才认识到"会制造和使用生产工具"才是人区别于其他动物的最本质的特征,而且也更进一步认识到在阶级社会里,人是"有阶级性"的。"会制造和使用生产工具"等等,比之于"会说话"等等,当然是更本质的特征,但是"会说话"等等在一定认识阶段上也同样是作为"人"的本质特征反映在概念中,形成一定认识阶段的"人"的概念的。如果我们只承认反映一定历史阶段人类认识的最高水平的科学概念是概念,那么我们就要把这类概念以外的一切抽象的、反映了事物的一定本质特征的认识形式排斥在概念之外了。具有这种观点的语言学家和逻辑学家完全忘记了列宁讲的认识是一种发展过程这一原理,同时也没有考虑到当我们把这一类反映形式排斥在概念之外以后怎样来处理它。如果说这些形式是"不完全的"、"初级的"概念,这就等于承认这些反映形式是概念。如果说这些形式根本不是概念,那么这些反映形式是什么呢?是不是在感觉、知觉、表象、概念等等以外还有一种什么特殊的反映形式呢?显然这是说不通的。何况正像有人指出的,根据这种概念观只能得出这样的结论:除去科学家在他研究的领域内运用这门科学的术语才可能有思维活动以外,其他人以及科学家在其他领域内就根本不可能有什么思维活动了。

能不能说,词义和概念都是客观存在的一种反映,但是一种反映是间接的,一种反映是直接的呢? 我们先看看朱林清同志是怎样论证这个问题的:

"词义是对客观存在的一种反映,然而不能理解是直接的。词义的确定当然有其客观存在作为反映的基础,然而作为第二性的东西,也必然会和人的意识发生联系,词义实际上就是客观中的事物、现象或关系在人的意识中的一定反映,实际上就是客观存在反映在人的意识中的相应概念的一种语言体现。词义不可能脱离与之相联系的概念而直接与客观存在挂上钩。"⑤

在这段话里,作为证明"词义反映客观存在是间接的"这一论点的理由的只有一句话:"词义……实际上就是客观存在反映在人的意识中的相应概念的一种语言体现。"看来,朱林清同志也正是根据词义是相应概念在语言中的体现这一点,才认为词义反映客观存在是间接的。为什么词义是概念在语言中的体现,词义反映客观存在就必定是间接的呢? 根据朱林清同志的说法,他是以加尔金娜·费多鲁克"关于词(包含词的意义和声音)、概念和客观存在三者之间的关系"的理论为依据的。⑥加尔金娜·费多鲁克是怎样理解这三者的关系的呢? 如果我们的理解没有错的话,加尔金娜·费多鲁克的基本观点是这样的:词有两重性,一方面,词的声音是代表现象和事物的符号,标示着现象和事物;一方面词体现着概念,因而也就反映着现实现象。加尔金娜·费多鲁克反对词标示概念的说法,因为在加尔金娜·费多鲁克看来,"词""包含着概念","词是概念存在的形式","概念离开词便不能存在","词"只是通过一定的修饰和表述过程来体现概念的。[⑦]我们觉得加尔金娜·费多鲁克在这段话里,一则说词包含着概念,二则说词体现着概念,三则说词是概念存在的形式,却并没有在这段话里把词、词的声音和词的意义跟概念的关系说清楚,甚至根本没有提到"词义"这个概念。到底加尔金娜·费多鲁克是把词的声音看成词的形式,把概念看成词的内容呢? 还是把包含着声音和意义的完整的词看作形式,概念看作内容呢? 也是不清楚的。从词包含着概念来看,似乎主张的是前者;从词体现着概念来看,又似乎主张的是后者。在《语言是社会现象》这本小册子里,加尔金娜·费多鲁克虽然强调了不能把语言与思维的"联系"看成"同一",但是我们也很难根据"体现"这两个字就认为作者真的把概念看成与词义不同的东西。事实上,加尔金娜·费多鲁克关于这个问题的论点是不明确的,"体现"这个概念本身也显得模糊不清。我们觉得不论从朱林清同志自己的论述来看,或者从所引的加尔金娜·费多鲁克的论述来看,都没有具体地论证"词义反映客观存在是间接的"这一论点。

现在我们先正面谈谈词义和概念的关系,然后再反过来说明为什么"词义反映客观存在是间接的"这个论点是不正确的。为了便于说明,我们先画一个图:

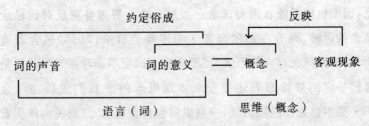

我们这个图的中心部分是"词的意义＝概念"。"概念"是就
"思维"的角度,就"反映"客观现象的角度讲的;"词的意义"是就
"语言"的角度,就作为"词的内容"的角度讲的。词义和概念的区
别实质上是从不同的角度所给予的同一个东西——客观现象的反
映——的不同名称的区别,是同一个东西在不同关系下所具有的
不同身份的区别。正是因为这样,我们才能说"词包含着概念",因
为词的意义部分就是从思维的角度所讲的概念,而词则永远是声
音和意义的统一体。如果按照朱林清同志讲的,概念反映客观存
在是直接的,词义反映客观存在是间接的,那么我们上面的图就要
变成下面的样子:

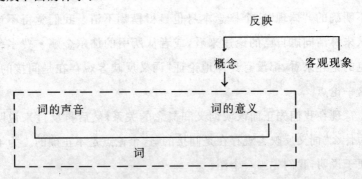

如果我们的理解不错的话,所谓"概念反映客观存在是直接
的,词义反映客观存在是间接的",意思只能是这样:词义反映客观

存在要通过概念来实现,概念要通过词义才能跟词发生联系。这实际上是把概念排斥在词的范围(上图用虚线表示)之外了。我觉得朱林清同志这里可能误解了上引加尔金娜·费多鲁克的意见,特别是误解了"体现""形式"这类词的含义。在我看来,"体现"的意思就是马克思讲的"语言是思想的直接现实"的意思。对于"词是概念存在的形式"里的"形式"也不能从形式、内容这种对立的角度来理解,它的意思实际上也是"语言是思想的直接现实"的意思,说的是"概念是以词这样的形式存在着"。朱林清同志原来的目的是想论证语言与思维的密切联系,但是结果却把概念排斥在词的范围之外,把词(包含声音和意义)看成词以外的概念的体现,看成词以外的概念的形式了。

我们说"词的意义＝概念",是就与概念相当的,作为客观现象的抽象的、概括的、本质的反映的那种词义讲的,并不是一般地认为词义就等于概念。许多词的意义所涉及的和所表达的都远远超过概念的范围。但是如果把我们讨论的范围限制在这篇文章开头提出的词的基本的词汇意义:"词的意义＝概念"这个公式就仍然是正确的。有些语言学者在讨论到词与词之间在词义上的联系,讨论到相关的词的词义和概念的关系的时候,把词义和概念的关系问题弄得不恰当地复杂化起来。

就语言的词汇体系这方面来考虑,一种语言的全部词汇成员的意义都处在错综复杂的联系之中,它们所表达的意义是互相制约的。如果我们抛开同一个词形所包含的许多意义之间的关系不谈,单就不同的词的基本的词汇意义来讲,词义间的相互联系和相互制约,正表现着概括并反映在语言的词义体系中的相应概念间的相互联系和相互制约,逻辑上说明概念间相互关系的方法,也同样可以用来说明词义间的关系,因为在我们讨论的范围内,词义是等于概念的。

有人用两种语言比较的方法,认为同一个概念在甲语言中用一个词来体现它,在乙语言中却用两个或更多的词来体现它。这当然是可能的,因为一个种概念本来可以划分为许多属概念,而且可以根据不同的标准划分为不同的属概念的。从大的范围看,从属于同一个概念的几个词的意义所表现的正是同一个种概念下的几个属概念,对这几个词来讲,词义和概念仍旧是"相等的",不过这里词义所"等于"的不是那个种概念,而是那个属概念罢了。这类词之间词义方面的关系,也可以用分析概念的方法来分析。例如薄鸣同志在《词义和概念》这篇文章里举的古代汉语里的"崩、薨、卒、死",[8]这些词的词义所反映的当然都是"死",但是这些词反映的不是同一个概念,也不是从不同"方面来强调体现"[9]同一个概念,这些词在词汇体系中词义间的相互依存和相互制约的关系,也不仅仅是词汇体系内部的问题。[10]这些词反映的是不同的"死",以词义的形式包含在这些词里的概念也是不同的死的概念。总之,这里每一个词都代表了一个个别的概念。同样的理由,我们应该说这些词的意义间的相互依存和相互制约的关系也是由这些词所反映的概念间的相互依存和相互制约关系决定的。当我们比较不同民族的语言,甚至比较同一民族语言的不同方言的时候,我们就可以发现,不同的语言或方言中以词义的形式巩固在词里的概念体系是大不相同的。例如,普通话把生的食物蒸熟叫"蒸",把熟的食物蒸热叫"熥",把煮菜叫"熬",把煮其他东西叫"煮";这在某些江浙方言里却都只各有一个词"蒸"和"煮"。为什么会有这种差别呢？这是由使用这种民族语言或方言的人的全部生活和活动决定的。但是，这种现象并没有否定思维和思维规律的全人类性。首先因为，这种对客观事物或现象反映形式的错综复杂关系，是思维本身的特点。人们本来就是由不同的实践需要从不同的方面来认识和反映客观现实的。其次也因为，在甲民族语或方言中用特定的词来反映的概念，如果在乙民族语或方言中没有相应的词，就可以用借用的方法，用词义引申和专化的方法，用词组描绘的方法，甚至用概化的方法来表达，不同的词汇体系并没有妨碍了概念的交流和思想的传达。

当然，有些词的意义界限是很清楚的，这些词所反映的概念的界限也就很清楚。例如，现代汉语的"胖"，只指人的身体内含的脂肪多，"肥"专指牲畜身体内含的脂肪多，在这个意义下，这两个词以及它们之间的词义界限是很清楚的。毫无疑问，这类词的词义所代表的是两个不同的概念，这两个概念是从属于一个大概念下的两个并列的属概念。但是也有些词的意义界限并不是这样明确的。为什么有些词的意义界限不明确呢？这有两种不同情况：一种情况是，有时一个词的词义比较抽象、概括，可以适用于许多不同场合。日常运用这个词的人，甚至编辑词典的语言学者，没有很好把握住这个词的概括的意义（即以这个词的词义形式形成的那个概括性很强的概念），迷误于这个词在言语中的许多具体用法，因而使这个词的意义人为地复杂化了，词义的界限也跟着不明确了。另一种情况是，很多词常常在运用过程中经过引申而获得了新的意义，扩大了概念所概括的范围。有时这种引申已经成为一种固定的意义包含在词的意义中,有时这种引申还不固定,还只是词的一种临时用法。在固定下来的情况下,有时这种引申义构成了一个新的意义单位,形成了一个新的概念;有时这个意义包含在原有的意义中,扩大了原有意义,改变了原有意义所体现的概念;而这两者的界限又不总是很明确的,甚至有时这种引申只是在个别的习用场合超出了原有词义所概括的范围,进入了别的词义领域。以上这两种情况是互相联系的,有时后面这种情况实际上是前面那种情况产生的原因。词义的这种复杂情况是很多的,这需要作专门的研究。我们这里提出这个问题,只是想说明就是在这种复杂的情况下,词义也仍然是等于概念的。而且也只有在词义等于概念的原则下,联系到语言中的词在使用过程中不断引申、专化等等特点,才能具体了解和分析这些复杂现象。

附 注

① 词的基本的词汇意义,即词的理性意义。为了把问题集中,我们这里有意识地避开了词的词汇意义中所反映的人的意志和感情的成分,以及所谓形象色彩、风格色彩等因素。

②③ 薄鸣《谈词义和概念的关系问题》,《中国语文》,1961 年 8 月号,39 页。

④ 朱林清《关于词义和概念的几个问题》,《中国语文》,1962 年 6 月号,268 页。

⑤⑥《中国语文》,1962 年 6 月号,266—267 页。

⑦ 引文见上引朱林清文,267 页。又,参看加尔金娜·费多鲁克《语言是社会现象》,时代出版社,1956 年版,39—40 页。

⑧ 参看薄鸣《词义和概念》,《北京大学学报(人文科学版)》1963 年 2 期,

70—72 页。

　　⑨ 同上,71 页。

　　⑩ 参看黄景欣《试论词汇学中的几个问题》,《中国语文》,1961 年 3 月号,18—22 页。

　　　　　　　　(原载《浙江学刊》,1963 年第 4 期)

复句和关联词语

一、复句和复合判断

1.1　复句是比单句更为复杂的语言形式。复句的结构成分是单句，虽然构成复句的单句在形式上同独立的单句有或多或少的差别。

单句一般是表达简单判断的，但是也有不少单句是表达复合判断的。例如：

　　（1）李建成和李元吉是唐高祖李渊的第一子和第四子。

这个单句，表达的与下面的复句表达的是相同的复合判断——联言判断：

　　（2）李建成是唐高祖李渊的第一子，李元吉是唐高祖李渊的第四子。

下面这两个单句表达的也是类似的复合判断，虽然在特定的论证过程中也可以看作简单判断：

　　（3）唯心主义和机械唯物主义，机会主义和冒险主义，都是以主观和客观相分裂，以认识和实践相脱离为特征的。

　　（4）（真的猛士，敢于直面惨淡的人生，敢于正视淋漓的鲜血。）这是怎样的哀痛者和幸福者？

有些单句甚至是某种省略推理的语言表达形式。例如：

　　（5）中生代的时候，一些古网翅类由于不能适应当时气
候环境而死亡了。

这句话表达的是"因为中生代的时候一些古网翅类不能适应
当时气候环境，所以它们死亡了"这个省略三段论。省略三段论从
某个角度来讲也可以说是一个联言判断。

下面这类句子表达复合判断，有的是一目了然的，有的需要一
定的分析，而且在一定的论证过程中，也大半可以看作简单判断：

　　（6）他越走越快。

　　（7）你把他请来。

　　（8）孩子们翻开书大声朗读起来。

不管构成复句的单句是表达简单判断的，还是表达复合判断
的，也不管构成一个复句的直接成分本身是单句还是复句，复句的
最高层次的几个直接成分之间的结构语义关系主要是逻辑上复合
判断中几个支判断之间的逻辑关系。

　　1.2　虽然复句中各分句间的关系主要是逻辑上复合判断中
各支判断间的逻辑关系，虽然简单判断都是由单句表达的，而单句
又大半是表达简单判断的，但是复句和单句的区分不能以表达判
断的性质和数量为依据。单句和复句是语言范畴，单句和复句的
区分主要靠语言标志。在区分单句和复句的时候，停顿和语调是
重要的标志。就现代汉语来讲，能够表达复合判断的复合主语式、
复合谓语式、复合宾语式、连谓式、兼语式、紧缩式，以及带有表示
原因、目的等等的介词短语状语构成的句子，都是单句。例如：

　　（9）我越帮忙，她越跟我好。

（10）越赶她越想不起来啦！

（11）志芳，就帮帮忙吧，省得把妈妈气病了！

（12）好志芳，帮帮忙。（一个人一个样，不能都跟你似的老犯牛脖子。）

（9）是复句，（10）是单句；除去呼语（"志芳"和"好志芳"），（11）里的"就帮帮忙吧"是复句中的分句，（12）里的"帮帮忙"是独立的单句。

二、关联词语与逻辑联结词

2.1　表示复句中各分句之间的逻辑语义关系的语言形式是"关联词语"。关联词语主要是连词以及与连词相配的副词。双用的如：因为……所以，虽然……但是，只要……就，只有……才，既然……那么，假如……就，不但……而且，或者……或者，与其……不如，越……越，不……不，等等。单用的如：并且，而且，但是，或者，所以，就，等等。

但是表示复句中分句间逻辑语义关系的关联词语不限于连词和副词，例如：

（13）谁要是不努力学习，谁就不能取得优异成绩。

（14）咱们一方面要提高技术水平，一方面要加强理论学习。

（13）里的"谁……谁"是表示条件关系的代词，（14）里的"一方面……另一方面"是表示联合关系的特定的词组。

连词和绝大部分表示关联作用的副词，纯粹是表示复句内部各分句之间的逻辑关系的。虽然从语法的角度讲,副词对后面的谓词性词组有修饰作用,是构成分句小句的结构成分。表示关联作用的代词或特定词组,除去表示分句间的逻辑语义关系外,还同时既是分句的结构成分,又是构成分句意义的语义成分。

2.2　逻辑中表示复合判断各支判断间的逻辑关系的是逻辑联结词。传统的形式逻辑借用自然语言中的表示相应的逻辑语义关系的关联词语作为表示某种逻辑关系的逻辑联结词。例如,借用现代汉语中表示"假设"关系的关联词语"如果……那么"作为充分条件假言判断的逻辑联结词,借用表示"选择"关系的关联词语"或者……或者"作为选言判断的逻辑联结词,借用表示并存关系的关联词语"并且"作为表示联言判断的逻辑联结词,等等。

由于传统的形式逻辑在它所讨论的"推理"范围内,它所关心的只是从自然语言中所概括出的几种最基本的最典型的复合判断形式,因此自然语言中各式各样的关联词语所表示的丰富的逻辑语义关系,被归结为联言、选言、假言(充分条件的、必要条件的、充要条件的)等少数逻辑关系,自然语言中所表现的绚丽多彩的复合判断形式被框入联言判断、选言判断、假言判断等少数判断类型。例如,按照传统的形式逻辑,下面的复句表达的都是同样的联言判断:

(15) 脚上穿着一双蓝布球鞋,还扎着一双袜苦。

(16) 老人家把这番意思说完了,这才心满意足地走了。

(17) 我们不但善于破坏一个旧世界,我们还将善于建设一个新世界。

(18) 虽然我一见便知道是闰土,但又不是我记忆中的闰土了。

传统的形式逻辑在选取自然语言的关联词语作为复合判断的逻辑联结词时,是把这些关联词语作为表示特定的逻辑关系的逻辑联结词来运用的。但是自然语言中的词语大多带有这样或那样的多义性和模糊性,这就给借用自然语言中的关联词语作为表示逻辑关系的逻辑联结词带来困难。例如,"如果……那么"既表示条件,又带有假设的含义;"只有……才"既可以表示必要条件,又能表示充要条件;"或者"既可以表示相容的选择关系,又可以表示不相容的选择关系;等等。为了避免自然语言的多义性和模糊性,数理逻辑规定了一系列表示复合判断间的逻辑关系的逻辑联结词。例如,在所谓标准逻辑中,用¬代替"非",用∨代替"或者",用∧代替"并且",用→代替"如果……那么",等等。当然,这里的"¬""∨""∧""→"是从它所联合的支判断的真假来规定这个复合判断的真假的角度给以特定的定义的。这些逻辑联结词只体现了自然语言中相应的关联词语的某一特定的含义。

2.3　由于"¬""∨""∧""→"这些逻辑符号代替的逻辑联结词表现了最基本的最典型的逻辑关系,是单义的,并且得到充分的运用和发展,因此,我们可以反过来运用这些工具更准确地分析复句中各分句间的逻辑关系,分析关联词语的逻辑含义。例如,我们可以用这些逻辑符号把"不破不立"分析为:

$$\neg p \rightarrow \neg q$$

这里 p 代表"破"这个词所表达的判断,q 代表"立"这个词所表达的判断。这个公式表示"破"是"立"的必要条件。从另外一个角度,也可以表示"不破"($\neg p$)是"不立"($\neg q$)的充分条件。也就是说,这里的"不……不"不但可以看作是表逻辑关系的关联词语,而且也可以看作构成成分判断(语言上的分句)的组成成分。当然,→所表示的前后两个判断之间的关系同日常讲的充分条件有所不同,但是在表示 p 真,q 一定真这一点上,二者是相同的。运用这些符号可以更准确更清楚地说明这类复句和"不……不"这类关联词语的特点。

但是,"不……不"只有在一定条件下才是表示必要条件的逻辑联结词。"不吃不喝""不好不坏"中的"不……不"表示的就不是必要条件。表示必要条件的"不 x 不 y"中的 x 和 y 不仅必须是动词性成分,同时二者还要能形成条件关系。从这个例子可以看出,分析自然语言中某种格式的逻辑意义,必须结合它出现的语言环境;而断定某些格式与某种逻辑形式相对应的时候,也不能忽略这类条件的限制。

2.4　大多数自然语言中的关联词语表示的不仅是标准逻辑所规定的那类逻辑关系,也就是说,这类关联词语表示的意义多于这类逻辑联结词。例如,传统的形式逻辑选作表示充分条件的逻辑联结词"如果……那么",除去表示充分条件外,还有表示"假设"的意思,而同样表示充分条件的"假设……那么"所表示的"假设"意味更为突出,同"如果……那么"比,在意义上又有细微差别。如果置二者的细微差别于不顾,至少在"假设"这一点上是不完全同于→的。这种现象说明,大多数自然语言中的关联词语所表达的逻辑语义关系单用标准逻辑中命题逻辑的符号和公式进行分析是不够的。例如:

(19) 谁先来,谁先吃。

（20）宁可牺牲生命，也不投降。

（21）药虽然吃了，可是病没有好转。

这三句话从命题逻辑的角度只能分析为：

（19a）$p \rightarrow q$（p 代表"谁先来"，q 代表"谁先吃"）

（20a）$(p \lor q) \rightarrow (p \land \neg q)$（p 代表"牺牲生命"，q 代表"投降"）

（21a）$p \land q$（p 代表"药吃了"，q 代表"病没有好转"。）

但是这样的分析，并不能确切地描写原来语句的含义。就（19）来讲，可以利用谓词逻辑的符号和方法进行比较接近原意的描写：

（19b）$(X) [(S(X) \land Y(X)) \rightarrow Z(X)]$（X 代表个体变项，S 代表"人"，Y 代表"先来"，Z 代表"先吃"。）

但是对于（20）和（21），在标准逻辑范围内是无法对之进行确切的描写的。

为了更确切地描写这类复句中关联词语所表示的分句之间的逻辑语义关系，并对之加以形式化，必须在标准逻辑的基础上，引进新的因素和符号，发展新的逻辑系统。就对自然语言的语义描写来讲，也只有这样才能更进一步弄清这些关联词语的语义。例如，在分析（20）的"宁可……也不"的逻辑含义时要引进"优选"的概念；在分析（21）的"虽然……但是"的逻辑含义时要利用模态逻辑，要引进"预设"概念。对于自然语言中丰富多彩的关联词语的逻辑分析，既可以使语言学中语义描写进一步精确化，又可以发展各种不同的非标准逻辑。

三、复句研究的两个方面

3.1　综上所述,既然复句中各分句间的逻辑语义关系主要是由关联词语表达的,因此,关联词语的逻辑语义分析是复句研究的一个重要方面。这种研究不仅要借助于标准逻辑,而且要借助于非标准逻辑,以至于创立新的逻辑系统。虽然目前有不少人注意了这方面的研究,并有了很大成绩,但是自然语言中关联词语还有很多没有为现代逻辑接触的领域。我们要利用这些工具并创造新的工具来分析它们可以精确化、形式化的部分,同时指出利用这些工具还不能解决的部分,这就是一种进步。这是精确地分析和描写关联词语的重要途径。当然,这种描写必须在大量的语言现象的搜集、比较、抽象的基础上进行。

3.2　另外,我们还要研究自然语言中关联词语的多义性及其相互关系,研究这些词语的多功能性,研究构成复句中各分句间的逻辑关系的各种语言手段。

例如"就,也,才"这几个具有关联作用的副词,就因为它可以同不同的关联词语,主要是连词,成对使用,因此它可以跟这些词语构成不同的逻辑语义关系。以"就"为例:

(22)翠清因为道满有点缺点,就一脚踢开。

(23)要是不开会,我就去看看他。

(24)只要大家一条心,就没有攻不破的难关。

(25)咱们一使劲就得把他们赶过去。

(26)既然文艺工作者的对象是工农及其干部,就发生一个了解他们熟悉他们的问题。

　　（27）哪里有困难，你们就赶到哪里。

　　（28）庄稼人吃完早饭，太阳就升高了。

　　（29）我看完了就锁在柜里。

例（22）到（27），"就"同"因为、要是、只要、一、既然"等连用，一方面相当于表示条件关系的"那么"，一方面相当于表示因果关系的"所以"。这二者虽然有区别，但又总的都是表示"结果"的。例（28）到（29），"就"表示时间上连续发生的事件，是一种单用的表示逻辑语义关系的关联词语。这二者表示的关系是完全不同的，但是也可以用更概括的意义——承接关系统一起来。从关联词语的相互关系讲，"就"有时相当于"那么"，有时相当于"所以"；有时它同"那么""所以"同时用，有时单用，有时即使用上"所以"等等，也不能省去"就"。而且"就"有时则并不表示复句中分句间的逻辑语义联系，这些都需要仔细探讨。

　　而"只有、因为、由于"，不仅可以是连词，连接不同的分句，表示逻辑语义关系，也可以作介词，表示句子内部各成分之间的关系。从句法的角度讲，这些句子是单句，从逻辑结构讲，这些句子实际上表达的是复合判断，甚至是压缩形式的推理。表示逻辑关系的词语的语法上的多功能性，也是复句研究中的一个重要课题。

　　有些关联词语在表示逻辑语义关系上是多义的。不了解这一点，常常引起不必要的争论。例如，曾经引起争议的"只有……才"就是这样一个例子。从"只有"这个连词的"本义"来讲，是"非此不可"的意思，即表示唯一条件或充要条件的。但是有时也用它的较弱的意义，表示必要条件。比较下面两个例子：

　　（30）只有铁路修通了，这些木材才运得出去。

　　（31）一个人只有年满十八岁，才有选举权。

　　（30）是表示唯一条件的，（31）是表示必要条件的。普通逻辑教科书采取"只有"的较弱意义，表示必要条件，但这并不妨害"只有"表示唯一条件。因为"只有"有时也表示必要条件，因此在选用自然语言作为表示判断间逻辑关系的逻辑联结词时，不能用"只有……才"表示充要条件。

　　在自然语言中，不仅关联词语可以表示复句的分句之间的逻辑语义关系，虚词、特殊结构、语调都可以作为表达逻辑语义关系的手段。例如：

　　（32）刮风了，下雨了。

　　（33）刮风了？下雨了？

　　（34）刮风呢！下雨呢！

　　（35）刮风呢？下雨呢？

这里语调和虚词区别了联言或选择。关于这个问题，需要进一步研究。

四、复句的分类

　　复句可以根据表达的基本的逻辑语义关系分为偏正、联合两大类。偏正复句是表示条件关系的；联合复句是表示联合或选择关系的。由于偏正复句是表示条件关系的，所以在结构上是二分的；联合复句是表示联合或选择关系的，所以在结构上是多分的。

　　虽然现代汉语中关联词语的语义十分复杂，不能简单地用形式逻辑中所概括的几种逻辑联结词来解释,但是除去那些具体的差异,仍然可以归纳到这几种类型中去。这就是我们划分偏正和联合复句的依据。不过正像我们上面已经讨论的,把复句根据不同类型的关联词语归类的时候,必须利用命题逻辑以外的逻辑工具进行具体的分析,才能判定它属于偏正的还是联合的。对于表示"因果"或"推理"关系的关联词语或复句,也可以根据构成这种逻辑关系的根据或预设,作为条件关系来处理,归入表示条件关系那一类偏正复句中去。像"宁可……也不",如果考虑到"优选"的因素,就要归入到选择复句,即联合复句中去,不过这种优选是二者择一的。

不但可以根据分句间的关联词语与相应的逻辑联结词的关系把复句分为偏正的和联合的,而且还可进一步根据这种联系把两种复句进行次划分,并说明它们之间的关系。例如并列复句、连贯复句、递进复句、选择复句、联合复句之间的关系,条件复句、假设复句、因果复句、目的复句、转折复句、联锁复句之间的关系等等。而构成这些复句和各种关联词语的相同和相异关系,它们之间的交叉错综的联系,也可以得到比较明确的说明。

参考文献

吕叔湘 1956 《中国文法要略》,商务印书馆。

黎锦熙、刘世儒 1957—1962 《汉语语法教材》,商务印书馆。

张志公等 1959 《汉语知识》,人民教育出版社。

金岳霖主编 1979 《形式逻辑》,人民出版社。

杭州大学等十院校(逻辑学)编写组 1980 《逻辑学》,甘肃人民出版社。

陈宗明　1979　《现代汉语逻辑初探》,三联书店。

周礼全　1961　《形式逻辑应尝试研究自然语言的具体意义》,载《光明日报》5 月 26 日。

张文熊　1980　《怎样分析复句中各分句间的关系》,《逻辑与语言研究》第 1 辑,中国社会科学出版社。

王维贤　1982　《论转折》,《逻辑与语言研究》第 2 辑,中国社会科学出版社。

（原载《语言教学与研究》1983 年第 1 期）

论"转折"

一、引 言

现代汉语偏正复句中有一种转折复句。《汉语知识》给"转折关系"下的定义是：

> 前一个分句说了一个意思，后一个分句不是顺着前一个分句的意思说下来，而是作了一个转折，说出同前一个分句全然相反的意思或者同前一个分句相对的意思，这样两个分句的关系是转折关系。[①]

转折复句的代表形式是"虽然 A，但是 B"。[②]根据《汉语知识》的讲法，这类复句同时还包括"A，但是 B"这种形式。过去讲语法的书，大都把前者叫让步句，属偏正复句；把后者叫转折句，属并列复句。从"后一个分句不是顺着前一个分句说下来，而是作了一个转折"讲，《汉语知识》归入"假设关系"的"假设"（即使 A，也 B）类型的复句，也是一种转折句。

对这三种类型的转折句，汉语语法学家有各种不同的分析和归类方法。意见的分歧反映了事物本身的复杂性。这篇文章想就这类复句的意义和形式作一些具体分析。

二、背景

2.1　过去

2.1.1　《马氏文通》

我国最早的系统的语法著作《马氏文通》,把转折句"A,但是B"中表示转折的连词(公式中的"但是")归入"转捩连字",把让步句"虽然A,但是B"中表示让步的连词(公式中的"虽然")归入"推拓连字"。③马氏认为"转捩连字者,所以反上文而转申一义也"。④上引《汉语知识》给"转折关系"下的定义刚好是这句话的现代汉语译文。马氏对"推拓连字"的语法意义的说明是,"所以推开上文而展拓他意也"。⑤对于我们讨论的"虽然"这类"拓开跃入之辞"的说明是,"意在推开上文而跃入本意"。⑥从他的说明可以看出,马氏认识到由这两类连词构成的复句都有"转折"的意思,但是转捩句两句是平行的,推拓句偏重的是后面一句。这正是区分联合复句和偏正复句常用的一个标准。马氏把转折句和让步句分别归入两类复句的另一个原因是,让步句的连词同其他"推拓连字"一样,连接的是两个"读"(小句),而转折连字则没有这个限制。

2.1.2　《新著国语文法》和《中国现代语法》

《马氏文通》以后,较早的现代汉语语法著作《新著国语文法》,也把转折句归入等立复句(联合复句),把让步句归入主从复句(偏正复句)。《新著国语文法》虽然没有给转折句以概括的说明,但是它的"重转的"、"轻转的"、"意外的"三种转折句的共同特点都是后句与前句相反——或者是全部相反,或者是部分相反,或者是"出乎意料之外"。黎锦熙在 1962 年出版的《汉语语法教材》中说得比较明确：

> 前后两句，语义对立，中隔"连词"，表示转折。

认为这类复句"在结构形式上并无主从偏正之分，……但在意义范围上却有轻重偏全之别"。⑦

关于让步句，《新著国语文法》有比较具体的说明：

> 从句和主句立于反对的地位；但说者也承认容许从句事实或理由的存在，像是表示说话时的让步，所以这种从句叫让步句，也称"容认句"。国语常把让步句排列在前，因为下面的主句常是转折句；新式的却常列在主句后。⑧

《汉语语法教材》更进一步指出了这类复句同转折句的密切联系：

> ……让步从句的主句乃是转折性的，可以说，让步句只是把转折复句的前一句掺进一个"让步连词"，叫它降为不能独立的"从句"而已。⑨

黎锦熙把"即使 A，也 B"类型的句子作为让步句的一种，与"表事实上之容认"的"虽然 A，但 B"并列，称这为"表心理上之推宕"。⑩

《新著国语文法》在对这几类表"转折"的复句的分类和语法意义的描写上，基本上跟《马氏文通》相同，只是黎氏说得更具体罢了。

《中国现代语法》对这几类复句的分类跟《新著国语文法》没有大的差别，但是对"容许句"（即让步句）表示的语法意义有了进一步的阐述：

　　　　和条件式恰恰相反。乙事之存在,依通常的见解,甲事该
　　　受其影响,然而事实上甲事并未受(或决不受)乙事的影响,可
　　　见甲事不受此种条件的限制。⑪

　　并把容许式分为事实的容许("虽然 A,但是 B")和假设的容
许(即使 A,也 B)两类。

　　2.1.3 《中国文法要略》

　　过去的语法著作中,对复句间的关系和各种关联词语表示的
语法意义讨论得最详细也最深入的是《中国文法要略》。《中国文
法要略》认为:

　　　　凡是上下两面不谐和的,即所谓句意背拗的,都属于转折
　　　句。所说不谐和或背拗,多半是因为甲事在我们心目中引起
　　　一种预期,而乙事却轶出这个预期。因此由甲事到乙事不是
　　　一贯的,其间有一转折。⑫

并把转折关系归入"离合、向背"这一大类;而容认句("虽然 A,但
是 B")和纵予句("即使 A,也 B")则归入"擒纵、衬托"这一大类
里。《中国文法要略》在谈到容认句的特点及其与转折句的区别时
说:

　　　　容认句指应用"虽然"等关系词连系的句子,这是擒纵句
　　　法的一种。先承认甲事之为事实(一放),接下去说乙事不因
　　　甲事而不成立(一收)。容认句和转折句相近,同是表示不调
　　　和或相违逆的两件事情;所不同者,转折句是平说,上句不表
　　　示下句将有转折,而容认句则上句已作势,预为下句转折之
　　　地。⑬

可见平说与否是吕叔湘先生把这两类句子分列两类的主要原因。

对纵予句的说明是:

> 纵予句和容认句属于同类,通常合称为让步句;所谓让步句,即姑且承认之意。但容认句所承认的是实在的事实,纵予句所承认的是假设的事实。我们前面说过,大多数转折句,其中下句所表事实和上句所引起的预期相反,这种情形在容认句更容易看出,到了纵予句尤为明显。我们可以说那些转折句及容认句跟一般的因果句相对,而纵予句是跟假设句相对。因果句和假设句都是表示"有此因方有此果",而容认句和纵予句是表示"有此因却无此果"或"无此因而仍有此果"。⑭

可以说,在过去的语法著作里,这段话是对语言中的"转折关系"所反映的客观关系的最好的说明了。虽然从今天来看,有些问题还需要进一步澄清,分析也需要不断深入。

《中国文法要略》没有从联合或偏正的角度对复句进行分类。吕叔湘先生在《表达论》中讲种种关系,主要是从意念上来讲的。他是以意念为纲谈连词或关联词语所表达的意念关系,而不是对复句进行分类。

2.1.4　小结

从上面的考察可以看出,从《马氏文通》到《中国文法要略》,对转折句、让步句(包括容认句和纵予句)的分析基本相同而又互相补充。他们的意见可以概括为以下几点:

(a) 转折关系是平列的,转折句是联合复句。让步关系是有主有从的,让步句是偏正复句。

(b) 转折句和让步句都表示"转折",不同之处在于让步句还带有先"姑且承认",然后加以"转折"的特点。转折的意思是,A 在我们心目中引起一种预期,而 B 却轶出此预期之外。

(c) 让步句有两种,容认句"姑予承认"的是实在的事实,纵予句"姑予承认"的是假设的事实。

(d) 让步的含义有三种解释,可以说是互相补充的:B 反对 A,或抛开 A 而转申一义;通常认为 B 受 A 的影响,而事实上 B 未受 A 的影响;B 与 A 所引起的预期相反,即有 A 因而无 B 果。

(e) 转折句的公式是"A,但是 B";容认句的公式是"虽然 A,但是 B";纵予句的公式是"即使 A,也 B"。

2.2　现在

1956 年,在集体讨论的基础上制定的《暂拟汉语教学语法系统》,是长期以来汉语语法教学的共同纲领。当前现代汉语语法体系,包括复句体系的一些流行观点和争论,都跟这个"暂拟系统"有或多或少的联系。在这个"系统"里,仍旧把转折句归入联合复句,把容认句("虽然 A,但是 B")归入偏正复句。正像我们在"引言"中所引证的,当《初级中学课本汉语》的编者把这个"暂拟系统"实现为一本语法教材的时候,这两种复句被归并为一种转折句了。

讲印欧语的语法著作,大都把转折句归入联合复句,把容认句归入偏正复句。这是因为古典的希腊文和拉丁文,以及现代的一些印欧语系的语言,这两类复句在形式上是有区别的。但是就是讲这些语言的语法著作,也有不少作者怀疑有明确划分联合复句和偏正复句的标准和可能。划分两类复句的标准是语义的(逻辑的)?结构的(语言的)?还是二者结合的?问题的复杂性使不少语法学家只谈复句间的种种关系,而不谈这种关系到底是联合的还是偏正的。[15]但是区分种种复句的原则问题依然存在;逻辑标准,语言标准,以及二者相互作用的问题,依然存在。就我们讨论的两种(或者细分为三种)带有转折关系的复句来讲,也存在着同样的问题。

《初级中学课本汉语》出版以后,通行的高等学校现代汉语教材,中等学校语文课本,以及不少讲现代汉语语法的小册子,都跟《汉语》课本一样,把转折句("A,但是 B")和容认句("虽然 A,但是 B")并为一类,归入偏正复句。对纵予句("即使 A,也 B"),除归入偏正复句这一点大体一致外,或并入条件句、假设句,或并入转折句,或独立一类,处理略有不同。⑯ 对于"转折"的"意义"的解释,也大同小异,大致可概括为以下两点:

(a) 前边分句先说一面,后边分句不是顺着前边分句的意思说下去,而是转到同前边分句相对、相反或部分相反的意思上去。⑰

(b) 承认或容许一个分句所表示的事实或理由存在,然后转入正意。

第一点是解释"转折"的,第二点是解释"让步"的。实际上这二者是不可分的,这在所谓典型的转折句"虽然 A,但是 B"中,表现得最为明显。

可以这样讲,现在流行的语法著作对"转折"关系的语义解释,并没有超出前人的范围。

但是,也有一些讨论现代汉语复句的论文或著作,认为转折句让步句是两种不同类型的复句,⑱ 前者分句间的关系是联合的;后者分句间的关系是偏正的。坚持这样分类的同志,主要是根据语言标志来立论的。例如,宋祚胤同志《论所谓从属连词的词性和它们在复合句中可用可不用的问题》一文认为"'因为'、'虽然'、'如果'这类连词有取消后面小句的独立性,表明后面的小句一定是偏句而必须依附于正句"的语法作用,因而认为带有"虽然"的让步句是偏正复句,没有"虽然",只有"但是"的转折句是联合复句。黎锦熙、刘世儒两位也有类似看法。⑲不过他们因为主张根据"逻辑—语法范畴"给复句分类,而所用的语法标准又不尽相同,因而他们除了认为转折句属联合复句,让步句属偏正复句外,还认为让步句具有兼属联合复句的特点。关于这些观点,我们准备在从语言形式上分析转折句的时候再详细讨论。⑳

从上面的概述可以看出,三种带有转折关系的复句的错综复杂关系,以及这几类复句研究中所表现的意见分歧,反映了复句中逻辑的因素和语言的因素之间,复句研究中逻辑的标准和语言的标准之间的错综复杂关系,反映了复句研究的复杂性。下面我们准备首先从语义方面讨论一下这个问题。

三、语义分析一

3.1 "虽然 A,但是 B"

3.1.1 在三种类型的转折复句里,处于核心地位的是"虽然 A,但是 B"。现在我们就先从分析这种复句开始。

在自然语言中,具有不同实际内容的"虽然 A,但是 B"的所谓"让步句","虽然"和"但是"所表示的 A 和 B 的关系,既有共同性,又有差异性。下面这些句子里表现的"虽然……但是"的这种一般的关系最为明显,也是"虽然……但是"的最典型的用法:

（1）社会主义的经济基础……虽然在过渡到共产主义以前，它是相对稳定的，但仍然有着不断的量的发展和某些部分的质变。（艾思奇主编《辩证唯物主义与历史唯物主义》）

（2）虽然面善，却想不起是那一房的，叫什么名字。（《红楼梦》）

（3）我自然是知道的，先前是老人们的世界，现在是少年们的世界了；但竟不料治世的人们虽异，而其禁止说笑也则同。（鲁迅《华盖集》）

（4）虽在晴天，而又当阴历五月，天气却那么凉爽。（李劼人《大波》）

以例（3）为例，"治世的人们虽异，而其禁止说笑也则同"是一个让步句，"虽……而"是表示"让步—转折"关系的关联词。从语言上讲，"虽……而"联系的是两个分句；从逻辑上讲，"虽……而"联系的是两个判断。第一个判断是"治世的人们不同（异）"，第二个判断是"治世的人们的禁止说笑是相同的"。鲁迅这里讲的"禁止说笑"实际上指的是一种"治世的方法"，因此这句话可以用"他们的治世的方法也是不同的"来替换。按一般的情况，如果"治世的人不同"，那么"他们的治世的方法也是不同的"。但是，现在"治世的人们虽异"，"而其禁止说笑也（治世的方法）则同"，所以这是一个"转折"。这就是王力先生讲的"和条件式恰恰相反。乙事之存在，依通常之见解，甲事该受其影响，然而事实上甲事未受（或绝不受）乙事之影响"的意思。如果用 p 代表"治世的人不同"，用 q 代表"治世的方法不同"，用"非 q"代表"治世的方法相同"，那么王力先生讲的"依通常之见解"中甲与乙的关系是"如果 p，那么 q"，而现在构成的"虽然……但是"关系是"虽然 p,但是非 q"。上面四个句子中所表示的"虽然 A,但是 B"的关系,都可以作这样的分析。

3.1.2 现在我们从形式逻辑角度分析一下"虽然……但是"反映的逻辑关系。

根据上面的分析,"虽然 A,但是 B"之所以称为"转折",是因为在"一般的情况下",⑳"如果 A,那么非 B"。所谓"一般的情况",一般指的是"大多数情况"。既然是"大多数情况下""如果 A,那么非 B",也就是说还存在着少数"如果 A,那么 B"的情况。正是因为由 A 得出 B 是较少的特殊情况,因此构成了"虽然 A,但是 B"的转折关系。由此可见构成"虽然……但是"所表示的 A 和 B 之间的转折关系的背景是"如果 A,那么较大可能 B"。如果我们把"可能性"分为"较大可能""可能""较小可能"三种,并分别用 M_1,M_2,M_3 来表示,那么这个公式可以用符号表示为:$A \rightarrow M_1 \neg B$。如果"虽然 A,但是 B"是一个由断定 A 而断定 B 的紧缩的推理形式,那么 $A \rightarrow M_1 \neg B$ 就是这个推理的前提,同时也可以看作"虽然 A,但是 B"这个转折句的预设。

因为"虽然 A,但是 B"同时断定了 A 和 B,因此,这类复句所表达的 A 和 B 这两个判断之间的关系,也可以看作合取关系,"虽然 A,但是 B"也可以看作联言判断。在这一点上,让步句跟同时断定两个判断为真的因果句("因为 A,所以 B")和"递进句"("不但 A,而且 B")是一样的。但是正像因果句和递进句不是简单的联言判断,让步句也不是简单的联言判断,虽然从某一角度讲,它们都是联言判断。

上面的分析可以概括为以下几点:

（a）如果把"虽然 A，但是 B"看作一个推理的紧缩式，那么它的前提是 $A \rightarrow M_1 \neg B$。这个前提也可以看作构成"虽然 A，但是 B"的一个预设。

（b）"虽然 A，但是 B"虽然也可以看作联言判断，但合取关系不是它的具有特征性的关系。

3.1.3　什么情况下，不能构成"虽然 A，但是 B"的关系？除去 $A \rightarrow \neg B$ 不能构成"虽然 A，但是 B"以外，还取决于 $A \rightarrow M_1 \neg B$ 的真假。当 $A \rightarrow M_1 \neg B$ 是假的时候，"虽然 A，但是 B"也不能成立。

就 $A \rightarrow M_1 \neg B$ 来讲，A 真而 $M_1 \neg B$ 假的时候，$A \rightarrow M_1 \neg B$ 才是假的。而 $M_1 \neg B$ 不但在 $N \neg \neg B$，（N 表示必然）即 NB 的情况下是假的，而且在 $M_3 \neg B$ 的情况下，$M_1 \neg B$ 也是假的。因此，首先，当 A 蕴涵 $\neg B$ 的时候，"虽然 A，但是 B"是不能成立的。例如：

（5）虽然月亮运行到太阳和地球中间，并且遮住了太阳射到地球上的光线，但是在地球上没有发生日蚀。

如果这里讲的是自然现象，那么这个转折复句就是不能成立的。因为这里的 A 和 B 的关系是：$A \rightarrow \neg B$。

第二，当 $A \rightarrow NB$ 的时候，也不能构成"虽然 A，但是 B"。例如：

（6）虽然两个三角形的三角相等，但是这两个三角形的三边相等。

第三，当 A 真而 $M_3 \neg B$ 真的时候，也不能构成让步句。例如：

（7）虽然他是中国人，但他的头发是黑的。

在这个让步句里,因为中国人头发黑的可能性是很大的,这二者之间的关系是 A→M_1B,而 A 与¬B 的关系是 A→M_3¬B,所以"他是中国人"与"他的头发黑"也不能构成"转折"关系。

3.1.4 如上所述,"虽然 A,但是 B"预设了 A→M_1¬B。从原则上讲,除去 A→NB,A→N¬B,A→M_3¬B 三种情况,凡是具有并存关系的 A 和 B 都可构成"虽然 A,但是 B"的转折关系。例如:

(8) 小顺子的妈虽然只有二十八岁,可是已经饱经患难。

(老舍《四世同堂》)

把这个让步句中表示转折的连词"虽然……但是"去掉,就是并列句:

(9) 小顺子的妈只有二十八岁,已经饱经患难。

不过这个并列句表达的 A 和 B 的关系同(8)是不一样的。这个并列句同时肯定了两件事实,(8)不仅同时肯定了两件事实,而且使 A 和 B 之间具有了一种转折关系。是不是所有并列关系的 A 和 B 都能构成"虽然 A,但是 B"呢? 不能。只有那些 B 和 A 之间具有相反、相对或在程度上更高一级的关系的,才能构成"虽然 A,但是 B"。例如:

(10) 虽然他爸爸是研究历史的,可是他却读了物理系。

(11) 虽然他的姐夫是南方人,可是他的妹夫却是北方人。

(12) 虽然这张纸很白,但是那张纸更白。

(13) 虽然刮风了,但是下雨了。

(10)里 A 和 B 有明显的条件关系,(11)的 A 和 B 虽然没有明显

的条件关系,但是二者是相反或相对的,(12)的 B 对 A 在程度上
有更高一级的关系,因而都可构成转折句。同时也可以看出,
(11)、(12)表达的 A、B 之间的关系,跟相应的联合复句表达的关
系是不同的。(13)的 A 和 B 虽然是并存的,但是因为二者既没有
条件关系,又没有明显的相反、相对等关系,所以(13)里的 A 和 B
不能构成转折关系,因而(13)这个转折句是不能成立的。

3.2　"即使 A,也 B"和"A,但是 B"

3.2.1　先看看下面的例子:

(14) 如果给予一个暗示,说是倘不讴歌,便将更加虐待,
那么,即使加以或一程度的虐待,也还可以使人们来讴歌。
(鲁迅《且介亭杂文》)

(15) 即使他走错了路,方向可是不差;山在西,城在东,
他晓得这个。(老舍《骆驼祥子》)

吕叔湘先生在《中国文法要略》中说,纵予句跟让步句的区别只在
后者承认的是"实在的事实",前者承认的是"假设的事实"。就这
两类转折句的共同点及其主要的不同点来讲,吕叔湘先生的话是
中肯的。纵予句和让步句所表示的"转折关系",的确是相同的。
根据我们上面的分析,这两类句子都是以 $A \rightarrow M_1 \neg B$ 作为它的预
设的。以(14)为例,"加以或一程度的虐待"是 A,"可以使人们来
讴歌"是 B。根据 A 和 B 的关系,可以构成 $A \rightarrow M_1 \neg B$ 这种蕴涵
关系。正是以这为预设,才构成了"即使 A,也 B"的纵予句。

纵予句跟让步句的区别主要在于,让步句对 A 作了断定,然
后推出 B,让步句是一种紧缩的推理;纵予句并没有对 A 作出断
定,它只是表示在 A 真的条件下,那么 B 也真,纵予句是一种表示

判断间具有蕴涵关系的复合判断,但是它跟一般的蕴涵关系不同,它还带有"转折"的性质。这个"转折"是在 $A \rightarrow M_1 \neg B$ 的预设的基础上构成的。

纵予句也跟让步句一样,如果 $A \rightarrow M_1 \neg B$ 不能成立,那么"即使 A,也 B"也不能成立。3.1.3 节的(5)和(7)因为跟 $A \rightarrow M_1 \neg B$ 这个预设相矛盾,因此这两个句子中的 A 和 B 也不能构成纵予关系:

(16)即使月亮运行到太阳和地球中间,并且遮住了太阳射到地球上的光线,地球上也不会发生日蚀。

(17)即使他是中国人,他的头发也是黑的。

3.2.2 "A,但是 B"表示的 A 和 B 的关系,有时也是上面讲的那种"转折"关系。例如:

(18)她也曾到处托人为道静找事,但是毫无希望。(杨沫《青春之歌》)

(19)天空的乌云散了,月亮露出了头,但月亮还是有气无力。(杨得志《大渡河畔英雄多》)

(20)外面的雨已经细下来,但暴风仍旧在狂吼。(管桦《暴风雨之夜》)

以(20)为例,在一般的情况下,暴风雨时,雨小了,暴风就可能停下来;但是现在是"雨已经细下来",而"暴风"却没有"停下来",这就构成了表示"转折"关系的"A,但是 B"。关于"但是"表示的意义,我们下面还要谈到,这里就不多讲了。

四、语义分析二

4.1　上面我们从形式逻辑角度分析了三种转折句表达的前后两个分句之间的逻辑关系。这种关系我们是用预设 $A \rightarrow M_1 \neg B$ 来说明的。单就这类复句的前后两个分句之间的意义联系讲,还有需要进一步阐述的:首先,有些转折关系是以语言因素形成的预设 $A \rightarrow M_1 \neg B$ 为基础构成的;其次,语言的表达是灵活多样的,即使是让步句和纵予句,前后两个分句之间的逻辑关系也不总是,而且常常不是显而易见的;第三,转折句前后两个分句之间的逻辑关系虽然大多可以解释为让步关系,但是转折句所表示的关系比较灵活,还需要对"但是"的语义作进一步分析。

4.2　先谈谈第一个问题

4.2.1　有些转折关系是在自然语言"如果 A,那么 B"的习惯含义的基础上构成的。先看看下面的例子:

（21）（他的身量与筋肉都发展到年岁前边去;二十来的岁,他已经很大很高,）虽然肢体还没被年月铸成一定的格局,可是已经像个成人了——一个脸上身上都带出天真淘气的样子的大人。（老舍《骆驼祥子》）

（22）（走吧,就是一时卖不出骆驼去,似乎也没大关系了;先到城里再说,他渴想再看见城市,）虽然那里没有父母亲戚,没有任何财产,可是那到底是他的家,全个的城都是他的家,一到那里他就有办法。（同上）

（23）他不想打架,虽然不怕打架。（同上）

　　（24）对于红军的这一封信，虽然没有更正，但是后来的
指示，就没有那些悲观的论调了，对于红军行动的主张也和我
们的主张一致了。（《毛泽东选集》）

这四个例子跟上面举的例（1）、例（2）、例（3）、例（4）比，有它们自己
共同的特点；就这四个例子本身来讲，（21）、（22）和（23）、（24）之间
又有不同的地方。

　　例（21）"虽然……可是"联结的两个判断，前一个是"他的肢体
还没被年月铸成一定的格局"，后一个是"他已经像个成人了"。[②]
前一个判断可以看作"他的肢体被年月铸成一定的格局"的负判
断，或对该判断的否定。如果用 A 代表"他的肢体被年月铸成一
定的格局"，用 B 代表"他已经像个成人了"，那么例（21）的逻辑结
构是：虽然 ¬A，但是 B。从例（21）这个具体的事例讲，¬A 同 B
之间存在着 ¬A→M_1 ¬B 的关系。但是，这类转折关系实际上是
在 A→B 的预设下，从否定 A 而构成的。根据 A→B 的关系，否定
A，不能必然地否定 B，也就是说存在着肯定 B 的"可能"。但是这
种"可能"并不一定是最小的；在可能世界里，并不一定存在 ¬A→
M_1 ¬B 的关系。不过从自然语言使用"如果 A，那么 B"（包括"只
要 A，就 B"）的习惯讲，在承认"如果 A，那么 B"的条件下，否定
A，一般认为"应该"同时否定 B。在这个意义下，¬A 同 ¬B 的关
系是 ¬A→M_1 ¬B。这就是构成例（21）里的"虽然 ¬A，但是 B"的
依据。从上面的分析可以看出，例（21）的"虽然 ¬A，但是 B"的
"预设"仍然是 ¬A→M_1 ¬B，不过这个预设不是由可能世界中 ¬A
同 ¬B 之间的关系构成的，而是由自然语言中"如果……那么"的
习惯含义构成的。看看下面的例子就可以更清楚了：

(25) 如果某人无故旷课,就要受到纪律处分。

比照例(21),根据例(25)这个判断,可以构成转折句:

(26) 虽然某人没有无故旷课,但是他却受到了纪律处分。

就例(21)来讲,在可能世界里,并不存在 $\neg A \rightarrow M_1 \neg B$ 的关系。例(26)这个转折句,是在以"如果 A,那么 B"为预设,根据自然语言中"如果 A,那么 B"的习惯含义构成的。例(22)可以作同样的分析。

例(23)是另一种情况。从语言表达讲,这是一个让步从句后置的例子。按一般的语序,这句话的说法是"虽然他不怕打架,但是他并不想打架"。如果这两个"不"都是表示判断的否定的,那么这句话的逻辑结构是:"虽然 $\neg A$,但是 $\neg B$"。显然,这个转折句是以"如果 A,那么 $\neg B$",即"如果他怕打架,那么他不想打架"为预设构成的。

例(21)和例(23)的共同点是,它们都是在自然语言中"如果……那么"的习惯含义的基础上构成的;不同的是,一个预设是"如果 A,那么 B",一个预设是"如果 A,那么 $\neg B$"。

4.2.2 在"不但 A,而且 B"的预设基础上,也可以构成转折句。例如:

(27) 他们虽然相信革命高潮不可避免地要到来,却不相信革命高潮有迅速到来的可能。(《毛泽东选集》)

这是一个让步句。这个让步句的 A 和 B 之间并不存在 $A \rightarrow M_1 \neg B$ 的关系,这个让步句是在"他们不但相信革命高潮不可避免地要到来,而且相信革命高潮有迅速到来的可能"这个预设的基础上构成的。因为讲话的人心目中有一个"不但 A,而且 $\neg B$"的预设,因此在"A 并且 B"的情况下,就构成了"虽然 A,但是 B"的转折句。
这同在"如果 A,那么 B"的预设的基础上,在"¬A 并且 B"的情况
下,构成让步句"虽然 ¬A,但是 B"是一样的。从自然语言中"不
但……而且"的习惯含义讲,¬A 和 ¬B 之间也具有 $¬A→M_1¬B$
的关系。从下面这两个递进句,也可以构成相应的让步句:

(28i) 双桥镇上的"新贵"们不但和他比肩而南面共治,
甚至还时时排挤他呢!(茅盾《子夜》)

(29i) 她不但怕警察,而且也怕真拿她当下流女人看待
的男人们。(杨沫《青春之歌》)

(28ii) 虽然双桥镇上的"新贵"们和他比肩而南面共治,
但是却没有时时排挤他。

(29ii) 虽然她怕警察,但是她不怕真拿她当下流女人看
待的男人们。

不但递进复句,就是根据一般并列复句也可以构成类似的让
步句。例如:

(30) 这时炮声已经停止,枪弹声也由密而稀而暂时停止
了。(巴金《家》)

这是一个并列复句。在这个联言判断的预设的基础上,可以构成
下面的让步句:

(31) 虽然这时炮声已经停止,但是枪弹声却没有由密而
稀而暂时停止。

有些让步句前后两个分句代表对立的两件事。例如:

(32) 经这一修改,这所房子虽然在格局上仍然有欠体
面,可是在实质上却成了小羊圈数一数二的好房子。(老舍

《四世同堂》）

　　（33）他们虽然感觉红军的物质生活不如白军，但是精神
得到了解放。（《毛泽东选集》）

这类让步句也可以看作以"不但 A，而且 B"为预设构成的。在这
些让步句里，后一个分句不仅是一般的否定形式，而且还有了相反
的具体的内容。例如例（32）是在"这所房子不但在格局上有欠体
面，而且在实质上也有欠体面"这一预设的基础上构成的。但是这
里的 ¬B 不是简单的"在实质上并不有欠体面"，而是"在实质上成
了小羊圈数一数二的好房子"。例（33）的"精神得到了解放"相当
于"精神生活并非不如白军"。

　　从"如果 A，那么 B"和"不但 A，而且 B"构成"虽然 ¬A，但是
B"和"虽然 A，但是 ¬B"，如果从"心理"角度讲，就是《中国文法要
略》中讲的"甲事在我们心目中引起一种预期，而乙事却轶出这个
预期"。同时，这两种类型的转折句前后两个分句的意思是相反
的，例（32）、例（33）那种类型的转折句前后两个分句的意思是相对
的，这又与《汉语知识》所讲的"说出同前一个分句全然相反的意思
或者同前一个分句相对的意思"相当。

4.3　再看看第二个问题

　　语言的表达是灵活的，并不是每个转折句前后两个分句都直
接是具有转折关系的两个判断的语言表现形式。例如：

　　（34）老者很同情祥子，而且放了心，这不是偷出来的；虽
然和偷也差不多，可是究竟中间隔着层大兵。（老舍《骆驼祥
子》）

这里"虽然和偷也差不多，可是究竟中间隔着层大兵"这个让步句

中"虽然""但是"联结的应该是"和偷也差不多"和"并不是偷出来的"。"究竟中间隔着层大兵"不等于"并不是偷出来的"。"并不是偷出来的"是从这个判断得来的"结论",但是在原文中并没有讲出来。下面两个例子更可说明语言表达的灵活性:

> (35)虽然蒋介石、李宗仁和美国人对于这一手曾经作过各种布置,希望合演一出比较可看的双簧,但是结果却和他们的预期相反,不但台下的观众愈演愈稀,连台上的演员也陆续失踪。(《毛泽东选集》)

> (36)我们虽然也看见过许多慷慨激昂的诗,什么用死尸堵住敌人的炮口呀,用热血胶住倭奴的刀枪呀,但是,先生,这是诗呵!(鲁迅《南腔北调集》)

下面这个纵予句前后两个分句之间的转折关系也有了一个转折:

> (37)(他们已活了六七十年,可是剩下的几年却毫不能自主;)即使他们希望不久就入墓,而墓地已经属于敌人!(老舍《四世同堂》)

要想弄清这些转折句的前后两个分句之间的关系,必须透过它们的表面的意义弄清它们的真实含义。

4.4 现在讨论一下单用的"但是"

4.4.1 单用的"但是"不但可以连接分句,而且可以连接句子,甚至连接不同段落的句子。例如:

> (38)祁老人心中很明白这个,但是不愿对别人说。(老舍《四世同堂》)

> (39)双方的心事已经不和,邻居间的感情已经不睦,郭振山努力想几句无关紧要的闲话说一说,然后好走。但是他

想不起来,因为这母女俩现在引起他的反感,没有话说。(柳青《创业史》)

(40)……沉默呵,沉默呵! 不在沉默中爆发,就在沉默中灭亡。

但是我还有要说的话。(鲁迅《华盖集续编》)

这些"但是"连接的语言成分虽然不同,它们却都是表示转折关系的转折连词。作为转折连词的"但是"所表示的前后两个分句之间的关系,基本上就是我们上面分析的让步句所表示的那种关系。上面例(35)到例(37)中的"但是"联结的两个判断之间的关系,都可以用上面讲过的各种类型的让步句中前后两个判断之间的种种关系加以解释。

4.4.2　单用"但是"的转折句有没有跟让步句不同的地方呢? 一般语法书上讲的这两类转折句,以及所谓重转句、轻转句之间,就它们前后两个分句之间的语义关系讲,到底有没有区别呢?

很多讲语法的著作认为,"但是"连接的两个分句之间的语义关系不同于"虽然……但是",最主要的理由是,有些由"但是"(包括"不过"、"只是")连接的转折句的前一个分句之前不能加上"虽然"。关于这个问题,应该从不同角度加以分析。第一,如果把"但是"(包括"不过"、"只是")连接的前后两个分句孤立出来,单就它们之间的关系讲,可以说任何"A,但是(不过,只是)B"都可以构成"虽然 A,但是 B"。因此,在这个意义下,任何单用"但是"(包括"不过"、"只是")的转折句都可以在前一个分句之前加上"虽然"。第二,如果联系到 A 和 B 出现的具体环境,应该说,能否加"虽然"是有条件的:带有重转意思的,可以加"虽然",带有轻转意思的,不能加"虽然"。例如：

　　（41）兄弟没有什么过人之处，不过为人率直罢了。㉓

如果把这个转折句里的 A（"兄弟没有什么过人之处"）和 B（"为人率直"）从它们出现的具体句子中孤立出来，也可以构成让步句：

　　（42）兄弟虽然没有什么过人之处，但是为人却是率直的。

不过，加上"虽然"之后，同原来的语气不同了。在原句里，不但"不过"比"虽然……但是"的转折语气轻，而且句尾的语气词"罢了"更明确地把这种语气表达出来。上面例（41）的"不过"如果改用"但是"，句尾的"罢了"必须去掉：

　　（43）兄弟没有什么过人之处，但是为人却是率直的。㉔

并且在这个句子的前一个分句前面可以直接加上"虽然"构成（42）。可见"不过"和"但是"虽然都是表示转折的连词，"A，但是 B"和"A，不过（只是）B"都是转折句，但是它们所表示的转折关系是不同的。"不过（只是）"用来表示轻转，不能与"虽然"连用；"但是"一般用来表示重转，句尾不能加"罢了"。

　　用作转折连词的"不过"和"只是"都同时是副词，意思是"仅仅"。这两个词在从副词虚化为表示转折的连词以后，仍带有"仅仅"的意思。正是因为这一点，它们表示的转折语气才比"但是"轻。下面这个句子的"只是"不是表轻转的连词：

　　（44）随你到什么地方去住，只是不能够住在这里。㉕

这里的"只是"是表示"唯独"、"就是"意思的副词。由于这个表示"唯独"、"就是"意思的副词带有重转的意思，㉖因此表示转折的连词省略了。如果要补出连词，或者单用"但是"，或者同时用"虽然"。可见"但是"表示的转折关系不同于"不过（只是）"，而与"虽然……但是"中的"但是"⑩相同。

作为转折连词的"不过"，从它所表示的转折语气的轻重讲，介乎"但是"和"只是"之间。有时"不过"的用法接近于"但是"，有时又与"只是"相同。这一点我们留待从语法角度分析转折句时再具体讲。

附　注

①《汉语知识》，人民教育出版社 1960 年版，第 173 页。《汉语知识》前身，《初级中学课本汉语》第 5 册（人民教育出版社 1957 年版）讲的"转折关系的偏正复句"，内容跟《汉语知识》一样。上述定义是改编为《汉语知识》时加的。

② 同上。

③《马氏文通》的推拓连字包括很广。不但表示"推开跃入"的连词（虽，纵）是推拓连字，表示"未然而假设"的连词（若，如，设等），表示递进、两商的连词（非惟……亦，抑，宁）也是推拓连字。而且认为"推拓连字要皆连读而已"。参看《马氏文通校注》，中华书局 1958 年版，第 397—411 页。

④《马氏文通校注》，第 397 页。

⑤ 同上书，第 403 页。

⑥ 同上。

⑦《汉语语法教材》，商务印书馆 1962 年版，第 3 编，第 39 页。

⑧《新著国语文法》，商务印书馆 1957 年版，第 298 页。

⑨ 同⑦，第 147 页。

⑩《汉语语法教材》称之为"虚拟情况"。见该书第 3 编，第 153 页。

⑪《中国现代语法》，中华书局 1954 年版，第 116 页。

⑫《中国文法要略》，商务印书馆 1957 年版，第 346 页。

⑬ 同上书，第 436 页。

⑭ 同上书，第 440 页。

⑮　例如，吕叔湘《中国文法要略》；张志公《汉语语法常识》。

⑯　例如，现行中学《语文》课本，纵予句并入假设句；胡裕树主编《现代汉语》，纵予句独立为让步句；黄伯荣主编《现代汉语》，纵予句并入条件句；张静主编《现代汉语》，纵予句并入让转（即转折）句；北京大学中国语言文学系汉语教研室《现代汉语》，并入转折句；华中师范学院中文系现代汉语教研组编《现代汉语语法知识》，并入假设句；等等。

⑰　有的语法著作把这一点表述为：两个分句的意思往往处于对立的地位。这种表述，只表明两个分句之间相反或相对。

⑱　在很多语法著作里，"转折句"专指"A，但是 B"，"让步句"专指"虽然 A，但是 B"。下面我们在分述这三种类型的转折句时，用"转折句"指"A，但是 B"；用"让步句"指"虽然 A，但是 B"；用"纵予句"指"即使 A，也 B"。

⑲　参看黎锦熙、刘世儒《汉语复合句的源流和解决问题的方法》（《中国语文》1957 年第 6 期）及《汉语复句新体系的理论》（《中国语文》1957 年第 8 期）二文。

⑳　这里发表的是本文的上篇，讨论的主要是转折句的语义分析。转折句的语法分析准备在下篇里讨论。

㉑　"一般的情况下"相当于王力先生讲的"依通常之见解"。但这两种表述是有区别的。前者是就客观现象间的条件关系讲的，后者是就主观的看法讲的。这一点下面还要谈到。

㉒　破折号后面的部分是对"成人"的限制性的说明。为简便计，在分析两个分句间的语义关系时，省略了这一部分。

㉓㉔㉕《新著国语文法》，第 280 页。

㉖　"仅仅"的意思再加强一些就成了"唯独"。"只是"表示的"限制在一定范围"也有轻重两种含义。用作连词的"只是"大都是表示较轻的"仅仅"。

㉗　在现代汉语里，"但是"也常常用"但"。但是"但"同"不过（只是）"相似，也同时是表示"仅仅"意思的副词。

（原载《逻辑与语言研究》第 2 辑，
中国社会科学出版社 1982 年版）

析句的目的和任务

一、析句的目的

先搜集大量的言语材料,然后进行比较、分析、抽象、概括,是研究语言组词成句规律的最古老的方法,也是现在仍然继续使用并行之有效的主要方法之一。这种方法假设我们对研究的语言的句法规律一无所知,纯粹用经验的、归纳的方法,从言语材料中发现语言的规律。用现代语言学的术语来讲,我们不但能够发现语言的表层的结构规律,而且可以透过表层,探讨表层的句法结构和深层的语义结构之间的关系,探讨语言从深层语义结构到表层句法结构之间的转换生成关系。例如,我们可以从下列例句

(1) 他把门关了。

(2) 张三把名签了。

(3) 马把槽里的草吃了。

概括出"名₁＋把＋名₂＋动＋了"这样一种表层的句法结构形式;并且可以进一步概括出,这里的"名₂"是动词所涉及的对象,即动词意念上的宾语;还可以进一步概括出这种所谓"把"字句表示的语法意义;等等。这样我们就可以通过对这些例句的比较、分析、抽象、概括,得出现代汉语的这种或那种句型,即这种或那种句

法结构形式,得出现代汉语的组词成句的规律。

在现代汉语里,跟(1)和(2)和(3)相对立的,还有:

(1a) 他关了门了。

(2a) 张三签了名了。

(3a) 马吃了槽里的草了。

(1)和(1a),(2)和(2a)有共同的深层语义结构。以(1)和(1a)为例,它们的深层语义结构都是动作者"他""实现"了"关门"这一活动。(3)同(3a)略有不同。(3)的深层语义结构是"马""吃—了(liǎo)"了"槽里的草",而(3a)的深层语义结构是"马""吃—实现"了"槽里的草"。当然,(3a)在不同的上下文里还可以表示不同的含义,这里不再仔细分析。

再看看下面的例子:

(4) 哑巴拍拍德成的肩。

(5) 他收藏着很多奖状。

(6) 很多人有了手表。

(7) 他进了课堂。

(8) 蓝先生发了一阵脾气。

把这几个例子同(1a)到(3a)几个例子比较一下就可以看出,这些句子的线性结构形式都是"名$_1$＋动＋名$_2$",[①]而且"名$_1$"都是动词的"主动者";[②]"名$_2$"都是动词所涉及的对象。虽然各句里的"名$_2$"同动词的关系是有区别的。这样,我们就可以通过析句,通过比较,概括出这几个句子的共同的句法结构"主—动—宾",概括出现代汉语"主—动—宾"这种句型。

从上面的讨论可以看出,析句是研究句法规律的一个重要手段,而分析概括句法规律则是析句的一个重要目的。

一般研究句法结构是以句子为对象的。书面的言语材料有句号、问号、叹号等标记把句子从言语片段中划分出来,作为我们研究分析的对象。口头的言语材料,主要靠语调和停顿把句子从言语片段中分离出来。正像我们前面讲过的,研究书面的句子,必须把它跟口头上说出的句子联系起来,否则不可能真正掌握语言的句法结构规律。

在分析句子的句法结构的时候,我们是把已经划分好的词类和已经确定了的各种区分句法结构的手段作为前提来进行的。没有这个前提,我们就无法描写句法结构,也就无法概括句法的结构规律。例如,我们在描写(1)(2)(3)的句法结构的时候,我们用了"名₁+把+名₂+动+了"的公式。这个公式就先假定了"名词""动词""把""了"这类划分是已知的,并且把词序、虚词看作标志句法结构的主要手段。

析句不但有理论的目的,而且有实践的目的。对广大语文教师和一般语法学习者来讲,实践也许是更重要的目的。

首先,分析句子的句法结构是了解句子含义的一个重要侧面。这一点在学习外语或阅读外语书面材料的时候特别明显。有时组成一个句子的每个词的意义都知道,但是如果不知道它的句法结构,也无法确切了解这个句子的含义。甚至有这样的情况,当我们在句子里碰到一个不认识的词,查字典以后这个词又是多义的时候,如果不结合句子的句法结构考虑,就不能确定这个词往句子里的含义,也就无从理解整个句子。现代汉语是我们的母语,似乎不会碰到这种情况。其实不然。因为方言区学习普通话,或者说普通话的人在书面著作中碰到方言句子的时候，就可能需要经过句法分析才能确切了解句子的含义。而更多的是，书面语里可能出现比较复杂的句子。例如：

  （9）羊总是羊，不成了一长串顺从地走，还有什么别的法子呢？

  （10）我们说抗日战争是持久战，是从全部敌我因素的相互关系产生的结论。

例（9）第二个分句"不成了一长串顺从地走"中的"成了"和"一长串"用法比较特殊，不熟悉鲁迅用语的人，一下子会弄不清这个分句的含义。当我们仔细分析一下这个句子的结构的时候，我们发现"成了"是个动词，"成了一长串"是个动宾词组；"走"是另一个动词，"顺从地走"是一个状动词组。整个结构是一个连谓词组，前面的"动宾词组"是表示后面的"顺从地走"的方式的。经过分析，这个句子的含义就明确了。例（10）逗号前的部分是一个主谓词组，而且这个主谓词组的宾语部分又是一个判断句形式的主谓词组。逗号后的部分是一个由判断词"是"构成的动宾词组。逗号前的部分可能是一个分句，也可能逗号后面的判断词组同逗号前面的判断词组构成并列成分，共同跟"抗日战争"构成主谓词组，作说的宾语。全句是一个以"我"为主语的单句。但是把整个句子全面观察一下可以看出，逗号后面的部分是陈述这个主谓词组的，这是一个主谓主语句。主谓词组在判断谓语前面，构成被陈述和陈述关系的主谓主语句是现代汉语常见的一种句式。这里我们是把句子所表示的语义和结构同时考虑的。弄清了句子结构，也就更清楚地了解了句子的含义。

再如：

　　（11）真的猛士敢于直面惨淡的人生，敢于正视淋漓的鲜血。

这里的"直面惨淡的人生"和"正视淋漓的鲜血"都是动词性词组，而"直"和"正"则是这两个动词性词组前面起修饰作用的成分。这种句法分析帮助我们更好地理解句子的含义，也帮助我们更好地认识句子的修辞特点。

　　从阅读的角度讲是理解，从教学的角度讲是讲解。凡是上面谈的析句可以帮助我们理解句子的含义的地方，都可以在教学中帮助我们解释句子的含义。

　　析句还可以帮助我们在写作中检查句子，避免语言的毛病。看看下面的例子：

　　（12）*某些军事题材短篇写法的老套，是缺乏艺术魅力的原因之一。

这个句子的毛病很多。要弄清它的毛病所在，就需要进行句法分析。首先，逗号前面的部分是一个偏正词组。它的组合层次是：〔某些（军事题材短篇写法的〈老套〉）〕。其中"军事题材短篇写法"的组合层次是：〔（（军事〈题材〉）短篇）写法〕。单就后面这个较小的偏正词组讲，连用四个名词组成三个层次的偏正词组，而不用一个"的"字，没有把修饰的层次关系表达清楚。同时，不但"老套"这个词比较生硬，而且"……写法的老套"这个组合也不合习惯。其次，作为一个判断句，主语和宾语之间在意义上也搭配不当。"缺乏艺术魅力的原因"总是要有所指的。"什么"的缺乏艺术魅力的原因呢？作者的原意指的是"军事题材短篇"。作者认为在主语部分里已经有了,宾语里可以不再重说。这在汉语的句法结构规律讲是不行的。因为"军事题材短篇"在主语里是第二层次的修饰语,不能在宾语中省略,省略了就使全句表意不清。

利用析句来检查句子,纠正句法上不妥当的地方,是写作的必不可少的工夫。对教师来讲,修改学生文章,告诉学生为什么这样修改,也是必不可少的。

二、析句的任务

我们前面讲过,析句就是分析句子的句法结构。关于句法结构的范围有不同的理解。有的语言学家认为,由语素组成词,由词组成词组,由词组组成句子,都属于句法范围;词的结构,词组的结构,句子的结构,都属于句法结构。大多数语言学家认为句法研究的是组词成句的规律,因此认为析句以词为下限,词的结构不属于析句的范围。按照我们上面区分词组结构的观点,析句既可以分析到词为止,也可以分析到句子成分为止。当然,不论从理解句子,检查句子,或者把握句法结构来讲,都不能不管句子的各个成分的内部的结构。不过,句子的基本格局是由句子成分的组合及其相互关系的具体特点决定的。在一般情况下,划清句子成分就可以达到析句的目的。对一个句子分析到什么程度为止,是由析句的目的决定的。要全面地掌握组词成句的规律,就要一直分析到词;要全面检查句子的合法性,也要分析到词。为了研究现代汉语的主要句型,掌握现代汉语句子的主要结构规律,就可以先分到句子成分为止,然后根据具体情况,进一步考虑各成分之间的特殊关系,区别不同的句子类型。如果只是为了了解句子的粗略的肩架,只是为了辨别句子的基本结构以便了解句子的基本含义,只要作句子成分分析就够了。

　　下面举几个例子作一些具体的说明。

　　　　(13) 金三谷的办公室是在小茶馆里。

　　　　(14) 这唱腔使甘子千停住了脚。

　　　　(15) 几句话问得画儿韩无言可对。

　　　　(16) 晓荷这时候手忙脚乱的算是把自己从椅子上翻转

　　过来。

例(13)的句子成分结构是"主＋谓(判断句)＋宾"。单分析到这里,这个句子的基本结构已经清楚了。为了了解句子的含义,知道这三个部分之间是"主—动—宾"关系,这里的"动"是判断词,也足够了。不过这里宾语是"动宾词组",而且是由"在"构成的动宾词组,这就使这个句子的结构在判断句中显得比较特殊。在分析这个句子的结构特点时,动宾之间的这种特殊关系是必须考虑的。例(14)的句子成分结构是"主＋(谓＋谓)",是一个复谓句。对复谓句需要进一步弄清两个谓词词组之间的关系。这里必须指出,这是一个由使令义动词构成的兼语式。分析到这里,这个句子的基本的句法结构算是弄清楚了。当然,为了检查句子,两个谓词性词组的内部结构也还要继续分析。例(15)是一个"主＋动(得)＋补"的句子。但是这个带"得"的动补谓语句的补语是一个主谓词组,这是同其他带"得"的动词谓语句不同的地方。单单把这个句子分析为"主＋动(得)＋补"是不够的。这些例子说明,句子成分的格局虽然决定了句子的基本结构,但是有时某些成分的内部结构也影响着句子的结构特点,影响着句子的不同类型。

例(16)就更复杂一些。如果我们已经知道"算是"是一个动词,在这个句子里是谓语,那么这个句子的基本结构是"主—谓—宾"或者是"主—状—谓—宾",或者是"主—状—状—谓—宾"。这样分析,还只分析出句子成分的线性结合。其实两个状语的性质是不同的。不但从意义上来看,一个是表时间的,一个是表状态的;而且从结构上看,"手忙脚乱的(地)"可以移到"算是"的后面,作为词组平面上谓词性宾语的状语。这种差别反过来也关系到"算是"这个谓语的特点。这个句子的宾语是个动词性词组。能带动词性宾语是"算是"是一个特点。"算是"有点像"是",后面的宾语总是表示前面主语的属性和类别。因此,这句话的宾语如果去掉"把自己",语义不变。但是如果"晓荷"是把别人"从椅子上翻转过来","把他"是不能省略的。在不同的动词谓语句里,动词同宾语和主语之间的关系,以及它要求怎样的主语和宾语也是句法结构的一个重要方面,是析句时值得注意的一个问题。

就我们辨析难句来讲,析句的目的在于弄清一些不易分辨的句子的句法结构。这样做,首先是为了学习和教学的需要,探讨以至解决一些句法分析中的疑难问题;同时也可以通过这些例句的分析和讨论,为进一步了解现代汉语句法结构提供一点有益的材料。既然我们析句既有教和学的目的,也有分析、概括、掌握现代汉语句法规律的目的,因此,我们析句的任务也是多方面的。不过,大多数情况下,析句的主要目的在于辨别句子的成分,了解句子的基本结构。

附　注

　　① 这里的"名"包括名词性词组；"动"包括动词的重叠和附着动态助词的形式。
　　② 这里的"主动者"用的是广义,不限于动作的发出者。

（原载《逻辑与语言学习》,1985 年第 2 期）

析 句 释 难

语法教学和语法研究中经常碰到难分析的句子。辨析这些"难句",不仅在教学上是十分必要的,在句法研究上也是很重要的,因为难分析的句子常常包含着特殊的句法规律。下面我们分别从语言事实和语言研究方法两方面谈谈构成"难句"的原因。

一、事实上的原因

语言是个复杂现象。虽然从原则上讲,语言是一个体系,句子是按照系统的句法规律构成的。但是不仅规律本身相当复杂,而且逸出一般规律的现象也很常见。下面先谈谈由于语言结构本身造成析句困难的一些主要原因。

1.1 复杂

这里讲的复杂指的是结构上的复杂,特别是结构层次上的复杂。这类句子大都是所谓长句。例如曾经引起过争论的恩格斯《在马克思墓前的讲话》中的一句话:

(1) 正像达尔文发现有机界的发展规律一样,马克思发现了人类历史的发展规律,即历来为繁茂芜杂的意识形态所掩盖着的一个简单事实:人们首先必须吃、喝、住、穿,然后才能从事政治、科学、艺术、宗教等等;所以,直接的物质的生产资料的生产,因而一个民族或一个时代的一定的经济发展阶段,便构成基础,人们的国家制度、法的观念、艺术以至宗教观念,就是从这个基础上发展起来的,因而,也必须由这个基础来解释,而不是像过去那样做得相反。

抛开"xVy,即 z"这种形式是单句还是复句这种语法体系上的争议,假定把这里的"即 z"中的"z"看成"y"的同位成分,那么这个句子是个单句。由于这个句子内部结构比较复杂,这里不但有双重的同位成分,而且作为前面的名词短语("历来为繁茂芜杂的意识形态所掩盖着的一个简单事实")的同位成分的还是一个相当复杂的多重复句形式,这就增加了辨认这个句子的句法结构的困难。辨认这类句子的句法结构对理解句子的内容极为重要。

再看看下面两个句子:

(2)〔从苏联哲学界批判德波林学派的文章中〕<u>看</u>〈<u>出</u>〉,德波林学派有这样一种见解,他们认为矛盾不是一开始就在过程中出现,须待过程发展到一定的阶段才出现。

(3)〔五四运动的时候〕,保护文言者是说凡做白话文的都会做文言文,所以古文也得读。

这两个句子比(1)短,但是因为(2)的"看出"前有一个长状语,"看出"后面有一个长而复杂的宾语;(3)的"是"后面有一个由动词"说"构成的动宾短语的宾语,而这个动宾短语的宾语本身又是一个条件复句形式,因此这两个句子的句法结构也需要进行仔细分辨。

1.2 紧缩

有些难于辨别的结构是由于结构成分的紧缩形成的。例如下面这个现代汉语中常见的兼语式句子就是一个例子：

(4) 母亲唤我回屋吃饭。

这个句子由两个"句子"组成："母亲唤我"和"我回屋吃饭"。"母亲唤我"是致使"我回屋吃饭"的原因。根据现代汉语句法规律，这里的两个"我"紧缩在一起，成了一个成分，这就构成了"母亲唤我回屋吃饭"这个兼语式的句子。紧缩是造成这种句式的复杂性的原因。

再看看另外两个例子：

(5) 饭他吃了。

(6) 大家叫她祥林嫂。

这里(5)可能是从下面的(7)转换来的：

(7) 他吃了饭了。

把(7)的宾语提到句首作主语，就成了"饭他吃了了"。根据普通话的语法规律，这两个"了"要紧缩成一个"了"，构成"饭他吃了"这个句子。如果联系它的这个转换来源，(5)的"了"等于"了了"，即表示"'吃饭'已经完成"这件事已经实现了。但是(5)也可以由"他吃饭了"转换而来。这样，它就可能只表示"吃饭"这件事已经实现，而不是"'吃饭'已经完成"这件事已经实现。这是成分紧缩的又一种情况。(6)的情况比这更为复杂。这个句子也是一种兼语式，"她"也是由前一个"句子"的宾语和后一个"句子"的主语紧缩而成，不过后一个句子的表层结构中还省去了一个判断动词"是"或"为"。(6)的深层结构似乎是：

(8)"大家叫她"（"用"）"她是（为）祥林嫂"。

(6)这种紧缩的兼语式的特点,从下面的相应的转换形式可以看出:

(9)大家叫她祥林嫂⇒大家把她叫做（为）祥林嫂⇒大家用祥林嫂叫她

在文言文里,判断词不能省略:

(10)大家称之为祥林嫂。

1.3 脱落

现代汉语中还常常由于某一语言成分的减略而形成特殊结构。语言成分的减略有三种不同情况:习惯上的省略,语境上的省略,脱落。习惯上的省略一般已经构成一种特殊的结构形式,不必看作省略。但在对比上仍可看出这种省略的痕迹。例如上文讲的"叫她祥林嫂"以及"今天星期三"这类句型就是一种习惯上省略判断词的特殊的句型。在"把"字式中要补出省略的判断词,前面已经讲过。"今天星期三"的否定式,判断词也必须出现:

(11)今天不是星期三。

语境上的省略,我们后面还要专门讲,这里着重谈谈脱落的问题。现代汉语里常常有某一语言成分由于连读而音节合并以致脱落的。例如:

(12)我不知道他来不来。

中的"不知道",在快读中发音为[pur^{51} tao^{51}],由三个音节变成两个音节,"知"变成一个儿化音节的儿尾。再看看下面的例子:

(13)今儿个也不是又上哪儿疯去了。

这里的"不是"是由"不知是"脱落了"知"而形成的。(12)是连读中音节的合并,(13)是连读中音节的脱落。(12)还可以辨出"知"这个语素的痕迹,(13)就完全消失了。由于"知"的脱落,改变了原句的结构,使得原来的宾语中的动词"是"变成了全句的谓语,因而主语和宾语的意义上的搭配就成了很难理解的了。根据上下文,这句话的主语是"二春",这句话的两种形式的句子成分结构分别是:

(13a) ○ ‖ [今儿个][也][不]知是又到哪儿疯去了。[①]

(13b) ○ ‖ [今儿个][也][不]是又到哪儿疯去了。

比较下面两个句子:

(14)(你听听,街坊四邻全干活儿,)就是你没有正经事儿。

(15)就他一个人没来。

"就"在很多地方用法跟"就是"一样。例如:

(16)他就不肯干活儿。

(17)他就是不肯干活儿。

因为这里的"就"和"就是"后面都跟着由谓语和宾语构成的动宾短语,跟"就"的副词性没有矛盾。(15)的"就"是限制主语"他一个人"的范围的,说它修饰"他一个人"就同"就"的副词性产生了矛盾。其实这也是由于"是"的脱落而产生的特殊结构。如果把这类"就"看作"就是"脱落"是"而来,就比较容易分析了。类似的例子还有:

(18)只有他一个人没来。

(19)只他一个人没来。

1.4　歧义

造成句子歧义的原因,有的是词汇上的,有的是句法上的。在

口语里,歧义还可能来源于同音词。单就书面语讲,有些口语形式上有区别的句子,也可能变成歧义的。看看下面的例子:

(20) Longzi 哪儿去了?

(21) 不要走后门儿。

(22) 我替你值班。

(23) 邱先生报告吴太极穷得要命。

(20)的 Longzi 可能是"聋子",也可能是"笼子"。写在书面上这二者是没有歧义的。(21)的"走后门儿"有两个含义,是多义词,这是词汇上的歧义句。(20)(21)虽然是有歧义的,但是并不影响它们的句法分析。两种含义下的层次结构和句子成分结构是相同的。(22)也是由于"替"的不同含义而造成的歧义句。但是由于"替"当"代替"讲是动词,当"为"讲是介词,因此这种解释下的两个句子的句法结构是不同的:

(22a) 我 ‖ 替你值班。

(22b) 我 ‖ [替你]值班。

(22)的这两个解释,口语形式是没有区别的。(23)的两种解释主要不是词汇上的,而是结构层次上的:

(23a) 邱先生 ‖ 报告吴太极穷得要命。

(23b) 邱先生 ‖ 报告吴太极穷得要命。

这两种解释在口语里有语音停顿上的差别。(23a)在"报告"后有停顿,(23b)在"吴太极"后有停顿。

歧义句作为一个孤立的句子,它的结构很难分析,因为是两可的。可是,当联系到句子出现的具体语境,明确了句子的确切含义时,困难就消失了。

1.5　逸轨

语言常常出现逸出常轨的说法。例如过去曾经引起争论的"打扫卫生"，"代表团所到之处受到热烈欢迎"，等等，就是一些例子。前者是动词和宾语的语义关系逸出了常轨，后者是句法结构形式逸出了常轨，在一定条件下，这两者都会影响句法结构分析上的困难。"打扫卫生"是动宾结构吗？"代表团所到之处受到热烈欢迎"中的"代表团"是全句的主语呢？还是整个句子省略了或残缺了主语"代表团"？这里常轨指我们已经形成的语言习惯或语言系统。逸出常轨的说法同我们这个已有的系统不符。不过语言是发展的，有时逸出常轨的说法逐渐成为习惯用法，这些原来逸出的现象，也就逐渐成为习惯的用法，成为常轨的一部分，而且可以从这种或那种角度得到解释。例如，"打扫卫生"扩大了现代汉语动宾关系的范围，而动宾关系的灵活多样，却正是现代汉语的一种"常轨"。"代表团所到之处受到热烈欢迎"中少了一个主语"代表团"，也可以从现代汉语主语省略的常轨中得到解释。

在书面语里，甚至在大家的著作里，也常常会碰到由于方言或外语的影响而出现逸轨的说法。前者虽然就方言来说是常轨，但是就普通话讲却显得有些特别，常常引起析句上的困难。"兴高采烈得非常"，"好得紧"，"伸手过去说"，"苍白了脸说"，从普通话讲，这些都是不合常轨的例子。对于已逐渐成为普通话说法的一部分的，或者是有现实语言根据的，应该加以分析解释；对由于临时误用而逸出常轨的不合语法的句子，应该加以纠正，当然这些不在我们分析研究的范围之内。

有时合乎常轨的说法，也会给人以逸轨的感觉。例如下面从

《龙须沟》摘出的句子：

(24) 你要眼睛不朝着地，摔了盆，看我不好好揍你一顿。

(25) 你等着，等他回来，我不揍扁了他才怪！

(26) 甭你小眼睛眨巴眨巴地看着我！

(27) 那感情好。

(28) 您可千万别瞎聊啊，您要我的脑袋搬家是怎着？

(29) 了不得啦！妞子掉在沟里啦！

《龙须沟》用的是北京话，这些加点的部分是北京话里常见的说法，是合乎北京话的规范的。但是根据书面语形成的现代汉语语法规范来看，大都不易解释，甚至感到不合常轨。例如(26)，一般似乎应该说"你甭小眼睛眨巴眨巴地看着我"，而这句话却把"甭"移到主语前面，这就需要对这些现象作比较深入的研究，认识它们的语法结构，作出正确的分析。

再看看下面的例子：

(30) 大家接着就预测他将被极刑，家族将被连累。

(31) 但是，二十四史不现在吗？其中有多少孝子、忠臣、节妇和烈女？

(30)"被极刑"同"被连累"并用。"被极刑"的"被"不是现代汉语的用法。(31)中的"现在"在现代汉语里是一个时间名词，这里用作两个词组成的短语。这些都不是现代汉语的"常轨"所能解释的。

1.6　省略

下面是《创业史》中的一段对话：

(32) 王书记问："你们谁留下在家里下稻秧子？"

"生禄和有义。……"

这里回答的全文应该是："生禄和有义留下在家里下稻秧子。"由于言语交际总是在一定上下文中进行的,因此讲话时可以省略一切可以由上下文提供的信息。(32)里回答"生禄和有义",已经完全可以完成交际目的。这就是言语中的省略。省略不但可以使同样的句子形式在不同的上下文里做不同的句子成分,而且可以构成句法歧义现象和难于分析的结构。例如:

(33) 看我的妈妈和嫂子,一口一个老丫头。

(34) 给我写的我也不生气。我还要给你写呢!

(31)的"一口一个老丫头"是"一口叫一个老丫头"的省略。这种泛指某一类事物的数量词后面加上表示与之相关事物的一个"数·量·名"短语构成的主谓句,在现代汉语里是常见的。这种句式省去的谓语可能是判断词"是",也可能是某一类动词。假如这两个名词短语之间在不同的语境中可以补上不同的动词,这种格式就可能产生歧义。例如,"一口一个胖子"可以是"一口吃一个胖子",也可以是"一口叫一个胖子"。不过就这种形式的句法结构讲,都可以看成是由"名词+名词"构成的主谓句。(34)加点部分的句法分析就不像(33)那么简单了。这句话是在一连串的对话中出现的:

(35) 余志芳　玉娥,快着点! 我已经写了四张,你才写了一张!

……

宋玉娥　你……志芳,你知道我写的是什么吗?

……

余志芳　你给我写的,对不对?

宋玉娥　　你……（要撕）

余志芳　　别撕！给我写的我也不生气。我还要给你写呢！

这里第三行对话里的"你给我写的"是回答"你知道我写的是什么吗?"的"什么"的,是一个名词短语,这个名词短语是"你写的是你给我写的"的省略形式。而最后一行,即(34)里的"给我写的",又是这个省略形式的省略(省去"你")。根据上面的分析可以看出"给我写的我也不生气"实际上是一个紧缩的复句,前后分句之间表示的是假设性的转折关系,就紧缩复句的类型讲,它同"你叫我走我也不走"是相同的。只是由于这个句子的前半部分是个省略形式,分析就不那么容易了。

省略句有时只说出句子的某一个成分,但是就说出的这一部分讲,都是原句中的一个完整的短语形式;有时由于省略了句子里的某些成分,而使句子的各部分产生新的组合,形成特殊的结构形式,甚至形成一种常见的特殊句型。后一种才是析句时常常遇到困难的原因,也是更值得重视的一种现象。

二、方法上的原因

要分析语言的句法结构,就需要有一套析句的方法,也就是平常所说的"语法体系"。原则上讲,方法是由对象的性质和研究的目的决定的。由于人们认识客观事物,特别是认识复杂的客观事物,不可能一次完成,因而认识的方法也需要在认识过程中不断改进。完整无缺的,一劳永逸的语法体系是没有的。平常我们碰到的析句困难,有些就是由于据以析句的语法体系本身的缺陷产生的。

2.1　粗疏

可以从不同角度和不同平面谈语法体系的粗疏问题。

首先,不同的句法分析模式都有自己的局限和不足。例如,传统的句子成分分析法不能完整地反映句法的层次结构,而直接成分分析法也无法辨别所谓歧义结构。转换生成语法作为一种新兴的语法分析模式,还在演变过程中,有人认为有的语言,例如日语,就没有转换,因而也就很难用转换分析法进行分析。

其次,任何一种句法分析模式都是在运用于具体语言分析过程中不断丰富、完善的。就以传统的句子成分分析法来说,运用的时间最久,运用的语言也最多。专就汉语来讲,也是研究和运用得最充分的一种方法。但是就是这种方法,就现代汉语来说,也还有大量没有涉及的领域,需要用它来研究新现象,解决新问题,并在这中间对方法本身加以完善和补充。就转换生成语法来讲,对研究得最充分的英语句法现象,也只涉及了一小部分,至于现代汉语,可以说还刚刚在开始。直接成分分析法中不连续成分的提出,标示结构成分之间的语法关系方法的运用,也说明了一种析句方法总是在逐渐克服自己的粗疏而逐步前进的。

第三,就我们目前讨论的析句问题来讲,问题就更明显了。我们是以传统的句子成分分析法为基础进行句法分析的。这里不但有句子成分分析法本身的局限,而且还有我们据以分析的具体语法体系的局限。当前我们大家熟悉的,长期来一直作为中学语法教学依据的体系,是以教学为目的制定的。为了便于教学,这种语法体系不能过于琐细,过于繁复。同时,语法教学,特别是基础的语法教学,一般涉及的也只是现代汉语最基本的最一般的语法现象。体系只要能够解释这些现象就足够了。这类语法体系，粗疏是难免的。

为了教学的目的，我们能够根据一定的语法体系分析、解释最常见、最典型的句子，也就够了。但是，日常语言里，包括口头语和书面语，经常会碰到难分析的句子。对这些句子我们不能完全置之不顾。有些是我们体系能分析的，那是如何提高我们分析技术水平问题；有些是我们的体系不能或不易解决的，这就需要对原体系加以补充，或借用其他方法。

现在我们举几个常见的例子：

（36）从咱们家到电车厂，有几十里地。

（37）从门到窗子是七步，从窗子到门是七步。

（38）从潼关到宝鸡的列车到达郭县站的时候，天色暗下来了。

这几句话里都有"从 A 到 B"这样的格式，有的表示处所，有的表示时间，有的处于谓语前面，是与谓语相关的成分，有的后面带"的"，作名词的定语。一般讲语法的书没有涉及到这种格式。根据这类书所据以分析句子结构的语法体系关于介词的说明，"从"和"到"似乎都是介词。但是这种由两个介词短语连用而组成的结构，前后两个成分之间是什么关系？（36）和（37）里的"从 A 到 B"是不是全是状语呢？"从潼关到宝鸡"中的"到"也是介词吗？

再看看下面的例子：

（39）他比我高一个头。

这里的"高"是形容词，作谓语。"一个头"是什么呢？一般教学语法只谈到有的形容词可以带宾语，并认为这样的形容词是兼类的，即同时是动词。举的例子一般都是"使动义"的。例如,"把脸一红""丰富词汇"等。这里的"一个头"是不是宾语呢?如果不是,是什么? 这在一般教学语法里是找不到答案的。

2.2　矛盾

有些语法著作认为主语、谓语是句子的主要成分;定语、状语、宾语、补语是句子的次要成分。当主语、谓语有了定语、状语、宾语、补语的时候,就成了扩展的主语(主语部分)和扩展的谓语(谓语部分)。而当定语、状语、宾语、补语本身又带定语、状语、宾语、补语的时候,就成了扩展的定语、状语、宾语、补语。这些语法著作认为定语、状语、宾语、补语是对名词、动词、形容词讲的,同时又承认主谓结构作句子成分,这就产生了矛盾。照这些语法著作对句子成分的定义,任何层次的对中心语(名词、动词或形容词)的修饰、补充成分都是句子成分。那么怎样分析下面的句子呢?

(40) 人人都过幸福的生活是我们的理想。

(41) 我们正吃晚饭的时候,他来了。

按照主谓短语作句子成分的说法,(40)的"人人都过幸福的生活"是主语,"我们正吃晚饭"是定语。从作为主语和第一层次的状语(时间名词"时候")的定语来讲,它是无法找中心词的(这里的中心词是就偏正结构讲的),也就是说不能再分析出更低层次的定语、状语、宾语、补语和句子成分。但是就定语等等是名词、动词、形容词的修饰成分来讲,(40)里的"都"是"过"的状语,"生活"是"过"的宾语,"幸福"是"生活"的定语;(41)里的"正"是"吃"的状语,"晚饭"是"吃"的宾语。这些,到底是定语、状语、宾语(句子的次要成分)不是呢? 回答是:是,又不是。另外,(40)里的"人人"和"过",(41)里的

"我们"和"吃"又是什么成分呢？是主语和谓语吗？也很难说。

再如，在主张用词的句法功能来划分词类的一些语法著作里，保留了包括代名词、代动词、代形容词、代数量词以及代副词在内的代词这一独立的词类。这就使词类划分产生了严重的交叉、混淆现象。

还有，有些语法著作一方面把定语看作主语、宾语的修饰成分，一方面又保留了合成谓语的说法。怎样按照这种体系分析下面的句子呢？

（42）大姐是个极漂亮的小媳妇。

"'是'＋'小媳妇'"是合成谓语，那么"极漂亮"这个修饰"小媳妇"的成分是什么呢？"小媳妇"是谓语，它应该是状语；"小媳妇"是名词，它应该是定语。说"极漂亮"是状语，就"极漂亮的小媳妇"这个短语的内部结构讲，是无论如何是说不通的；说它是定语，又同修饰谓语的成分是状语的原则相矛盾。

几乎在大多数句法分析体系中都能找出这样或那样的矛盾。有矛盾并不说明这种分析方法是不足取的。问题在于矛盾会造成困难，认识矛盾才能找出解决的办法。

2.3　混淆

这里主要指三个方面的混淆。第一，语义和语法，深层结构和表层结构的混淆；第二，语言单位和交际单位，短语和句子的混淆；第三，句子层次的混淆。

先谈谈第一方面的问题。有的语法书一方面认为介词"把""对"用在名词、代词的前面，构成介词结构作状语；一方面又认为"把""对"可以表示前置的宾语。举的例子是"把衣服洗干净"，"对我很关心"。按照这些著作的说法,这两个句子中的整个介词结构是后面动词的状语,而介词后面的名词却是动词的宾语。显然,"状语"讲的是表层结构中的语法关系,"宾语"讲的是深层结构中的语义关系。有的语法书引而申之,索性认为这样用的"把""对"后面的名词或代词就是动词的宾语,而"把""被"等等只是表示前置宾语的标志;有的语法书相反,认为这类形式是名词、代词作状语,介词"把""被"等等只起介绍作用。表面看起来后面这两种说法是"一线制"的,避免了混淆表层结构和深层结构的毛病,实际上前者是用深层结构分析代替了表层结构分析,后者又完全忽略了表层结构中具有标示深层语义关系的不同的介词的作用,而一律当作名词作状语的标志。后面这种分析法既不能区别介词结构作状语同名词作状语的区别,又混淆了不同介词所起的标示深层语义关系的作用。区别语义和语法,区别深层结构和表层结构,是一个复杂的理论问题,不属于我们讨论的范围。我们关心的是这种混淆会引起析句上的困难。

关于语言单位和交际单位、短语和句子的区别,我们不准备详细讨论,[②]这里只谈谈句子的层次问题。

每一个言语交际中的句子,从一个报告人的角度来讲,都可以变成一个直接引语或间接引语。例如:

(43) 宋爷爷　玉娥,都考上了吗?

"玉娥,都考上了吗?"作为一句剧本里的台词,它本身就是一句直接引语,不过还不是一句形式上包括直接引语的句子。把这句话改为直接引语和间接引语,是:

(44) 宋爷爷说:玉娥,都考上了吗?

　　(45)宋爷爷问玉娥都考上了没有。

显然,间接引语句有一个统一的语调,是一个层次的句子。直接引语句就不同了。(44)就全句讲是一个陈述句,应该是陈述语气的句末下降调;而包括的直接引语却是一个是非问句,是表示是非问语气的句末上扬调。这是不是矛盾呢? 不是。这是因为有直接引语的句子是两个层次的句子。还有这样的句子:

　　(46)张三问李四:你相信王五的"我才不去呢!"这句话

　　是真的吗?

这个句子有三个层次。整个句子是一个陈述句,其中直接引语是是非问句,而引语中的直接引语又是一个感叹句。对这类句子如果不从句子有不同层次的角度去理解,就会造成分析上的困难。构成这类句子成分的,不是短语而是句子,不仅是具有主谓两部分而被认为是句子的主谓词组,也不仅仅是深层结构意义上的句子,而是交际中的实际的句子。认识句子的层次性,对有的同志提出的"超句"也可以作比较合理的分析。

附　注

　　① 这个句子是由"今儿个也不知二春是又到哪儿疯去了"经过"二春"主题化后构成的。

　　② 参看王维贤《现代汉语的短语结构和句子结构》。

　　(原载《杭州大学学报》增刊,《语言学年刊》

　　　　　　总第 2 辑,1984 年)

语段和语文教学

一般讲语法的人认为,语法是研究组词成句的规律的,句子是语法研究的上限。讲修辞的人虽然没有这样"故步自封",但是大多数人仍然把他的重点放在选词、炼句以及主要涉及到句子范围以内的不同辞格和不同句式的选用上。讲写作的人讨论的又多半是立意、谋篇、布局的问题,也就是所谓篇章结构。不论从语文研究或语文教学讲,这里都少了一个中间环节:语段。

什么是语段呢?鲁迅《藤野先生》里有这样一段话:

（1）大概是物以稀为贵罢。北京的白菜运往浙江,便用红头绳系住菜根,倒挂在水果店头,尊为"胶菜";福建野生着的芦荟,一到北京就请进温室,且美其名曰"龙舌兰"。我到仙台也颇受了这样的优待,不但学校不收学费,几个职员还为我的食宿操心。我先是住在监狱旁边一个客店里的,初冬已经颇冷,蚊子却还多,后来用被盖了全身,用衣服包了头脸,只留两个鼻孔出气。在这呼吸不息的地方,蚊子竟无从插嘴,居然睡安稳了。饭食也不坏。但一位先生却以为这客店也包办囚人的饭食,我住在那里不相宜,几次三番,几次三番地说。我虽然觉得客店兼办囚人的饭食和我不相干,然而好意难却,也只得别寻相宜的住处了。于是搬到别一家,离监狱也很远,可惜每天总要喝难以下咽的芋梗汤。

这段话一共包括九个句子。不过这九个句子不是孤立地摆在那里,而是从意义和形式两方面或紧或松地联系在一起,组成大大小小的句群的。粗略地讲,这里前三个句子是一个句群,后六个句子是一个句群,虽然这两个句群之间也是有联系的,从更大的范围讲,它们还可以合起来构成一个较大的句群,跟另外的较大的句群发生关系,组成更大的句群。划分出在语义和结构两方面都紧密结合在一起的较小的句群,研究它们的内部联系和外部关系,对掌握语文组织规律,进行语文教学,具有重要意义。这里讲的句群,就是所谓语段。

一个语段中的几个句子是由意义上的种种联系组织在一起的。说明、议论、记叙、描写、抒情,各有不同的内容,也就各有不同的内容联系的方式,不同的语段组织的形式。同是说明、议论、记叙、描写、抒情的语段,也还可以有不同的组织形式。有的语段还可能是各种因素互相交错着。例如,上面(1)那段话,第一个语段是议论性的,第二个语段是记叙性的,它们的意义联系方式不同,组织形式也就不一样。同时,从更大的范围讲,第二个语段又是作为第一个语段末一句的补充说明而存在的。内容和内容的具体联系形式是无穷无尽的,但是语段的组织形式却是可以归纳的,正像具体的复句的内容和形式不可胜数,而复句的类型却是可以枚举的一样。研究语段的内部组织形式,是从理解句子到理解全篇内容的一个重要步骤。

在大多数情况下,语段中句子和句子之间的逻辑(广义地,即语义)联系是有语言标志的。这些标志主要是表示逻辑关系的关联词语,有时也可能是结构上或语气上或某些特殊词语上的联系。例如上面那段话里,第一个语段的第一句话跟第二句话之间的说明上的联系是由语气表示的,第二句话跟第三句话之间的议论上的联系是由关联词语"也"表示的。第二个语段的前五句话跟最后一句话之间的叙述上的联系是由关联词语"先是"和"于是"表示的。而第一个语段的第三句话里的"这样"这个代词,用它代替第二句话的指称作用,从语言的角度把前面三句话联系起来,并且在逻辑上起着联结前面两句话和最后一句话之间的推论关系的作用。再看看下面的例子:

（2）老李始终没找到一句适当的话,大嫂已经走出去。心里舒服了些。把大衣脱下来,找了半天地方,结果搭在自己的胳臂上。坐下,没敢动大嫂的点心,只拿起一个瓜子在手指间捻着玩。正是初冬天气,屋中已安排好洋炉,可是没生火,老李的手心出了汗。到朋友家去,他的汗比话来得方便得多。有时候因看朋友,他能够治好自己的伤风。

这段话可以分为两个语段。前四句是一个语段,后两句是一个语段。前面这个语段的四句话,叙述的都是先后发生的老李的行为或心理活动,"老李"是这四句话的共同的主语,但是除去第一句话外,后面三句话都省了。这种结构上的互相依存,使这四句话既在意义上又在结构上组织在一起,构成一个意义和结构都有密切联系的语段。当然,这种结构上的联系还有其他形式,这里只是就两个例子中所涉及到的问题谈谈罢了。

语段内部各句之间这种语言表达上的依存关系跟话语和文章的语法、修辞、逻辑分析,跟语法、修辞以及逻辑的语言表达形式的规律的研究,都有关系。

从上面的分析可以看出,语段很像扩大了的复句,各种复句形式都可以扩大为语段,不过语段比复句的组织更灵活,更复杂。

在分析语段的时候,还要注意语段和段落的区别。语段是语言本身所具有的现象,而段落只是书面语所特有的东西。多数段落的划分与语段相一致,而且较大的段落大都可以划分为几个较小的语段。不过也有把一个语段分为几段写的,一般都是为了强调,为了突出。例如,鲁迅的《狂人日记》中有这样三段:

　　(3) 吃人的是我哥哥!

　　　　我是吃人的人的兄弟!

　　　　我自己被人吃了,可仍然是吃人的人的兄弟!

这就是把意义上紧密相连的一个语段分写为不同段落的例子。

了解了什么是语段,我们就可以进一步谈谈语段在语文研究和语文教学中的作用了。

首先,语段是从句子到全篇的中间站,是构成文章的思想脉络和组织结构的基本单位。就整篇文章或整段话语讲,最基本的组成成分不是句子而是语段。文章是先由句子组成语段,然后再由语段组成全篇的。只有抓住语段,才能弄清段落、篇章的结构,弄清文章思想的和结构的脉络。语段的分析是掌握段落大意、篇章结构的基础。

其次,如果从运用的角度研究语句的结构和功能,也必须抓住语段这个环节。从表达的角度分析句子的主语、谓语、宾语、状语等等结构成分及其表意功能,分析句型及其表达作用,不能脱离语境。而最基本的直接影响句子的结构、制约句子的表达功能的语境就是它所在的语段。不同类型的语段或同一语段内的句子，常常具有特殊的结构形式。联系语段中的上下文，可以更全面地理解和分析句子的结构，掌握句子的组成规律。句型选择、成分省略、指代词或关联词的运用等等，都必须放在语段中去理解，句子的语义、语法和运用的全面分析，也只有放在语段中才有可能。

第三，修辞现象本身就必须结合语境来理解，来分析，而且修辞现象大多数不能局限在句子范围之内。例如，(1)里的第二句话对第三句话这个结论讲，不但起了例证的作用，而且运用了比喻这个修辞手法。这里比喻就是在两句之间进行的，不分析语段，就不能讲比喻。再如，第五句话用"这呼吸不息的地方"来代替"鼻孔"，这也涉及到了两句话，而与整个语段的组织有关。至于其他更细致更复杂的修辞现象，就更需要结合整个语段以至语段与语段之间的关系来理解了。例如(1)里的最后一句话，第一个分句和第二个分句缺少主语，这个主语要靠语段的上下文来补足。"离监狱也很远"、"可惜每天总要喝难以下咽的菜梗汤"中的"可惜"的含义以及全句的言外之意，也必须参照整个语段上下文所讲的内容来理解。

第四，逻辑推论的语言表达形式，更不限于句子。有时，而且是在大多数情况下，文章的逻辑分析跟全篇都有关系，但分析的基本单位仍是语段。语段主要是根据语义的联系划分的，跟逻辑分析更有直接的联系。例如(1)的第一个语段是一个复杂的论证和推理过程。要了解这几句话的逻辑内容、逻辑力量，以及它的简洁、曲折、生动的表达方式，就必须把整个语段作为一个整体来分析。这里第二句用两个形象的物以稀为贵的例子作为例证，论证了或推导出第一句话"物以稀为贵"这个结论。第三句话的第一个分句用"这样的待遇"来指代到了浙江的白菜和到了北京的芦荟那样的待遇,不仅语言简洁,而且比喻生动。而这句话的后两个分句又是得出"自己受到物以稀为贵的待遇"的根据。这种既涉及到逻辑,又涉及到语法、修辞的问题,绝不是只分析句子或只分析篇章所能触及到的。而这正是语文学习和语文训练的重要内容。

语文教学,包括语文研究,如果能够先把视野从句子扩大到语段,从全篇收缩到语段,然后再以语段为基础分析语句的结构和作用,统观全篇的立意和布局,我们就能够发现、学到、讲出更多的东西,就能提高我们的语文研究和语文教学的效果。

(原载《语文战线》,1982 年第 5 期)

我所理解的"语法修辞结合论"

　　郭绍虞先生在《汉语语法修辞新探》中提出"语法修辞相结合"的论点,并从语法教学和语法研究两个方面阐述了"结合"的必要性和可能性。从教学角度讲,特别从基础教育的教学角度讲,教学体系可以不同于学科体系。对非语言专业的学生进行教学,或者为了达到实用的目的,把语法修辞这两门学科结合起来,是完全必要的。问题在于如何从语法研究的角度看待这个问题。

　　《汉语语法修辞新探》出版已经十年,但在语法学界并没有引起较大的波澜。郭先生是从汉语的特点来立论的,认为"汉语语法可说经常与修辞相结合的。结合是正常的,不结合是部分的"。他认为汉语语法一方面非常容易,一方面又非常复杂。汉语语法的复杂性即在于汉语语法经常与修辞相结合,因而"语句组织""丰富多彩",变化多端。郭先生批评"洋框框"的语法只是"分别词类""规定语句组织规律",因而不能解释密切结合着修辞的汉语语法的复杂现象。我觉得郭先生对传统的描写语法的批评是合理的,但认为这种语法不能解释汉语语法的复杂现象是由于汉语语法不同于西方语法,汉语语法经常结合着修辞,却未免言过其"实"。

　　语言是交际的工具,话语总是在交际中使用的。为了适应情境而调整讲话的方式是一切语言交际的共有特征。从这个意义讲,不仅汉语,包括一切语言,在交际中使用时,语法(指使用中的句子的组词成句的方式)都是结合着修辞的。当然,由于汉语语句的灵活性,这种根据交际的需要而调整语句组织的方式可能多于某些语言,但这种差别只是数量上的,而非本质上的。"洋框框"语法的"缺点"对各种语言都是相同的。因为它只从静态的角度对语句的组织形式,而且常常只是对那些最基本的、最典型的语句组织形式作出概括归纳,而没有从表达的角度对出现在实际交际中的形形色色的语句组织形式作全面的分析概括,并说明它们在表意上的差别。我们认为一种语言的全部语法规律,应当指这种语言根据交际的不同表意要求所形成的各种语句组织规律,以及这种种形式的不同表意功能。也就是说,语法研究的范围要向两个方面扩展:首先要在实际交际中,结合着表达的条件(语境)概括各种语句形式,然后阐明这些形式在表达中的不同表意功能。如果说修辞从最基本的意义讲指的是表达中语句的调整,那么要全面研究汉语以及任何一种语言的语法规律,都必须与修辞相结合。而且仅仅在这个意义上讲,语法研究必须与修辞相结合。我们认为郭绍虞先生以及许多先生所谈的移位、省略,量词的选用与句子成分之间的搭配,词和词组的交叉及其成分之间的分合等等,都可以在这扩充了的语法中作为语法规律加以研究。这种语法研究,只是从最基本的意义上讲语法与修辞结合了,扩大了语法研究的范围,加强了语法对语言的解释力,但是并没有取消修辞,也没有在语法中加进与语句组成形式及其表达功能以外的修辞因素。这种"语法观"同郭绍虞先生以及其他先生的"结合论"是"相容的",虽然并不是完全"一致的"。例如,这种与"修辞"相结合的语法认为

"一面旗""一封信""一片肉"之类的说法是约定俗成的名词对量词的选择规律,而不去追究这些量词本身是否具有形象性。"酒逢知己千杯少"同"这件衣服不高兴买了"一样,都是汉语的合乎语法的形式,而且可以从交际语境的条件(注意不是具体语境)加以解释。

　　语法研究中的"语法修辞结合论"是一个重大的理论问题,非片言只语所能尽述。这里只能略示端倪,深究有待了。

　　　　　　　　　　　　(原载《修辞学习》,1990年第3期)

后　记

　　收入这本论文集的文章可以分为四组。第一组是研究语言的一般理论的。又分两小部分。一部分是讨论语言的特点和研究语言的方法的；一部分是对西方和中国部分语言学家的理论和观点的评介。我觉得中国的语言学作为一门人文科学，一方面要与国外语言学接轨，以赶上世界语言学发展的步伐，一方面要继承汉语语言学的优良传统。把二者结合起来，逐渐形成有中国特色的语言学。不但虚词研究、词汇（训诂）研究、音韵研究有优良传统，中国古代思想家也时常有对语言的真知灼见。例如老子《道德经》第一章就有这样的话："无名天地之始；有名万物之母。故常无，欲以观其妙；常有，欲以观其徼。"这些话对语言的认知功能有深刻的理解。

　　收入本书的第二组文章是研究汉语语法的。这部分大多研究汉语语法的个别问题，有的也讨论汉语语法的一般特点。其中大都以研究汉语句法为重点。文章特别注意语法如何解释出现在言语中的句法形式。

　　收入的第三组文章是关于语言逻辑的。我认为应该区分逻辑语言学和语言逻辑学。这里讨论的是以解释语言为主的逻辑语言学。逻辑语言学不但对语言学家讲是重要的，也应该是语言逻辑研究的主要方面。

　　收入本书第四组的文章是关于语言教学的。作为教师，工作的大部分时间用于教学。但是教师的主要任务是言传身教，述而不作。这里所选的几篇文章，自认为略有新意，可作为这方面工作的代表。

　　在编选这本文集的时候，我突然想到过去常说的一句话："生我者父母。育我者人民。"就我的研究情况来讲，这句话可以套用成："教我者老师，育我者学友。"这里的"学友"，既包括与我同龄的或比我年长的亦友亦师的老朋友们，也包括比我年轻的几代学者。当然也包括我的学生。我谨在此向他们表示敬意。就本书的出版来说，商务印书馆的周洪波先生给以大力支持，胡明扬先生给以多方面的鼓励和帮助。我最早的学生邵敬敏教授从策划到篇目的确定，一直在关心协助。我的最年轻的学生之一彭利贞博士，从材料的收集、复印到篇目的编排，花了大量的时间。在此我一并表示感谢。

王　维　贤

2007 年 5 月 28 日于杭州